Der Leistungsmaßstab im Arbeitsverhältnis

Schriften zum Arbeitsrecht und Wirtschaftsrecht

Herausgegeben von Abbo Junker

Band 85

PL ACADEMIC RESEARCH

Florian Schiffer

Der Leistungsmaßstab im Arbeitsverhältnis

PL ACADEMIC RESEARCH

Bibliografische Information der Deutschen Nationalbibliothek
Die Deutsche Nationalbibliothek verzeichnet diese Publikation in der DeutschenNationalbibliografie; detaillierte bibliografische Daten sind im Internet über http://dnb.d-nb.de abrufbar.

Zugl.: Berlin, Humboldt-Univ., Diss., 2014

11
ISSN 1433-4666
ISBN 978-3-631-65237-4 (Print)
E-ISBN 978-3-653-04855-1 (E-Book)
DOI 10.3726/978-3-653-04855-1

PL Academic Research ist ein Imprint der Peter Lang GmbH.

Peter Lang – Frankfurt am Main · Bern · Bruxelles · New York · Oxford · Warszawa · Wien

Diese Publikation wurde begutachtet.

www.peterlang.com

Meinen Eltern

Vorwort

Die nachfolgende Untersuchung lag der Juristischen Fakultät der Humboldt-Universität zu Berlin im Sommersemester 2013 als Dissertation vor. Literatur, Rechtsprechung und Gesetzgebung wurden bis August 2013 berücksichtigt.

Meinem Doktorvater, Herrn Prof. Dr. Reinhard Singer, danke ich herzlich für den anregenden wissenschaftlichen Austausch und seine Bereitschaft, die Arbeit zu betreuen und zu fördern. Bei Frau Prof. Dr. Christine Windbichler, LL.M. (Berkeley) bedanke ich mich für die Erstellung des Zweitgutachtens.

Bedanken möchte ich mich auch bei meinen Kollegen der Kanzlei DBM Rechtsanwälte Geske & Partner für die Unterstützung und den notwendigen Freiraum zur Fertigstellung der Arbeit.

Mein ganz besonderer Dank gilt meinen lieben Eltern, ihnen ist diese Arbeit gewidmet.

Berlin, im Juli 2014

Florian Schiffer

Inhaltsverzeichnis

Erstes Kapitel. Einführung

§ 1. Gegenstand und Anlass der Untersuchung

Es ist schon lange kein Geheimnis mehr, und die Folgen bekommen nahezu alle Arbeitnehmer zu spüren: Deutsche Unternehmen müssen sich leistungsorientierter organisieren, um auf den internationalisierten Märkten wettbewerbsfähig zu bleiben. In den Worten von Bundeskanzlerin *Angela Merkel* hört sich das so an: „Wir müssen besser sein als andere, und zwar immer so viel besser, wie wir teurer sind.“[1] Dementsprechend rücken in jüngerer Zeit auch sog. „Low Performer“ (zu Deutsch: Minderleister) in das Interesse der Personalabteilungen. Gelingt es dem Arbeitgeber nicht, den betroffenen Arbeitnehmer zu „besseren“ Leistungen zu motivieren[2], wird er in der Regel versuchen, das Arbeitsverhältnis durch Kündigung zu beenden.[3] Aus arbeitsrechtlicher Sicht ist für diese Versuche entscheidend, was der Arbeitnehmer überhaupt zu leisten verpflichtet ist. Denn nur wenn diese Vorfrage beantwortet ist, kann darüber geurteilt werden, ob der Arbeitnehmer seine Arbeitspflicht verletzt hat und eine entsprechende Reaktion des Arbeitgebers gewärtigen muss, wenn er seine Leistung nicht anpasst. Da dem Dienstvertragsrecht ein Gewährleistungsrecht fremd ist, sind die Sanktionsmöglichkeiten in der Hand des Arbeitgebers limitiert. Das hat gute Gründe: „Arbeitsrecht ist Arbeitnehmerschutzrecht“[4].

---

1 Regierungserklärung der Bundeskanzlerin *Angela Merkel* vom 30. 11. 2005, PLPR 16/04, S. 85.

2 Dies geschieht in erster Linie anhand von Prämienlohnsystemen und Zielvereinbarungen, durch die Leistungskriterien immer stärker auch im Bereich des Zeitlohns Einzug halten, vgl. *Maschmann*, NZA-Beil. 1/2006, 13.

3 Nach der berühmten „Welch-Regel“ des ehemaligen Chefs des US-Unternehmens General Electric, Jack Welch, soll die Belegschaft eines Unternehmens stets in einem „20–70–10“-System erfasst werden können. Die besten 20% sollten mit Boni belohnt, die schwächsten 10% entlassen werden. Ein ähnliches Konzept hat der ehemalige Personalchef des Unternehmens Infineon, Jürgen Buschmann, implementiert. Danach sollten jedes Jahr die schwächsten 5% der Mitarbeiter gekündigt werden. Das Konzept ist im Jahr 2003 aufgegeben worden, vgl. hierzu *Reinsch*, Süddeutsche Zeitung v. 26.4.2009, www.sueddeutsche.de/jobkarriere/699/466283/text/.

4 Z.B. Schaub/*Vogelsang*, § 152, Rn. 1.

Gleichwohl besteht ein anerkennenswertes Interesse des Arbeitgebers, seinen Arbeitnehmern das abzuverlangen, was nötig ist, um im Wettbewerb bestehen zu können. Verbreitet wird aber das Fehlen eines Gewährleistungsrechts sowie die Verpflichtung zur höchstpersönlichen Leistungserbringung (§ 613 S. 1 BGB) herangezogen, um einen subjektiven Leistungsmaßstab im Arbeitsrecht zu begründen. In verschiedenen Nuancen wird postuliert, der Arbeitnehmer schulde lediglich den Einsatz seiner individuellen Fähigkeiten, keinesfalls hingegen eine objektive „Normalleistung". Diese Ansicht kann bislang ohne weiteres als die herrschende Meinung in Rechtsprechung und Literatur bezeichnet werden.[5] Da in Zeiten des Wirtschaftswunders Arbeitsplatzüberhang herrschte und auch später noch schwächere Leistungen von den Arbeitgebern regelmäßig hingenommen wurden, kamen Kündigungen wegen Schlecht- bzw. Minderleistungen praktisch kaum vor.[6] Auch die gängige Praxis des Abfindungsvergleichs hat das Entstehen einer ausdifferenzierten Judikatur zu dieser Frage lange Zeit verhindert.[7] Gerade der Effizienzdruck, welcher auf den Unternehmen immer stärker lastet, hat aber dazu geführt, dass in jüngster Zeit die Frage nach dem Leistungsmaßstab im Arbeitsverhältnis wieder aufgegriffen wird und die herrschende Meinung zunehmend auf Widerstand stößt.[8]

---

5 BAG, Urt. vom 20.3.1969, – 2 AZR 283/68, AP Nr. 27 zu § 123 GewO; BAG, Urt. vom 17.7.1970, – 3 AZR 423/68, BAGE 22, 402 ff.; BAG, Beschl. vom 14.1.1986, – 1 ABR 75/83, AP § 87 BetrVG 1972 Ordnung des Betriebes Nr. 10 m. Anm. *v. Hoyningen-Huene*; BAG, Urt. vom 11.12.2003, – 2 AZR 667/02, BAGE 109, 87 ff.; BAG, Urt. vom 17.1.2008, – 2 AZR 536/06, BAGE 125, 257 ff.; *Brune*, AR-Blattei SD 1420 (Schlechtleistung), Rn. 13; *Depel/Raif*, SAE 2005, 88, 89; *Gotthardt*, Arbeitsrecht nach der Schuldrechtreform, Rn. 22; *Hanau/Adomeit*, S. 183 f., Rn. 684; *Lessmann*, FS E.Wolf, S. 395, 397; *Maschmann*, NZA-Beil. 1/2006, 13, 15; MüKo/*Müller-Glöge*, § 611, Rn. 19; ErfK/*Preis*, § 611 BGB, Rn. 643ff.; *Preis/Hamacher*, Jura 1998, 11, 12; MüArbR/*Reichold*, § 36, Rn. 41; Staudinger/*Richardi/Fischinger*, § 611, Rn. 532; *Richardi*, NZA 2002, 1004, 1011; *Rüthers*, ZfA 1973, 399, 403; *Wellhöner/Barthel*, AuA 2005, 400.

6 *Söllner*, in: Tomandl, Entgeltprobleme, S. 92 f; vgl. auch *Maschmann*, NZA-Beil. 1/2006, 13.

7 Vgl. hierzu *Becker*, Die unzulässige Einflussnahme des Arbeitgebers auf die Entscheidungsfreiheit des Arbeitnehmers am Beispiel des arbeitsrechtlichen Aufhebungsvertrages, S. 22, der ebenfalls konstatiert, dass sich der Abschluss eines Aufhebungsvertrages zu einer ernstzunehmenden Alternative zu einer Kündigung entwickelt hat.

8 Aus jüngerer Zeit etwa *Hunold*, BB 2003, 2345 ff.; *Singer/Schiffer*, JA 2006, 833 ff.; *Tschöpe*, BB 2006, 213 ff.; *Verstege*, Die Kündigung wegen geminderter Leistung des Arbeitnehmers, S. 78 ff.; *v. Hoyningen-Huene/Linck/Krause*, § 1 KSchG, Rn. 451 u. 684.

Das Bundesarbeitsgericht hat demgegenüber in den Jahren 2003 und 2008 noch einmal grundsätzlich Stellung zugunsten eines subjektiven Leistungsmaßstabs bezogen.[9] Der Arbeitnehmer schulde das „Wirken", nicht das „Werk".[10] Dieser Ansicht liegt das berechtigte Anliegen zugrunde, den Arbeitnehmer vor Sanktionen zu schützen, wenn seine Leistungsfähigkeit etwa alters- oder krankheitsbedingt abnimmt.[11] Zudem soll nicht jede kleinere Fehlleistung sogleich als Schlecht- oder Minderleistung qualifiziert werden. Was ihre Zielrichtung anbelangt, fällt es daher sicherlich nicht schwer, der subjektiven Theorie zuzustimmen. Allerdings begegnet die Versubjektivierung des Leistungsmaßstabs noch zu erörternden methodischen Bedenken. Allgemein ist festzustellen, dass nach wie vor erhebliche Unsicherheit bei der Herleitung des Pflichtenmaßstabs im Arbeitsverhältnis besteht. Dies bringt auch die folgende, unlängst geäußerte Bemerkung *Hromadkas* im Rahmen des 19. Passauer Arbeitsrechtssymposiums auf den Punkt:

> *„Nach 150-jähriger Beschäftigung von Rechtsprechung und Rechtswissenschaft mit dem Arbeitsrecht sollte man meinen, dass die Fragen, was der Arbeitnehmer schuldet, wie viel davon und wann, geklärt sind, und dass auch klar ist, was dazu vereinbart werden kann. Bei näherem Hinsehen zeigt sich aber, dass dem keineswegs so ist."*[12]

§ 2. Ziel und Gang der Untersuchung

Der Schwerpunkt der vorliegenden Arbeit wird deshalb darauf liegen, einen Beitrag zur Beantwortung der Frage nach dem Pflichtenmaßstab im Arbeitsverhältnis zu leisten. Hierbei gilt es, einen gerechten Ausgleich zwischen den gegenläufigen Arbeitnehmer- und Arbeitgeberinteressen zu suchen, ohne den Anspruch an einen systematisch widerspruchsfreien Lösungsansatz aufzugeben. Es wird sich zeigen, dass die Auffassung, der Arbeitnehmer schulde lediglich das

---

9 BAG, Urt. vom 11.12.2003, – 2 AZR 667/02, BAGE 109, 87 ff.; BAG, Urt. vom 17.1.2008, – 2 AZR 536/06, BAGE 125, 257 ff.

10 BAG, Urt. vom 11.12.2003, – 2 AZR 667/02, BAGE 109, 87, 92.

11 Ob es grundsätzlich so ist, dass mit zunehmendem Alter die Leistungsfähigkeit abnimmt, darf – jedenfalls für geistige Tätigkeiten – allerdings bezweifelt werden.

12 NZA-Beil. 1/2006, 1; ganz ähnlich in der Formulierung und auch im Ausdruck des Erstaunens über die stiefmütterliche Behandlung dieses Fragenkreises in Schrifttum und Rechtsprechung bereits *Söllner*, in: Tomandl, Entgeltprobleme, S. 93: *„Man sollte annehmen, dass diese Fragen im Arbeitsleben eine nicht geringe Rolle spielen, höchstrichterliche Entscheidungen zu diesem Problemkreis sind jedoch selten, und man kann auch nicht sagen, dass diese Fragen im Zentrum der Arbeitsrechtswissenschaft stünden".*

ihm persönlich Mögliche, nicht haltbar ist. Er ist nicht zu einer an einem individuellen Maßstab zu messenden Leistung verpflichtet, sondern zu einer Arbeitsleistung, die – um es an dieser Stelle noch grob zu formulieren – einer objektiv zu bestimmenden Verkehrserwartung entspricht. Der Leistungsmaßstab ist somit ein objektiver. Diese Überlegung ist zwar nicht neu, indessen besteht über die konstruktive Herleitung eines objektiven Leistungsmaßstabs bis heute keine Einigkeit. *Maschmann* formulierte es unlängst sogar so:

„Die Versuche, die bislang unternommen wurden, dürfen als gescheitert gelten."[13]

Grund genug also, sich dieser Aufgabe erneut anzunehmen. Dass mit der Verpflichtung zur Einhaltung objektiver Standards keine unbillige Benachteiligung des Arbeitnehmers verbunden ist, wird anhand einer differenzierten Anwendung der Reaktionsmöglichkeiten gezeigt werden, die dem Arbeitgeber im Fall von Schlecht- und Minderleistungen zur Verfügung stehen. Sowohl im Rahmen eines Schadensersatzanspruches als auch im Fall einer Kündigung sind die vorhandenen Instrumente ausreichend, um unbillige Ergebnisse zu vermeiden, ohne Pflichteninhalt oder Verschuldensmaßstab unnötig zu relativieren.

Die Untersuchung beginnt mit einer Übersicht über das allgemeine Pflichtenprogramm des Arbeitnehmers (Zweites Kapitel). Anschließend folgt im Dritten Kapitel eine umfassende Erörterung der Frage nach dem Maßstab, der an diese Pflichten anzulegen ist. Neben einer ausführlichen Auseinandersetzung mit den hierzu vertretenen Ansichten in Rechtsprechung und Literatur erfolgt an dieser Stelle auch die Entwicklung eines eigenen Lösungsvorschlags. Eine Einordnung der Ergebnisse in das Leistungsstörungs- und Kündigungsrecht folgt sodann im Vierten Kapitel der Arbeit. In diesem Zusammenhang wird besonderer Wert darauf gelegt, eine interessengerechte Anwendung der zur Verfügung stehenden rechtlichen und außerrechtlichen Reaktionsmöglichkeiten des Arbeitgebers im Umgang mit Minderleistern zu gewährleisten, soweit dies *de lege lata* möglich ist.

13 *Maschmann*, NZA-Beil. 1/2006, 13, 15.

Zweites Kapitel. Die Pflichten des Arbeitnehmers aus dem Arbeitsverhältnis

Eine Untersuchung des Leistungs- bzw. Pflichtenmaßstabs macht es erforderlich, zunächst Klarheit über den Bezugsgegenstand herzustellen, auf den ein solcher Maßstab anzuwenden ist. Die Pflichten des Arbeitnehmers sollen deshalb nachfolgend in der gebotenen Kürze dargestellt werden.

§ 1. Rechtsquellen des Pflichtenprogramms

Die Pflichten des Arbeitnehmers ergeben sich in erster Linie aus dem Arbeitsvertrag. Daneben wird das Pflichtenprogramm von anwendbaren Betriebsvereinbarungen, Tarifverträgen und gesetzlichen Vorschriften geprägt.

A. Arbeitsvertrag

Gemäß § 611 Abs. 1 BGB wird durch den Dienstvertrag derjenige, welcher Dienste zusagt, zur „Leistung der versprochenen Dienste" verpflichtet. Dies ist Ausfluss der auch für den Arbeitsvertrag verfassungsrechtlich gewährleisteten Vertragsfreiheit (Art. 2 Abs. 1 GG). Die von den Arbeitsvertragsparteien privatautonom gesetzten Regelungen werden nur dann von normativ wirkenden Kollektivvereinbarungen der Betriebs- oder Sozialpartner oder von zwingendem Gesetzesrecht überlagert, wenn sie mit diesen in Konflikt geraten. Angesichts der weitreichenden Arbeitsschutzgesetzgebung ist das freilich häufig der Fall, weshalb auch davon gesprochen werden kann, dass die individuelle Vertragsfreiheit im Arbeitsvertragsrecht durch die Arbeitsschutzgesetzgebung eine weitgehende Einschränkung erfahren hat.[14] Darüber hinaus hat das Bundesverfassungsgericht den Zivilgerichten aufgegeben, in Fällen gestörter Vertragsparität zur Sicherung des Grundrechtsschutzes und zur Verwirklichung der objektiven Grundentscheidungen des Grundrechtsabschnitts und des Sozialstaatsprinzips korrigierend einzugreifen.[15] Vor der Schuldrechtsreform hat das Bundesarbeitsgericht diesen Schutzauftrag im Wege einer Anwendung der allgemeinen

14 Staudinger/*Richardi/Fischinger*, § 611, Rn. 330.
15 BVerfG, Beschl. vom 7.2.1990, – 1 BvR 26/84, BVerfGE 81, 242, 256.

zivilrechtlichen Generalklauseln (§§ 138, 242, 315 BGB) wahrgenommen.[16] Seit dem Jahr 2002 stehen für die Inhaltskontrolle von Arbeitsverträgen gemäß § 310 Abs. 4 S. 2 BGB die §§ 305–310 BGB zur Verfügung.

I. Weisungsrecht

Zentrale Bedeutung bei der Bestimmung der Arbeitnehmerpflichten kommt dem Weisungsrecht des Arbeitgebers zu.

1. Rechtsgrundlage und Rechtsnatur des Weisungsrechts

Aus vertragstypologischer Sicht wird das Arbeitsverhältnis durch die rechtliche Unselbständigkeit des Arbeitnehmers charakterisiert.[17] Daraus folgt, dass der Arbeitgeber gegenüber dem Arbeitnehmer Zeit, Ort und Inhalt der Arbeitsleistung einseitig näher konkretisieren kann. Anderenfalls läge ein freier Dienstvertrag vor.[18] Das Weisungs- bzw. Direktionsrecht muss daher nicht eigens vereinbart werden, es ergibt sich vielmehr aus der Natur des Arbeitsverhältnisses

---

16 Im Hinblick auf die gerichtliche Kontrolle von Rückzahlungsklauseln etwa BAG, Urt. vom 16.3.1994, – 5 AZR 455/92, AP § 611 BGB Ausbildungsbeihilfe Nr. 18 m. Anm. *Wiedemann*.

17 Nach tradierter Auffassung wird die Arbeitnehmereigenschaft und damit zugleich das Vorliegen eines Arbeitsverhältnisses unter Rückgriff auf den Topos der „persönliche Abhängigkeit" des Dienstverpflichteten begründet. Dieser Begriff ist jedoch abzulehnen. Er suggeriert eine generelle Unfreiheit der Person, die jedenfalls heute nicht mehr existiert. Zudem ist er der Gefahr einer rechtspolitischen Überfrachtung ausgesetzt, die eine Einordnung des Vertragsverhältnisses aus juristischer Sicht unnötig erschwert. Sachgerechter erscheint es, die Arbeitnehmereigenschaft mit Hilfe des Begriffs der „rechtlichen Unselbständigkeit" zu begründen, hierzu *Griebeling*, NZA 1998, 1137, 1139; *Zöllner/Loritz/Hergenröder*, S. 42. Kritisch zum Begriff der „persönlichen Abhängigkeit" auch *Gamillscheg*, RdA 1998, 2, 8: „Leerformel".

18 Nach *Tillmanns*, Strukturfragen, S. 118 steht dem Dienstberechtigten demgegenüber bei jedem Dienstvertrag, also auch beim freien Dienstvertrag, grundsätzlich stets ein Leistungsbestimmungsrecht in Gestalt eines Direktionsrechts zu. Dies ist jedoch zweifelhaft, da es gerade den Unterschied zwischen freiem Dienstvertrag und Arbeitsvertrag ausmacht, dass der Arbeitnehmer den Weisungen des Arbeitgebers unterworfen ist, während der Verpflichtete eines freien Dienstvertrages die Art und Weise seiner Leistungserbringung grundsätzlich selbst bestimmen kann. Demenstrechend bezieht sich § 106 GewO auch nur auf Arbeitsverhältnisse. Allerdings kann z.B. ein freies Mitarbeiterverhältnis durch die tatsächliche Erteilung von Weisungen und deren Befolgung zu einem Arbeitsverhältnis werden, vgl. BAG, Urt. vom 12.9.1996, – 5 AZR 1066/94, BAGE 84, 108, 113.

selbst.[19] Ungeachtet dessen, hat der Gesetzgeber mit der Einführung des § 106 GewO eine gesetzliche Grundlage für das Weisungsrecht des Arbeitsgebers geschaffen. Neben der unmittelbaren Art und Weise der Arbeitsausführung kann der Arbeitgeber gemäß § 106 S. 2 GewO auch Weisungen zum arbeitsbegleitenden Verhalten der Arbeitnehmer bzw. zur Ordnung im Betrieb erteilen (Bsp.: Alkohol- und Rauchverbot, Kleiderordnung usw.)[20]. Oftmals werden derartige abstrakt-generelle Regelungen aber bereits Gegenstand einer Betriebsvereinbarung sein (§ 87 Abs. 1 Nr. 1 BetrVG).

Das Weisungsrecht stellt ein einseitiges Leistungsbestimmungsrecht i.S.d. §§ 315 ff. BGB dar. Seine Ausübung bewirkt eine unmittelbare Änderung der Arbeitsbedingungen.[21] Auf der individualrechtlichen Ebene ist die Weisungsmacht des Arbeitgebers durch den Inhalt des Arbeitsvertrages begrenzt, so dass die Arbeitspflicht nur innerhalb des arbeitsvertraglich festgelegten Rahmens konkretisiert werden kann. Darüber hinaus können sich Schranken des Weisungsrechts aus weiteren vorrangigen Rechtsquellen ergeben, namentlich aus einer Betriebsvereinbarung, einem anwendbaren Tarifvertrag sowie insbesondere aus gesetzlichen Regelungen (§ 106 S. 1 GewO). Eine erste gesetzliche Schranke enthält § 106 S. 1 GewO selbst. Nach dieser Vorschrift ist der Arbeitgeber verpflichtet, bei der Ausübung des Weisungsrechts billiges Ermessen zu wahren. Dies setzt voraus, dass der Arbeitgeber die wesentlichen Umstände des Einzelfalls abwägt und die gegenseitigen Interessen angemessen berücksichtigt.[22] Insoweit hat der Arbeitgeber auch die mittelbare Drittwirkung einschlägiger Grundrechte zu berücksichtigen.[23]

2. Zur Anerkennung eines „weisungsfreien Eigenbereichs" des Arbeitnehmers

Bei höherqualifizierten Tätigkeiten kann das Weisungsrecht zudem durch einen sog. „weisungsfreien Eigenbereich" des Arbeitnehmers begrenzt sein.[24] Verfügt der Arbeitnehmer im Verhältnis zu seinem Arbeitgeber über die größere

---

19 BAG, Urt vom 27.3.1980, – 2 AZR 506/78, AP § 611 BGB Direktionsrecht Nr. 26 m. Anm. *Löwisch*.

20 Beispiele nach *Hromadka/Maschmann*, S. 190, Rn. 8.

21 *Hromadka/Maschmann*, S. 190, Rn. 12.

22 BAG, Urt. vom 29.8.1991, – 6 AZR 593/88, AP § 611 BGB Direktionsrecht Nr. 38.

23 Im Hinblick auf die Berücksichtigung von Art. 4 GG bei Gewissenskonflikten vgl. BAG, Urt. vom 20.12.1984, – 2 AZR 436/83, AP § 611 BGB Direktionsrecht Nr. 27 m. Anm. *Brox*.

24 MüArbR/*Reichold*, § 36, Rn. 5.

Sachkompetenz, folgt diese Schranke aus der Natur der Sache.[25] Sofern das Wesen der geschuldeten Arbeitsleistung darin besteht, dass die Tätigkeit frei ausgeübt wird (Bsp.: Wissenschaftler), ergibt sich der weisungsfreie Eigenbereich dagegen unmittelbar aus dem Arbeitsvertrag.

Hiervon abweichend geht *Tillmanns* von einer weisungsrechtsbeschränkenden „Leistungskonkretisierungsbefugnis" aller Arbeitnehmer aus, die unabhängig von der Art der Tätigkeit bestehen soll.[26] Sie begründet ihre Auffassung damit, dass sich bestehende Unklarheiten im Hinblick auf die Bestimmung der Leistungspflicht im Schuldrecht stets zu Lasten des Gläubigers auswirkten. Dies habe zur Folge, dass der Schuldner insoweit seine Leistung selbst bestimmen könne.[27] Im Arbeitsverhältnis komme der Leistungskonkretisierungsbefugnis eine besondere Bedeutung zu, da sie verhindere, dass sich der Arbeitnehmer in eine „Marionette" bzw. in ein „Objekt" des Arbeitgebers verwandle.[28]

Die pauschale Annahme eines allen Arbeitsverhältnissen inhärenten weisungsfreien Eigenbereichs vermag nicht zu überzeugen. Dagegen spricht bereits der Wortlaut von § 106 S. 1 GewO. Darüber hinaus rechtfertigt sich die Zuweisung des Betriebs- und Wirtschaftsrisikos an den Arbeitgeber (§ 615 S. 2 BGB) nur vor dem Hintergrund seiner Steuerungsbefugnis in Bezug auf die betrieblichen Abläufe. Ohne ein umfassendes Weisungsrecht des Arbeitgebers liefe diese Steuerungsbefugnis weitgehend leer. Sofern ausnahmsweise ein weisungsfreier Eigenbereich angenommen wird, handelt es sich hierbei um Tätigkeiten, bei denen der Arbeitgeber dem Arbeitnehmer entweder bewusst „freie Hand" lässt oder er mangels Sachkompetenz ohnehin zu einer inhaltlichen Steuerung der Tätigkeit nicht in der Lage ist. Angesichts des Schadenspotentials sachwidriger Weisungen ist es aus Gründen des Verkehrsschutzes deshalb sogar geboten, dass etwa ein Chefarzt von inhaltlichen Weisungen der Krankenhausleitung frei bleibt. Solche Erwägungen stellen jedoch tätigkeitsspezifische Ausnahmen dar, so dass eine generalisierende Übertragung auf alle Arbeitsverhältnisse ausscheidet. So hat auch das Bundesarbeitsgericht in seinem Urteil vom 11.12.2003 ausdrücklich klargestellt, dass der Arbeitnehmer seine Leistungspflicht nicht willkürlich selbst bestimmen kann.[29] Das bedeutet keineswegs, dass der Arbeitnehmer hierdurch zu

---

25 MüArbR/*Reichold*, § 36, Rn. 5.

26 *Tillmanns*, Strukturfragen, S. 128, für die die Frage nach dem Leistungsmaßstab systematisch deshalb nur unter dem Gesichtspunkt einer gesetzlichen Beschränkung der Leistungskonkretisierungsbefugnis des Dienstverpflichteten eine Rolle spielt.

27 *Tillmanns*, Strukturfragen, S. 111 ff.

28 *Tillmanns*, Strukturfragen, S. 130.

29 So ausdrücklich BAG, Urt. vom 11.12.2003, – 2 AZR 667/02, BAGE 109, 87, 93.

einer „Marionette“ degradiert wird. Dies ist schon deshalb nicht möglich, weil der Arbeitgeber im Rahmen des von ihm zu wahrenden billigen Ermessens die objektiven Wertentscheidungen der Grundrechte zu berücksichtigen hat.[30] Hierzu gehört an erster Stelle Art. 1 Abs. 1 GG, der die Herabstufung der Person zum bloßen Objekt zweifelsfrei verbietet.[31] Von einem weisungsfreien Eigenbereich kann deshalb allenfalls insoweit gesprochen werden, als sich rechtswirksame Weisungen des Arbeitgebers stets im Rahmen der grundrechtlichen Schrankensystematik bewegen müssen. Dies stellt jedoch keine spezifische Besonderheit des Schuldrechts dar.

II. Zielvereinbarungen und Zielvorgaben

Auf der arbeitsvertraglichen Ebene zu verorten sind auch sog. Zielvereinbarungen sowie Zielvorgaben. Insbesondere mit Blick auf die Zielvereinbarungen besteht über die dogmatische Einordnung bis heute keine letzte Klarheit. Obwohl es nicht Aufgabe der vorliegenden Untersuchung sein kann, die hiermit verbundenen Fragestellungen umfassend zu beleuchten, sollen die Auswirkungen von Zielvereinbarungen und Zielvorgaben auf das Pflichtenprogramm des Arbeitnehmers, insbesondere auf dessen Leistungspflichten, im Folgenden kurz dargestellt werden.

1. Zielvereinbarungen

Zielvereinbarungen sind in der Praxis immer häufiger anzutreffen.[32] In ihnen definieren die Arbeitsvertragsparteien bestimmte Ziele, die der Arbeitnehmer während einer gewissen Zeitperiode, in der Regel im Laufe eines Geschäftsjahres, erreichen soll.[33] Von dem Grad der Zielerreichung hängt – dem Grunde und der Höhe nach – ab, ob der Arbeitnehmer neben dem Grundgehalt eine weitere Vergütung – einen Bonus – erhält.[34] Umstritten ist, ob Zielvereinbarungen dazu geeignet sind, die Arbeitspflicht in Richtung einer Erfolgsherbeiführungspflicht im werkvertraglichen Sinne zu modifizieren.

Die wohl herrschende Ansicht im Schrifttum geht davon aus, dass sich der dienstvertragliche Charakter des Arbeitsvertrages durch den Abschluss einer

---

30 Vgl. oben Zweites Kapitel § 1 A.

31 Zuletzt BVerfG, Urt. vom 15.2.2006, – 1 BvR 357/05, BVerfGE 115, 118, 153.

32 MüArbR/*Krause*, § 57, Rn. 36; *Verstege*, Die Kündigung wegen geminderter Leistungsfähigkeit des Arbeitnehmers, S. 69 m.w.N.

33 HWK/*Thüsing*, § 611 BGB, Rn. 116.

34 Schaub/*Linck*, § 77, Rn. 1.

Zielvereinbarung nicht ändert. Der Arbeitnehmer sei nicht verpflichtet, den in der Zielerreichung liegenden Erfolg herbeizuführen.[35] Diese Ansicht verdient Zustimmung. Zwar sind die Vertragsparteien aufgrund ihrer Vertragsautonomie grundsätzlich nicht daran gehindert, durch den Abschluss einer Zielvereinbarung auch werkvertragliche Elemente in den Dienstvertrag einzuführen. Allerdings lässt eine verständige Auslegung der Zielvereinbarungsabrede gemäß §§ 133, 157 BGB in aller Regel nur den Schluss zu, dass der Arbeitnehmer das Risiko einer Nichterreichung der vereinbarten Ziele allein bezogen auf das Entgelt trägt. Eine Auslegung der Zielvereinbarung dahingehend, dass im Fall der Zielverfehlung die §§ 634 ff. BGB zur Anwendung gelangen sollen, ist demgegenüber in aller Regel nicht gerechtfertigt. Auch eine Erfüllungsklage des Dienstherrn ist nicht möglich.[36]

Berwanger nimmt demgegenüber an, der Arbeitnehmer verspreche durch den Abschluss einer Zielvereinbarung mit seiner Unterschrift ein bestimmtes persönliches Leistungsvermögen, an dem er sich nach dem Grundsatz *pacta sunt servanda* festhalten lassen müsse.[37] Diese Sichtweise begegnet jedoch Bedenken. Denn zum einen wäre eine Erfolgsherbeiführungspflicht ohnehin nur für Zielvereinbarungen denkbar, die individuelle Ziele zum Gegenstand haben, nicht aber für Abreden, die etwa auf den Unternehmenserfolg abheben, auf den der Arbeitnehmer keinen individuell messbaren Einfluss hat. Zum anderen eröffnet die Zielvereinbarung – auch soweit sie konkret-individuelle Ziele festlegt – regelmäßig nur eine „zusätzliche" Verdienstmöglichkeit für den Arbeitnehmer.[38] Erreicht er die Ziele zum Ende des Kalender- oder Geschäftsjahres nicht, so geht er nur des Bonus verlustig. Arbeitsvertragliche Pflichten hat er hierdurch per se noch nicht verletzt.[39] Allerdings ist es richtig, wenn darauf hingewiesen wird, dass der Wegfall der zusätzlichen Vergütung mangels Zielerreichung arbeitsrechtliche Reaktionen nicht prinzipiell ausschließt.[40] Denn der Arbeitnehmer bleibt unabhängig von der Zielvereinbarung dazu verpflichtet, in Bezug auf die

---

35 Z.B. *Däubler*, ZIP 2004, 2209, 2210; MüArbR/*Krause*, § 57, Rn. 38; *Lischka*, BB 2007, 552, 553.

36 *Riesenhuber/v. Steinau-Steinrück*, NZA 2005, 785, 786.

37 *Berwanger*, BB 2003, 1499, 1504.

38 HWK/*Thüsing*, § 611 BGB, Rn. 116.

39 A.A. *Verstege*, Die Kündigung wegen geminderter Leistungsfähigkeit des Arbeitnehmers, S. 69, der allerdings nicht zwischen Zielvorgabe und Zielvereinbarung differenziert.

40 *Bauer/Diller/Göpfert*, BB 2002, 882, 886.

Arbeitsleistung professionelle Standards einzuhalten.[41] Für die Frage, ob diese verletzt sind, können Zielvereinbarungen, die mit mehreren vergleichbaren Arbeitnehmern geschlossen werden, durchaus ergänzend als Indiz herangezogen werden.[42] Rechtsprechung zur kündigungsrechtlichen Relevanz von Zielvereinbarungen ist – soweit ersichtlich – bislang jedoch noch nicht ergangen.

2. Zielvorgaben

Von Zielvereinbarungen sind die sog, Zielvorgaben zu unterscheiden.[43] Während es sich bei Zielvereinbarungen um arbeitsvertragliche Nebenabreden handelt, die der Leistungssteigerung durch Motivation des Arbeitnehmers dienen,[44] kann der Arbeitgeber eine Zielvorgabe einseitig auf Grund seines Weisungsrechts gemäß § 106 S. 1 GewO „vorgeben". Für Zielvorgaben gelten deshalb die oben unter I. 1. dargestellten Grundsätze. Das bedeutet gleichzeitig, dass eine Zielvorgabe für den Arbeitnehmer verbindlich ist. Ihre Nichterfüllung stellt somit grundsätzlich eine Verletzung der Arbeitspflicht dar. Als Leistungskonkretisierung durch den Arbeitgeber unterliegt eine Zielvorgabe aber ebenfalls der weisungsrechtlichen Billigkeitskontrolle,[45] so dass eine Überforderung der Arbeitnehmer durch einseitige Leistungsvorgaben nicht zu befürchten ist.

B. Kollektive Regelungsinstrumente

I. Betriebsvereinbarungen

Auf kollektivrechtlicher Ebene sind zunächst Betriebsvereinbarungen dazu geeignet, das Pflichtenprogramm des Arbeitnehmers zu beeinflussen. Gemäß § 77 Abs. 4 S. 1 BetrVG wirken Betriebsvereinbarungen unmittelbar und zwingend auf das Arbeitsverhältnis ein (sog. normative Wirkung). Von zentraler Bedeutung sind in diesem Zusammenhang die zwingenden Mitbestimmungsrechte des Betriebsrates in sozialen Angelegenheiten (§ 87 Abs. 1 BetrVG). So hat der Arbeitgeber den Betriebsrat etwa gemäß § 87 Abs. 1 Nr. 3 BetrVG bei der Festlegung von Überstunden oder gemäß § 87 Abs. 1 Nr. 1 BetrVG bei Fragen der Ordnung und des Verhaltens der Arbeitnehmer im Betrieb zu beteiligen. Auch bei Fragen der betrieblichen Lohngestaltung ist der Betriebsrat zwingend zu beteiligen, namentlich bei der Aufstellung von Entlohnungsgrundsätzen sowie

41 Zu dem Leistungsmaßstab im Arbeitsverhältnis unten Drittes Kapitel § 5.

42 Z.B. *v. Hoyningen-Huene/Linck/Krause*, § 1 KSchG, Rn. 685.

43 MüArbR/*Krause*, § 57, Rn. 37.

44 HWK/*Thüsing*, § 611 BGB, Rn. 116: „Management by Objectives".

45 BAG, Urt. vom 12.12.2007, – 10 AZR 97/07, BAGE 125, 147, 153.

der Einführung und Anwendung neuer Entlohnungsmethoden (§ 87 Abs. 1 Nr. 10 BetrVG). Gegenstand einer Betriebsvereinbarung nach § 87 Abs. 1 Nr. 10 BetrVG können insbesondere Prämienlohnverfahren sein.[46] Das ist mit Blick auf die Feststellung der geschuldeten Leistungspflicht insofern von Bedeutung, als die Parameter für eine Berechnung des Prämienlohns in der Regel zwar nur abstrakte Werte darstellen[47], für die Feststellung des konkreten Umfangs der geschuldeten Arbeitsleistung aber eine Indizfunktion entfalten können.[48]

II. Tarifverträge

Eine weitere wichtige Rechtsquelle für die Pflichten des Arbeitnehmers stellen Tarifverträge dar. Ebenso wie Betriebsvereinbarungen entfalten sie hinsichtlich des Teils, der sich auf den Inhalt, den Abschluss oder die Beendigung von Arbeitsverhältnissen bezieht, normative Wirkung (§ 4 Abs. 1 TVG). Voraussetzung der zwingenden Wirkung ist jedoch, dass die Arbeitsvertragsparteien *qua* Verbandsmitgliedschaft tarifgebunden sind.[49] Haben die Arbeitsvertragsparteien die Anwendung eines Tarifvertrags lediglich vertraglich vereinbart, bleibt es bei einer rein individualrechtlichen Normwirkung der Tarifregelungen.

Das Problem, unter welchen Voraussetzungen Tarifverträge eine Verpflichtung des Arbeitnehmers zu einer sog. „Normalleistung" verbindlich festlegen können, wird an anderer Stelle untersucht (Drittes Kapitel § 3 A.). Im Übrigen haben Tarifverträge ihrem Schutzzweck entsprechend zumeist Regelungen zum Gegenstand, die das Pflichtenprogramm des Arbeitnehmers einschränken, insbesondere in zeitlicher Hinsicht.[50] Darüber hinaus gilt im Konfliktfall zwischen Arbeits- und Tarifvertrag das Günstigkeitsprinzip (§ 4 Abs. 3, 2. Alt. TVG).[51]

C. Gesetz

Ferner nehmen gesetzliche Bestimmungen Einfluss auf das Pflichtenprogramm des Arbeitnehmers, wenn auch in der Regel in einer den Pflichteninhalt

46 Richardi/*Richardi*, § 87, Rn. 737.

47 BAG, Urt. vom 20.3.1969, – 2 AZR 283/68, AP § 123 GewO Nr. 27.

48 Vgl. hierzu unten Drittes Kapitel § 3 A.

49 Zu dem Streit, ob bei Kollision von arbeits- und tarifvertraglichen Regelungen der Arbeitsvertrag insoweit unwirksam ist oder nur verdrängt wird, siehe ErfK/*Franzen*, § 4 TVG, Rn. 3.

50 *Hanau/Adomeit*, S. 177, Rn. 657.

51 Die Einzelheiten des anzustellenden Günstigkeitsvergleichs sind freilich nicht unumstritten, siehe hierzu etwa ErfK/*Franzen*, § 4 TVG, Rn. 35 ff.

einschränkenden Funktion. So hat sich im Laufe des letzten Jahrhunderts eine weitreichende Arbeitnehmerschutzgesetzgebung entwickelt.[52] Arbeitsrechtliche Schutzgesetze zeichnen sich unter anderem dadurch aus, dass ihre Regelungen einseitig zwingender Natur sind, was Abweichungen zuungunsten des Arbeitnehmers verbietet.[53] Hierzu zählen etwa das BUrlG, das für jeden Arbeitnehmer einen Anspruch auf bezahlten Erholungsurlaub gewährt (§ 1 BUrlG), oder das MuSchG, welches in § 3 Abs. 1 ein Beschäftigungsverbot für werdende Mütter enthält.

Es existieren aber auch gesetzliche Vorschriften, die die Anforderungen an das Verhalten des Arbeitnehmers erweitern. So sind Beschäftigte etwa nach § 15 Abs. 1 S. 1 ArbSchG verpflichtet, nach ihren Möglichkeiten sowie gemäß der Unterweisung und Weisung des Arbeitgebers für ihre Sicherheit und Gesundheit bei der Arbeit Sorge zu tragen. Daneben ist der Arbeitnehmer gemäß § 241 Abs. 2 BGB verpflichtet, Rücksichtnahme auf die Rechte, Rechtsgüter und Interessen des Arbeitgebers zu nehmen.[54] Die Frage, ob das Gesetz – ähnlich der primär das Verschulden betreffenden Vorschrift des § 276 Abs. 2 BGB – einen Maßstab zur Bewertung von Quantität und Qualität der Dienste bereithält, wird ausführlich im Dritten Kapitel der vorliegenden Arbeit erörtert.

§ 2. Hauptpflicht und Nebenpflichten

Nachdem in § 1 die Rechtsquellen des Pflichtenprogramms dargestellt wurden, soll im Folgenden eine inhaltliche Einordnung der einzelnen Pflichten vorgenommen werden.

A. Die Hauptpflicht des Arbeitnehmers

Die Haupt- bzw. Hauptleistungspflicht des Arbeitnehmers ist die Arbeitspflicht. Nach § 611 Abs. 1 BGB ist er zur Leistung der versprochenen Dienste verpflichtet.[55] Mit der Arbeitspflicht korrespondiert die Pflicht des Arbeitgebers zur Zahlung der vereinbarten Vergütung. Heute besteht zudem weitgehend Einigkeit darüber, dass das Arbeitsverhältnis ein rein schuldrechtlich zu beurteilendes

---

52 Der in Art. 30 Abs. 1 Nr. 1 EinigV enthaltene Gesetzgebungsauftrag zur Schaffung eines einheitlichen Arbeitsvertragsgesetzes ist indessen bis heute nicht verwirklicht worden. Zu den Vorschlägen aus der Wissenschaft vgl. zuletzt den ArbVG-E (Stand: November 2007) von *Henssler/Preis*, NZA-Beil. 1/2007, 6.

53 HWK/*Thüsing*, Vor § 611 BGB, Rn. 143.

54 Hierzu sogleich unter § 2 B. II. 2.

55 *A. Junker*, S. 110, Rn. 201.

Austauschverhältnis darstellt.[56] Die §§ 320 ff. BGB finden infolgedessen auf den Arbeitsvertrag unmittelbare Anwendung.

Der Anspruch des Arbeitgebers auf die Arbeitsleistung erlischt gem. § 362 Abs. 1 BGB, wenn der Arbeitnehmer als der richtige Schuldner dem Arbeitgeber als dem richtigen Gläubiger die richtige Leistung zur richtigen Zeit am richtigen Ort bewirkt.[57] Obwohl § 611 Abs. 1 BGB von den „versprochenen" Diensten spricht, sind die die Arbeitspflicht charakterisierenden Parameter Zeit, Ort, Art und Umfang der Leistung durch die vertragliche Vereinbarung in aller Regel nicht umfassend festgelegt. Es ist daher zunächst Sache des Arbeitgebers, die Arbeitspflicht durch Ausübung seines Weisungsrechts innerhalb der durch den Arbeitsvertrag gezogenen Grenzen weiter zu konkretisieren.

I. Schuldner und Gläubiger der Arbeitsleistung

1. Schuldner

Schuldner der Arbeitsleistung ist der Arbeitnehmer.[58] Gemäß § 613 S. 1 BGB hat er die Dienste im Zweifel in Person zu leisten. Die Vorschrift enthält eine Auslegungsregel, wonach der Arbeitnehmer grundsätzlich nicht berechtigt sein soll, die Arbeitsleistung durch einen Dritten erbringen zu lassen.[59] Hierin liegt ein wesentlicher Unterschied zum Werkvertrag, der eine regelmäßige Fixierung auf die Person des Schuldners nicht kennt. Die Verpflichtung des Arbeitnehmers zur persönlichen Leistung der geschuldeten Dienste bewirkt darüber hinaus, dass das Arbeitsverhältnis im Zweifel mit dem Tod des Arbeitnehmers endet.[60] Die Erben sind vorbehaltlich einer anderen Abmachung weder berechtigt noch verpflichtet die Arbeitsverpflichtung weiter zu erfüllen.[61]

Im Arbeitsvertrag wird in Bezug auf die Höchstpersönlichkeit der Arbeitspflicht meist nichts vereinbart sein. Abweichende Regelungen, nach denen der Arbeitnehmer berechtigt sein kann, eine Ersatzperson zu stellen, sind zwar zulässig, kommen aber in der Praxis aber eher selten vor.[62] Dennoch trifft es nicht zu, wenn im arbeitsrechtlichen Schrifttum angenommen wird, dass die versprochene Dienstleistung schlechterdings nicht von der Person

---

56 Hierzu *Annuß*, ZfA 2004, 283, 308 m.w.N.; *Richardi*, ZfA 1988, 221, 222; umfassend zur Rechtsnatur des Arbeitsverhältnisses MüArbR/*Richardi*, § 3, Rn. 15 ff.

57 *A. Junker*, S. 110, Rn. 201.

58 *Hromadka/Maschmann*, S. 187, Rn. 1.

59 MüKo/*Müller-Glöge*, § 613, Rn. 2.

60 ErfK/*Preis*, § 613, Rn. 5.

61 *Hromadka/Maschmann*, S. 187, Rn. 2.

62 ErfK/*Preis*, § 613, Rn. 3.

des Arbeitnehmers getrennt werden könne.[63] Nach § 613 S. 1 BGB sind die versprochenen Dienste nur „im Zweifel" in Person zu leisten, aber eben nicht zwingend.[64] Ein immer wieder genanntes Beispiel, in dem die Arbeitsleistung nicht mit der Person eines einzelnen Arbeitnehmers verbunden ist, liegt in der Tätigkeit eines Hausmeisterehepaares.[65] Hier wird die vertragliche Abrede gemäß §§ 133, 157 BGB dahingehend interpretiert, dass beide Ehepartner dazu berechtigt sind, sich in Bezug auf die Erfüllung der Arbeitspflicht gegenseitig zu vertreten.[66]

2. Gläubiger

Spiegelbildlich zu der Zweifelsregel des § 613 S. 1 BGB kann der Arbeitgeber als Gläubiger des Dienstleistungsanspruchs diesen im Zweifel ebenfalls nicht auf einen Dritten übertragen (§ 613 S. 2 BGB). Abweichende Vereinbarungen sind aber auch hier zulässig.[67] Zudem folgt aus dem Abtretungsverbot nicht, dass der Arbeitnehmer stets verpflichtet ist, die Arbeitsleistung in dem Betrieb seines Arbeitgebers zu erbringen.[68] So kann der Arbeitnehmer bei Bestehen einer entsprechenden vertraglichen Vereinbarung auch dazu verpflichtet sein, im Betrieb eines Dritten tätig zu werden (Bsp.: Consultant).[69] Hierin liegt für sich genommen noch nicht die Vereinbarung eines Leiharbeitsverhältnisses, da der Arbeitnehmer auch im Fall des Tätigwerdens in einem Fremdbetrieb den Anspruch auf die Arbeitsleistung allein gegenüber seinem Arbeitgeber erfüllt. Im Unterschied dazu ist das Leiharbeitsverhältnis von vornherein auf eine Leistungserbringung gegenüber dem Entleiher gerichtet.[70]

Anders als beim Tod des Arbeitnehmers, bleibt das Arbeitsverhältnis bei einem Versterben des Arbeitgebers in aller Regel bestehen.[71] Der Anspruch auf die Dienste geht gemäß § 1922 BGB im Wege der Universalsukzession auf den Erben über. § 613 S. 2 BGB steht dem nicht entgegen, da die Vorschrift nur die Unübertragbarkeit des Anspruchs auf die Dienstleistung regelt, nicht hingegen

63 So aber Staudinger/*Fischinger*, § 611, Rn. 532.
64 ArbG Ulm, Urt. vom 23.7.1957 – II Ca 537/57 – (juris).
65 Z.B. HWK/*Thüsing*, § 613, Rn. 4.
66 ErfK/*Preis*, § 613, Rn. 3.
67 ErfK/*Preis*, § 613, Rn. 9.
68 *A. Junker*, S. 111, Rn. 203.
69 *A. Junker*, S. 112, Rn. 203.
70 *Zöllner/Loritz/Hergenröder*, S. 310.
71 ErfK/*Preis*, § 613, Rn. 11.

die Vererbbarkeit.[72] Nur in Ausnahmefällen, etwa dann, wenn mit dem Tod des Arbeitgebers auch der Zweck des Arbeitsverhältnisses entfällt, findet dieses sein Ende.[73] Im Übrigen tritt der Erbe in das Arbeitsverhältnis ein, wobei diesem insoweit ein ordentliches Kündigungsrecht zustehen kann.[74]

II. Art der Arbeitsleistung

Die Art der Arbeitsleistung betrifft die Frage, „was" zu leisten ist.[75] Da die geschuldete Tätigkeit arbeitsvertraglich in der Regel nur rahmenmäßig umschrieben ist[76], kann für die Bestimmung hilfsweise das einschlägige Berufsbild herangezogen werden (z.B. Bäcker, Schreiner, Rechtsanwalt usw.).[77] Auch die nach Tätigkeitsmerkmalen erfolgende tarifliche Eingruppierung des Arbeitnehmers lässt regelmäßig Schlüsse auf die Art der geschuldeten Dienstleistung zu. Gemäß § 2 Abs. 1 Nr. 5 NachwG ist die vom Arbeitnehmer zu leistende Tätigkeit im Arbeitsvertrag kurz zu charakterisieren oder zu beschreiben. Ein bestimmter Konkretisierungsgrad ist durch die Vorschrift nicht vorgegeben, was damit zusammenhängt, dass der Leistungsvollzug im Einzelfall auf Einzelweisungen durch den Arbeitgeber angewiesen ist. Dabei ist der Weisungsspielraum des Arbeitgebers, dem Arbeitnehmer mittels Versetzung einen anderen Tätigkeitsbereich zu übertragen, umso größer, je weiter die vertragliche Vereinbarung im Hinblick auf die Art der Tätigkeit gefasst ist.[78] Soweit sich die Tätigkeit des Arbeitnehmers durch langjährige Ausübung auf eine bestimmte - insbesondere eine höherwertige - Tätigkeit konkretisiert hat, kann das Weisungsrecht des Arbeitsgebers allerdings eingeschränkt sein.[79] Eine Konkretisierung setzt jedoch voraus, dass kein diesbezüglicher Vorbehalt des Arbeitgebers besteht und weitere Umstände hinzutreten, aus denen der Arbeitnehmer schließen konnte, dass eine Änderung seiner Tätigkeit nicht mehr erfolgen werde (Umstandsmoment).[80]

---

72 ErfK/*Preis*, § 613, Rn. 11.

73 ErfK/*Preis*, § 613, Rn. 11.

74 MüKo/*Müller-Glöge*, § 613, Rn. 22.

75 MüArbR/*Reichold*, § 36, Rn. 14: „fachliche Arbeitsaufgabe".

76 BAG,Urt. vom 29.8.1991, – 6 AZR 593/88, AP § 611 BGB Direktionsrecht Nr. 38.

77 HWK/*Thüsing*, § 611 BGB, Rn. 289.

78 Der individualrechtliche Versetzungsbegriff ist nicht identisch mit dem betriebsverfassungsrechtlichen Versetzungsbegriff i. S. d. § 95 Abs. 3 S. 1 BetrVG. Nur insoweit es sich auch im betriebsverfassungsrechtlichen Sinne um eine Versetzung handelt, ist das Beteiligungsrecht des Betriebsrats ausgelöst.

79 MüArbR/*Reichold*, § 36, Rn. 16.

80 Schaub/*Linck*, § 45, Rn. 29.

Je nach der Art der vereinbarten Tätigkeit kann der Arbeitgeber außerdem die Verrichtung von Nebentätigkeiten verlangen (sog. Zusammenhangstätigkeiten[81]). Nebentätigkeiten sind unmittelbarer Bestandteil der Arbeitspflicht und deshalb von den arbeitsvertraglichen Nebenpflichten zu unterscheiden. Beispiele für eine Nebentätigkeit sind etwa die Reinigung der bedienten Maschine oder das Anspitzen von Bleistiften.[82]

Darüber hinaus kann der Arbeitnehmer bei Vorliegen einer betrieblichen Notlage auch verpflichtet sein, vorübergehend fachfremde Arbeiten zu übernehmen (Bsp.: Rohstoffe oder Lebensmittel drohen zu verderben). Die Verpflichtung zur Notarbeit ergibt sich aus § 241 Abs. 2 BGB, wonach der Arbeitnehmer verpflichtet ist, in den Grenzen der Zumutbarkeit Schäden von den Rechtsgütern des Arbeitgebers abzuwenden.[83]

III. Ort der Arbeitsleistung

Ebenso wie die Frage danach, „was" der Arbeitnehmer zu leisten verpflichtet ist, beantwortet sich auch die Frage „wo" die Arbeitsleistung zu erbringen ist in erster Linie nach dem Arbeitsvertrag. Subsidiär ist die Auslegungsvorschrift des § 269 Abs. 1 BGB zu beachten, wonach sich der Arbeitsort aus den Umständen, insbesondere aus der Natur des Schuldverhältnisses, ergeben kann. Gemäß § 2 Abs. 1 Nr. 4 NachwG ist auch der Arbeitsort in die Niederschrift über die wesentlichen Vertragsbedingungen aufzunehmen.

Leistungs- und Erfüllungsort der Arbeitspflicht ist in aller Regel der Einstellungsbetrieb.[84] Ein Anspruch, an einem bestimmten Ort innerhalb des Betriebs beschäftigt zu werden, besteht grundsätzlich nicht.[85] Der Arbeitgeber kann den konkreten Leistungsort des Arbeitnehmers innerhalb des Betriebs daher ohne weiteres kraft seines Weisungsrechts näher bestimmen. Für betriebsinterne Arbeitsplatzänderungen ist der Begriff der „Umsetzung" gebräuchlich.[86] Das schließt freilich nicht aus, dass zugleich der betriebsverfassungsrechtliche Versetzungsbegriff gemäß § 95 Abs. 3 BetrVG erfüllt ist. Ist dies der Fall, ist ein bestehender Betriebsrats nach § 99 BetrVG zu beteiligen.

---

81 ErfK/*Preis*, § 106 GewO, Rn. 14; *Hromadka*, DB 1995, 2601, 2602.

82 Beispiel nach Schaub/*Treber*, § 183, Rn. 47.

83 BAG, Urt. vom 3.12.1980, – 5 AZR 477/78, AP § 615 BGB Böswilligkeit Nr. 4.

84 BAG Urt. vom 3.12.1985, – 4 AZR 325/84, AP § 1 TVG Tarifverträge: Großhandel Nr. 5.

85 *A. Junker*, S. 117, Rn. 214.

86 MüArbR/*Reichold*, § 36, Rn. 51.

Lässt sich aus der Art der Tätigkeit bzw. dem Berufsbild entnehmen, dass der Arbeitnehmer seine Arbeitspflicht an wechselnden Arbeitsorten außerhalb der Betriebs zu erfüllen hat, ist die Vereinbarung einer Versetzungsklausel entbehrlich. Die Pflicht zur außerbetrieblichen Leistungserbringung ergibt sich in diesen Fällen bereits aus einer normativen Auslegung des Arbeitsvertrages (§§ 133, 157 BGB).

Da die Arbeitsleistung regelmäßig nicht an einen geographischen Ort, sondern an einen bestimmten Betrieb des Arbeitgebers gebunden ist, kann im Fall einer Betriebsverlegung im Rahmen der Zumutbarkeit eine „Folgepflicht" des Arbeitnehmers bestehen.[87] Soweit die geschuldete Arbeitsleistung durch die Betriebsverlegung eine wesentliche Änderung erfahren würde, kann der Arbeitgeber eine Versetzung aber nur im Wege der betriebsbedingten Änderungskündigung durchsetzen.[88] Die dem Arbeitnehmer aus der „Folgepflicht" entstehenden Aufwendungen hat der Arbeitgeber analog § 670 BGB zu ersetzen.[89]

IV. Zeit der Arbeitsleistung

Gemäß § 2 Abs. 1 ArbZG ist unter Arbeitszeit die Zeit vom Beginn bis zum Ende der Arbeit ohne die Ruhepausen zu verstehen. Zwar bestimmt sich der Umfang der geschuldeten Arbeitszeit ebenfalls in erster Linie nach dem Arbeitsvertrag – so können die Arbeitsvertragsparteien etwa ein Vollzeit- oder ein Teilzeitarbeitsverhältnis vereinbaren[90] –, allerdings ist gerade die Zeit der Arbeitsleistung Gegenstand vielfältiger gesetzgeberischer Eingriffe geworden. So darf die werktägliche Arbeitszeit acht Stunden grundsätzlich nicht überschreiten (§ 3 S. 1 ArbZG). Sie kann nur dann auf bis zu zehn Stunden verlängert werden, wenn innerhalb von sechs Kalendermonaten oder innerhalb von 24 Wochen im Durchschnitt acht Stunden werktäglich nicht überschritten werden (§ 3 S. 2 ArbZG). Von diesen Vorgaben kann im Rahmen der Tariföffnungsklausel des § 7 Abs. 1 Nr. 1 ArbZG nur in geringem Umfang nach oben abgewichen werden.

Auch Betriebsvereinbarungen können Regelungen zur Arbeitszeit enthalten. Diese beziehen sich entsprechend der Reichweite des Mitbestimmungstatbestandes aus § 87 Abs. 1 Nr. 2 BetrVG nur auf die Lage der täglichen Arbeitszeit,

---

87 *Hromadka/Maschmann*, S. 218, Rn. 94.

88 Vgl. BAG, Urt. vom 2.3.2006, – 2 AZR 64/05, AP § 2 KSchG 1969 Nr. 84.

89 *Hromadka/Maschmann*, S. 218, Rn. 94; vgl. für den offentlichen Dienst BAG, Urt. vom 17.10.1960, – 4 AZR 143/59, BAGE 10, 104, 106.

90 ErfK/*Preis*, § 611 BGB, Rn. 652.

nicht dagegen auf ihre Dauer. Einzig in Fällen der vorübergehenden Verkürzung (Kurzarbeit) oder Verlängerung der betrieblichen Arbeitszeit (Überstunden) steht dem Betriebsrat gemäß § 87 Abs. 1 Nr. 3 BetrVG ein zwingendes Mitbestimmungsrecht zu. Wird arbeitsvertraglich keine konkrete Arbeitszeit vereinbart und existieren auch keine entsprechenden Regelungen in einer Betriebsvereinbarung oder einem Tarifvertrag, gilt als zu leistende Arbeitszeit die übliche Arbeitszeit im Betrieb oder in der Betriebsabteilung.[91]

B. Das Nebenpflichtenprogramm

I. Rechtsgrundlage der Nebenpflichten

Rechtliche Grundlage der Nebenpflichten ist die konkrete Pflichtenstruktur des Arbeitsverhältnisses.[92] Dies ergibt sich schon aus den §§ 242, 241 Abs. 2 BGB. Nach § 242 BGB ist der Schuldner verpflichtet, die Leistung so zu bewirken, wie Treu und Glauben mit Rücksicht auf die Verkehrssitte es erfordern.[93] Dieser allgemeine Grundsatz wird ergänzt durch die im Zuge der Schuldrechtsreform eingeführte Vorschrift des § 241 Abs. 2 BGB, wonach das Schuldverhältnis „nach seinem Inhalt" zur Rücksicht auf die Rechte, Rechtsgüter und Interessen des anderen Teils verpflichten kann. Die einzelnen Rücksichtnahmepflichten hängen somit ihrem Umfang und Inhalt nach vom Vertragszweck, der Verkehrssitte und den Anforderungen des redlichen Geschäftsverkehrs ab.[94]

Obwohl das Gesetz in § 241 Abs. 2 BGB ausdrücklich von einer Rücksichtnahmepflicht spricht, ist für die Nebenpflichten des Arbeitnehmers auch heute noch der Begriff der „Treuepflichten" gebräuchlich.[95] Seine Verwendung geht zurück auf die „sozialromantische"[96] Lehre *Otto v. Gierkes* vom deutschrechtlichen Ursprung des Dienstvertrages. Hiernach liege der unmittelbare Ursprung des heutigen Arbeitsvertrages in dem „deutschrechtlichen Treudienstvertrag".[97] Dieser wiederum habe seine Wurzeln nicht im Obligationen-, sondern im

---

91 LAG Baden-Württemberg, Urt. vom 28.10.1991, – 4b Sa 27/91, EzA § 77 BetrVG 1972 Nr. 44.

92 ErfK/*Preis*, § 611 BGB, Rn. 709.

93 Der Begriff der „Treue" in § 242 BGB meint „Vertragstreue", nicht „Treuepflicht", vgl. MüArbR/*Reichold*, § 47, Rn. 2.

94 Palandt/*Grüneberg*, § 241 BGB, Rn. 7.

95 Aus jüngster Zeit BAG, Urt. vom 20.9.2006, – 10 AZR 439/05, BAGE 119, 294, 297; vgl. auch MüKo/*Roth/Schubert*, § 242, Rn. 174.

96 MüKo/*Kramer*, Einl. zu §§ 241 ff. BGB, 5. Aufl. 2007, Rn. 107.

97 *v. Gierke*, FS Brunner, S. 37 ff.

„Personenrecht"; seine älteste Form sei der Vertrag des germanischen Gefolgsmannes mit seinem Gefolgsherrn.[98] Den wesentlichen Inhalt des Treudienstvertrages sah *v. Gierke* in der Herstellung eines „personenrechtlichen Bandes", der die Vertragsparteien in das „personenrechtliche Verhältnis von Herrn und Diener" setze.[99] Alle gegenseitigen Rechte und Pflichten stellen bei *v. Gierke* lediglich einen „Ausfluss der so geschaffenen persönlichen Rechtsstellung" dar, die ihre Zusammenführung in dem einheitlichen Zentralbegriff der gegenseitigen „Treue" finden.[100] Die Lehre vom deutschrechtlichen Ursprung des Arbeitsvertrages hatte in der ersten Hälfte des vergangenen Jahrhunderts großen Einfluss auf die Arbeitsrechtswissenschaft.[101] Auf sie gründeten sich nicht zuletzt die zahlreichen Versuche, das Arbeitsverhältnis zunächst aus dem Dienstvertragsrecht und letztlich vollständig aus dem Privatrechtssystem des BGB herauszulösen.[102] Teilweise wurde sogar bestritten, dass das Arbeitsverhältnis überhaupt ein Schuldverhältnis darstellt.[103] Auch die bis in die 1960er Jahre hinein vertretene Lehre vom „personenrechtlichen Gemeinschaftsverhältnis" findet ihre Wurzeln in den historischen Annahmen *v. Gierkes*.[104] Der postulierte „personenrechtliche Charakter"[105] des Arbeitsverhältnisses ist zudem immer wieder zum Anlass genommen worden, die gesetzlichen Leitlinien des BGB zu verlassen, wenn diese mit dem angeblichen „Wesen" des Arbeitsvertrages nicht vereinbar schienen.[106] Allerdings ist „personenrechtlich" kein exakter juristischer Begriff.[107] Auch im Übrigen vermag die „deutschrechtliche"

98 *v. Gierke*, FS Brunner, S. 37, 40.
99 *v. Gierke*, FS Brunner, S. 37, 40 f.
100 *v. Gierke*, FS Brunner, S. 37, 41.
101 Hierzu etwa MüArbR/*Richardi*, § 3, Rn. 15 ff.
102 Z.B. *Sinzheimer*, Über den Grundgedanken und die Möglichkeit eines einheitlichen Arbeitsrechts für Deutschland, 1914, S. 35, 49; *ders.*, Arbeitsrecht und Rechtssoziologie, S. 313, 322; zweifelnd an der Einordnung des Arbeitsrechts in das Privatrechtssystem auch noch *Däubler*, NZA 1988, 857, 862 ff.; ebenso *Gamillscheg*, BB 1992, 1631.
103 *Potthoff*, ArbR 1922, Sp. 267, 275/276: „Hätte *Gierke* nur eine Stunde lang vergessen können, daß er Jurist sei, so hätte ihm die Erkenntnis kommen müssen, daß dieses Rechtsverhältnis keine Obligation sein kann. Es liegt hier kein Austauschverhältnis vor, sondern ein Organisationsverhältnis. Es werden nicht Vermögenswerte getauscht, sondern Menschen zu einem Arbeitsverbande geeint."
104 Hierzu ausführlich *Annuß*, ZfA 2004, 283, 297.
105 So ausdrücklich BAG, Urt. vom 15.8.2002, – 2 AZR 195/01, BAGE 102, 197, 203.
106 Dies fordert ausdrücklich etwa *Dersch*, RdA 1949, 325, 326 f.
107 *Adomeit*, Gesellschaftsrechtliche Elemente im Arbeitsverhältnis, S. 6.

Herleitung des Arbeitsverhältnisses nicht zu überzeugen. So erkennt *Ballerstedt* in dem angeblichen Nachweis der Herkunft des Arbeitsvertrages aus dem deutschrechtlichen Treudienstvertrag gar ein „Beispiel von Dogmengeschichte miserabelster Art“[108]. Stattdessen ist das Dienstvertragsrecht des BGB – in das der Gesetzgeber ausweislich der §§ 613a, 615 S. 2, 619a, 622 BGB auch den Arbeitsvertrag eingeordnet hat – in (stark modifizierter) Anlehnung an den römisch-rechtlichen Konsensualkontrakt der *locatio conductio operarum* geregelt worden.[109] Vor diesem Hintergrund darf der Rückgriff auf einen angeblich „personenrechtlichen Charakter“ des Arbeitsverhältnisses nicht dazu führen, dass die wesentlichen Wertentscheidungen des BGB-Schuldrechts missachtet werden.[110] Dies gilt gleichermaßen für das Paradigma der „persönlichen Abhängigkeit“, das bis heute die Diskussion um den Arbeitnehmerbegriff prägt. Die Dogmatik zu den arbeitsrechtlichen „Treuepflichten“ steht insoweit exemplarisch für die Gefahr, die darin liegt, unter Inanspruchnahme eines „personalen Gehalts“ des Arbeitsverhältnisses das unmittelbare schuldrechtliche Vertragsgefüge zu verlassen und im Wege einer Art freien Rechtsschöpfung eine Pflichtenstruktur zu konstruieren, deren Inhalte nur noch vom jeweiligen sozialpolitischen Standpunkt des Rechtsanwenders abhängen.[111]

Die Ablehnung einer übergesetzlichen Treuepflicht des Arbeitnehmers bedeutet freilich nicht, dass das Arbeitsverhältnis keine Nebenpflichten kennt. Sie sind regelmäßig sogar stärker ausgeprägt, als dies in anderen schuldrechtlichen Austauschverhältnissen der Fall ist. Das ist aber keine Besonderheit des Arbeitsrechts, sondern liegt in dem Umstand begründet, dass das Arbeitsverhältnis ein Dauerschuldverhältnis darstellt. Bei diesen ist die Intensität der Vertragsbeziehungen typischerweise ausgeprägter, als bei Vertragstypen, die sich in einem einmaligen Leistungsaustausch erschöpfen.[112] Das insoweit verdichtete Nebenpflichtenprogramm ergibt sich jedoch nicht aus einer in die heutige Arbeitswelt nicht mehr so recht passenden Treuepflicht, sondern in erster Linie aus der Struktur des Arbeitsverhältnisses i.V.m. §§ 242, 241 Abs. 2 BGB.

---

108 *Ballerstedt*, RdA 1976, 5, 9.

109 Mot. II S. 455.; vgl. *Lotmar*, Der Arbeitsvertrag, 2001, S. 1768 zur Bedeutung der *locatio conductio* für das Dienstvertragsrecht des BGB; eingehend zur Einordnung des Arbeitsvertrages in das Zivilrechtssystem *Boemke*, Schuldvertrag und Arbeitsverhältnis, S. 203 f.; *Richardi*, ZfA 1988, 221 ff.

110 Kritisch schon ErfK/*Preis*, § 611 BGB, Rn. 707.

111 Ablehnend gegenüber dem Begriff der Treuepflicht auch Staub/*Weber*, § 60, Rn. 1.

112 ErfK/*Preis*, § 611 BGB, Rn. 707.

II. Einzelne Nebenpflichten

Aufgabe der vorliegenden Untersuchung ist es nicht, die zahlreichen Nebenpflichten des Arbeitnehmers erschöpfend darzustellen. An dieser Stelle sollen deshalb nur einige wichtige selbständige und unselbständige Nebenpflichten des Arbeitnehmers genannt werden, wobei eine trennscharfe Abgrenzung zwischen den einzelnen Nebenpflichten mitunter Schwierigkeiten bereitet.

1. Unselbständige Nebenpflichten

Unselbständige Nebenpflichten (sog. Nebenleistungspflichten) betreffen diejenigen Pflichten, welche die vertragliche Hauptpflicht, im Arbeitsverhältnis also die Arbeitspflicht, absichern sollen.[113] Nebenleistungspflichten können zwar nicht selbstständig erfüllt werden, sie stehen jedoch zu der Arbeitspflicht im Verhältnis der Akzessorietät.[114] Daraus folgt, dass der Schuldner mit der Verletzung einer unselbständigen Nebenpflicht in der Regel zugleich seine Hauptleistungspflicht verletzt.[115] Allgemein verlangen Nebenleistungspflichten von dem Arbeitnehmer, alles zu tun, was billigerweise von ihm verlangt werden kann, damit der Vertragszweck erfüllt wird.[116] Sie können – wie selbständige Nebenpflichten auch – als Handlungs- oder Unterlassungspflichten bestehen.

Neben den gemäß § 5 Abs. 1 EFZG bzw. § 16 Abs. 1 ArbSchG[117] gesetzlich als Nebenleistungspflichten normierten Anzeige- und Mitteilungspflichten gehört zu den unselbständigen Nebenpflichten etwa die Pflicht zur Herausgabe von Gegenständen oder Vorteilen, die der Arbeitnehmer während der Leistungserbringung erlangt[118]. Die bereits genannte Pflicht, in betrieblichen Notsituationen eine andere als die arbeitsvertraglich geschuldete Arbeitsleistung zu erbringen, stellt ebenfalls eine unselbständige Nebenpflicht dar.[119] Gleiches gilt für die Leistung von Erhaltungsarbeiten während eines andauernden Arbeitskampfes.[120] Soweit vom Vertragszweck vorausgesetzt, zählt auch die Durchführung oder Duldung von gesundheitlichen Kontrolluntersuchungen zu den Nebenleistungspflichten

---

113 *Larenz*, Schuldrecht I, § 2, S. 6 ff.

114 MüArbR/*Reichold*, § 47, Rn. 12.

115 So im Ergebnis auch MüArbR/*Reichold*, § 47, Rn. 12.

116 *Hromadka/Maschmann*, S. 222, Rn. 110.

117 *Hromadka/Maschmann*, S. 223, Rn. 112 verorten die Anzeigepflicht aus § 16 Abs. 1 ArbSchG bei den selbständigen Nebenpflichten.

118 BAG, Urt. vom 11.4.2006, – 9 AZR 500/05, BAGE 118, 16 („Bonusmeilen").

119 MüArbR/*Reichold*, § 47, Rn. 13 m.w.N.

120 Hierzu BAG, Urt. vom 30.3.1982, – 1 AZR 265/80, AP Art. 9 GG Arbeitskampf Nr. 74 m. Anm. *von Stebut*.

des Arbeitnehmers.[121] Dies gilt etwa für den Bereich der Fahrgastbeförderung. Gemäß § 48 Abs. 5 FeV wird die Fahrerlaubnis zur Fahrgastbeförderung für eine Dauer von nicht mehr als fünf Jahren erteilt. Sie wird nur dann für jeweils höchstens weitere fünf Jahre verlängert, wenn der Bewerber seine geistige und körperliche Eignung, insbesondere sein ausreichendes Sehvermögen nachweist (§ 12 Abs. 6 FeV).

In jüngster Zeit ist mehrfach die Frage aufgeworfen worden, ob den Arbeitnehmer eine Weiterbildungspflicht trifft, wenn sich die Anforderungen an seinen Arbeitsplatz verändern und die bisherigen Kenntnisse und Fähigkeiten nicht mehr ausreichen, um die Arbeitsaufgabe zu bewältigen.[122] Dies wird im Vierten Kapitel, § 3, B. diskutiert.

2. Selbständige Nebenpflichten

Unter die selbständigen Nebenpflichten fallen in erster Linie die in § 241 Abs. 2 BGB genannten Rücksichtnahmepflichten. Dieser Begriff fasst zusammen, was herkömmlich unter dem Begriff der Schutzpflichten (auch Sorgfalts-[123] oder Obhutspflichten) verstanden wird. Insoweit sollen nach dem Willen des Gesetzgebers die von der Rechtsprechung hierzu entwickelten Grundsätze auch nach der Schuldrechtsreform weiterhin Geltung beanspruchen.[124] Im Gegensatz zu den Nebenleistungspflichten beziehen sich die Schutzpflichten nicht auf die Arbeitsleistung als solche. Ihr Zweck liegt vielmehr im Rechtsgüter- und Interessenschutz des Arbeitgebers. Bei Verletzung einer selbständigen Nebenpflicht erfolgt eine Sanktionierung deshalb ausschließlich nach § 280 Abs. 1 BGB.[125]

Zu den Schutzpflichten des Arbeitnehmers zählt z.B. die Pflicht, mit den Arbeitsmitteln des Betriebs sorgfältig umzugehen.[126] Teilweise wird eine solche Pflicht auch dem betrieblichen Ordnungsverhalten zugeordnet, wobei die

---

121 BAG, Urt. vom 6.11.1997, – 2 AZR 801/96, AP § 626 BGB Nr. 142.

122 Bejahend *Wisskirchen/Bissels/Schmidt*, NZA 2008, 1386, 1387; siehe auch § 72 Abs. 1 ArbVG- E (Stand: November 2007) bei *Henssler/Preis*, NZA- Beil. 1/2007, 6, 19; zweifelnd MüArbR/*Reichold*, § 49, Rn. 2.

123 Den Begriff der Sorgfaltspflichten verwendet z.B. ErfK/*Preis*, § 611 BGB, Rn. 708; auch der Regierungsentwurf zum Schuldrechtsmodernisierungsgesetz verwendet im Zusammenhang mit den Pflichten aus § 241 Abs. 2 BGB ausdrücklich den Begriff der Sorgfaltspflicht (BT-Drs. 14/6040, S. 93). Hieran wird deutlich, dass bis heute keine Sicherheit darüber besteht, ob die Sorgfalt nur für das Verschulden eine Rolle spielt, oder auch auf der Pflichtenebene.

124 BT-Drs. 14/6040, S. 125.

125 MüKo/*Kramer*, § 241, Rn. 19.

126 MüKo/*Müller-Glöge*, § 611, Rn. 1082.

Unterschiede allenfalls Einordnungsfragen betreffen und nicht inhaltlicher Natur sind.[127] Weitere zentrale Nebenpflichten des Arbeitnehmers sind etwa der Geheimnisschutz (Verschwiegenheitspflicht) und das Wettbewerbsverbot.[128] Auch das Korruptionsverbot (Schmiergeldverbot) hat den Rechtsgüterschutz des Arbeitgebers zum Ziel und zählt deshalb zu den selbständigen Nebenpflichten.

§ 3. Zwischenergebnis

Als Ergebnis der im Zweiten Kapitel vorgenommenen Betrachtung bleibt festzuhalten, dass sich das konkrete Pflichtenprogramm des Arbeitnehmers im Wesentlichen aus der Struktur des Arbeitsverhältnisses als Austauschverhältnis ergibt (§§ 320 ff. BGB). Ausschlaggebend ist entsprechend dem zivilrechtlichen Vertragsprinzip daher zunächst, was die Arbeitsvertragsparteien in Bezug auf Art, Ort und Zeit der Arbeitsleistung miteinander vereinbart haben. Aus der Einordnung des Arbeitsverhältnisses in das Schuldrechtssystem des BGB folgt zugleich, dass eine Überfrachtung des „personalen Gehalts" des Arbeitsverhältnisses mit sozialpolitischen Vorstellungen nicht den gesetzlichen Wertentscheidungen entspricht und daher zu vermeiden ist.[129]

---

127 MüArbR/*Reichold*, § 49, Rn. 15.

128 Palandt/*Weidenkaff*, § 611, Rn. 42 f.; das nachvertragliche Wettbewerbsverbot ist seit 2002 für alle Arbeitnehmer in § 110 GewO geregelt.

129 Hierauf wird unter Drittes Kapitel § 2 C. I. noch einmal zurückzukommen sein.

Drittes Kapitel: Der Leistungsmaßstab im Arbeitsverhältnis

§ 1. Einführung in die Problematik und Begriffsfragen

Arbeitsvertragliche Festlegungen in Bezug auf Art, Ort und Zeit der Arbeitsleistung ermöglichen die Bestimmung dessen, „was" der Arbeitnehmer „wo" und „wann" zu leisten verpflichten ist. Hiermit ist noch nicht die Frage beantwortet, „wie" bzw. „wie gut" er seiner Arbeitspflicht nachkommen muss, damit sie als vertragsgemäß anerkannt werden kann. Offen bleibt bei bestimmten Tätigkeiten, insbesondere im produzierenden Gewerbe, regelmäßig auch, „wie viel" der Arbeitnehmer leisten muss.

Das Schrifttum bietet zu der Frage, auf welche Aspekte der Arbeitsleistung sich der Leistungsmaßstab bezieht, ein uneinheitliches Bild. Die in diesem Zusammenhang gebräuchliche Terminologie ist ebenfalls nicht homogen. So vertritt *Preis* etwa die Auffassung, der Leistungsmaßstab betreffe nur Arbeitstempo und Arbeitsintensität.[130] Andere begreifen das Arbeitstempo lediglich als Teilaspekt der Arbeitsintensität, welche die Arbeitsmenge je Zeiteinheit darstellen soll.[131] *Reichold* differenziert demgegenüber zwischen Arbeitsqualität und „Umfang" der Arbeitsleistung.[132] Während hier mit dem Begriff des Umfangs lediglich die Quantität der Arbeitsleistung gemeint ist, verstehen *Richardi/Fischinger* den Umfang der Arbeitsleistung in erster Linie unter dem Aspekt der Dauer der Arbeitszeit.[133] Der Leistungsmaßstab in Bezug auf die Frage „wie viel" bzw. „wie gut" der Arbeitnehmer seine Arbeit zu verrichten hat, spielt in zeitlicher Hinsicht aber nur mit Blick auf das Arbeitstempo eine Rolle. Denn wie lange und wann der Arbeitnehmer zu arbeiten hat, ist bereits innerhalb des Rahmens des ArbZG individual- bzw. kollektivrechtlich vorgegeben. Zudem lässt sich das Arbeitstempo nicht von der Arbeitsmenge, also der Quantität der Arbeitsleistung trennen, da diese von dem „Tempo" der Leistungserbringung abhängt. Die Beschränkung

130 ErfK/*Preis*, § 611 BGB, Rn. 643; so auch MüKo/*Müller-Glöge*, § 611, Rn. 19.

131 So etwa *Kreller*, AcP 123 (1925), 263, 288; ihm folgend *Fahl*, Arbeit ist Leistung, S. 7.

132 MüArbR/*Reichold*, § 36, Rn. 41 ff.

133 Staudinger/*Richardi/Fischinger*, § 611, Rn. 532 ff.: „Es geht insoweit um die Dauer der Arbeitszeit als Maßstab für den Umfang der vertraglich geschuldeten Arbeitsleistung".

des Begriffs der „Intensität“ der Arbeitsleistung auf die Arbeitsmenge pro Zeiteinheit, wie es etwa *Fahl* vorschlägt[134], verkennt dagegen, dass die Intensität auch den Aspekt der Konzentration des Arbeitnehmers umfasst.[135] Dieser hängt mit der Arbeitsmenge aber nur insoweit zusammen, als die Arbeitsmenge pro Zeiteinheit umso größer sein wird, je stärker sich der Arbeitnehmer auf seine Tätigkeit „konzentriert“. Die Frage, „wie intensiv“ – im Sinne von „wie konzentriert“ – sich der Arbeitnehmer mit seiner Aufgabe auseinandersetzt, erlangt aber auch für die Qualität der Tätigkeit Bedeutung.

Das Bundesarbeitsgericht bezieht die Frage nach dem Leistungsmaßstab lediglich auf die Menge (Quantität) und die Qualität der Arbeitsleistung.[136] Dem folgt auch die vorliegende Untersuchung. Eine Verengung des Bezugspunktes des Leistungsmaßstabs ist damit nicht verbunden. Denn die Quantität der Arbeitsleistung umfasst – wie dargelegt – auch den Aspekt des Arbeitstempos, während die Intensität sowohl für die Quantität als auch für die Qualität eine Rolle spielt. Soweit im Folgenden vom „Umfang“ der geschuldeten Arbeitsleistung die Rede ist, sind hiermit Quantität und Qualität gleichermaßen angesprochen.

Der Arbeitsvertrag enthält in Bezug auf Quantität und Qualität der Arbeitsleistung regelmäßig keine expliziten Vorgaben.[137] Zwar kann der Arbeitgeber die Modalitäten der Arbeitsleistung kraft seines Direktionsrechts (§ 106 GewO) näher konkretisieren, allerdings wird ein Arbeitsverhältnis selten derart weisungsmäßig durchdrungen sein, dass alle Aspekte der Arbeitsleistung umfasst sind.[138] Betriebsvereinbarungen und Tarifverträge enthalten hierzu ebenfalls kaum aussagekräftige Vorgaben. Eine seltene Ausnahme sah der Lohnrahmentarifvertrag für die gewerblichen Arbeitnehmer der Druckindustrie im Gebiet der Bundesrepublik Deutschland vom 6. Juli 1984 vor. In § 2 (2) hieß es:

> *„Der Tariflohn gibt dem Arbeitgeber Anspruch auf Normalleistung. Die menschliche Normalleistung ist jene Leistung, die von jedem hinreichend geeigneten Arbeitnehmer nach genügender Übung und ausreichender Einarbeitung ohne gesundheitliche Beeinträchtigung auf die Dauer erbracht werden kann.“*

---

134 *Fahl*, Arbeit ist Leistung, S. 7.

135 Nach *Schiff*, FS Löwisch, 311, 315 ist mit dem Begriff der Intensität die „Effektivität und Effizienz“ der Arbeit gemeint, wobei unklar bleibt, was hierunter zu verstehen sein soll.

136 Vgl. nur BAG, Urt. vom 11.12.2003, – 2 AZR 667/02, BAGE 109, 87, 92.

137 BAG, Urt. vom 11.12.2003, – 2 AZR 667/02, BAGE 109, 87, 92.

138 *Tillmanns*, Strukturfragen, S. 132.

Diese Tarifnorm enthält nicht nur eine Anspruchsgrundlage des Arbeitsgebers auf die „Normalleistung", sondern auch eine klare Aussage hinsichtlich des „wie" - d.h. zu Quantität und Qualität - der geschuldeten Leistung.[139]

Enthalten aber weder der Arbeitsvertrag noch eine Betriebsvereinbarung oder ein Tarifvertrag Regelungen zu Quantität und Qualität der Arbeitsleistung, stellt sich die Frage, ob gesetzliche Vorgaben bestehen, nach denen die gemäß § 611 BGB „versprochenen Dienste" weiter konkretisiert werden können. In Rechtsprechung und Lehre stehen sich hierzu bislang im Wesentlichen zwei Ansichten gegenüber, deren jeweilige Aussagen gegensätzlicher nicht sein könnten. Das Bundesarbeitsgericht und mit ihm ein Großteil der Instanzgerichte und der Literatur vertreten die Auffassung, dass sich die Leistungspflicht des Arbeitnehmers nach seinem individuellen Leistungsvermögen richte (Lehre vom subjektiven Leistungsmaßstab).[140] Dem steht die im Schrifttum und teilweise auch in der Instanzgerichtsbarkeit vertretene Ansicht gegenüber, der Arbeitnehmer schulde hinsichtlich Quantität und Qualität eine Arbeitsleistung, die sich nach objektiven Maßstäben beurteilen lassen müsse (Lehre vom objektiven Leistungsmaßstab).[141] Daneben finden sich vermehrt Ansätze, die zwischen den beiden Theorien vermitteln wollen.[142]

---

139 Gleiches kann auch angenommen werden, wenn ein Tarifvertrag Anspruch auf Akkordlohn nur bei „fachlich einwandfreier Leistung" gibt, vgl. hierzu BAG, Urt. vom 15.3.1960, - 1 AZR 301/57, AP § 611 BGB Akkordlohn Nr. 13.

140 Vgl. die in Fn. 5 Genannten; unklar z.B. MüKo/*Hergenröder*, § 1 KSchG, Rn. 273.

141 LAG Sachsen, 13.6.2006 - 1 Sa 234/05 - Rn. 40 (juris); ArbG Celle, 14.5.2001, NZA-RR 2001, 478 (Tätigkeit mittlerer Art und Güte ist ausreichend); *Annuß*, Die Haftung des Arbeitnehmers, S. 113 ff.; *Ballerstedt*, JZ 1963, 190, 191; Erman/*S.Edenfeld*, § 611, Rn. 282 („Üblichkeit"); *Hammen*, Gattungshandlungsschulden, S. 309 ff.; *Hunold*, BB 2003, 2345, 2346; *Kreller*, AcP 123 (1925), 263, 286 ff.; *Motzer*, Die „positive Vertragsverletzung" des Arbeitnehmers, S. 122; *Singer/Schiffer*, JA 2006, 833, 836; *v. Hoyningen-Huene/Linck/Krause*, § 1 KSchG, Rn. 451 u. 684; *Wlotzke*, RdA 1965, 180, 188.

142 So z.B. *Maschmann*, NZA-Beil. 1/2006, 13, 16; *Sedlmeier*, Unzureichende Arbeitsleistung, S. 74 ff.; *Tillmanns*, Strukturfragen, S. 157 ff.; *Verstege*, Die Kündigung wegen geminderter Leistung des Arbeitnehmers, S. 80 ff.; siehe auch § 27 Abs. 3 ArbVG-E (Stand: August 2006) bei *Henssler/Preis*, NZA-Beil. 23/2006, 6, 11; auch das BAG hat mit seiner Entscheidung vom 11.12.2003, - 2 AZR 667/02, BAGE 109, 87 ff. der Sache nach eine objektive Komponente der Leistungspflicht des Arbeitnehmers anerkannt.

§ 2. Die Lehre vom subjektiven Leistungsmaßstab

Die Lehre vom subjektiven Leistungsmaßstab kann ohne weiteres als die herrschende Ansicht in Rechtsprechung und Literatur bezeichnet werden. Gleichwohl lassen sich innerhalb dieser Lehre verschiedene Strömungen ausmachen, und auch die Rechtsprechung des Bundesarbeitsgerichts hat insoweit in den letzten Jahren eine gewisse Relativierung erfahren.

Im Folgenden ist zunächst auf die unterschiedlichen Ansätze der subjektiven Theorie einzugehen. Im Anschluss hieran wird die Rechtsprechung des Bundesarbeitsgerichts und der Instanzgerichte zu der Frage nach dem Leistungsmaßstab dargestellt. Unter C. erfolgt sodann die konstruktive Auseinandersetzung mit der Lehre vom subjektiven Leistungsmaßstab.

A. Die Verpflichtung zur persönlichen Bestleistung (subjektiv-optimaler Leistungsmaßstab)

Teilweise wird auch heute noch gefordert, der Arbeitnehmer habe im Sinne einer persönlichen „Bestleistung" unter „Aufwendung aller ihm gegebenen körperlichen und geistigen Fähigkeiten" zu arbeiten.[143] Es verwundert nicht, dass das Bestleistungsprinzip vor allem in der älteren Lehre diskutiert wurde,[144] war diese doch in viel stärkerem Maße als heute von der Vorstellung eines „personenrechtlichen Gehalts" des Arbeitsverhältnisses geprägt.[145] So sollte auch die – bereits erörterte – übergesetzliche Treuepflicht des Arbeitnehmers nicht zuletzt darin bestehen, die Interessen des Arbeitgebers „nach besten Kräften" wahrzunehmen.[146]

Eine Verpflichtung zur persönlichen Bestleistung kann bei Lichte betrachtet nicht ernsthaft angenommen werden.[147] Anderenfalls müsste jedem Arbeitnehmer dringend davon abgeraten werden, jemals seine persönliche Höchstleistungsfähigkeit zu offenbaren, wenn er sich nicht für die Zukunft

---

143 So bspw. Schaub/*Linck*, § 45, Rn. 46, der allerdings meint, damit die Rspr. des BAG nachzuvollziehen, was gerade nicht der Fall ist („unter Aufwendung aller ihm gegebenen geistigen und körperlichen Fähigkeiten"). Mit Blick auf die historische Dimension instruktiv *Tillmanns*, Strukturfragen, S. 149 f.

144 Vgl. etwa *Ballerstedt*, JZ 1963, 190, 191; widersprüchlich *Kauffmann*, AuR 1963, 267; aber auch Mot. II, S. 458: „nach bester Einsicht".

145 Hierzu bereits oben unter Zweites Kapitel § 2 B. I.

146 Schaub/*Linck*, § 53, Rn. 1.

147 Auch das ArbG Celle, Urt. vom 14.5.2001, – 2 Ca 73/01, NZA-RR 2001, 478 lehnt die Verpflichtung zu einer „Dauerspitzenleistung" ab.

hieran festhalten lassen will.[148] Eine einseitige Bestleistungspflicht entspricht auch nicht dem Äquivalenzgefüge des Arbeitsvertrages. Gemäß § 612 Abs. 2 BGB ist in Ermangelung anderer Abreden vom Arbeitgeber die übliche Vergütung geschuldet. Dem widerspräche es, wenn der Arbeitnehmer umgekehrt im Zweifel stets seine Höchstleistung schulden würde. Die Arbeitsvertragsparteien sind jedoch frei, den Inhalt der Leistungspflicht privatautonom zu regeln. Insofern kann eine normative Auslegung des Arbeitsvertrages für bestimmte Berufsgruppen etwas anderes ergeben. Denkbar ist eine Verpflichtung zur ständigen Höchstleistung etwa im Profisportbereich.

B. Die Verpflichtung zur angemessenen Ausschöpfung des individuellen Leistungsvermögens

I. Die herrschende Lehre

Die herrschende Lehre fordert demgegenüber, dass der Arbeitnehmer seine Arbeitsleistung unter angemessener Ausschöpfung seiner persönlichen Leistungsfähigkeit zu erbringen habe.[149] Dabei soll „angemessen" diejenige Kraftanspannung sein, die dem jeweiligen Arbeitnehmer auf Dauer möglich ist, ohne dass ihm Gesundheitsschäden drohen.[150]

Widersprüchlich erscheint demgegenüber die in der Literatur nicht selten erhobene Forderung, der Arbeitnehmer habe trotz der Beschränkung der Arbeitspflicht auf das individuelle Leistungsvermögen dennoch „ordnungsgemäß"[151], „fachgerecht"[152] bzw. „sorgfältig"[153] zu arbeiten. Dem liegt erkennbar der Gedanke zugrunde, dass der Arbeitnehmer auch bei Geltung des subjektiven Leistungsmaßstabs nicht von der Einhaltung jeglicher objektiver Verkehrsstandards freigezeichnet werden könne. Denn streng genommen ist dieser nach der

---

148 *Tillmanns*, Strukturfragen, S. 150; *Ballerstedt*, JZ 1963, 190, 191.

149 Statt vieler MüArbR/*Reichold*, § 36, Rn. 42.

150 *Rüthers*, ZfA 1973, 399, 402. In der von *Rabe*, Lohnminderung, S. 44 aufgestellten Definition, nach der angemessen sei, was „ein hinreichend geeigneter Arbeitnehmer nach genügender Übung und ausreichender Einarbeitung ohne Gesundheitsschädigung auf Dauer erreichen könne" kommt demgegenüber ein objektiver Maßstab zum Tragen (hinreichend geeigneter Arbeitnehmer), der sich mit einer subjektiven Leistungspflicht schlechterdings nicht vereinbaren lässt.

151 Erman/*S. Edenfeld*, § 611, Rn. 283.

152 *Beuthien*, ZfA 1972, 73 f. der sogar formuliert: „Deshalb verhält sich der Arbeitnehmer vertragswidrig, wenn er unsachgemäß arbeitet." Hiernach werden der Sache nach objektive Anforderungen an die Leistungspflicht des Arbeitnehmers gestellt.

153 z.B. ErfK/*Preis*, § 611 BGB, Rn. 643.

subjektiven Theorie lediglich dazu verpflichtet, „zu tun, was er kann". Daraus folgt, dass ein Arbeitnehmer, der die jeweiligen Verkehrsstandards aufgrund seines individuellen Leistungsvermögens nicht einhalten kann, hierzu auch nicht verpflichtet ist. Umgekehrt müsste derjenige, der zu überdurchschnittlichen Leistungen fähig ist, solche auch erbringen.

Teilweise wird auch nach der Art des Arbeitsvertrags differenziert. So geht etwa *Knevels* davon aus, ein Arbeitnehmer verspreche durch Vereinbarung eines Leistungslohnvertrages eine Leistung, die jedenfalls über derjenigen liege, die im Zeitlohn erwartet werde.[154] Allerdings sei der Arbeitnehmer hierdurch nicht verpflichtet, „Tag für Tag, Stunde um Stunde, Minute für Minute" seine persönliche Bestleistung zu zeigen, da die menschliche gegenüber der maschinellen Leistung durch „ein in einem bestimmten Streubereich einer Ober- und Untergrenze schwankendes Leistungsergebnis charakterisiert" sei.[155]

II. Die Rechtsprechung des Bundesarbeitsgerichts

Das Bundesarbeitsgericht hat sich in seiner Rechtsprechung zur kündigungsrechtlichen Relevanz von Leistungsmängeln mehrfach deutlich zugunsten eines subjektiven Leistungsmaßstabs geäußert. Danach richte sich Inhalt des arbeitsvertraglichen Leistungsversprechens nach dem „persönlichen, subjektiven Leistungsvermögen" des Arbeitnehmers.[156] Im Folgenden sollen die wichtigsten Entscheidungen des Bundesarbeitsgerichts zu der Frage des Leistungsmaßstabes chronologisch dargestellt und aus konstruktiver Sicht eingeordnet werden.

1. Der „Gitter-Fall" vom 20.3.1969

a) Entscheidung

Dem sog. „Gitter-Fall"[157] aus dem Jahr 1969 lag ein Sachverhalt zugrunde, in dem zwei gekündigte Arbeitnehmerinnen zuvor im Prämienlohnverfahren eingesetzt waren. Ihre Aufgabe bestand darin, auf einem Band herangeführte Waffeln aufzunehmen, zu prüfen, auf Gitter zu legen und mit diesen Gittern abzulegen. Zwei Jahre lang hatten die beiden Arbeitnehmerinnen eine Durchschnittsleistung von 8 Gittern pro Stunde erbracht. Hierfür erhielten sie als Prämie 0,50 DM. Im Rahmen einer Betriebsvereinbarung wurde die Mindestleistung auf 6

---

154 *Knevels*, DB 1970, 1388, 1390.

155 *Knevels*, DB 1970, 1388, 1390.

156 So ausdrücklich die Grundsatzentscheidung des BAG, Urt. vom 11.12.2003, – 2 AZR 667/02, BAGE 109, 87, 92.

157 BAG, Urt. vom 20.3.1969, – 2 AZR 283/68, AP Nr. 27 zu § 123 GewO.

Gitter und die Höchstleistung auf 10 Gitter je Stunde festgelegt, wobei für eine Leistung von 8 Gittern pro Stunde nur noch ein Prämienlohn von 0,25 DM vorgesehen war. Die Arbeitnehmerinnen packten in der darauffolgenden Zeit nur noch durchschnittlich 6,2 Gitter pro Stunde und verzichteten auf den Verdienst des Prämienlohns. Der Arbeitgeber, der die beiden Arbeitnehmerinnen erfolglos dazu aufforderte, zu ihrer bisherigen Durchschnittsleistung von 8 Gittern pro Stunde zurückzukehren, kündigte beiden schließlich fristlos wegen beharrlicher Zurückhaltung ihrer Arbeitskraft.

Das Bundesarbeitsgericht hat in seiner Entscheidung zunächst klargestellt, dass in dem Begriff der „Normalleistung", wie er in einem Prämienlohnverfahren verwendet wird, lediglich eine „abstrakte Wertvorstellung" zum Ausdruck komme. Aus ihm lasse sich noch nichts für die Bestimmung der Leistungspflicht der beiden Arbeitnehmerinnen folgern. Vielmehr ergebe sich die Leistungspflicht „individuell aus den Fähigkeiten der Klägerinnen selbst (§ 611 BGB)." Beide hätten über den Zeitraum von zwei Jahren gezeigt, dass sie zu einer Durchschnittsleistung von 8 Gittern pro Stunde in der Lage waren, ohne gesundheitliche Schäden zu erleiden oder sonst überansprucht zu sein, so dass 8 Gitter je Stunde ihre „individuelle Normalleistung" gewesen sei. Ihre Leistungspflicht gem. § 611 BGB habe sich somit auf diesen Rahmen „konkretisiert".

b) Stellungnahme

Mit Blick auf die unterschiedliche Verwendung des Begriffs „Normalleistung" erscheint die Entscheidung des Bundesarbeitsgerichts nicht überzeugend. Es hätte näher gelegen, die Leistungspflicht der Arbeitnehmerinnen in Abgrenzung zu dem in der Arbeitswissenschaft gebräuchlichen Begriff der Normalleistung als „individuelle Durchschnittsleistung" zu bezeichnen, denn eine solche war der Sache nach auch gemeint. Es stellt sich darüber hinaus die Frage, welche Folgen es hat, wenn angenommen wird, die Leistungspflicht der Arbeitnehmerinnen habe sich auf ihre ursprüngliche Durchschnittsleistung „konkretisiert". Konsequenterweise müsste das Bundesarbeitsgericht im Umkehrschluss zu dem Ergebnis kommen, dass sich die Arbeitspflicht bei nachlassender körperlicher Leistungsfähigkeit auch wieder „entkonkretisieren" und bei einem anderen Wert einpendeln kann. Darauf, wie lange es braucht, damit eine derartige Konkretisierung eintritt, gibt das Bundesarbeitsgericht im „Gitter-Fall" keinen ausdrücklichen Hinweis. Offen bleibt zudem, wie das Gericht den Fall gelöst hätte, wenn es den Arbeitnehmerinnen unter angemessener Kräfteanspannung möglich gewesen wäre 9 oder 10 Gitter pro Stunde zu bestücken und abzulegen, sie sich aber schlicht aus mangelndem Interesse an einem höheren Prämienlohn auf 8 Gitter beschränkt hätten. Unter dieser Prämisse würde eine Konkretisierung der Leistungspflicht auf 8 Gitter pro Stunde jedenfalls der Formel widersprechen, wonach die „individuelle Normalleistung" davon abhängen soll, was der Arbeitnehmer leisten kann, ohne „irgendwie einen gesundheitlichen Schaden zu erleiden oder überansprucht zu sein". Man wird die Entscheidung des Bundesarbeitsgerichts im „Gitter-Fall" deshalb auch im Lichte der Beweislastproblematik im Rahmen einer Kündigung wegen Leistungsmängeln sehen müssen. Der Arbeitgeber hat regelmäßig nichts weiter in der Hand, als die objektiv messbaren Arbeitsergebnisse – wenn überhaupt. Insoweit war es unter zumutbaren Voraussetzungen im vorliegenden Fall gar nicht möglich nachzuweisen, dass die Arbeitnehmerinnen auch zu einer höheren Leistung als 8 Gitter in der Lage gewesen wären.

Es bleibt festzuhalten, dass das Bundesarbeitsgericht im „Gitter-Fall" *de facto* einen Leistungsmaßstab zugrunde gelegt hat, der sich an der persönlichen Durchschnittsleistung orientiert, die dem Arbeitnehmer ohne Gesundheitsgefährdung möglich ist („individuelle Normalleistung"). Unklar ist geblieben, wie lange es braucht, bis sich die Leistungspflicht auf eine bestimmte Durchschnittsleistung konkretisiert hat. Jedenfalls wird man nicht annehmen dürfen, das Bundesarbeitsgericht habe mit seiner Entscheidung eine tägliche oder wöchentliche Änderung der individuellen Durchschnittsleistung akzeptiert, wie es unter der Anwendung eines strengen subjektiven Leistungsmaßstabs eigentlich der Fall sein müsste („nur so viel und so gut wie der Arbeitnehmer eben gerade kann"). Darüber hinaus hält das Gericht schon in dieser frühen Entscheidung eine strikte Trennung zwischen objektiven und subjektiven Maßstäben nicht durch: Subjektiv richtet sich die Arbeitspflicht nach dem individuellen Leistungsvermögen des Arbeitnehmers, objektiv errechnet sich dagegen dessen Durchschnittsleistung.

2. Der „Schwangeren-Fall" vom 17.7.1970

a) Entscheidung

Ein Jahr später hatte das Bundesarbeitsgericht den sog. „Schwangeren-Fall"[158] zu entscheiden. Im Unterschied zum „Gitter-Fall" war hier die in der Näherei einer Strumpfwarenfabrik angestellte Arbeitnehmerin aufgrund ihrer Schwangerschaft zuletzt im Zeitlohn beschäftigt. Ihre Arbeitsleistung betrug im Oktober 1968 – bezogen auf den Abteilungsdurchschnitt – lediglich 15,6 % der Normalleistung. Der Arbeitgeber kürzte der Arbeitnehmerin daraufhin den Lohn mit der Begründung, dass sie ihre Arbeitskraft, mehr als aus Gründen der Schwangerschaft notwendig, zurückgehalten habe.

---

158 BAG, Urt. vom 17.7.1970, – 3 AZR 423/68, BAGE 22, 402 ff.

Das Bundesarbeitsgericht hat insoweit zunächst ausgeführt, dass auch eine werdende Mutter mit ihrer Arbeit nicht bewusst zurückhalten dürfe. Tue sie dies trotzdem, sei der Arbeitgeber zu einer entsprechenden Lohnminderung berechtigt.[159] Weil es dem Arbeitgeber jedoch im Prozess nicht gelungen war, ein bewusstes Zurückhalten der Arbeitskraft zu beweisen, hatte seine Revision im Ergebnis keinen Erfolg.

In Bezug auf die Leistungspflicht hat das Gericht hier die Formel verwendet, dass die Arbeitnehmerin Arbeitsleistungen nur in dem Umfange schuldete, wie ihre „individuelle Leistungsfähigkeit" dies zugelassen habe.[160] Dabei habe dem Arbeitgeber die Beweislast dafür oblegen, dass und in welchem Umfang die Arbeitnehmerin ungenügende Leistungen erbracht habe, „obwohl sie nach ihren individuellen Verhältnissen bei angemessener Anspannung ihrer Kräfte und Fähigkeiten unter Berücksichtigung des Mutterschutzes eine bestimmte Mehrleistung hätte erbringen können".

b) Stellungnahme

Im Ergebnis hat das Bundesarbeitsgericht im „Schwangeren-Fall" seine Ansicht zur Geltung eines subjektiven Leistungsmaßstabs gefestigt und auch auf den Zeitlohn ausgeweitet. Der Begriff der „individuellen Normalleistung" wurde von dem Gericht nicht mehr verwendet.

Anknüpfungspunkt für die Erörterung des Pflichtenmaßstabs war im „Schwangeren-Fall" die Frage nach einem Minderungsrecht des Arbeitgebers im Fall von defizitären Arbeitsleistungen. Die Voraussetzungen und Rechtsfolgen eines solchen Minderungsrechts werden im Vierten Kapitel unter § 3 C. untersucht.

3. Der „Kommissionierer-Fall" vom 11.12.2003

a) Entscheidung

In der darauffolgenden Zeit gab es lange keine neuen Stellungnahmen der höchstrichterlichen Rechtsprechung zu der Frage nach dem Leistungsmaßstab, bis dem 2. Senat des Bundesarbeitsgerichts im Jahr 2003 die Revision eines Arbeitgebers vorlag, der einen Lagerangestellten wegen quantitativen Minderleistungen verhaltensbedingt gekündigt hatte.[161] Als Kommissionierer hatte der Arbeitnehmer die Aufgabe, mit Hilfe eines Flurförderfahrzeugs Warengebinde (sog. Trollis) aus Regalen zu ziehen und in Behälter zu verladen. Seine Vergütung setzte sich

---

159 BAG, Urt. vom 17.7.1970, – 3 AZR 423/68, BAGE 22, 402, 404.

160 BAG, Urt. vom 17.7.1970, – 3 AZR 423/68, BAGE 22, 402, 406.

161 BAG, Urt. vom 11.12.2003, – 2 AZR 667/02, BAGE 109, 87 ff.

aus einer Grundvergütung und einer Prämie zusammen, zu deren Berechnung eine Betriebsvereinbarung abgeschlossen worden war. Anspruch auf eine Prämie bestand danach nur, wenn der Arbeitnehmer die mit dem Zahlenwert 1,0 festgelegte Normalleistung überschritten hatte. Die von dem Arbeitgeber errechneten Durchschnittsleistungen vergleichbarer Arbeitnehmer entsprachen in dem Prämienstufensystem im Vergleichszeitraum einem Wert von etwa 1,08. Diesem Wert gegenüber blieben die Leistungen des Arbeitnehmers dauerhaft um 40%–50% zurück.

Das Bundesarbeitsgericht wies den Rechtsstreit an das Landesarbeitsgericht Hamm zurück und nahm im Übrigen zur Frage des Leistungsmaßstabs noch einmal grundsätzlich Stellung. In diesem Zusammenhang bekräftigte der 2. Senat, dass auf Pflichtverletzungen beruhende Schlechtleistungen generell dazu geeignet seien, eine ordentliche Kündigung sozial zu rechtfertigen. Ob eine Leistung als Schlechtleistung anzusehen sei, beurteile sich zunächst nach den vertraglichen Vereinbarungen der Parteien.[162] Sei die Arbeitsleistung im Vertrag, wie meistens, der Menge und der Qualität nach nicht oder nicht näher beschrieben, so richte sich der Inhalt des Leistungsversprechens zum einen nach dem vom Arbeitgeber durch Ausübung des Direktionsrechts festzulegenden Arbeitsinhalt und zum anderen nach dem persönlichen, subjektiven Leistungsvermögen des Arbeitnehmers. Das Bundesarbeitsgericht formuliert griffig: „Der Arbeitnehmer muss tun, was er soll, und zwar so, wie er kann“[163]. Die Leistungspflicht sei „nicht starr, sondern dynamisch“ und habe sich an der Leistungsfähigkeit des Arbeitnehmers zu orientieren. Einem objektiven Leistungsmaßstab erteilt das Bundesarbeitsgericht in dieser Entscheidung abermals eine klare Absage. Der Arbeitnehmer sei nicht zu einer an § 243 BGB a.F. angelehnten objektiven Normalleistung verpflichtet. Diese berücksichtige nicht ausreichend, dass der Dienstvertrag keine „Erfolgshaftung“ des Arbeitnehmers kenne. Der Arbeitnehmer schulde nur das „Wirken“, nicht das „Werk“.[164]

Daraus folge allerdings nicht, dass der Arbeitnehmer seine Leistungspflicht willkürlich selbst bestimmen könne. Ihm sei es nicht gestattet, das Verhältnis von Leistung und Gegenleistung einseitig nach freiem Belieben selbst festzulegen. Er habe vielmehr „unter angemessener Ausschöpfung seiner persönlichen Leistungsfähigkeit“ zu arbeiten. Der bloße Umstand, dass der Arbeitnehmer unterdurchschnittliche Leistungen erbringe, müsse nicht zwangsläufig bedeuten, dass

---

162 BAG, Urt. vom 11.12.2003, – 2 AZR 667/02, BAGE 109, 87, 92.
163 BAG, Urt. vom 11.12.2003, – 2 AZR 667/02, BAGE 109, 87, 92.
164 BAG, Urt. vom 11.12.2003, – 2 AZR 667/02, BAGE 109, 87, 92.

er seine persönliche Leistungsfähigkeit nicht ausschöpfe. In einer Vergleichsgruppe sei nun einmal stets ein Angehöriger der Gruppe das „Schlusslicht". Das könne seine Ursachen aber auch darin haben, dass die übrigen Gruppenangehörigen besonders leistungsstark sind, sich überfordern oder dass umgekehrt der gruppenschwächste Arbeitnehmer besonders leistungsschwach ist. Andererseits erkennt das Bundesarbeitsgericht mit Blick auf die daraus folgenden Beweisschwierigkeiten des Arbeitgebers an, dass das deutliche und langfristige Unterschreiten des von vergleichbaren Arbeitnehmern erreichten Mittelwertes oft der einzige erkennbare Hinweis darauf sei, dass ein Arbeitnehmer seine Reserven nicht ausschöpft, obwohl diese mit zumutbaren Anstrengungen nutzbar wären. Dem müsse auch im Rahmen des Kündigungsschutzrechts Rechnung getragen werden, da dem Arbeitgeber sonst die Möglichkeit entzogen werden würde, „einen vertragswidrigen Zustand mit Rechtsmitteln zu beseitigen".[165]

Konstruktiv löst der 2. Senat diesen Konflikt durch Anwendung der Grundsätze über die abgestufte Darlegungs- und Beweislast. Danach sei es zunächst Angelegenheit des Arbeitgebers darzulegen, was er zu den Leistungsmängeln des Arbeitnehmers wisse. Kenne er lediglich die objektiv messbaren Arbeitsergebnisse, so genüge er seiner Darlegungslast, wenn er Tatsachen vortrage, aus denen hervorgehe, dass die Leistungen des jeweiligen Arbeitnehmers deutlich hinter denen vergleichbarer Arbeitnehmer zurückblieben, also die Durchschnittsleistung erheblich unterschritten. Davon könne dann gesprochen werden, wenn das Verhältnis von Leistung und Gegenleistung gemessen an der durchschnittlichen Leistung vergleichbarer Arbeitnehmer stark beeinträchtigt sei. Dies sei bei der im Fall zugrundeliegenden langfristigen Unterschreitung der Durchschnittsleistung um deutlich mehr als 1/3 ersichtlich der Fall. Nachdem der Arbeitgeber ein solches Leistungsdefizit des Arbeitnehmers dargelegt habe, sei es im Folgenden Sache des Arbeitnehmers, hierauf zu entgegnen und gegebenenfalls das Zahlenwerk und seine Aussagefähigkeit im Einzelnen zu bestreiten bzw. darzulegen, warum er mit seiner deutlich unterdurchschnittlichen Leistung dennoch seine persönliche Leistungsfähigkeit ausgeschöpft habe. In diesem Zusammenhang seien unter Umständen auch alters- und krankheitsbedingte Leistungsbeeinträchtigungen zu berücksichtigen.

Da die Vorinstanz die dargestellten Grundsätze zur abgestuften Darlegungslast nicht berücksichtigt hatte, war der Rechtstreit an das Landesarbeitsgericht Hamm zurück zu verweisen. Allerdings gab der 2. Senat dem Landesarbeitsgericht auf, gegebenenfalls auch eine personenbedingte Kündigung wegen der

165 BAG, Urt. vom 11.12.2003, – 2 AZR 667/02, BAGE 109, 87, 93.

in Rede stehenden Minderleistung in Betracht zu ziehen.[166] Eine solche setze nämlich nicht voraus, dass der Arbeitnehmer gegen die subjektiv zu bestimmende Leistungspflicht verstoßen habe. Vielmehr sei eine personenbedingte Kündigung regelmäßig dann sozial gerechtfertigt, wenn der Arbeitnehmer aus Gründen, die zwar in seiner Sphäre liegen, jedoch nicht von ihm verschuldet sein müssen, zu der im Vertrag vorausgesetzten Arbeitsleistung ganz oder teilweise nicht mehr in der Lage sei. Der Arbeitnehmer, der trotz angemessener Bemühungen die Normalleistung unterschreite oder nicht erbringe, verstoße nicht gegen den Vertrag, sondern unterschreite die „nicht zur Vertragsbedingung erhobene berechtigte Erwartung des Arbeitgebers von einem ausgewogenen Verhältnis von Leistung und Gegenleistung".[167] Dabei sei die Vorstellung der Parteien von der annähernden Gleichwertigkeit der beiderseitigen Leistungen bei gegenseitigen Verträgen regelmäßig „Geschäftsgrundlage". Es komme für eine personenbedingte Kündigung daher darauf an, ob die Arbeitsleistung die berechtigte Gleichwertigkeitserwartung des Arbeitgebers in einem Maße unterschreite, das ihm ein Festhalten an dem unveränderten Vertrag unzumutbar mache. Dies sei bei einer dauerhaften Unterschreitung der Normalleistung um 1/3 der Fall. Allerdings sei als milderes Mittel zu einer Kündigung unter Umständen eine Vertragsanpassung im Sinne einer Vergütungsreduzierung in Betracht zu ziehen. Auch sei im Rahmen der vorzunehmenden Interessenabwägung dem Schutz älterer, langjährig beschäftigter und unverschuldet erkrankter Arbeitnehmer Rechnung zu tragen.

b) Stellungnahme

Der „Kommissionierer-Fall" ist in der Literatur auf große Resonanz gestoßen. Dabei ist das Bekenntnis zu einem subjektiven Leistungsmaßstab überwiegend positiv aufgenommen worden.[168] Die Entscheidung wird vielfach auch unter dem Gesichtspunkt begrüßt, dass der 2. Senat mit der Anwendung der Regeln über die abgestufte Darlegungs- und Beweislast sowie der „1/3-Grenze" dem Arbeitgeber Kriterien an die Hand gegeben habe, die eine Kündigung wegen Schlecht- bzw. Minderleistung kalkulierbar werden lasse.[169] Andere wiederum haben in der Entscheidung vom 11.12.2003 einen erneuten Anlass gefunden,

---

166 BAG, Urt. vom 11.12.2003, – 2 AZR 667/02, BAGE 109, 87, 98 ff.

167 BAG, Urt. vom 11.12.2003, – 2 AZR 667/02, BAGE 109, 87, 98.

168 Statt vieler Schaub/*Linck*, § 45, Rn. 46; ErfK/*Preis*, § 611, Rn. 643; widersprüchlich MüArbR/*Reichold*, § 36, Rn. 42.

169 Z.B. *Friemel/Walk*, NJW 2010, 1557.

den subjektiven Leistungsmaßstab zu hinterfragen.[170] Und in der Tat werden durch die „Kommissionierer-Entscheidung“ eine Reihe neuer Fragen aufgeworfen:

Auf den ersten Blick hat das Bundesarbeitsgericht sein Festhalten am subjektiven Leistungsmaßstab bekräftigt. Allerdings hat das Gericht, das den Begriff der „Normalleistung“ im Zusammenhang mit der Leistungspflicht des Arbeitnehmers seit dem „Schwangeren-Fall“ eigentlich aufgegeben hatte, diesen Terminus im vorliegenden Fall wieder an mehreren Stellen als Synonym für die offenbar gemeinte subjektiv zu bestimmende Leistungspflicht bemüht.[171] Zur Rechtsklarheit trägt das nicht bei.

Darüber hinaus will das Bundesarbeitsgericht die 1/3-Grenze zwar nicht als starren Wert verstanden wissen, bei dessen Überschreitung eine Verlagerung der Darlegungs- und Beweislast in jedem Fall eingreift[172] – was in der Literatur und auch in der Rechtsprechung aber teilweise angenommen wird[173] –, gleichzeitig lässt das Gericht bei Unterschreitung der Durchschnittsleistung vergleichbarer Arbeitnehmer um dauerhaft mehr als 1/3 aber eine personenbedingte Kündigung zu. Der 1/3-Grenze kommt insoweit materiell-rechtliche Bedeutung[174] zu, da sie in der Systematik der personenbedingten Kündigung nicht das Eingreifen der abgestuften Darlegungs- und Beweislast auslöst, sondern Grundlage für die Annahme einer schwerwiegenden Störung des Vertragsgleichgewichtes ist. Auf die Vorwerfbarkeit der Leistungsminderung kommt es dann nicht mehr an. *De iure* hat der 2. Senat damit eine objektiv zu bestimmende Untergrenze für die Leistungspflicht des Arbeitnehmers anerkannt, so dass sich durchaus sagen ließe, das Bundesarbeitsgericht vertrete nunmehr der Sache nach einen „objektiv-subjektiven Leistungsmaßstab“.[175]

---

170 Z.B. *Singer/Schiffer*, JA 2006, 833, 836; *v. Hoyningen-Huene/Linck/Krause*, § 1 KSchG, Rn. 451 u. 684.

171 BAG, Urt. vom 11.12.2003, – 2 AZR 667/02, BAGE 109, 87, 98, 99.

172 So hat das BAG in seiner sog. „Sorter-Versand-Entscheidung“ vom 17.1.2008 ausdrücklich festgestellt, dass eine Orientierung an strengen Grenzen jedenfalls für qualitative Schlechtleistungen nicht ausreichend berücksichtige, dass den Fehlern jeweils ein sehr unterschiedliches kündigungsrelevantes Gewicht zukommen könne und auch Schlechtleistungen denkbar seien, die der Arbeitgeber nicht mehrfach hinzunehmen braucht (BAG, Urt. vom 17.1.2008, – 2 AZR 536/06, BAGE 122, 257, 262).

173 Vgl. nur *Preis*, AuR 2010, 242, 243; LAG Köln, Urt. vom 2.12.2005, – 4 Sa 1227/05 – (BeckRS).

174 *Verstege*, Die Kündigung wegen geminderter Leistung des Arbeitnehmers, S. 80.

175 *Tillmanns*, RdA 2009, 391: „gewisse Objektivierung“.

Es stellen sich aber noch weitere Fragen. Was genau ist etwa gemeint, wenn das Gericht im 1. Leitsatz seiner Entscheidung von „auf Pflichtverletzungen beruhende(n) Schlechtleistungen" spricht? Grundsätzlich wird man entsprechend der Terminologie des Leistungsstörungsrechts davon auszugehen haben, dass die Schlechtleistung selbst eine Form der Pflichtverletzung darstellt.[176] Diese begriffliche Ungenauigkeit lässt wohl nur damit erklären, dass das Bundesarbeitsgericht in seiner Entscheidung vom 11.12.2003 ausdrücklich die Möglichkeit einer personenbedingten Kündigung wegen Schlechtleistung eröffnet hat, welche eben nicht voraussetzen soll, dass der Arbeitnehmer „gegen den Vertrag" verstößt, also eine Pflichtverletzung begeht. Vielmehr soll eine personenbedingte Kündigung immer dann in Betracht kommen, wenn der Arbeitnehmer „die nicht zur Vertragsbedingung erhobene berechtigte Erwartung des Arbeitgebers von einem ausgewogenen Verhältnis von Leistung und Gegenleistung" unterschreitet. Der Rekurs auf die „erhebliche Störung des Austauschverhältnisses" ist zwar in der Rechtsprechung des Bundesarbeitsgerichts nicht neu und lässt sich insbesondere in Entscheidungen zur krankheitsbedingten Kündigung nachweisen.[177] Allerdings liegt in der Annahme einer Störung des Austauschverhältnisses als Kündigungsgrund ein deutlicher Wertungswiderspruch zu dem vom 2. Senat nach wie vor vertretenen subjektiven Leistungsmaßstab. Denn wenn der Arbeitnehmer nur verpflichtet ist, seine persönliche Leistungsfähigkeit auszuschöpfen, dann dürfte eine personenbedingte Kündigung regelmäßig ausgeschlossen sein.[178] Darüber hinaus lässt das Bundesarbeitsgericht als Anknüpfungspunkt für die Feststellung einer Schlecht- bzw. Minderleistung nunmehr sowohl eine individuelle Durchschnittsleistung gelten („Gitter-Fall") als auch eine Durchschnittsleistung vergleichbarer Arbeitnehmer.[179] Dies ist jedenfalls in dem Sinne zu begrüßen, als dem Arbeitgeber hierdurch eine weitere, durch entsprechende Dokumentation vorzubereitende Möglichkeit an die Hand gegeben wird, Schlecht- und Minderleistungen des Arbeitnehmers nachzuweisen. Richtigerweise würde anderenfalls – wie sich der 2. Senat ausdrückt – „einer Vertragspartei die Möglichkeit genommen (...), einen vertragswidrigen Zustand mit Rechtsmitteln zu beseitigen".

Insgesamt bleibt jedoch festzuhalten, dass das Bundesarbeitsgericht mit seiner Entscheidung im „Kommissionierer-Fall" rechtssichere Erleichterungen für

176 *Tillmanns*, RdA 2009, 391, 392.

177 Grundlegend BAG, Urt. vom 15.2.1984, – 2 AZR 573, AP § 1 KSchG 1969 1 Krankheit Nr. 14; weitere Nachweise bei *Greiner*, RdA 2007, 22, 23.

178 *Wetzling/Habel*, BB 2009, 1638, 1644.

179 Davon geht auch *Glanz*, NJW-Spezial 2008, 82 aus.

die Praxis im Hinblick auf den Nachweis einer Schlecht- bzw. Minderleistung und die anschließende Führung eines Kündigungsschutzprozesses nur auf den ersten Blick geschaffen hat. Dies gilt auch für das Verhältnis von verhaltensbedingter und personenbedingter Kündigung zueinander. Denn während die dauerhafte Überschreitung der 1/3-Grenze bei der verhaltensbedingten Kündigung lediglich ein die prozessualen Folgen der abgestuften Darlegungs- und Beweislast auslösendes Indiz für die Nichtausschöpfung der persönlichen Leistungsfähigkeit sein soll, ist im Rahmen der personenbedingten Kündigung bei einer dauerhaften Überschreitung der 1/3-Grenze stets von einer kündigungsrelevanten Äquivalenzstörung auszugehen. Die Entscheidung enthält zudem keinen Hinweis darauf, ab welcher Zeitspanne angenommen werden kann, dass eine Schlecht- bzw. Minderleistung als „dauerhaft" bzw. „langfristig" einzustufen ist. Diese Frage ist für die Praxis aber von hoher Relevanz, da von ihr der Bestand der Kündigung im Prozess abhängt. Schließlich darf nicht davon ausgegangen werden, das Bundesarbeitsgericht habe das Problem der Nachweisführung einer Minderleistung generell auf die Frage nach der Vergleichbarkeit der Leistung des betroffenen Arbeitnehmers mit der Durchschnittsleistung vergleichbarer Arbeitnehmer verengt. Vielmehr wird die Reduktion der Darlegungslast des Arbeitgebers auf dokumentierte und objektiv messbare Leistungsmängel im Verhältnis zu vergleichbaren Arbeitnehmern nur dann zugelassen, wenn der Arbeitgeber andere Ursachen nicht kennt oder kennen kann. Denkbar sind aber auch Fälle, in denen der Arbeitgeber im Kündigungsschutzprozess neben den objektiv messbaren Arbeitsergebnissen – und mögen sie auch um 1/3 hinter den Leistungen vergleichbarer Arbeitnehmer zurückbleiben – noch andere Ursachen für die Schlecht- bzw. Minderleistung vorträgt, etwa die schlechte Gesprächsführung eines Außendienstmitarbeiters. Hier muss der Arbeitgeber damit rechnen, dass sich das Instanzgericht von der Frage der objektiv feststellbaren Minderleistung löst und ihn auffordert, zu den anderen behaupteten Leistungsmängeln vorzutragen und insoweit Beweis zu erbringen.

Dies ist unter Geltung des subjektiven Leistungsmaßstabs jedoch kaum erfolgversprechend. So erging es dem Arbeitgeber in einem Fall, den am 10.3.2010 das Landesarbeitsgericht Rheinland-Pfalz zu entscheiden hatte.[180] Die gekündigte Arbeitnehmerin, eine Pharmareferentin im Außendienst, hatte über einen längeren Zeitraum Ergebnisse vorzuweisen, die deutlich unter 2/3 der Durchschnittsleistung vergleichbarer Kollegen blieben. Dies konnte der Arbeitgeber im Streitfall auch substantiiert darlegen. Da er die Kündigung jedoch ergänzend

180 LAG Rheinland-Pfalz, Urt. vom 10.3.2010, – 8 Sa 617/09 (juris).

damit begründet hatte, dass die Arbeitnehmerin „verworrene Arztgespräche" führte, was er lediglich pauschal behauptet hatte, war die gesamte Kündigung nach Auffassung des Landesarbeitsgerichts – trotz der Eindeutigkeit des Zahlenwerks – schon aus diesem Grunde unwirksam.[181] Um dieser Gefahr zu begegnen, werden Arbeitgeberanwälte ihrer Mandantschaft daher zukünftig raten müssen, die verhaltensbedingte Minderleisterkündigung entgegen der herkömmlichen Praxis nicht mehr auf alle erkennbaren und bekannten Leistungsdefizite des Arbeitnehmers zu stützen, sondern sich vorsichtshalber auf jene Leistungsdefizite zu beschränken, die einer objektiven Messung und Dokumentation zugänglich sind.

4. Der „Akquise-Fall" vom 3.6.2004

a) Entscheidung

Nur etwa ein halbes Jahr nach dem Urteil im „Kommissionierer-Fall" hatte der 2. Senat am 3.6.2004[182] einen Fall zu entscheiden, in dem einem „Business Development Executive" (BDE) mit der Begründung gekündigt worden war, er habe in der Zeit von seiner Anstellung bis zu seiner Kündigung keinen einzigen Auftrag für die Arbeitgeberin akquiriert. Im ersten Jahr seiner Beschäftigung erhielt der Arbeitnehmer ein Festgehalt von 291.000 DM brutto. Daneben wurde ihm für das erste Jahr eine Provision in gleicher Höhe garantiert. Neben dem Arbeitnehmer war nur noch ein weiterer Mitarbeiter als BDE angestellt.

Das Bundesarbeitsgericht hatte in der Entscheidung vom 3.6.2004 zum ersten Mal Gelegenheit, seine im „Kommissionierer-Fall" (weiter-)entwickelten Grundsätze zur Kündigung wegen Leistungsmängeln anzuwenden. Zunächst stellte das Gericht fest, dass die Arbeitgeberin ihrer Darlegungs- und Beweislast hinsichtlich der Minderleistungen des Arbeitnehmers in vollem Umfang nachgekommen sei. Die Arbeitgeberin habe nicht nur vorgetragen, dass der Arbeitnehmer während der Dauer seines Arbeitsverhältnisses erheblich weniger Aufträge akquiriert habe als vergleichbare Arbeitnehmer. Vielmehr sei nach ihrem Vorbringen der Erfolg des gekündigten BDE „gleich null" gewesen.[183] Das Gehalt des Arbeitnehmers sei auch nicht lediglich für das Führen von Kundengesprächen vereinbart worden, ohne dass es darauf angekommen wäre, ob er auch nur einen einzigen Geschäftsabschluss getätigt habe. Schon die Provisionsvereinbarung in erheblicher Höhe und die Vereinbarung einer Garantieprovision für das erste

---

181 LAG Rheinland-Pfalz, Urt. vom 10.3.2010, – 8 Sa 617/09 – Rn. 34 (juris).

182 BAG, Urt. vom 3.6.2004, – 2 AZR 386/03, AP § 23 KSchG 1969 Nr. 33.

183 BAG, Urt. vom 3.6.2004, – 2 AZR 386/03, AP § 23 KSchG 1969 Nr. 33, unter B.III.3. der Gründe.

Jahr in Höhe des Anteils des offenbar erwarteten Geschäftsvolumens ließen erkennen, dass die Parteien bei Vertragsschluss vom „Erfolg" des Arbeitnehmers und nicht von seiner „Erfolglosigkeit" ausgegangen seien. Bei der vorliegenden „völligen Erfolglosigkeit" im Akquisitionsgeschäft sei jedoch von vornherein davon auszugehen gewesen, dass das Verhältnis von Leistung und Gegenleistung im Arbeitsverhältnis nachhaltig gestört gewesen sei.[184] Hiernach sei die Kündigung jedenfalls aus personenbedingten Gründen gemäß § 1 Abs. 2 KSchG sozial gerechtfertigt gewesen.

b) Stellungnahme

War die Frage, über welchen Zeitraum der Arbeitgeber gezwungen ist, Leistungsdefizite hinzunehmen, im „Kommissionierer-Fall" noch offen geblieben, stellt der 2. Senat in seinem Urteil vom 3.6.2004 klar, dass sich abstrakte Vorgaben insoweit nicht aufstellen ließen.[185] Es hänge vielmehr von den Umständen des Einzelfalls ab, wie lange eine Schlecht- oder Minderleistung akzeptiert werden müsse, bevor der Arbeitgeber mit arbeitsrechtlichen Maßnahmen reagieren könne. Die Forderung nach einer vorzunehmenden Einzelfallabwägung dürfte für die Praxis zwar kaum einen Beitrag zu mehr Rechtssicherheit leisten. Gleichwohl ist dem Bundesarbeitsgericht an dieser Stelle zuzustimmen. Denn eine Schlecht- bzw. Minderleistung des Arbeitnehmers kann je nach der Art der ausgeübten Tätigkeit ganz unterschiedliche wirtschaftliche und betriebliche Folgen auslösen. So wiegt die Minderleistung eines Lagerarbeiters bei weitem nicht so schwer wie die Minderleistung eines angestellten Chirurgen. Bei letzterem muss es schon aus Gründen der Fürsorgepflicht des Krankenhausträgers gegenüber den anvertrauten Patienten möglich sein, unverzüglich auf Schlechtleistungen zu reagieren.

Das Bundesarbeitsgericht bestätigt mit seinem Urteil vom 3.6.2004 zudem, dass es von einem streng zu handhabenden subjektiven Leistungsmaßstab tatsächlich nur noch *pro forma* ausgeht. Dies gilt jedenfalls für quantitative Minderleistungen. So hält sich das Gericht mit der individuellen Leistungsfähigkeit des Arbeitnehmers nur noch am Rande auf und stellt hierzu lediglich fest, dass sich der Arbeitnehmer „ausreichend bemüht" habe, durch zahlreiche Kundenbesuche zu Geschäftsabschlüssen zu gelangen.[186] Stattdessen rückt auch im

---

184 BAG, Urt. vom 3.6.2004, – 2 AZR 386/03, AP § 23 KSchG 1969 Nr. 33, unter B.III.4. der Gründe.

185 BAG, Urt. vom 3.6.2004, – 2 AZR 386/03, AP § 23 KSchG 1969 Nr. 33, unter B.III.2. der Gründe.

186 BAG, Urt. vom 3.6.2004, – 2 AZR 386/03, AP § 23 KSchG 1969 Nr. 33 unter B.III.5. der Gründe.

„Akquise-Fall" die „Störung des Austauschverhältnisses" in den Mittelpunkt der gerichtlichen Argumentation. Das wäre allerdings nicht notwendig gewesen, wenn der Arbeitnehmer – wie es das Bundesarbeitsgericht an mehreren Stellen suggeriert – tatsächlich einen „Erfolg" schuldete. Insoweit bleibt die Frage offen, was das Bundesarbeitsgericht meint, wenn es davon spricht, die Parteien seien auf Grund der hohen Provisionsvereinbarung und der Garantieprovision in Höhe des erwarteten Geschäftsvolumens von einem „Erfolg des Klägers, nicht von seiner Erfolglosigkeit ausgegangen".[187] Dies gilt insbesondere deshalb, weil die Entscheidung im Übrigen nicht erkennen lässt, dass das Bundesarbeitsgericht in der vertraglichen Abrede der Parteien einen Werkvertrag gesehen hat. Auf der anderen Seite besteht aber auch kein Anlass, die Begriffswahl des Gerichts als bloße terminologische Ungenauigkeit einzuordnen. Vor diesem Hintergrund ist zu unterstellen, dass das Bundesarbeitsgericht durchaus davon ausgeht, eine vertragsgemäße Tätigkeit des Arbeitnehmers müsse in irgendeiner Weise erfolgreich sein, also „Erfolg" haben.

Festzuhalten bleibt, dass sich der 2. Senat in seinem Urteil vom 3.6.2004 weiter von einem streng subjektiven Leistungsmaßstab gelöst hat. Stattdessen ist das Gericht bemüht, bei mengenmäßigen Leistungsdefiziten eher die Ausgewogenheit des arbeitsvertraglichen Äquivalenzverhältnisses zu betonen.

5. Der „Sorter-Versand-Fall" vom 17.1.2008

a) Entscheidung

Mit seiner Entscheidung vom 17.1.2008, die wie im „Kommissionierer-Fall" zu einer Zurückverweisung an die Vorinstanz führte, hat das Bundesarbeitsgericht seine Rechtsprechung zur Kündigung wegen Leistungsmängeln noch einmal fortentwickelt.[188] Kennzeichnend hierfür ist der Versuch des 2. Senats, stärker zwischen quantitativen und qualitativen Leistungsdefiziten zu differenzieren. In der Praxis dürfte dies allerdings erneut zu erheblicher Rechtsunsicherheit führen, nachdem seit der Entscheidung aus dem Jahr 2003 überwiegend angenommen wurde, dass für derartige Kündigungsfälle nunmehr handhabbare Kriterien entwickelt worden seien.

In dem zugrundeliegenden Sachverhalt ging es um die verhaltensbedingte Kündigung einer seit 1995 im sog. „Sorter-Versand" beschäftigten Versandarbeiterin. Ihre Aufgabe bestand darin, Warensendungen auf der Grundlage

---

187 BAG, Urt. vom 3.6.2004, – 2 AZR 386/03, AP § 23 KSchG 1969 Nr. 33, unter B.III.3. der Gründe.

188 BAG, Urt. vom 17.1.2008, – 2 AZR 536/06, BAGE 125, 257 ff.

von Kundenbestellungen fertigzustellen. Hierzu musste die Arbeitnehmerin die in einem Warenauffangbehälter abgeworfenen Waren nach Maßgabe der Versandpapiere in Kartons verpacken. Durch eine maschinelle Verknüpfung der Personalidentifikationsnummer mit der Nummer des jeweiligen Warenauffangbehälters wurde gewährleistet, dass Verpackungsfehler der einzelnen Arbeitnehmer nachgewiesen werden konnten. Die von der gekündigten Arbeitnehmerin verursachte Fehlerhäufigkeit lag im zugrunde liegenden Vergleichszeitraum deutlich höher, als bei vergleichbaren Arbeitnehmern. So hatte die Arbeitnehmerin in den Jahren 2003/2004 ausweislich der elektronischen Fehlerdokumentation eine Fehlerquote aufzuweisen, die zwischen 4,01% und 5,44% lag. Die durchschnittliche Fehlerquote der übrigen 209 im Sorter-Versand eingesetzten Arbeitnehmer betrug im dritten Quartal 2004 demgegenüber nur 1,34%. Nachdem sich die Fehlerquote der betroffenen Arbeitnehmerin auch nach zwei schriftlichen Abmahnungen nicht besserte, kündigte die Arbeitgeberin das Arbeitsverhältnis aus verhaltensbedingten Gründen.

In seiner Entscheidung vom 17.1.2008 bekräftigte das Bundesarbeitsgericht im Hinblick auf die kündigungsrechtliche Überprüfung von Schlechtleistungen zunächst sein Festhalten an einem subjektiven Leistungsmaßstab. Neues enthält die Entscheidung aber insoweit, als sich der 2. Senat bei qualitativen Minderleistungen nicht an den Werten orientieren will, die er im „Kommissionierer-Fall" für die Annahme einer grundlegenden Störung des Leistungsgleichgewichts heranzog („1/3-Grenze"). Für qualitative Minderleistungen seien solche auf die bloße Fehlerhäufigkeit abstellende Grenzen, auch wenn sie für eine rechtssichere Handhabung durch die Tatsacheninstanzen wünschenswert seien, für sich genommen nicht geeignet, die Kündigungsrelevanz der dem Arbeitnehmer vorgeworfenen Pflichtverletzungen hinreichend sicher einzugrenzen.[189] Absolute Bezugsgrößen berücksichtigten nicht ausreichend, dass je nach Art der Tätigkeit und der dabei auftretenden Fehler diesen ein sehr unterschiedliches kündigungsrelevantes Gewicht beizumessen sei. So seien Tätigkeiten denkbar, bei denen bereits ein einmaliger Fehler derart weitreichende Konsequenzen habe, dass eine Vertragsverletzung erheblich eher anzunehmen sei, als bei anderen Fehlern. Als Beispiel nennt das Gericht die „Sorgfaltspflichten" eines Piloten.[190]

Andererseits gebe es Tätigkeiten, bei denen Fehler kaum zu vermeiden und vom Arbeitgeber eher hinzunehmen seien, da ihre Folgen das Arbeitsverhältnis

---

189 BAG, Urt. vom 17.1.2008, – 2 AZR 536/06, BAGE 125, 257, 262.

190 Vgl. zu dem „Piloten-Beispiel" auch *Mauer*, Anm. zu BAG, Urt. vom 11.12.2003, – 2 AZR 667/02, AP § 1 KSchG 1969 Verhaltensbedingte Kündigung Nr. 48 („Kommissionierer-Fall").

nicht allzu stark belasteten. Aus diesem Grunde sei in derartigen Fällen über die bloße Betrachtung der Fehlerhäufigkeit hinaus eine „einzelfallbezogene Betrachtungsweise unter Berücksichtigung der konkreten Arbeitsanforderungen und der konkreten Gegebenheiten des Arbeitsplatzes geboten".[191] Die Prüfung habe sich auch hier an dem Maßstab zu orientieren, ob und gegebenenfalls in welchem Umfang das Verhältnis von Leistung und Gegenleistung beeinträchtigt sei. Bei Kündigungen wegen qualitativer Minderleistungen sei es deshalb im Rahmen der Darlegungslast des Arbeitgebers nicht ausreichend, wenn dieser allein darlegen könne, dass der Arbeitnehmer längerfristig die durchschnittliche Fehlerhäufigkeit aller vergleichbaren Arbeitnehmer erheblich überschritten habe. Da dies für sich genommen noch keinen hinreichenden Aufschluss darüber gebe, ob durch die fehlerhaften Leistungen das Verhältnis von Leistung und Gegenleistung stark beeinträchtigt sei, müsse der Arbeitgeber weitere Umstände vortragen. Anhand der „tatsächlichen Fehlerzahl, der Art, der Schwere und Folgen der fehlerhaften Arbeitsleistung" sei näher darzulegen, dass die längerfristige deutliche Überschreitung der durchschnittlichen Fehlerquoten nach den Gesamtumständen darauf hinweise, der Arbeitnehmer habe vorwerfbar seine vertraglichen Pflichten verletzt.[192] Gelinge dies dem Arbeitgeber, sei es wiederum Sache des Arbeitnehmers, zu erläutern, warum er trotz erheblich unterdurchschnittlicher Leistungen seine Leistungsfähigkeit ausschöpfe. Hierbei sei insbesondere darzulegen, welche „betrieblichen Beeinträchtigungen" durch die konkret darzulegenden Fehler verursacht würden und dass es sich insoweit nicht lediglich um Fehler handele, die „trotz einer gewissen Häufigkeit angesichts der konkreten Umstände der Arbeitsleistung vom Arbeitgeber hinzunehmen" seien.

Diesen Maßstäben war die Entscheidung der Vorinstanz nach Auffassung des Bundesarbeitsgerichts nicht gerecht geworden. Zwar habe das Sächsische Landesarbeitsgericht zutreffend erkannt, dass „formelhafte Berechnungen aus dem Bereich der quantitativen Minderleistung auf Fälle der qualitativen Minderleistung nicht ohne Weiteres übertragen werden können". Letztlich habe jedoch allein eine rechnerische Beurteilung dazu geführt, dass das Landesarbeitsgericht die beanstandete Minderleistung verneint hat. Welche qualitativen Anforderungen an die Arbeit aller im „Sorter-Versand" tätigen Arbeitnehmer zu stellen

191 BAG, Urt. vom 17.1.2008, – 2 AZR 536/06, BAGE 125, 257, 262; diese Einzelfallbetrachtung korrespondiert mit der im „Akquise-Fall" diskutierten Frage, über welchen Zeitraum der Arbeitgeber nach Auffassung des BAG Fehlleistungen hinzunehmen hat.

192 BAG, Urt. vom 17.1.2008, – 2 AZR 536/06, BAGE 125, 257, 263.

seien und ab welcher Fehlerquote eine pflichtwidrige Schlechtleistung anzunehmen sei, müsse deshalb anhand der Gesamtumstände beurteilt werden.[193]

b) Stellungnahme

Im Hinblick auf die Entwicklung handhabbarer Kriterien, die es dem Arbeitgeber ermöglichen, die Wirksamkeit einer Minderleisterkündigung rechtssicher zu kalkulieren, stellt die Entscheidung vom 17.1.2008 einen nicht unerheblichen Rückschritt dar. Im Ergebnis hat das Bundesarbeitsgericht mit dem Urteil die Anforderungen an die Darlegungslast des Arbeitgebers für qualitative Leistungsmängel im Kündigungsschutzprozess deutlich verschärft. So reicht es nach Ansicht des 2. Senats in diesen Fällen für den Wechsel der Darlegungs- und Beweislast nicht aus, anhand objektiv messbarer Daten nachzuweisen, dass die Fehlerquote des betroffenen Arbeitnehmers um 1/3 höher ist, als bei vergleichbaren Arbeitnehmern. Was das für die Möglichkeit einer personenbedingten Kündigung wegen qualitativer Leistungsmängel bedeutet, lässt das Bundesarbeitsgericht offen. Konsequenterweise muss jedoch angenommen werden, dass auch hier die erforderliche erhebliche Vertragsgleichgewichtsstörung nicht mehr allein an der 1/3-Grenze bzw. überhaupt an objektiven Zahlen festgemacht werden kann. Stattdessen soll bei qualitativen Minderleistungen zusätzlich „anhand der tatsächlichen Fehlerzahl, der Art, der Schwere und Folgen der fehlerhaften Arbeitsleistung" geprüft werden, ob die längerfristige deutliche Überschreitung der durchschnittlichen Fehlerquoten nach den „Gesamtumständen" darauf hinweist, dass der Arbeitnehmer vorwerfbar seine vertraglichen Pflichten verletzt. Das bedeutet, dass letztlich die „Gesamtumstände" darüber entscheiden sollen, ob eine Störung des Austauschverhältnisses angenommen werden kann.

Allerdings führt das Bundesarbeitsgericht für die von ihm postulierte Einzelfallabwägung im Bereich qualitativer Leistungsdefizite durchaus gewichtige Gründe an. So erscheint es gerade bei schwerwiegenden Schlechtleistungen wenig sachgerecht, auf einen – wie auch immer zu berechnenden – Vergleichmaßstab abzuheben. Insoweit besteht jedoch das Problem, dass eine trennscharfe Abgrenzung zwischen quantitativen und qualitativen Leistungsmängeln im Einzelfall erhebliche Schwierigkeiten bereiten kann. Während der 2. Senat im „Kommissionierer-Fall" von einer quantitativen Minderleistung ausgegangen ist, soll dem „Sorter-Versand-Fall" nun eine qualitative Minderleistung zugrunde liegen. Dies ist nur schwer nachzuvollziehen, da beide Arbeitnehmer eine Lagertätigkeit ausübten, in der es um das Packen (Sorter-Versand-Fall) bzw. um

193 BAG, Urt. vom 17.1.2008, – 2 AZR 536/06, BAGE 125, 257, 264.

das Verladen (Kommissionierer-Fall) von Waren ging. Wesentliche Unterschiede zwischen beiden Tätigkeiten sind nicht ersichtlich. Will der Arbeitgeber vermeiden, dass sein Vortrag im Prozess als unsubstantiiert zurückgewiesen wird, weil das Gericht die Leistungsmängel in den Bereich qualitativer Schlechtleistungen einordnet, muss er in Zukunft auch für den Fall, dass er im Besitz von messbaren Arbeitsergebnissen ist, ergänzend zu Art, Schwere und Folgen der Leistungsdefizite vortragen.[194]

III. Die Rechtsprechung der Instanzgerichte

Die Grundsätze, die das Bundesarbeitsgericht insbesondere in seinen Urteilen vom 11.12.2003[195] und vom 17.1.2008[196] aufgestellt hat, sind im Laufe der letzten Jahre von den Instanzgerichten angewandt und inhaltlich konkretisiert worden.[197] Dabei ist die vom Bundesarbeitsgericht vertretene Lehre vom subjektiven Leistungsmaßstab überwiegend unkritisch übernommen worden.[198] Nur selten einmal lehnt ein Landesarbeitsgericht den subjektiven Leistungsmaßstab dezidiert ab.[199]

1. Erfordernis und Inhalt einer Abmahnung wegen Leistungsmängeln

Im Zusammenhang mit Kündigungen wegen Leistungsmängeln wird regelmäßig die Frage aufgeworfen, ob eine vorherige Abmahnung erforderlich sei und wie diese inhaltlich ausgestaltet sein müsse. Das Landesarbeitsgericht Rheinland-Pfalz vertritt die Auffassung, eine Abmahnung sei grundsätzlich bei sämtlichen Störungen im Leistungsbereich und demnach bei allen verhaltens- oder personenbedingten Kündigungen erforderlich, die wegen eines steuerbaren Verhaltens des Arbeitnehmers oder aus einem in seiner Person liegenden Grund ausgesprochen werden, den er durch sein steuerbares Verhalten beseitigen kann.[200] Demgegenüber beschränken das Landesarbeitsgericht Baden-Württemberg und das Landesarbeitsgericht Saarland das

194 Vgl. insoweit den Fall des LAG München, Urt. vom 3.3.2011, – 3 Sa 764/10 – Rn. 22 (juris).

195 BAG, Urt. vom 11.12.2003, – 2 AZR 667/02, BAGE 109, 87.

196 BAG, Urt. vom 17.1.2008, – 2 AZR 536/06, BAGE 125, 257.

197 Übersicht bei *Friemel/Walk*, NJW 2010, 1557.

198 Siehe nur LAG Rheinland-Pfalz, Urt. vom 15.10.2008, – 8 Sa 345/08 – Rn. 24 (juris); LAG Hamm, Urt. vom 20.11.2009, – 10 Sa 875/09 Rn. 83 (juris); LAG Schleswig-Holstein, Urt. vom 24.2.2010, – 6 Sa 399/09, NZA-RR 2010, 466, 467.

199 Ausdrücklich gegen die Anlegung eines subjektiven Leistungsmaßstabs LAG Sachsen, 13.6.2006 – 1 Sa 234/05 – Rn. 40 (juris).

200 LAG Rheinland-Pfalz, Urt. vom 15.10.2008, – 8 Sa 345/08 – Rn. 24 (juris).

Abmahnungserfordernis allein auf die verhaltensbedingte Leistungsstörung.[201] Verliere der Arbeitnehmer die Eignung oder Fähigkeit, die geschuldete Arbeitsleistung zu erbringen oder habe er sie von vornherein nicht, könne er dies nicht oder nicht mehr willentlich steuern. Eine Abmahnung könne den Arbeitnehmer insoweit nicht mehr vor weiteren Vertragswidrigkeiten warnen und sei deshalb sinnlos und entbehrlich.[202] Eine Stellungnahme zum Abmahnungserfordernis bei personenbedingten Kündigungen wegen Minderleistung erfolgt im Vierten Kapitel dieser Untersuchung (§ 3 E. I. 3. c) bb)).

Im Hinblick auf die inhaltlichen Anforderungen an eine Abmahnung wegen Leistungsdefiziten vertritt das Landesarbeitsgericht Saarland die Auffassung, dass die Grundsätze, welche das Bundesarbeitsgericht im „Kommissionierer-Fall" für Kündigungen aufgestellt hat, nicht uneingeschränkt auf Abmahnungen übertragen werden könnten. Aufgabe einer Abmahnung sei es zuerst, auf das beanstandete Fehlverhalten hinzuweisen (Hinweisfunktion), was voraussetze, dass dem Arbeitnehmer das vertragsgemäße Verhalten sowie der „konkrete Verstoß" hiergegen aufgezeigt werde. Insoweit sei es nicht ausreichend, dass die Abmahnung lediglich die – im zu beurteilenden Fall deutlich unterdurchschnittlichen – Jahresproduktionsergebnisse des Arbeitnehmers enthalte.[203] Die Entscheidung des Landesarbeitsgerichts widerspricht in diesem Punkt indessen eindeutig den Erwägungen, mit denen der 2. Senat im „Kommissionierer-Fall" die Anwendung der Regeln über die abgestufte Darlegungslast begründet hat. Das Bundesarbeitsgericht hat insoweit nämlich ausdrücklich auf die Beweisnot des Arbeitgebers reagiert und anerkannt, dass dieser, auch wenn er nur die objektiv messbaren Arbeitsergebnisse kenne, nicht von vornherein daran gehindert sein dürfe, einen vertragswidrigen Zustand mit Rechtsmitteln zu beseitigen.[204] Dies wäre aber die Konsequenz, wenn in Bezug auf die Darlegung des Fehlverhaltens an die Abmahnung inhaltlich strengere Anforderungen gestellt werden würden, als im Rahmen der hierauf folgenden Kündigung. Das Bundesarbeitsgericht ist der Auffassung des Landesarbeitsgerichts Saarland deshalb kürzlich zu Recht entgegengetreten.[205]

---

201 LAG Saarland, Urt. vom 25.7.2007 – 1 Sa 51/07 – Rn. 63 (juris); LAG Baden-Württemberg, Urt. vom 6.9.2006, – 13 Sa 84/05, LAGE § 1 KSchG Verhaltensbedingte Kündigung Nr. 93a.

202 LAG Baden-Württemberg, Urt. vom 6.9.2006, – 13 Sa 84/05, LAGE § 1 KSchG Verhaltensbedingte Kündigung Nr. 93a, S. 15.

203 LAG Saarland, Urt. vom 25.7.2007 – 1 Sa 51/07 – Rn. 63 (juris).

204 BAG, Urt. v. 11.12.2003, – 2 AZR 667/02, BAGE 109, 87, 93.

205 BAG, Urt. vom 27.11.2008, – 2 AZR 675/07, AP § 611 BGB Abmahnung Nr. 33; *Friemel/Walk*, NJW 2010, 1557, 1561.

2. Methodik der Feststellung von Leistungsdefiziten

Eine Fortentwicklung der Rechtsprechung des Bundesarbeitsgerichts ist auch mit Blick auf die Methodik zur Feststellung von Leistungsdefiziten erfolgt. Das gilt insbesondere für die Aussagekraft von betrieblichen Leistungsbewertungssystemen. In diesem Zusammenhang hat etwa das Landesarbeitsgericht Rheinland-Pfalz angenommen, dass eine personenbedingte Änderungskündigung wegen Schlecht- bzw. Minderleistung nicht auf bloße Wertungen einer externen Verkaufsberatungsgesellschaft gestützt werden könne.[206] Im zugrundeliegenden Fall bescheinigte der entsprechende Abschlussbericht einer Beratungsgesellschaft dem gekündigten Arbeitnehmer, der als Geschäftsstellenleiter angestellt war, „mangelnde Führungskompetenz". Ferner erteile er „keine planenden und vorausschauenden Vorgaben" für die Mitarbeiter und sei darüber hinaus „eher ein introvertierter Typ". Mangels konkreter Tatsachenfeststellungen war der Bericht nach Auffassung des Landesarbeitsgerichts nicht dazu geeignet, die gerügten Schlechtleistungen des Verkaufsstellenleiters zu belegen.

Anders kann der Fall liegen, wenn ein Leistungsbewertungssystem mit dem Betriebsrat abgestimmt ist. Das Landesarbeitsgericht Düsseldorf hat in einem Urteil aus dem Jahr 2009 angenommen, in Ermangelung eines Einspruchs des Arbeitnehmers gegen ein solches Leistungsbewertungssystem sei von der Richtigkeit der auf dieser Grundlage getroffenen Bewertung auszugehen.[207] Im konkreten Fall war der Arbeitnehmer in zwei aufeinander folgenden Jahren mit der Note „3" bewertet worden, was nach dem betrieblichen Leistungsbewertungssystem bedeutete, dass die Ergebnisse des Arbeitnehmers im Verhältnis zu Mitarbeitern mit gleichwertiger Tätigkeit nicht in ausreichendem Maße erreicht worden waren und damit unter dem allgemeinen Leistungsniveau lagen. Dem Einwand, die Note „3" bedeute begriffsmäßig noch eine durchschnittliche Leistung, folgte das Landesarbeitsgericht angesichts der anderslautenden Definition der Leistungsbewertung in der zugrunde liegenden Betriebsvereinbarung nicht.

3. Erfordernis einer betrieblichen Beeinträchtigung

Das Bundesarbeitsgericht hat in seinem Urteil vom 17.1.2008 („Sorter-Versand-Fall") für die Darlegung einer qualitativen Schlechtleistung verlangt, dass der Arbeitgeber nachweisen müsse, welche „betrieblichen Beeinträchtigungen" durch die konkret darzulegenden Fehler verursacht würden und dass es sich

---

206 LAG Rheinland-Pfalz, Urt. vom 21.1.2009, – 7 Sa 400/08 – Rn. 44 (juris).

207 LAG Düsseldorf, Urt. vom 8.4.2009, – 7 Sa 1385/08 – Rn. 155 (juris).

insoweit nicht lediglich um Fehler handele, die trotz einer gewissen Häufigkeit angesichts der konkreten Umstände der Arbeitsleistung vom Arbeitgeber hinzunehmen seien.[208] Das Landesarbeitsgericht Sachsen, an welches das Bundesarbeitsgericht den Sorter-Versand-Fall zurückverwiesen hatte, stellte hierzu fest, dass als relevante betriebliche Beeinträchtigungen auch „zusätzliche Kosten“ und „zusätzlicher Zeitaufwand“ sowie eine sich hieraus zwangsläufig ergebende „Unzufriedenheit der betroffenen Kunden“ anzusehen seien.[209]

4. Zeitliche Aspekte der Leistungsdokumentation

Der 2. Senat hat bislang keine feststehenden Zeiträume für die Dauer der Schlecht- bzw. Minderleistung (Vergleichsperiode) vorgegeben. Dies sei stets eine Frage des Einzelfalles.[210] Grundsätzlich werden sich im Bereich quantitativ messbarer Tätigkeiten brauchbare Durchschnittsergebnisse aber nur unter Zugrundelegung eines längerfristigen Referenzzeitraumes erzielen lassen. Das Landesarbeitsgericht Rheinland-Pfalz entschied nunmehr, der Referenzzeitraum sei jedenfalls lückenlos, d.h. ohne Ausblendung von Zwischenzeiträumen, darzulegen.[211] Gegenstand des Rechtsstreits war die Kündigung einer Außendienstmitarbeiterin, welche im Vergleich zu anderen „Partnerverkäufern“ weit unterdurchschnittliche Ergebnisse erzielte. Der Arbeitgeber hatte für einen Zeitraum von insgesamt 34 Monaten Vergleichswerte aus insgesamt 23 Monaten dargelegt und ohne Begründung insgesamt elf Monate in zwei Zeitabschnitten (neun und zwei Monate) ausgelassen. Ließe man dies zu, so das Landesarbeitsgericht, habe es der Arbeitgeber in der Hand, im Extremfall die umsatzstärksten Monate des Arbeitnehmers und/oder die umsatzschwächsten Monate der vergleichbaren Arbeitnehmer aus dem Durchschnittswert herauszurechnen und so das Ergebnis zu verzerren. Die Gefahr, dass durch eine selektive Dokumentation der Arbeitsergebnisse die Gesamtleistung des Arbeitnehmers verfälscht werde, sieht das Landesarbeitsgericht Rheinland-Pfalz auch mit Blick auf einzelne inhaltliche Teilaspekte der Arbeit. Kenne der Arbeitgeber zu den Ursachen der beanstandeten Leistungsmängel mehr als nur die objektiv messbaren Arbeitsergebnisse, könne er sich nicht darauf beschränken, nur diese im Prozess vorzutragen.[212] Im Streitfall ging es um die Kündigung einer Außendienstmitarbeiterin, der der Arbeitgeber eine deutliche Minderleistung nur in Bezug

---

208 BAG, Urt. vom 17.1.2008, – 2 AZR 536/06, BAGE 125, 257, 263.

209 LAG Sachsen, 1.10.2008, – 3 Sa 298/08 – Rn. 113 (juris).

210 BAG, Urt. vom 17.1.2008, – 2 AZR 536/06, BAGE 125, 257, 263.

211 LAG Rheinland-Pfalz, Teilurt. vom 22.1.2009, – 10 Sa 535/08 – Rn. 41 (juris).

212 LAG Rheinland-Pfalz, Urt. vom 10.3.2010, – 8 Sa 617/09 – Rn. 34 (juris).

auf den Vertrieb eines Produkts nachweisen konnte, welches lediglich 20% des Gesamtjahresumsatzes ausmachte.

Das Landesarbeitsgericht Rheinland-Pfalz hat sich in einem weiteren Rechtsstreit auch zu der Frage geäußert, wie viel Zeit dem Arbeitnehmer nach Erhalt einer Abmahnung wegen Leistungsmängeln einzuräumen sei, um seine Leistung wieder anzupassen.[213] Streitgegenständlich war wiederum die Kündigung einer Außendienstmitarbeiterin, die mehrfach wegen ihrer Leistungsdefizite abgemahnt worden war, zuletzt am 8.1.2007. Vor Ausspruch der Kündigung am 11.7.2007 wurde gemäß § 102 Abs. 1 BetrVG der Betriebsrat angehört. Diesem wurden nur die Arbeitsergebnisse im ersten Quartal 2007 mitgeteilt; von dem späteren Leistungsverhalten der Arbeitnehmerin erhielt er keine Kenntnis. Das Landesarbeitsgericht legte deshalb für die Beurteilung der Frage, ob der Arbeitnehmerin ausreichend Zeit eingeräumt worden war, ihre Arbeitsergebnisse zu steigern, lediglich den Zeitraum vom 8.1.2007 bis zum Ende des 1. Quartals 2007 zugrunde. Von diesem Zeitraum war im konkreten Fall der Zeitraum in Abzug zu bringen, in dem die Außendienstmitarbeiterin unstreitig arbeitsunfähig erkrankt war. Danach standen ihr im Ergebnis nur sieben Wochen zur Verfügung, um durch ihre Arbeitsleistung auf den zu erzielenden Umsatz Einfluss zu nehmen. Diesen Zeitraum hielt das Landesarbeitsgericht Rheinland-Pfalz für nicht ausreichend.

C. Kritik an der Lehre vom subjektiven Leistungsmaßstab

I. Die Überbetonung der „Höchstpersönlichkeit" der Leistungspflicht

Das erste zentrale Argument der Lehre vom subjektiven Leistungsmaßstab stützt sich auf die Vorschrift des § 613 S. 1 BGB.[214] Hiernach hat der zur Dienstleistung Verpflichtete die Dienste im Zweifel in Person zu leisten.[215] Diese Auslegungsregel hat zur Folge, dass – soweit vertraglich nichts anderes vereinbart wurde – der Arbeitnehmer die Arbeitsleistung nicht durch einen Ersatzmann oder einen Gehilfen erbringen kann.[216] Darüber hinaus wird aus der Vorschrift hergeleitet, die Arbeitsleistung könne von der Person bzw. der Persönlichkeit des Arbeitnehmers nicht getrennt werden.[217] Das Arbeitsverhältnis sei durch einen

---

213 LAG Rheinland-Pfalz, Urt. vom 15.10.2008, – 8 Sa 345/08 – Rn. 26 (juris).

214 Vgl. nur ErfK/*Preis*, § 611 BGB, Rn. 643; MüKo/*Müller-Glöge*, § 611, Rn. 19.

215 Vgl. zu der Vorschrift des § 613 BGB auch die Ausführungen oben unter Zweites Kapitel § 2 A. I. 1.

216 Schaub/*Linck*, § 45, Rn. 1.

217 Staudinger/*Richardi/Fischinger*, § 611, Rn. 532.

„persönlichen Charakter" gekennzeichnet, der dazu führe, dass der Arbeitnehmer nicht einen bestimmten Arbeitserfolg schulde, sondern nur die eigene Arbeitskraft während der vereinbarten Arbeitszeit zur Leistung der versprochenen Dienste unter Aufwendung seiner Kräfte und Möglichkeiten einzusetzen habe.[218] Noch weiter geht etwa *Tillmanns* mit der Formulierung, dass wegen der grundsätzlich persönlichen Leistungserbringung „der Dienstverpflichtete mit der Leistung selbst – zeitlich und inhaltlich – teilweise identisch" sei.[219] Der Dienstverpflichtete veräußere seine Arbeitskraft und damit „zu einem gewissen Anteil seine eigene Person".[220] Die Verpflichtung zur Leistung der Dienste in Person gemäß § 613 S. 1 BGB sei deshalb mit einem objektiven Leistungsmaßstab unvereinbar. Von dem Arbeitnehmer könne nur die Leistung erwartet werden, die er bei angemessener Anspannung seiner geistigen und körperlichen Kräfte auf Dauer ohne Gefährdung seiner Gesundheit zu leisten imstande sei.[221]

Eine derartige Überbetonung der „Höchstpersönlichkeit" der Leistungserbringung i.S.d. § 613 S. 1 BGB ist nicht gerechtfertigt.[222] Die Vorschrift stellt nicht mehr als eine Zweifelsregelung dar, die einer individualvertraglichen Modifikation zugänglich ist.[223] Soweit nichts anderes vereinbart, soll der Arbeitnehmer dem Arbeitgeber keine andere Person zur Erfüllung der Dienstpflicht aufdrängen können. § 613 S. 1 BGB bezieht sich daher ausschließlich auf die „Erbringung der Dienstleistung".[224] In Bezug auf Quantität und Qualität der Arbeitsleistung enthält die Norm keine Wertung, geschweige denn eine klare Aussage.[225] Soweit im Zusammenhang mit der Inanspruchnahme des § 613 S. 1 BGB für die Begründung eines subjektiven Leistungsmaßstabs erneut die aus der Diskussion um eine übergesetzliche Treuepflicht des Arbeitnehmers bzw. einen deutschrechtlichen Ursprung des Dienstvertrages bekannten Begriffe, wie etwa ein „persönlicher Charakter"[226] bzw. der „personenrechtliche Charakter"[227] des Arbeitsverhältnisses, auftauchen, muss der Verwendung derartiger Schlagwörter

---

218 MüArbR/*Reichold*, § 36, Rn. 41.
219 *Tillmanns*, Strukturfragen, S. 114.
220 *Tillmanns*, Strukturfragen, S. 115; ähnlich schon *Wlotzke*, RdA 1965, 180, 181.
221 ErfK/*Preis*, § 611 BGB, Rn. 643.
222 So im Ergebnis auch *v. Hoyningen-Huene/Linck/Krause*, § 1 KSchG, Rn. 451.
223 Vgl. oben unter Zweites Kapitel § 2 A. I. 1.
224 MüKo/*Müller-Glöge*, § 613, Rn. 2.
225 *Singer/Schiffer*, JA 2006, 833, 836; so ausdrücklich auch Staudinger/*Richardi/Fischinger*, § 613, Rn. 4.
226 MüArbR/*Reichold*, § 36, Rn. 41.
227 So ausdrücklich noch BAG, Urt. vom 15.8.2002, – 2 AZR 195/01, BAGE 102, 197, 203.

mit Zurückhaltung begegnet werden. Hinter ihnen steht der Sache nach nichts weniger als die überwundene Figur des „personenrechtlichen Gemeinschaftsverhältnisses". Dieser Topos diente – wie bereits ausgeführt wurde – unter anderem zur Begründung der These, dass das Arbeitsverhältnis „seinem Wesen nach kein rein rechtliches Austauschverhältnis, sondern in erster Linie eine personenrechtliche Bindung zwischen Arbeitnehmer und Arbeitgeber"[228] sei, welche „die ganze Person des Arbeitnehmers erfasst, deshalb wesentlich sein Leben gestaltet und seine Persönlichkeit bestimmt"[229]. Es wurde aber bereits oben darauf hingewiesen, dass der Rechtsgrund für ein „personenrechtliches Gemeinschaftsverhältnis" nie nachgewiesen worden ist und deshalb auch die auf das angeblich „personenrechtliche" Element des Arbeitsvertrages gestützten Erkenntnisse an einer erheblichen Begründungsschwäche leiden.[230]

Gesichert ist demgegenüber, dass der Gesetzgeber den Arbeitsvertrag im 2. Buch des BGB verortet hat.[231] Dass das Arbeitsverhältnis „seinem Wesen nach" kein rechtliches Austauschverhältnis darstellt, erweist sich somit als eine bloße Behauptung *contra legem*. Wenn das Bundesarbeitsgericht, soweit es noch von einem „personenrechtlichen Charakter" des Arbeitsverhältnisses spricht,[232] damit tatsächlich lediglich zum Ausdruck bringen will, dass die rechtliche Beziehung zwischen Arbeitnehmer und Arbeitgeber stärker die jeweilige Person des Vertragspartners einbezieht, als dies andere Vertragsbeziehungen tun, so kann dem sicherlich nicht widersprochen werden. Dies ist allerdings ein typisches Charakteristikum vieler Dauerschuldverhältnisse und keine spezifische Besonderheit des Arbeitsverhältnisses. Auch für den freien Dienstvertrag oder das Mietverhältnis gilt insoweit nichts anderes.

Das berechtigte Bedürfnis, die Person des Arbeitnehmers bei der Betrachtung des Arbeitsverhältnisses interessengerecht zu berücksichtigen, bedeutet allerdings nicht, dass die erfolgte Einordnung des Arbeitsverhältnisses in die Privatrechtsdogmatik des BGB und insbesondere seine Qualifikation als schuldrechtliches Austauschverhältnis aufgegeben werden müsste. Das Individualarbeitsrecht lässt nämlich erheblichen Raum für die Berücksichtigung individueller Verhältnisse in der Person des Arbeitnehmers. Im Rahmen der arbeitgeberseitigen Kündigung ist dies insbesondere das Verschuldenserfordernis sowie die stets erforderliche

228 BAG, Urt. vom 17.7.1958, – 2 AZR 312/57, BAGE 6, 170, 172; vgl. auch BAG, Urt. vom 24.2.1955, – 2 AZR 10/54, BAGE 1, 338, 340.

229 BAG, Urt. vom 10.11.1955, – 2 AZR 591/54, BAGE 2, 221, 224.

230 Vgl. oben unter Drittes Kapitel § 2 C. I.

231 Vgl. nur die Vorschriften der §§ 613a, 619a, 622 BGB.

232 Vgl. BAG, Urt. vom 15.8.2002, – 2 AZR 195/01, BAGE 102, 197, 203.

Interessenabwägung. Es ist dagegen wenig überzeugend, von einem personalen Charakter des Arbeitsverhältnisses ohne weiteres auf einen subjektiven, sich an den individuellen Fähigkeiten des einzelnen Arbeitnehmers ausrichtenden Leistungsmaßstab zu schließen. Denn wo der Gesetzgeber die individuelle Färbung eines Schuldverhältnisses berücksichtigen wollte, hat er dies auf der Verschuldensebene, also mit Blick auf den Haftungsmaßstab getan. So sieht das Gesetz für diejenigen Rechtsverhältnisse, die die Person der Vertragspartner ebenfalls in besonderer Weise erfassen, jeweils eine Haftungsbeschränkung auf die „eigenübliche Sorgfalt" (*culpa in concreto*) vor.[233] Dies gilt für die Rechtsverhältnisse der Gesellschaft (§§ 705 ff., 708 BGB), der Ehe (§§ 1297 ff., 1359 BGB) und der elterlichen Sorge (§§ 1626 ff., 1664 BGB). Da das Dienstvertragsrecht eine entsprechende Haftungsbeschränkung nicht kennt, darf die hierin liegende gesetzliche Wertung nicht unter Rückgriff auf ein dogmatisch zweifelhaftes „Wesen" des Arbeitsvertrages unterlaufen werden. Schließlich ergibt sich auch aus der Entstehungsgeschichte des § 613 S. 1 BGB nichts für die These, dass aus dieser Norm auf einen subjektiven Leistungsmaßstab im Arbeitsverhältnis zu schließen wäre. Auf die Frage des Maßstabs der Leistungspflicht gehen die Motive insoweit mit keinem Wort ein.[234]

Im Übrigen findet § 613 S. 1 BGB nicht nur auf den Arbeitsvertrag Anwendung, sondern auch auf den freien Dienstvertrag. Gerade im Recht des freien Dienstvertrags wird von der Rechtsprechung aber regelmäßig die Einhaltung objektiver Verkehrsstandards gefordert. Dies gilt insbesondere für Verträge mit einem Arzt oder einem Rechtsanwalt.[235] Hier kommt niemand auf den Gedanken, der Dienstverpflichtete schulde auf Grund der Höchstpersönlichkeit der Dienstleistungspflicht gemäß § 613 S. 1 BGB lediglich die angemessene Ausschöpfung seines subjektiven Leistungsvermögens. Vielmehr wird in der Rechtsprechung davon ausgegangen, dass etwa der Arzt seine Leistung nach berufsfachlichen Maßstäben zu erbringen hat.[236] Dementsprechend geht der Inhalt der Leistungspflicht eines Chirurgen auf eine „sachverständige" Ausführung der Operation.[237] Dies hat der Gesetzgeber mit dem im Rahmen des Patientenrechtegesetzes am 26.2.2013 in Kraft getretenen § 630a BGB nunmehr ausdrücklich klargestellt.[238] So heißt es in § 630a Abs. 2 BGB unmissverständlich:

---

233 *Annuß*, Die Haftung des Arbeitnehmers, S. 110.

234 Mot. II S. 457.

235 Eingehend *Fahl*, Arbeit ist Leistung, 157 ff.

236 BGH, Urt. vom 29.11.1994, – VI ZR 189/93, NJW 1995, 776, 777.

237 MüKo/*Müller-Glöge*, § 611, Rn. 79.

238 BGBl. I 2013, 277; vgl. hierzu auch *Rehborn*, MDR 2013, 497 ff.

„Die Behandlung hat nach den zum Zeitpunkt der Behandlung bestehenden, allgemein anerkannten fachlichen Standards zu erfolgen, soweit nicht etwas anderes vereinbart ist.“

Die Anlegung eines objektiven Maßstabs ist sachlich auch zwingend geboten, da sich der Patient auf die Kenntnisse und Fähigkeiten des Arztes als „Fachmann“ verlässt und verlassen können muss. Wollte man demgegenüber die Dienstleistungspflicht des Arztes lediglich auf seine subjektiven Fähigkeiten beschränken, würde man jegliche Anforderungen an ein verlässliches und verkehrsgerechtes Verhalten aufgeben. Von einem Rechtsanwalt fordert der Bundesgerichtshof sogar die Einhaltung objektiver Höchststandards.[239] Vor dem Hintergrund dieser Pflichtendiskrepanz wird deutlich, dass hinter der Ableitung unterschiedlicher Leistungsmaßstäbe aus derselben Norm ausschließlich das sozialpolitische Motiv des Arbeitnehmerschutzes steht. Dabei ist es fragwürdig, ohne Weiteres davon auszugehen, der Arbeitnehmer sei grundsätzlich schutzbedürftiger als ein selbständiger Arzt oder Rechtsanwalt. Denn das durch die umfangreiche Arbeitsschutzgesetzgebung und insbesondere durch das Kündigungsschutzrecht gewährleistete Schutzniveau erstreckt sich nicht auf den freien Dienstverpflichteten. Dem kann jedenfalls heute nicht mehr eine gegenüber Arbeitnehmern deutlich höhere Verdienstmöglichkeit entgegengehalten werden, welche diese Unsicherheiten wirtschaftlich auszugleichen vermag.

II. Das Paradigma der fehlenden Erfolgsbezogenheit des Dienstvertrages

Das zweite Argument der Lehre vom subjektiven Leistungsmaßstab stützt sich auf das Fehlen eines speziellen dienstvertraglichen Gewährleistungsrechts. Insbesondere das Bundesarbeitsgericht begründet die Ablehnung eines objektiven Pflichtenmaßstabes damit, dass der Dienstvertrag keine „Erfolgshaftung“ kenne.[240] Der Arbeitnehmer schulde das „Wirken“, nicht das „Werk“.[241] Tatsächlich

---

239 z.B. BGH, Urt. vom 30.9.1993, – IX ZR 211/92, NJW 1993, 3323, 3324 f., wonach der Anwalt nicht nur verpflichtet ist, den „sichersten“ Weg zu wählen, um den angestrebten Erfolg zu erreichen, sondern sogar eine Änderung der höchstrichterlichen Rechtsprechung antizipieren muss. Zur Kritik an dieser Rspr. vgl. nur *Slobodenjuk*, NJW 2006, 113, 116; zurückhaltend auch BVerfG, Beschl. vom 12.8.2002, – 1 BvR 399/02, NJW 2002, 2937, 2938: „Auch als Organe der Rechtspflege (§ 1 BRAO) haften die Rechtsanwälte nicht ersatzweise für Fehler der Rechtsprechung, nur weil sie haftpflichtversichert (§ 51 BRAO) sind.“; vgl. zu dem Beschluss des BVerfG aber *Zugehör*, NJW 2003, 3225 ff.

240 Vgl. nur BAG, Urt. vom 11.12.2003, – 2 AZR 667/02, BAGE 109, 87, 92.

241 BAG, Urt. vom 11.12.2003, – 2 AZR 667/02, BAGE 109, 87, 92; diese plastische Formulierung geht ebenfalls zurück auf *v. Gierke*, Deutsches Privatrecht, S. 591 f.

ist jedoch zweifelhaft, ob die Leistung des Arbeitnehmers nicht in gewisser Weise ebenfalls erfolgreich sein muss. So haben bereits *Gamillscheg/Hanau* in diesem Zusammenhang darauf hingewiesen, dass es etwas anderes sei, ob man sagt: „Du hast zwar Fehler gemacht, aber das ist egal, denn eine fehlerfreie Leistung schuldest Du nicht" oder ob man sagt: „Du hast zwar Fehler gemacht, obwohl Du eine fehlerfreie Leistung schuldest, aber wir wollen hieran keine Rechtsfolgen knüpfen".[242] Vor diesem Hintergrund soll auf die Frage, ob tatsächlich die Erfolgsbezogenheit den Kern der Unterscheidung zwischen Dienstvertrag und Werkvertrag ausmacht, nachfolgend näher eingegangen werden.

1. Abgrenzung zwischen Dienstvertrag und Werkvertrag

a) Abgrenzung nach der Erfolgsbezogenheit der Tätigkeit

Zwar unterscheidet der überwiegende Teil in Rechtsprechung und Lehre die beiden Vertragstypen Dienstvertrag und Werkvertrag nach wie vor anhand der Erfolgsbezogenheit der Tätigkeit.[243] Indessen gibt es auch Stimmen, die dieses Kriterium als „wenig griffig" ansehen,[244] da es keine klare Unterscheidung beider Vertragstypen im Zweifelsfall ermögliche.[245] Grund hierfür ist, dass sich der „Erfolg" des werkvertraglichen Leistungsversprechens nicht zwingend auf die Herstellung oder Veränderung einer Sache beziehen muss (§ 631 Abs. 2, 1. Alt. BGB); vielmehr kann Gegenstand des Werkvertrags auch ein „anderer durch Arbeit oder Dienstleistung herbeizuführender Erfolg" sein (§ 631 Abs. 2, 2. Alt. BGB). Der Begriff Erfolg ist somit „im denkbar weitesten Sinne zu verstehen".[246] In der Regel ist hiermit der in der Arbeit selbst liegende Erfolg gemeint, so dass sich der Erfolg schon in der Ausführung der Tätigkeit erschöpft.[247] Ein „Erfolg des Arbeitserfolges" ist nicht geschuldet.[248] Aus diesem Grunde ist es irreführend, den Arztvertrag dem Werkvertragsrecht zuordnen zu wollen, soweit der Arzt nur einen Behandlungserfolg verspricht.[249] Der

242 *Gamillscheg/Hanau*, Die Haftung des Arbeitnehmers, S. 40.

243 Aus jüngerer Zeit BGH, Urt. vom 16.7.2002, – X ZR 27/01, BGHZ 151, 330, 332; MüKo/*Busche*, § 631, Rn. 14; Soergel/*Kraft*, Vor § 611, Rn. 37.

244 Staudinger/*Peters/Jacoby*, Vor §§ 631 ff., Rn. 26.

245 Staudinger/*Richardi/Fischinger*, Vor §§ 611 ff., Rn. 28.

246 Staudinger/*Peters/Jacoby*, Vor §§ 631 ff., Rn. 26.

247 *Larenz*, Methodenlehre, S. 443; Staudinger/*Richardi/Fischinger*, Vor §§ 611 ff., Rn. 33.

248 *Fahl*, Arbeit ist Leistung, S. 19; *Lotmar*, Der Arbeitsvertrag, S. 312; Staudinger/*Richardi/Fischinger*, Vor §§ 611 ff., Rn. 33.

249 So aber offenbar Schaub/*Vogelsang*, § 9, Rn. 20.

Erfolg einer im werkvertraglichen Rahmen erbrachten ärztlichen Tätigkeit liegt vielmehr in der fachgerechten Vornahme der Behandlung selbst (Bsp.: Durchführung der Operation, Nähen der Wunde, Ziehen des Zahns).[250] Ob Genesung eintritt, ist dagegen regelmäßig nicht Gegenstand des arztvertraglichen Erfolgsversprechens.

Auf der anderen Seite darf aber auch die Tätigkeit des Dienstverpflichteten nicht „ins Blaue hinein" erfolgen. Auch seine Tätigkeit muss in gewisser Weise „Erfolg" haben. Wäre es anders, gäbe es für den Dienstherrn keinen vernünftigen Grund, einen Dienstvertrag zu schließen. So erwartet etwa der Wohnungsinhaber, dass die aufgrund eines Dienstvertrags beschäftigte Reinigungskraft die Wohnung „reinigt". Der Leistungserfolg i. S. d. § 362 BGB fällt bei einem Dienstvertrag also immer mit der Tätigkeit selbst zusammen, beim Werkvertrag jedenfalls in den Fällen, in denen nicht die Herstellung oder Veränderung einer Sache, sondern ein anderer durch die Arbeitsleistung herbeizuführender Erfolg geschuldet ist.[251] Es sind diese, sich in der Ausführung der Tätigkeit selbst erschöpfenden Überschneidungstatbestände, die mit dem Kriterium der Erfolgsbezogenheit kaum lösbar sind.

b) Weitere Abgrenzungsversuche

Der historische Gesetzgeber war davon überzeugt, dass bei einer Abgrenzung zwischen Dienst- und Werkvertrag „bei verständiger Würdigung aller Umstände die richtige Entscheidung nicht verfehlt werden kann."[252] Allerdings vermögen auch weitere Merkmale, die im Rahmen einer normativen Gesamtbetrachtung für die Einordnung herangezogen werden, nicht mehr als Indizwirkung zu entfalten. Dies gilt sowohl für das Kriterium der Vergütungsbemessung als auch für die Weisungsunterworfenheit bzw. die wirtschaftliche Unabhängigkeit des zur Leistung Verpflichteten.[253]

Diese Abgrenzungsschwierigkeiten haben dazu geführt, dass sich in der Praxis vielfach eine historisch orientierte Zuordnung bestimmter Tätigkeiten zum Dienst- bzw. Werkvertragsrecht durchgesetzt hat.[254] So ordnet die Rechtsprechung etwa den Arztvertrag sowie den Vertrag mit einem Rechtsanwalt – jedenfalls

---

250 *Lotmar*, Der Arbeitsvertrag, S. 314.

251 Staudinger/*Richardi/Fischinger*, Vor §§ 611 ff., Rn. 41; *Richardi*, ZfA 1988, 221, 249; *Wieacker*, FS Nipperdey, S. 783, 794.

252 Mot. II, S. 472.

253 Zu den einzelnen Kriterien MüKo/*Busche*, § 631, Rn. 17.

254 Staudinger/*Richardi/Fischinger*, Vor §§ 611 ff., Rn. 30 f.

soweit es um die Prozessführung geht[255] – dem Dienstvertragsrecht zu.[256] Dieser „berufsideologisch“[257] motivierten Unterscheidung aufgrund „schlichter Konvention“[258] fehlt jedoch die dogmatische Begründung. Sie ist deshalb als Unterscheidungskriterium ebenfalls nicht geeignet.

c) Abgrenzung nach der Entgeltrisikoverteilung

Da tatbestandsbezogene Merkmale keine rechtssichere Unterscheidung ermöglichen, muss die Zuordnung eines Vertrages zum Dienst- oder Werkvertragsrecht im Zweifel rechtsfolgenorientiert vorgenommen werden. Beide Vertragstypen unterscheiden sich auf der Rechtsfolgenseite dadurch, dass beim Dienstvertrag „für die Arbeit als solche, bei dem Werkvertrage für das Arbeitprodukt die Vergütung versprochen wird.“[259] Für die Abgrenzung kommt es deshalb entscheidend darauf an, wie die Verteilung des Entgeltrisikos ausgestaltet ist.[260] Entsprechend dem gesetzlichen Leitbild der §§ 631 ff. BGB ist ein Vertrag als Werkvertrag zu qualifizieren, wenn seine normative Auslegung ergibt, dass der Vergütungsanspruch entfallen soll, wenn die Tätigkeit nicht erbracht werden kann oder der Erfolg ausbleibt. Eine Ausnahme von dieser Verteilung der Gegenleistungsgefahr besteht nur unter den Voraussetzungen des § 645 Abs. 1 BGB. Während das Werkvertragsrecht das Entgeltrisiko also dem Werkunternehmer zuweist, verhält es sich im Dienstvertragsrecht umgekehrt. Hier behält der Dienstverpflichtete seinen Vergütungsanspruch nicht nur, wenn die Leistung nicht vertragsgemäß erbracht wird, sondern grundsätzlich auch dann, wenn seine Arbeitsleistung für den Dienstberechtigten schlicht unbrauchbar ist.[261] Darüber hinaus geht er des Anspruchs auf die Vergütung oftmals selbst dann nicht verlustig, wenn er überhaupt nicht geleistet hat. Insbesondere im Arbeitsverhältnis wird die Leistungspflicht überwiegend als Fixschuld angesehen, die kalendertäglich im Voraus festgelegt ist und nicht nachgeholt werden kann.[262]

---

255 Anders für das Erstellen eines Gesellschaftsvertrages, Nachweise bei Soergel/*Kraft*, Vor § 611, Rn. 45.

256 BGH, Urt. vom 9.12.1974, – VII ZR 183/72, BGHZ 63, 306, 309 („Arztvertrag“), BGH, Urt. vom 16.10.1986, – III ZR 67/85, AP § 628 BGB Teilvergütung Nr. 4 („Prozessführungsvertrag“).

257 Staudinger/*Richardi/Fischinger*, Vor §§ 611 ff., Rn. 31.

258 Staudinger/*Peters/Jacoby*, Vor §§ 631 ff., Rn. 28.

259 Mot. II, S. 471.

260 Staudinger/*Richardi/Fischinger*, Vor §§ 611, Rn. 39; *Richardi*, ZfA 1988, 221, 248 ff.; so auch *Sedlmeier*, Unzureichende Arbeitsleistung, S. 53.

261 Vgl. hierzu ausführlich unten Viertes Kapitel § 3 C.

262 ErfK/*Preis*, § 611 BGB, Rn. 676.

Im Fall der Nichtleistung entfällt danach zwar gemäß § 326 Abs. 1 S. 1 BGB prinzipiell auch der Vergütungsanspruch („Ohne Arbeit kein Lohn"); dieses Prinzip wird aber nach § 615 S. 1 BGB in den Fällen durchbrochen, in denen der Dienstberechtigte das Betriebs- oder Wirtschaftsrisiko trägt. Eine Durchbrechung des synallagmatischen Zusammenhangs von Leistung und Gegenleistung ordnet auch § 616 BGB an. Im Krankheitsfall gelten für Arbeitnehmer darüber hinaus die §§ 3, 4 EFZG. Da der Dienstverpflichtete nach der Konzeption der § 611 ff. BGB nicht das Entgeltrisiko tragen soll, wenn seine Leistung einmal mangelhaft ist, existiert konsequenterweise auch kein gesetzliches Minderungsrecht des Dienstberechtigten. Eine Minderung des Entgelts kann grundsätzlich nur durch Aufrechnung mit einem Schadensersatzanspruch nach § 280 BGB wegen Schlechtleistung herbeigeführt werden. Dieser unterscheidet sich von dem Minderungsrecht des Werkbestellers (§ 634 Nr. 3, 2. Var. BGB) durch seine Verschuldensabhängigkeit sowie durch das Erfordernis eines Schadensnachweises. Darüber hinaus ist die Aufrechnungslösung nur innerhalb der Pfändungsgrenzen der §§ 850a ff. ZPO zulässig.[263]

2. Zwischenergebnis

Es bleibt danach festzuhalten, dass der Grund für das Fehlen eines spezifischen Gewährleistungsrechts in den §§ 611 ff. BGB nicht in der mangelnden Erfolgsbezogenheit des dienstvertraglichen Leistungsversprechens liegt, sondern in der im Dienstvertragsrecht vorgegebenen Verteilung des Entgeltrisikos. Nach *Esser/Weyers* stellt das Kriterium der Entgeltrisikoverteilung sogar „das einzige letzten Endes stichhaltige Merkmal zur Unterscheidung" zwischen Werk- und Dienstvertrag dar.[264]

Aus alledem folgt, dass das von der subjektiven Theorie ins Feld geführte Argument der fehlenden Erfolgsbezogenheit des Dienstvertrages nicht zu überzeugen vermag. Denn auch der Dienstverpflichtete schuldet gewissermaßen einen „Erfolg"; dieser liegt nur in der ordnungsgemäßen Ausführung der geschuldeten Tätigkeit selbst.[265] Gleiches kommt auch in der vielfach erhobenen Forderung zum Ausdruck, der Arbeitnehmer habe die versprochenen Dienste „mit Sorgfalt" oder „sorgfältig" zu leisten.[266] Die Grenze zum Werkvertrag ist

---

263 Vgl. *Singer/Schiffer*, JA 2006, 833, 834 m.w.N.

264 *Esser/Weyers*, § 27 II, S. 234.

265 So schon *Fahl*, Arbeit ist Leistung, S. 21; deutlich ablehnend gegenüber dem Argument der fehlenden Erfolgsbezogenheit auch *Canaris*, FS Schmidt, 2009, S. 177, 187.

266 z.B. MüKo/*Busche*, § 631, Rn. 9; ErfK/*Preis*, § 611 BGB, Rn. 643.

erst dort überschritten, wo von dem Eintritt des Arbeitserfolgs auch der Erwerb der Vergütung abhängt.[267] Das Fehlen eines Gewährleistungsrechts in den §§ 611 ff. BGB bedeutet deshalb nicht, dass der Arbeitnehmer davon freigezeichnet ist, objektive Verkehrsstandards einzuhalten. Vielmehr kann hieraus lediglich der Schluss gezogen werden, dass der Arbeitnehmer nicht verschuldensunabhängig für den Erfolg seiner Tätigkeit einzustehen hat.[268] Dass sich auch das Bundesarbeitsgericht der Einsicht nicht verschließen kann, wonach die Tätigkeit des Arbeitnehmers „erfolgreich" sein muss, hat im Übrigen auch die Entscheidung im „Akquise-Fall" vom 3.6.2004 gezeigt.[269] Auch die im „Kommissionierer-Fall" vom 11.12.2003 aufgestellte 1/3-Grenze hat *de facto* die vom Bundesarbeitsgericht abgelehnte Erfolgshaftung zur Konsequenz.[270] Denn wenn der Arbeitgeber bei einer dauerhaften Unterschreitung der Normalleistung um 1/3 zum Ausspruch einer personenbedingten Kündigung berechtigt sein soll, so bedeutet dies nichts anderes, als dass der Arbeitnehmer dazu verpflichtet ist, eine Leistung zu erbringen, die 2/3 der Normalleistung entspricht.[271] Wie man die Erkenntnis, dass der Arbeitnehmer eine erfolgreiche Arbeit schuldet, terminologisch einkleidet, ist letztlich nicht entscheidend. Man kann es so ausdrücken, dass der Arbeitnehmer „sorgfältig" arbeiten muss, man kann es auch anders bezeichnen, etwa die Verpflichtung zur „angemessenen" Ausschöpfung der persönlichen Leistungsfähigkeit.[272] Im Ergebnis ist nichts anderes gemeint, als dass vom Arbeitnehmer gefordert wird, objektiv messbare Verkehrsstandards auch im Rahmen der Erbringung der Arbeitleistung einzuhalten.

III. Gefahr einer Relativierung der Arbeitspflicht

Eine strenge Anwendung der subjektiven Theorie birgt darüber hinaus die Gefahr einer Relativierung der Arbeitspflicht. Wenn bereits auf der Pflichtenebene vom Arbeitnehmer lediglich gefordert wird, zu tun, wozu er gerade geistig und körperlich im Stande ist, dann ist die erforderliche Verlässlichkeit und

267 *Richardi*, ZfA 1988, S. 221, 250.
268 MüKo/*Busche*, § 631, Rn. 9.
269 BAG, Urt. vom 3.6.2004, – 2 AZR 386/03, AP § 23 KSchG 1969 Nr. 33, unter B.III.3. der Gründe.
270 BAG, Urt. vom 11.12.2003, – 2 AZR 667/02, BAGE 109, 87, 93.
271 Die Verpflichtung zu einer Arbeitsleistung von mindestens 2/3 der von vergleichbaren Arbeitnehmern erbrachten Durchschnittsleistung sah auch noch die Alternative zu § 27 Abs. 3 ArbVG-E Stand: August 2006 vor, *Henssler/Preis*, NZA, Beil. zu Heft 23/2006, 11.
272 MüArbR/*Reichold*, § 36, Rn. 42 m.w.N.

Planbarkeit der vertraglichen Hauptleistungspflicht des Arbeitnehmers nicht mehr gewährleistet. Nimmt man die Lehre vom subjektiven Leistungsmaßstab also ernst, so hätte etwa ein Arbeitnehmer, der als Lastkraftfahrer mit dem Lkw seines Arbeitgebers in betrunkenem Zustand gegen einen Baum fährt, seine Arbeitspflicht nicht verletzt, sofern er unter Aufbringung der ihm noch möglichen Fahr- und Konzentrationsfähigkeit schlicht nicht besser fahren, also leisten konnte. Er hat zwar die Ware nicht abgeliefert, einen Unfall verursacht und dem Arbeitgeber hierdurch einen Schaden zugefügt, mit Blick auf die Verletzung seiner Hauptleistungspflicht wird er sich jedoch damit entlasten können, dass er seine geistigen und körperlichen Fähigkeiten ausgeschöpft hat. Lässt man die in der trunkenen Dienstausübung liegende Nebenpflichtverletzung einmal unberücksichtigt, hätte diese Sichtweise zur Konsequenz, dass die Prüfung einer verhaltensbedingten Kündigung bzw. eines Schadensersatzanspruches bereits am Tatbestandsmerkmal der Pflichtverletzung scheitern würde, so dass es auf die Frage des Verschuldens bzw. des Vertretenmüssens gar nicht mehr ankäme. Im Rahmen des Verschuldens gelten aber zweifellos objektive Standards, denn auch im Arbeitsverhältnis ist der Sorgfaltsmaßstab objektiv, nicht subjektiv zu bestimmen.[273] Eine Aushebelung der in § 276 Abs. 2 BGB zum Ausdruck kommenden Verkehrsanforderungen bereits auf der Pflichtenebene ist aber mit der im Zweiten Kapitel (§ 2, A.) festgestellten Einordnung in das schuldrechtliche Regelungssystem der §§ 320 ff. BGB schlechterdings nicht zu vereinbaren. Das mag zwar dazu führen, dass die Haftung im Arbeitsverhältnis in die Nähe einer Gefährdungshaftung rückt, seine Rechtfertigung findet der objektive Sorgfaltsmaßstab aber in dem schuldrechtlichen Vertrauensgrundsatz.[274] Jeder Teilnehmer im Rechtsverkehr muss sich darauf verlassen können, dass die anderen Teilnehmer gewisse Mindeststandards einhalten. Es ist nicht ersichtlich, warum im Arbeitsverhältnis etwas anderes gelten soll.

Zu einem anderen Ergebnis käme man im vorgenannten Beispielsfall nur dann, wenn als Bezugspunkt der geistigen und körperlichen Leistungsfähigkeit nicht die Vornahme einer Tätigkeit im Einzelfall zugrunde gelegt werden würde, sondern ein bestimmter Zeitraum. In diese Richtung geht etwa der „Gitter-Fall" des Bundesarbeitsgerichts.[275] Das Gericht hat hier angenommen, dass sich die Leistungspflicht eines Arbeitnehmers über einen längeren Zeitraum (im Streitfall zwei Jahre) auf eine individuelle Durchschnittsleistung „konkretisieren"

273 Vgl. nur HWK/*Krause*, § 619a BGB, Rn. 66 m.w.N. zur Rspr.

274 *Annuß*, Die Haftung des Arbeitnehmers, S. 92.

275 BAG, Urt. vom 20.3.1969, – 2 AZR 283/68, AP Nr. 27 zu § 123 GewO.

könne.[276] Die beharrliche Unterschreitung der so festgestellten Durchschnittsleistung rechtfertigte im konkreten Fall die Kündigung. Nach einer solchen Sichtweise kann sich ein Arbeitnehmer zwar nicht mehr mit mangelnder Konzentrationsschwäche im Einzelfall entlasten, wenn er über einen längeren Zeitraum in der Vergangenheit eine höhere Leistung erbracht hat. Allerdings kann dann auch nicht mehr ernsthaft von einem subjektiven Leistungsmaßstab gesprochen werden, denn der Arbeitnehmer ist hiernach stets zum Abruf derjenigen Leistung verpflichtet, auf die sich seine bisherigen Ergebnisse konkretisiert haben. Hierin liegt aber genau die Erfolgshaftung, von der das Bundesarbeitsgericht erklärtermaßen nichts wissen will.

Die Gefahr einer Relativierung der Arbeitspflicht besteht nicht nur im Verhältnis zu dem Vergütungsanspruch des Arbeitnehmers, sondern auch bezogen auf die Leistungspflichten verschiedener Arbeitnehmer zueinander. So führt die Lehre vom subjektiven Leistungsmaßstab dazu, dass gleich entlohnte Arbeitnehmer unterschiedliche Leistungen schulden.[277] Diese Konsequenz als Argument gegen die subjektive Theorie anzuführen, lehnt insbesondere *Tillmanns* mit Nachdruck ab. Um Austauschgerechtigkeit herzustellen, sei der Lohn eben an die Arbeitsleistung anzupassen, nicht umgekehrt.[278] Dies entspreche zwar nicht der arbeitsrechtlichen Praxis, allerdings stelle es die Problematik auf den Kopf, zu behaupten, es könnten nur Durchschnittslöhne gezahlt werden, so dass auch nur Durchschnittsleistungen erbracht werden könnten. Das Postulat „Gleicher Lohn für gleiche Arbeit“ lasse sich nicht in den Satz „Gleiche Arbeit für gleichen Lohn“ umkehren. Dass sich in einer „Kosten/Nutzen-Analyse“ das Arbeitsverhältnis mit einem überdurchschnittlich leistungsfähigen Arbeitnehmer für den Arbeitgeber als profitabler erweise als andere, sei hinzunehmen und könne sich für den Arbeitnehmer auch in anderen Vorteilen niederschlagen, etwa einer Beförderung.[279]

Diese Argumente vermögen bei genauer Betrachtung nicht zu überzeugen. Auch wenn man unterstellt, die Leistungspflicht beziehe sich bei allen Arbeitnehmern letztlich stets auf das Gleiche, nämlich jeweils auf die Ausschöpfung der individuellen Fähigkeiten, würde dies zu dem unbefriedigenden Ergebnis führen, dass der einen Durchschnittslohn zahlende Arbeitgeber bei Anlegung eines subjektiven Pflichtenmaßstabes unterschiedliche „performances“ als Gegenleistung erhielte. Der Unternehmenserfolg hängt aber bei

276 Vgl. auch oben unter Drittes Kapitel § 2 B. II. 1.
277 *Hammen*, Die Gattungshandlungsschulden, S. 312; *Wlotzke*, RdA 1965, 180, 188.
278 *Tillmanns*, Strukturfragen, S. 153.
279 *Tillmanns*, Strukturfragen, S. 153 f.

nicht wenigen Tätigkeiten ganz entscheidend davon ab, dass die oft Tausende von Arbeitnehmern einheitliche Standards einhalten, etwa in der Systemgastronomie (Bsp.: Mc Donalds).[280] Zudem ist die Anpassung des Lohns an die individuellen Leistungen der Arbeitnehmer gerade bei größeren wirtschaftlichen Unternehmen kaum praktikabel und würde im Übrigen zu einem reinen Leistungslohnsystem führen. Auch vor dem Hintergrund, dass der Satz „Gleicher Lohn für gleiche Arbeit" historisch gesehen nur ein rechtspolitisches Postulat darstellt und individualvertraglich selbstverständlich differenzierten Regelungen zugänglich ist, darf nicht übersehen werden, dass in diesem Satz eben nicht nur die Forderung nach gleichen Arbeitsbedingungen für verschiedene Arbeitnehmergruppen zum Ausdruck kommt, sondern auch die Gerechtigkeitsvorstellung einer Äquivalenz von Leistung und Gegenleistung. Einer bestimmten Arbeitsleistung soll ein bestimmter Lohn gegenüberstehen – aber das gilt eben auch umgekehrt. Die Annahme, der Arbeitgeber würde bei Vertragsschluss davon ausgehen, dass er von denjenigen Arbeitnehmern, denen er den gleichen Lohn zahlt, völlig unterschiedliche Leistungen zu erwarten habe, ist deshalb eine lebensfremde Fiktion. Vielmehr wird der Arbeitgeber seiner betriebswirtschaftlichen Kalkulation und somit auch seinem vertraglichen Bindungswillen die Vorstellung zugrunde legen, dass sich der Arbeitnehmer dazu verpflichtet, bestimmte professionelle bzw. betriebliche Standards einzuhalten.[281] Dem ist auch im Hinblick auf die Frage nach dem Leistungsmaßstab Rechnung zu tragen, jedenfalls dann, wenn man einen vermögensrechtlichen Charakter des Arbeitsverhältnisses nicht vollständig negieren will. Denn die Funktion des Lohns liegt nicht zuletzt darin, die Arbeitsleistung als bewertbaren Gegenstand abzugelten.[282] Darüber hinaus dürfte Arbeitnehmern, die unter Umständen Fehlleistungen ihres Kollegen durch eigene Leistungen auffangen müssten, kaum zu vermitteln sein, warum dieser für den gleichen

---

280 *Lebrenz*, FAZ v. 22.8.2011, S. 10.

281 Nach *Rehhahn*, AuR 1956, 37, 38 ist eine solche Äquivalenzvorstellung die zumindest stillschweigende Grundlage des Arbeitsvertrages. Auch das BAG hat im „Kommissionierer-Fall" vom 11.12.2003 eine Gleichwertigkeitserwartung des Arbeitgebers von Leistung und Gegenleistung anerkannt. Vgl. hierzu oben § 2 B. II. 3.

282 *Hammen*, Die Gattungshandlungsschulden, S. 312 f. Das bedeutet keineswegs, dass der Person des Arbeitnehmers als solcher ein Vermögenswert zugesprochen werden soll, was sich mit dem Menschenbild des Grundgesetzes auch nicht vereinbaren ließe. Gegenstand der arbeitsvertraglichen Verpflichtung des Arbeitnehmers ist vielmehr nur die Arbeitsleistung, nicht die Hingabe seiner gesamten Person.

Lohn schlicht weniger arbeiten muss.[283] „Doch gerade dies ist zu fordern" meint *Tillmanns*[284], was nicht nur jedem natürlichen Empfinden für betriebliche Lohngerechtigkeit widerspricht, sondern auch der ebenfalls bereits von *Gamillscheg/Hanau* formulierten Einsicht, dass „das Recht auch und in erster Linie Richtschnur für das Verhalten der Menschen und gelebte Ordnung (ist), die eine solche Relativierung der Pflichten nicht vertragen würde."[285]

IV. Unterschiedliche Maßstäbe für Haupt- und Nebenpflichten

Die Frage nach dem Leistungsmaßstab stellt sich nicht nur in Bezug auf die Hauptleistungspflicht des Arbeitnehmers, sondern auch im Hinblick auf seine vielfältigen Nebenpflichten. In dem Beispiel des Kraftfahrers, der mit dem Lkw seines Arbeitgebers betrunken einen Unfall verursacht, liegt es auch bei Anwendung eines strengen subjektiven Leistungsmaßstabs nahe, die Verletzung mehrerer Nebenpflichten zu prüfen. Dabei kommt nicht nur ein Verstoß gegen die Pflicht in Betracht, mit den Arbeitsmitteln des Arbeitgebers sorgsam umzugehen und diese nicht zu beschädigen, sondern auch die Verletzung eines eventuell bestehenden betrieblichen Alkoholverbots. Gleiches gilt für eine Verletzung der Nebenleistungspflicht des Arbeitnehmers, die Voraussetzungen seiner Leistungsfähigkeit aufrecht zu erhalten bzw. diese nicht durch übermäßigen Alkoholkonsum zu beeinträchtigen. Denn wenn es dem Arbeitnehmer schon nach öffentlich-rechtlichen Vorschriften (z.B. § 316 StGB) verwehrt ist, seiner Arbeitspflicht nachzugehen, dann wird man in der Herbeiführung eines solchen Zustandes regelmäßig auch die Verletzung einer unselbständigen Nebenpflicht erblicken müssen.[286]

Sofern man nicht jede Mindestanforderung an ein verkehrsgerechtes Verhalten aufgeben will, kann die Beobachtung des Nebenpflichtenprogramms nur unter Anlegung eines objektiven Leistungsmaßstabs beurteilt werden.[287] Denn man wird kaum fragen können, ob der Arbeitnehmer seine geistigen und körperlichen Fähigkeiten in einem angemessenen Umfang eingesetzt hat, um ein betriebliches Alkoholverbot oder den objektiven Tatbestand einer

---

283 Vgl. hierzu auch das Gleichnis von den Arbeitern im Weinberg, deren Unzufriedenheit darauf beruhte, dass der Gutsherr allen Arbeitern am Ende des Tages je einen Denar zahlte, unabhängig davon, ob sie nur eine Stunde oder den ganzen Tag gearbeitet hatten, Matthäus, 20, 1–16.

284 *Tillmanns*, Strukturfragen, S. 153.

285 *Gamillscheg/Hanau*, Die Haftung des Arbeitnehmers, S. 40.

286 Vgl. zu den Nebenleistungspflichten oben Zweites Kapitel § 2 B. II. 1.

287 *Singer/Schiffer*, JA 2006, 833, 836.

Strafvorschrift zu beachten. Dies würde ersichtlich wenig Sinn machen. Entweder sind das Alkoholverbot bzw. der Straftatbestand verletzt oder sie sind es nicht. Auch die häufig anzutreffende Bezeichnung bestimmter Nebenpflichten als „Sorgfaltspflichten" macht deutlich, dass in der Lehre ebenfalls von einem objektiven Nebenpflichtenmaßstab ausgegangen wird.[288] Hierin kommt nämlich zum Ausdruck, dass es sich um solche Pflichten handelt, deren Beachtung zur ordnungsgemäßen Abwicklung des Vertragsprogramms vom Rechtsverkehr erwartet werden kann. Wenig überzeugend wäre es demgegenüber, an die Hauptpflichten des Arbeitnehmers einen subjektiven Maßstab anzulegen, hinsichtlich der Nebenpflichten aber die Einhaltung objektiver Standards zu verlangen.[289] Besonders deutlich wird dies bei den sog. unselbständigen Nebenpflichten (Nebenleistungspflichten), die auf die Sicherstellung der Hauptleistungspflicht gerichtet sind. Hauptpflichten und unselbständige Nebenpflichten stehen zueinander im Verhältnis der Akzessorietät. Daraus folgt, dass die Verletzung einer Nebenleistungspflicht in aller Regel auch auf die Erfüllung der Hauptleistungspflicht durchschlägt.[290] Hiermit ist es schlechterdings nicht zu vereinbaren, an Haupt- und Nebenpflichten unterschiedliche Leistungsmaßstäbe anzulegen.[291]

V. Unterschiedliche Maßstäbe im Außen- und Innenverhältnis

Eine weitere Schwäche des subjektiven Leistungsmaßstabs liegt darin, dass er bei Tätigkeiten, die üblicherweise Gegenstand eines freien Dienstvertrages sind, streng genommen zu einer Geltung unterschiedlicher Verhaltenspflichten im Innen- und Außenverhältnis führen müsste, wenn diese Tätigkeiten im Rahmen eines Arbeitsverhältnisses ausgeübt werden. Dies soll an folgendem Beispiel verdeutlicht werden: Ein selbständiger Arzt ist ausweislich § 630a Abs. 2 BGB im Rahmen des Behandlungsvertrages gegenüber seinem Vertragspartner, dem

---

288 Vgl. nur ErfK/*Preis*, § 611 BGB, Rn. 708. Den Begriff „Sorgfaltspflichten" für die Pflichten aus § 241 Abs. 2 BGB verwendet ausdrücklich auch der Entwurf des Schuldrechtsmodernisierungs-gesetzes, vgl. BT-Drs. 14/6040, S. 93. Man muss deshalb davon ausgehen, dass der Gesetzgeber Sorgfalt nicht nur als Element des Vertretenmüssens versteht, sondern auch als Aspekt, der bereits auf der Pflichtenebene eine Rolle spielt. Vgl. auch BGH, Urt. vom 29.11.1994, – VI ZR 189/93, NJW 1995, 776, 777: „Nach § 276 BGB schuldet der Arzt dem Patienten vertraglich wie deliktisch die im Verkehr erforderliche Sorgfalt".

289 So bereits *Wlotzke*, RdA 1965, 180, 189.

290 MüArbR/*Reichold* § 47, Rn 12.

291 *Singer/Schiffer*, JA 2006, 833, 836.

Patienten, aus Gründen des Vertrauensschutzes dazu verpflichtet, die allgemein anerkannten fachlichen Standards einzuhalten.[292] Maßgebend für den Inhalt der ärztlichen Leistungspflicht sind also die *leges artis* der Medizin.[293] Die Frage ist nun, ob ein anderer Leistungsmaßstab, und zwar ein subjektiver, gelten soll, wenn ein Arzt in einem Krankenhaus oder einer Arztpraxis aufgrund eines Arbeitsverhältnisses beschäftigt wird. Bei einer konsequenten Anwendung der Lehre vom subjektiven Leistungsmaßstab wäre dies eigentlich anzunehmen. Den angestellten Arzt träfe hiernach gegenüber seinem Arbeitgeber lediglich die Pflicht zur angemessenen Ausschöpfung seiner geistigen und körperlichen Fähigkeiten.

Vordergründig scheint für dieses Ergebnis zu sprechen, dass die Erwägungen, mit denen die herrschende Meinung den subjektiven Leistungsmaßstab begründet, ganz unabhängig davon Geltung beanspruchen dürften, welche Tätigkeit der Arbeitnehmer ausübt. Solange er auf Grund eines Arbeitvertrages beschäftigt sei, schulde er eben nur ein „Wirken", und nicht ein „Werk". Eine solche Sichtweise würde allerdings vollständig die Perspektive des Patienten ignorieren. *Fahl* weist insoweit zu Recht darauf hin, dass der Patient in der Regel keine genaue Kenntnis darüber hat, ob der behandelnde Arzt auf Grund eines Arbeitsverhältnisses oder als Selbständiger tätig wird.[294] Dieses aus Sicht des Patienten zufällige Ergebnis darf aber nicht zu seinen Lasten gehen. Hiergegen könnte auch nicht eingewandt werden, das Binnenverhältnis zwischen Arzt und Krankenhausträger spiele letztlich keine Rolle, da letzterer als Vertragspartner des Patienten unabhängig von dem Umfang der Leistungsverpflichtung des angestellten Arztes im Innenverhältnis ihm gegenüber zu einer Behandlung *de lege artis* verpflichtet bleibe und hierfür auch haftungsrechtlich einzustehen habe. Denn wenn der Geltungsgrund für einen objektiven Leistungsmaßstab im Behandlungsvertrag das Vertrauen des Rechtsverkehrs in die berufsfachlichen Standards des Arztberufes ist, dann muss sich der Patient unabhängig von der vertraglichen Konstellation zwischen Arzt und Krankenhausträger im Innenverhältnis darauf verlassen können, dass der ihn behandelnde Arzt diese professionellen Standards auch einhält. Insoweit wird es dem Patienten nämlich nicht in erster Linie um die Absicherung eines

292 *Katzenmeier*, in: Laufs/Katzenmeier/Lipp, S. 315, Rn. 4.

293 BGH, Urt. vom 29.11.1994, – VI ZR 189/93, NJW 1995, 776, 777; BGH, 13.2.2001, – VI ZR 34/00, NJW 2001, 1786, 1787; ausführlich zum Leistungsmaßstab im Arztrecht *Katzenmeier*, in: Laufs/Katzenmeier/Lipp, S. 314, Rn. 1 ff.; zu § 630a BGB vgl. *Rehborn*, MDR 2013, 497, 498.

294 *Fahl*, Arbeit ist Leistung, S. 206.

potentiellen Schadensrisikos gehen, sondern um die fachgerechte Behandlung zur Herbeiführung seiner Genesung. Eine fachgerechte Behandlung kann aber nur gewährleistet werden, wenn nicht nur der Krankenhausträger als Vertragspartner des Patienten hierzu verpflichtet ist, sondern auch der angestellte Krankenhausarzt gegenüber seinem Arbeitgeber.

Dieses Ergebnis wird durch eine normative Auslegung des zwischen dem Arzt und dem Krankenhausträger geschlossenen Arbeitsvertrages (§§ 133, 157 BGB) gestützt. Bereits aus der standesrechtlichen Vorschrift des § 2 Abs. 2 MBO-Ä 2011 ergibt sich, dass der Arzt seine Arbeiten gewissenhaft zu erledigen hat. Hierzu gehört gemäß § 2 Abs. 3 MBO-Ä 2011 auch die Beachtung des anerkannten Standes der medizinischen Erkenntnisse. Dieser Maßstab muss zwischen den Arbeitsvertragsparteien nicht ausdrücklich vereinbart werden, da die Einhaltung der standesrechtlichen Regeln durch die Tätigkeitsbeschreibung „Arzt" konkludent Inhalt des Anstellungsvertrages wird.[295] Ob eine normative Vertragsauslegung über die „klassischen" freien Dienstleistungsberufe (d.h. Ärzte, Rechtsanwälte usf.) hinaus ebenfalls ohne weiteres zu der Festlegung des arbeitsvertraglichen Leistungsversprechens auf berufsfachliche Standards führt, ist jedoch zweifelhaft. Denn letztlich kann jede Tätigkeit auch aufgrund eines freien Dienstvertrages ausgeübt werden. Nicht in jedem Fall werden aber vergleichbare standesrechtliche Regelungen existieren, die in den Arbeitsvertrag hineingelesen werden können. Auch Vergabevorschriften, die Bestimmungen in Bezug auf einen konkreten Leistungsstandard enthalten, verpflichten grundsätzlich nur den Auftragnehmer, nicht hingegen die bei ihm angestellten Arbeitnehmer.[296] Dennoch wäre es nicht gerechtfertigt, im Innen- und Außenverhältnis unterschiedliche Leistungsmaßstäbe anzulegen. Zwar kann der im Außenverhältnis vereinbarte Pflichtenmaßstab nicht pauschal auf das Innenverhältnis übertragen werden, da der Arbeitnehmer auf die Vertragsgestaltung

295 Gleiches ließe sich für den angestellten Rechtsanwalt ausführen.

296 Bsp.: Ziff. 3.0 Abs. 2 der Richtlinien für Vergabe und Abrechnung im Gebäudereiniger-Handwerk verpflichtet den Auftragnehmer, „bei der Ausführung der Arbeiten den Vorschriften der Berufsgenossenschaften, des Auftraggebers, der Bauaufsicht sowie den Auflagen aus Gründen der Denkmal- und Landespflege sowie des Umweltschutzes zu entsprechen." Diese objektive Pflichten normierende Leistungsbestimmung bindet nur den Auftragnehmer, nicht hingegen einen bei ihm angestellten Gebäudereiniger. Auch § 17 des Rahmentarifvertrages für die gewerblichen Beschäftigten in der Gebäudereinigung vom 4. Oktober 2003 bestimmt lediglich allgemein, dass die Beschäftigten die Sicherheitsvorschriften und Arbeitsanordnungen des Arbeitgebers zu beachten haben.

zwischen seinem Arbeitgeber und Dritten in aller Regel keinen Einfluss hat. Soweit der Arbeitgeber im Außenverhältnis jedoch lediglich zur Einhaltung berufsfachlicher Standards verpflichtet ist, muss er diese auch von seinen Arbeitnehmern abverlangen können.

D. Zwischenergebnis

Die vorstehenden Überlegungen haben deutlich gemacht, dass die Lehre vom subjektiven Leistungsmaßstab erhebliche Schwächen aufweist. Die beiden zentralen Argumente dieser Lehre – der vermeintlich „personale Charakter" des Arbeitsverhältnisses sowie das Fehlen eines dienstvertraglichen Gewährleistungsrechts – halten einer näheren Betrachtung nicht stand. Mit Blick auf das personale Element des Arbeitsvertrages stellt sich die subjektive Theorie bei Lichte betrachtet als Fortführung des stetigen Bemühens der Arbeitsrechtswissenschaft dar, in die zwischen Arbeitnehmer und Arbeitgeber herrschende Vertragsbeziehung ein über die schuldrechtlichen Grundlagen des BGB hinausgehendes Schutzprinzip zugunsten des Arbeitnehmers zu implantieren. Entsprechende bisherige Versuche (Treudienstvertrag, personenrechtliches Gemeinschaftsverhältnis, persönliche Abhängigkeit) haben sich allerdings allesamt als wenig tragfähig erwiesen.[297] Der nunmehr angeblich der Vorschrift des § 613 BGB zu entnehmende personale Gehalt des Arbeitsverhältnisses ist jedoch ebenfalls nicht dazu geeignet, eine Relativierung des Pflichtenprogramms zu rechtfertigen. Gleiches gilt für den Rückgriff auf die angeblich fehlende Erfolgsbezogenheit des Dienstvertrages. Das Fehlen eines spezifischen Gewährleistungsrechts ist nicht Folge einer mangelnden Verpflichtung zur Einhaltung professioneller Standards, sondern beruht auf der im Dienstvertragsrecht geltenden Verteilung des Entgeltrisikos. Die subjektive Theorie widerspricht darüber hinaus wesentlichen Grundprinzipien des Schuldrechts. Das gilt nicht nur für die Vorstellung einer objektiven Gleichwertigkeit von Leistung und Gegenleistung (Äquivalenzprinzip), sondern auch für die in § 276 Abs. 2 BGB zum Ausdruck kommende Wertung, wonach sich jeder Teilnehmer im Rechtsverkehr darauf verlassen können muss, dass sein Vertragspartner objektive Verkehrsstandards einhält.

297 Vgl. dazu auch oben § 2 C. I.

§ 3. Die Lehre vom objektiven Leistungsmaßstab

In der Literatur[298] und vereinzelt auch in der Rechtsprechung[299] wird im Gegensatz zur subjektiven Theorie schon seit langem die Auffassung vertreten, die Arbeitspflicht des Arbeitnehmers sei in Bezug auf Qualität und Quantität an einem rein objektiven Leistungsmaßstab zu messen. Bei Betrachtung dieser Lehre fällt zunächst die mangelnde begriffliche Klarheit auf, mit der die vom Arbeitnehmer abverlangte Leistung erfasst werden soll. Insoweit werden drei Begriffe teilweise synonym verwandt: Normalleistung, Durchschnittsleistung und Leistung „mittlerer Art und Güte". Im Folgenden sollen die verschiedenen Ansätze einer genaueren Untersuchung unterzogen werden.

A. Der Maßstab der Normalleistung

Im Zusammenhang mit der Leistungspflicht des Arbeitnehmers taucht immer wieder der Begriff der „objektiven Normalleistung"[300] auf. Man könnte annehmen, hiermit sei zwangsläufig eine Durchschnittsleistung gemeint und tatsächlich wird der Begriff mitunter auch so verstanden.[301] Nachfolgend soll jedoch gezeigt werden, dass die Normalleistung mit einer Durchschnittsleistung nicht notwendigerweise identisch sein muss. Vielfach wird auch vertreten, dass mit Normalleistung entsprechend § 243 Abs. 1 BGB eine Leistung „mittlerer Art und Güte"[302] gemeint sei. Das Bundesarbeitsgericht verwendet darüber hinaus teilweise den Begriff der „individuellen Normalleistung", wobei hiermit nichts anderes gemeint ist, als der subjektive Leistungsmaßstab.[303]

Der Begriff der Normalleistung stammt ursprünglich aus der von *F. W. Taylor* begründeten Arbeitswissenschaft. Ziel dieser Wissenschaft ist es,

---

298 *Annuß*, Die Haftung des Arbeitnehmers, S. 108 ff.; *Ballerstedt*, JZ 1963, 190 ff.; *Berkowski*, NZA-RR 2001, 1, 3 f.; *Hammen*, Die Gattungshandlungsschulden, S. 309 ff.; *Hanau/Adomeit*, S. 183 f., Rn. 684; *Hunold*, BB 2003, 2345; *Kreller*, AcP 123 (1925), 263, 286 ff.; *Mauer*, Anm. zu BAG, Urt. vom 11.12.2003, – 2 AZR 667/02, AP § 1 KSchG 1969 Verhaltensbedingte Kündigung Nr. 48; *Motzer*, Die positive Vertragsverletzung des Arbeitnehmers, S. 120; *Rehhahn*, AuR 1956, 37, 39; *Singer/Schiffer*, JA 2006, 833, 835; *van Gelder*, MDR 1996, 340, 341; *v. Hoyningen-Huene/Linck/Krause*, § 1 KSchG, Rn. 451 u. 684; *Wlotzke*, RdA 1965, 180, 188; *Zöllner/Loritz/Hergenröder*, S. 36 u. 215; unklar MüKo/*Hergenröder*, § 1 KSchG, Rn. 273.

299 LAG Sachsen, Urt. vom 13.6.2006, – 1 Sa 234/05 – Rn. 40 (juris).

300 Z.B. MüArbR/*Reichold*, § 36, Rn. 41.

301 Vgl. nur *Tillmanns*, Strukturfragen, S. 155.

302 Z.B. *Hunold*, BB 2003, 2345; *v. Hoyningen-Huene/Linck/Krause*, § 1 KSchG, Rn. 684.

303 BAG, Urt. vom 20.3.1969, – 2 AZR 283/68, AP Nr. 27 zu § 123 GewO.

Arbeitsabläufe und Arbeitsinhalt im modernen Produktionsprozess unter Berücksichtigung psychologischer und soziologischer Erkenntnisse effektiv zu planen und zu gestalten.[304] Insbesondere im Rahmen von Leistungslohnsystemen wird nach arbeitswissenschaftlichen Methoden der Leistungsgrad von Arbeitnehmern gemessen, deren Arbeitsleistung die Bezugsgröße für die Bestimmung des Zeitfaktors in einem Akkordsystem sein soll und auf den die Taktung von Produktionsmaschinen eingestellt wird.[305] Der zugrunde gelegte Leistungsgrad wird arbeitswissenschaftlich auch Normalleistung genannt. Seine Bestimmung erfolgt verbreitet nach dem sog. REFA-Verfahren und wird deshalb auch als „REFA-Normalleistung“ bezeichnet.[306] Der arbeitswissenschaftliche Normalleistungsbegriff ist jedoch nicht identisch mit dem Begriff der Normalleistung im Sinne einer Durchschnittsleistung.[307] Vielmehr liegt die REFA-Normalleistung regelmäßig unter der im Leistungslohn erbrachten Durchschnittsleistung.[308] Nach *Rehhahn* soll die Durchschnittsleistung in der Regel sogar um 20% über der Normalleistung liegen.[309] Der arbeitswissenschaftlich ermittelte Leistungsgrad in einem Akkord- oder Prämiensystem kann aber durchaus einen Anhaltspunkt für die Berechnung der Durchschnittsleistung bieten. Nur liegt diese dann eben nicht bei einem Leistungsgrad von 1,0 (Normalleistung), sondern typischerweise bei einem Leistungsgrad von etwa 1,2.

Der Begriff der Normalleistung findet sich teilweise auch in Tarifverträgen. Bereits oben unter § 1 wurde der Lohnrahmentarifvertrag für die gewerblichen Arbeitnehmer der Druckindustrie vom 6. Juli 1984 erwähnt, wo es in § 2 Ziff. 2 Abs. 2 heißt:

> *„Der Tariflohn gibt dem Arbeitgeber Anspruch auf Normalleistung. Die menschliche Normalleistung ist jene Leistung, die von jedem hinreichend geeigneten Arbeitnehmer nach genügender Übung und ausreichender Einarbeitung ohne gesundheitliche Beeinträchtigung auf die Dauer erbracht werden kann.“*[310]

---

304 *Söllner*, in: Tomandl, Entgeltprobleme, S. 93, 95.

305 *Singer/Schiffer*, JA 2006, 833, 834.

306 REFA = Reichsausschuss für Arbeitszeitermittlung.

307 *Weisel*, KommJur, 2007, 408, 409.

308 REFA, Methodenlehre des Arbeitsstudiums 2, S. 136; *Singer/Schiffer*, JA 2006, 833, 834.

309 *Rehhahn*, AuR 1956, 37, 39 bei Fn. 10.

310 *v. Hoyningen-Huene/Linck/Krause*, § 1 KSchG, Rn. 454 sehen in einer leicht abgewandelten Variante dieser Definition den Inhalt der nach dem „Grundgedanken des § 243 BGB“ geschuldeten Leistungspflicht des Arbeitnehmers.

Diese Definition ist ebenfalls nicht identisch mit einer betrieblichen Durchschnittsleistung. Denn für eine solche kommt es nicht darauf an, welche Leistung von den Arbeitnehmern erbracht werden „kann", sondern darauf, welche Leistung tatsächlich erbracht „wird". Die Tarifvertragsparteien haben sich bei der Festlegung des Leistungsmaßstabes im vorgenannten Beispiel vielmehr von einer objektiven Verkehrserwartung an den Pflichteninhalt leiten lassen, die auf einem mit arbeitswissenschaftlichen Methoden ermittelten und typischerweise erreichbaren Leistungsgrad (z.B. Normalleistung = 1,0) beruht. Insofern besteht auch ein Unterschied zu dem Begriff der Normalleistung im Rahmen des Prämienlohnverfahrens, mit welchem sich das Bundesarbeitsgericht in seinem „Kommissionierer-Fall" vom 11.12.2003 auseinanderzusetzen hatte.[311] Hier setzte sich das Gehalt des Kommissionierers aus einer Grundvergütung sowie einer Prämie zusammen. Zur Berechnung der Prämie schlossen die Betriebspartner eine Betriebsvereinbarung, nach der eine Prämie gezahlt wurde, wenn der Arbeitnehmer eine mit dem Zahlenwert 1,0 versehene Normalleistung überschritten hatte. Nach Auffassung des Bundesarbeitsgerichts hatte die „Normalleistung 1,0" des Prämiensystems nicht den Zweck, Leistungspflichten zu bestimmen, sondern sollte lediglich als Anreiz für eine überobligatorische Leistung dienen.[312] Anders liegt es im Fall der oben genannten tarifvertraglichen Regelung. Nach § 2 Ziff. 2 Abs. 2 des Lohnrahmentarifvertrags für die gewerblichen Arbeitnehmer der Druckindustrie hat der Arbeitgeber „Anspruch auf Normalleistung". Diese Regelung stellt im Gegensatz zu der Prämienlohnvereinbarung aus dem „Kommissionierer-Fall" durchaus eine zulässige Konkretisierung der arbeitsvertraglichen Leistungspflicht dar.

Insgesamt eignet sich der Begriff der Normalleistung aufgrund seines arbeitswissenschaftlichen Bedeutungszusammenhangs jedoch nur bedingt dazu, den geschuldeten Leistungsmaßstab zu erfassen. Etwas anderes gilt dann, wenn dem Arbeitgeber individual- oder kollektivvertraglich ausdrücklich ein Anspruch auf eine Normalleistung eingeräumt wird, deren Ermittlungsgrundlage mitvereinbart ist. Darüber hinaus kann die REFA-Normalleistung im industriellen Produktionsprozess aber einen Anhaltspunkt dafür darstellen, welche Leistung von

311 BAG, Urt. vom 11.12.2003, – 2 AZR 667/02, BAGE 109, 87.

312 BAG, Urt. vom 11.12.2003, – 2 AZR 667/02, BAGE 109, 87, 94. Diese Bewertung widerspricht bei genauerem Hinsehen jedoch dem Postulat, der Arbeitnehmer schulde nicht mehr und nicht weniger als die angemessene Ausschöpfung seiner individuellen Fähigkeiten. Denn die Aussage, eine über den Leistungsgrad 1,0 hinausgehende Leistung sei „überobligatorisch", beruht auf der Prämisse, dass eine der Normalleistung 1,0 entsprechende Leistung „obligatorisch", also verpflichtend ist.

einem hinreichend eingeübten Arbeitnehmer erbracht werden und deshalb vom Arbeitgeber im Sinne einer objektiven Verkehrserwartung auch verlangt werden kann.

B. Der Maßstab der Durchschnittsleistung

Teilweise wird von dem Arbeitnehmer ausdrücklich eine „durchschnittliche" Arbeitsleistung verlangt, auch wenn diese mit dem Begriff „Normalleistung" oder „objektive Normalleistung" belegt wird.[313] Die Verpflichtung zu einer Durchschnittsleistung wird damit begründet, dass insbesondere im Großbetrieb, wo ständig Neueinstellungen vorgenommen werden müssten, eine stärkere Beachtung der Individualität des einzelnen Arbeitnehmers nicht möglich sei. Der Arbeitgeber, der einen Durchschnittslohn zahle, lege daher seinen Kalkulationen auch eine von den Arbeitnehmern zu erbringende Durchschnittsarbeitsleistung zugrunde.[314] Dieser Ansicht ist zuzugeben, dass in der Regel beide Arbeitsvertragsparteien nicht dazu in der Lage sind, bei Vertragsschluss das individuelle Leistungsvermögen des Arbeitnehmers in Bezug auf die vereinbarte Tätigkeit konkret einzuschätzen.[315] Dem kann nicht entgegengehalten werden, dass sich der Arbeitgeber bereits im Bewerbungsverfahren aus einem vorgelegten Lebenslauf bzw. aus entsprechenden Arbeitszeugnissen über die Fähigkeiten des Arbeitnehmers ausreichend informieren kann.[316] Denn es entspricht allgemeiner Lebenserfahrung, dass formalisierte Lebensläufe in aller Regel ein besonders positives Bild von Ausbildung und bisherigem Berufsleben des Bewerbers zeichnen. Auch Arbeitszeugnisse vermitteln – nicht zuletzt aufgrund des zeugnisrechtlichen Wohlwollensgebots[317] – mitunter einen allzu schmeichelhaften Eindruck vom Leistungsverhalten des Arbeitnehmers.[318] Sie sind zudem stark von der subjektiven Einschätzung des vormaligen Arbeitgebers abhängig. Es ist in diesem Zusammenhang nicht einzusehen, warum allein der Arbeitgeber

313 *Motzer*, Die positive Vertragsverletzung des Arbeitnehmers, S. 119: „objektiv ermittelte Durchschnittsleistungen"; *Wlotzke*, RdA 1965, 180, 188: „typische am Durchschnitt orientierte Leistung".

314 *Motzer*, Die positive Vertragsverletzung des Arbeitnehmers, S. 121.

315 *Annuß*, Die Haftung des Arbeitnehmers, S. 109.

316 Personalfachleute bezeichnen das Bewerbungsverfahren teilweise als „Schauspiel", vgl. *Enderle da Silva*, Personalmagazin 2012, 14 ff.

317 Hierzu Schaub/*Linck*, § 147, Rn. 28.

318 *Maschmann*, NZA-Beil. 1/2006, 13, 19 macht für die „Zu-gut-Beurteilung" von Low Performern zudem falsch verstandene Menschenfreundlichkeit, Führungsschwäche, Unkenntnis oder sogar schlichte Interessenlosigkeit aus.

das Risiko tragen sollte, von dieserlei „Überbewertungen" das richtige Maß an Abstrichen vorzunehmen. Im Übrigen geben Arbeitszeugnisse nur Auskunft über das Leistungsverhalten des Arbeitnehmers in der Vergangenheit; für die zukünftige Leistungsfähigkeit stellen sie nicht mehr als ein Indiz dar.[319]

Wer einen Leistungsmaßstab befürwortet, der sich an einer Durchschnittsleistung orientiert, muss allerdings die Frage nach dem persönlichen (I.) und zeitlichen Referenzpunkt (II.) der Durchschnittsleistung beantworten. Zudem begegnet die Zugrundelegung einer strengen Durchschnittsleistung Bedenken, soweit es sich um qualitative Leistungsmängel handelt (III.).

I. Persönlicher Bezugspunkt einer Durchschnittsleistung

Mit Blick auf den persönlichen Bezugspunkt einer Durchschnittsleistung kommen mehrere Referenzpunkte in Betracht. Dabei dürfte zunächst die Verpflichtung zu einer individuellen Durchschnittsleistung als geeigneter Bezugspunkt für einen objektiven Maßstab ausscheiden, da sie zu eng mit der persönlichen Leistungsfähigkeit des einzelnen Arbeitnehmers zusammenhängt.[320] Man könnte in diesem Zusammenhang eher von einem subjektiv-objektiven Leistungsmaßstab sprechen. Denkbar ist aber, als Bezugspunkt eine durchschnittliche Markt-, Konzern-, Unternehmens-, Betriebs- oder Arbeitsgruppenleistung anzusetzen. Etwas weit hergeholt erscheint demgegenüber die von *Fahl* formulierte (wohl rhetorisch zu verstehende) Frage, ob sich der Durchschnittsmaßstab auf vergleichbare Arbeitnehmer in der EU oder gar der gesamten Welt beziehen soll.[321] Hiergegen spricht bereits, dass für die begutachtete Tätigkeit in den verschiedenen Ländern völlig unterschiedliche fachliche bzw. berufliche Standards gelten können. Gleiches gilt für die Ausbildungssysteme in den einzelnen Ländern. Zudem berücksichtigt ein „weltbezogener" Vergleichsmaßstab nicht die erheblichen Unterschiede in den äußeren Bedingungen der Arbeitsleistung. So dürfte außer Frage stehen, dass ein im Straßenbau beschäftigter Bauarbeiter im sommerlichen Dubai bei Temperaturen von bis zu 50 Grad Celsius nicht das gleiche Arbeitstempo an den Tag legt und legen kann, wie ein zur gleichen Jahreszeit beschäftigter Bauarbeiter in Norddeutschland. Im Übrigen dürfte es schon aus praktischen Gründen nicht möglich sein einen derartigen internationalen

319 *Tillmanns*, Strukturfragen, S. 146, die das hiermit verbundene Risiko allerdings dem Arbeitgeber zuweisen will.

320 So aber BAG, Urt. vom 20.3.1969, – 2 AZR 283/68, AP Nr. 27 zu § 123 GewO („Gitter-Fall"); vgl. hierzu auch oben unter § 2 B. II. 1.

321 *Fahl*, Arbeit ist Leistung, S. 154.

Vergleichsmaßstab zu ermitteln. Demgegenüber erscheint es aber ebenfalls zweifelhaft, ob sich der Vergleichsmaßstab auf betriebliche Kleinsteinheiten, etwa die Arbeitsgruppe oder das Außendienstteam, beziehen darf. Denn bei einer derart kleinen Vergleichsgruppe kann es durchaus vorkommen, dass mehrere Arbeitnehmer im gesamtbetrieblichen Vergleich überdurchschnittliche Leistungen erbringen. Der in der Vergleichsgruppe beschäftigte Arbeitnehmer, der lediglich die betriebliche Durchschnittsleistung erreicht, wäre in diesem Verhältnis schon unterdurchschnittlich und müsste womöglich arbeitsrechtliche Konsequenzen befürchten.[322] Im Rahmen der gebietsbezogenen Beschränkung des Vergleichsmaßstabes auf die Bundesrepublik gilt daher: Je größer die Organisationseinheit ist, nach der der Vergleichsmaßstab ermittelt wird, umso größer ist die Gewähr dafür, dass es sich hierbei um eine faire Beurteilungsgrundlage für das Leistungsverhalten der Arbeitnehmer handelt. In die Vergleichsgruppe sind deshalb wenigstens alle vergleichbaren Arbeitnehmer eines Betriebes einzubeziehen.[323] Ihre konkrete Ausgestaltung bleibt im Einzelfall dem Arbeitgeber überlassen. Der Arbeitnehmer kann in diesem Rahmen lediglich die Richtigkeit der Vergleichsdaten in Zweifel ziehen.[324] Allerdings muss die Wahl der Vergleichsgruppe billigem Ermessen entsprechen und ist insofern auch gerichtlich überprüfbar (§ 315 Abs. 1 BGB).

II. Zeitlicher Bezugspunkt einer Durchschnittsleistung

Neben der Frage, welcher persönliche Referenzpunkt, d.h. welche Vergleichsgruppe, ausschlaggebend für die Bestimmung der Durchschnittsleistung ist, muss auch beantwortet werden, welche zeitliche Dimension die Verpflichtung zu einer durchschnittlichen Leistung haben soll. So ist einerseits denkbar, dass die Arbeitsleistung stets, mithin in jedem Zeitpunkt und in Bezug auf jeden einzelnen Arbeitsschritt durchschnittlichen Anforderungen genügen muss. Alternativ könnte sich die Verpflichtung zu einer Durchschnittsleistung auf einen längeren Zeitraum, möglicherweise sogar auf die gesamte Dauer des Arbeitsverhältnisses beziehen. Nach der Rechtsprechung des Bundesarbeitsgerichts im „Kommissionierer-Fall" sollen die Grundsätze der abgestuften Darlegungs- und Beweislast im Rahmen einer

322 *Singer/Schiffer*, JA 2006, 833, 835; vgl. auch das Beispiel von *Mauer*, Anm. zu BAG, Urt. vom 11.12.2003, – 2 AZR 667/02, AP § 1 KSchG 1969 Verhaltensbedingte Kündigung Nr. 48.

323 *Singer/Schiffer*, JA 2006, 833, 835.

324 *Mauer*, Anm. zu BAG, Urt. vom 11.12.2003, – 2 AZR 667/02, AP § 1 KSchG 1969 Verhaltensbedingte Kündigung Nr. 48.

verhaltensbedingten Kündigung erst dann eingreifen, wenn der Arbeitgeber eine „langfristige" Unterschreitung der Durchschnittsleistung darlegen kann, wobei es sich im Streitfall um einen Zeitraum von zwei Jahren handelte.[325] Für die personenbedingte Kündigung setzt der 2. Senat eine „dauerhafte" Unterschreitung der Durchschnittsleistung voraus.[326] Das Gericht versucht erkennbar, trotz einer gewissen Annäherung an die objektive Theorie, durch die Verwendung solch unbestimmter Begriffe weiterhin einzelfallgerechte Lösungen zu ermöglichen. Doch so gerechtfertigt dieses Anliegen sein mag, aus dogmatischer Sicht stellt sich durchaus die Frage, ob jede einzelne Unterschreitung der Durchschnittsleistung eine vertragliche Pflichtverletzung darstellt, oder ob eine Entscheidung hierüber nur unter Zugrundelegung eines gewissen Zeitraumes getroffen werden kann.

Die Beantwortung dieser Fragestellung hängt davon ab, ob man als Anknüpfungspunkt für die Feststellung einer Vertragsverletzung die einzelne Leistungshandlung oder vielmehr eine Gesamtheit der vom Arbeitnehmer zu erbringenden Leistungen wählt. Letztere Auffassung vertritt insbesondere *Rother*, der die Gesamtheit der geschuldeten Arbeitsleistung als „Inbegriff" von Leistungshandlungen ansieht.[327] Dies habe zur Folge, dass ein Arbeitnehmer, der im Laufe einer langjährigen Dienstzeit einmal einen Fehler begangen habe, im Ganzen nicht schlecht, sondern recht gut gearbeitet habe.[328] Von einer Schlechterfüllung könne deshalb nicht gesprochen werden. Diese Aussage erscheint auf den ersten Blick zwingend, zumal sie dem Umstand Rechnung trägt, dass es nach menschlichen Maßstäben unmöglich ist, dass ein Arbeitnehmer auf die Dauer stets fehlerfrei arbeitet. Dennoch vermag die Auffassung *Rothers* jedenfalls insoweit nicht zu überzeugen, als er die gesamte Dauer des Arbeitsverhältnisses als Referenzzeitraum zugrunde legen will. Dies kann schon deshalb nicht richtig sein, weil es dem Arbeitgeber sonst verwehrt wäre, auf einzelne Leistungsmängel gezielt und unverzüglich, etwa in Gestalt einer Abmahnung, zu reagieren. Auch die Vorschrift des § 626 Abs. 2 BGB geht davon aus, dass ein zur außerordentlichen Kündigung berechtigender Pflichtverstoß kurzfristig, nämlich innerhalb von zwei Wochen nach Kenntniserlangung, zu kündigungsrechtlichen Konsequenzen führt. Wenn beispielsweise eine in einer Anwaltskanzlei angestellte Sekretärin nach der Versendung eines fristgebundenen Schriftsatzes

325 BAG, Urt. vom 11.12.2003, – 2 AZR 667/02, BAGE 109, 87, 93.

326 BAG, Urt. vom 11.12.2003, – 2 AZR 667/02, BAGE 109, 87, 99.

327 *Rother*, Haftungsbeschränkung im Schadensrecht, S. 266 ff.; eine ausführliche Kritik zu den Thesen *Rothers* findet sich bei *Hammen*, Die Gattungshandlungsschulden, S. 321 ff.

328 *Rother*, Haftungsbeschränkung im Schadensrecht, S. 266 ff.

die Faxnummer entgegen einer eindeutigen Dienstanweisung nicht erneut einer Richtigkeitskontrolle unterzieht, so liegt hierin selbstverständlich eine (qualitative) arbeitsvertragliche Pflichtverletzung, die – auch angesichts der haftungsrechtlichen Konsequenzen für den Anwalt – mit einer Abmahnung gerügt werden kann. Hierbei kann es nicht darauf ankommen, ob die Sekretärin den Faxversand in der Vergangenheit stets der Dienstanweisung entsprechend vorgenommen hat. Auch aus dem Charakter des Arbeitsverhältnisses als Dauerschuldverhältnis ergibt sich nicht notwendig die Konsequenz, dass die Leistungen des Arbeitnehmers haftungs- bzw. kündigungsrechtlich zu einem Gesamtverhalten zusammenzufassen wären.[329]

Allerdings kann dem Ansatz von *Rother* auch nicht jede Berechtigung abgesprochen werden. Seine Überlegung trifft jedenfalls für die Fälle zu, in denen die Arbeitsleistung an einer Durchschnittsleistung gemessen werden soll, also in der Regel bei bei gleichförmigen Tätigkeiten im Produktionsprozess. Denn die Berechnung eines auf ein Verhalten bezogenen Durchschnitts setzt typischerweise voraus, dass die einbezogenen Werte über einen bestimmten Zeitraum miteinander verglichen werden. Wie dieser Zeitraum im Arbeitsverhältnis bemessen sein muss, hängt von der zu bewältigenden Aufgabe ab. Jedenfalls ist bei der Ermittlung der Durchschnittsleistung darauf zu achten, dass sie tatsächlich ein „Mittel" der Leistungen vergleichbarer Arbeitnehmer widerspiegelt. Das setzt voraus, dass die Durchschnittsleistung weitestgehend um „Ausreißer" nach oben oder nach unten bereinigt wird. Je länger der Ermittlungszeitraum angesetzt ist, umso deutlicher wird sich die Durchschnittsleistung auf einen Wert hin entwickeln, der das tatsächliche Leistungsniveau widerspiegelt. Insofern erscheint es für den Regelfall quantifizierbarer Tätigkeiten angemessen, die Leistungen der in die Vergleichsgruppe einbezogenen Arbeitnehmer über einen Zeitraum von wenigstens drei Monaten (ein Quartal) zu vergleichen. Das Ergebnis stellt den Referenzwert dar. Das bedeutet, dass von einer quantitativen Minderleistung nur dann gesprochen werden kann, wenn die über einen Zeitraum von einem Quartal gemessene Leistung eines einzelnen Arbeitnehmers hinter der Durchschnittsleistung vergleichbarer Kollegen zurückbleibt. Eine solche Vorgehensweise trägt auch dem Umstand Rechnung, dass jeder Arbeitnehmer hin und wieder „schwächere Tage" haben wird. Dies gilt ebenfalls für die zutreffende Feststellung, dass es Tätigkeiten gibt, bei denen Fehler nach der Art der Tätigkeit vom Arbeitnehmer kaum zu vermeiden sind.[330]

---

329 *Hammen*, Die Gattungshandlungsschulden, S. 324.

330 BAG, Urt. vom 17.1.2008, – 2 AZR 536/06, BAGE 125, 257, 262.

Insofern gewährleistet die zeitliche Streckung des Referenzzeitraumes auf mindestens drei Monate, dass der Einfluss individueller Leistungsschwankungen auf die Gesamtleistung des Arbeitnehmers gering bleibt und einzelne Fehlleistungen über die Zeit „geglättet" werden können. Daher kann dem Bundesarbeitsgericht nicht gefolgt werden, wenn es aus der Unvermeidbarkeit gelegentlicher Fehlleistungen die Konsequenz zieht, dass solche Fehler, soweit sie das Arbeitsverhältnis nicht zu stark belasteten, keine Pflichtverletzungen darstellen würden und deshalb vom Arbeitgeber hinzunehmen seien.[331] Vielmehr sind Fehlleistungen, die während der Ausführung von repetitiven Tätigkeiten auftreten, grundsätzlich nur dann nicht als Pflichtverletzungen zu qualifizieren, wenn sie bezogen auf den Vergleichzeitraum noch der ermittelten Durchschnittsleistung entsprechen. Im Übrigen ist darauf hinzuweisen, dass die Verpflichtung zu einer Durchschnittsleistung ohnehin nicht heißt, dass die Leistung fehlerfrei ist. Das soll an folgendem Beispiel erläutert werden: Wenn einer Sekretärin innerhalb der Vergleichsgruppe beim Abtippen eines diktierten Schriftsatzes durchschnittlich fünf Rechtschreibfehler je 100 Wörter unterlaufen, so stellt eine Leistung, bei der zehn Rechtschreibfehler je 100 Wörter zu verzeichnen sind, eine Minderleistung dar. Eine vertragsgemäße Leistung hätte die Sekretärin nur dann erbracht, wenn sie die Fehlerquote von fünf Rechtschreibfehlern je 100 Wörter nicht überschritten hätte. Das bedeutet aber gleichzeitig, dass sie ihre Arbeitspflicht auch mit einer fehlerhaften Leistung erfüllen kann, denn eine fehlerlose Leistung würde nur vorliegen, wenn der Schriftsatz überhaupt keine Rechtschreibfehler enthielte.

III. Ungeeignetheit bei qualitativen Leistungsdefiziten

Der Maßstab der Durchschnittsleistung leidet allerdings an der Schwäche, dass er zwar oftmals einen geeigneten Anknüpfungspunkt für die Aufstellung objektiver Anforderungen an die Leistungspflicht des Arbeitnehmers darstellt, sich in vielen Fällen aber als ebenso ungeeignet erweist. Dies gilt sowohl für die Art und Schwere des Pflichtverstoßes als auch in Bezug auf die Art der ausgeübten Tätigkeit. Das Abstellen auf eine durchschnittliche Fehlerquote ist in dem oben angeführten Beispiel der Sekretärin, deren Aufgabe darin besteht, einen Schriftsatz auszufertigen, sachgerecht und aussagekräftig. Ganz anders liegt der Fall, wenn es um seltene, dafür aber umso gravierendere Fehlleistungen geht. In diesem Zusammenhang kann auf das bereits zuvor bemühte Beispiel des Lkw-Fahrers zurückgegriffen werden, der einen Unfall mit dem im Eigentum seines

---

331 BAG, Urt. vom 17.1.2008, – 2 AZR 536/06, BAGE 125, 257, 262.

Arbeitgebers stehenden Lkw verursacht und dabei schwer beschädigt. Denn angenommen, die Verursachung von zwei schweren Schäden an Lkws des Arbeitgebers würde einem jährlichen betrieblichen Durchschnitt entsprechen, so könnte sich der Arbeitnehmer womöglich damit entlasten, er habe nicht nur eine durchschnittliche, sondern sogar eine überdurchschnittliche Leistung erbracht. Einen vertraglichen Schadensersatzanspruch gemäß § 280 Abs. 1 BGB könnte der Arbeitgeber in diesem Fall nicht mehr auf eine Verletzung der Arbeitspflicht stützen, sondern lediglich auf die Verletzung der arbeitsvertraglichen Nebenpflicht, keine Betriebsmittel zu schädigen. Man wird aber nicht ernsthaft sagen können, ein Lkw-Fahrer, der beim Warentransport einen schweren Schaden an dem Lkw des Arbeitgebers verursacht, habe seine Hauptleistungspflicht beanstandungsfrei erfüllt und lediglich eine Nebenpflicht verletzt. Lässt man eine Nebenpflichtverletzung einmal außer Betracht, würde sich zudem die weitere Frage aufdrängen, ob der Arbeitgeber seinen Schaden wenigstens deliktsrechtlich gemäß § 823 Abs. 1 BGB liquidieren kann. Auch das wäre aber zumindest zweifelhaft, denn es spricht einiges dafür, dass die vertragsgemäße Erbringung der Arbeitsleistung auch im Bereich der deliktischen Haftung rechtfertigende Wirkung entfaltet.[332] Es erschiene jedenfalls widersprüchlich, dem Arbeitnehmer auf der Ebene der vertraglichen Haftung zu attestieren, dass er zu einer bestimmten Verhaltensweise gegenüber dem Arbeitgeber berechtigt sei, ihn jedoch für dasselbe Verhalten deliktsrechtlich haften zu lassen.

Auch was die Art der vom Arbeitnehmer zu verrichtenden Tätigkeit angeht, erweist sich die Orientierung an einer Durchschnittsleistung in nicht wenigen Fällen als ungeeignete Grundlage für die Verobjektivierung des Leistungsmaßstabs. Während es bei vielen Tätigkeiten, insbesondere im Bereich des Vertriebs und der industriellen Produktion, wo sich gleichartige Leistungshandlungen ständig wiederholen, relativ einfach ist, eine Durchschnittsleistung bezogen auf eine bestimmte Vergleichsgruppe zu ermitteln, erweist sich dies für viele Tätigkeiten als wenig praktikabel. Vor allem im Dienstleistungssektor ist es kaum möglich, die Leistung der Arbeitnehmer an einer Durchschnittsleistung zu messen, es sei denn, man beschränkte sich auf Fehlerquoten hinsichtlich einzelner Teiltätigkeiten. Man denke in diesem Zusammenhang nur an die Tätigkeit eines angestellten Unternehmensberaters oder einer Pflegekraft. Im letzteren Fall wäre es zwar möglich, festzustellen, dass eine bestimmte Pflegekraft für das Beziehen eines Bettes mehr Zeit aufwendet, als vergleichbare Pflegekräfte durchschnittlich benötigen. Allerdings handelt es sich hierbei nur

332 So *Annuß*, Die Haftung des Arbeitnehmers, S. 108, a.A. *Canaris*, RdA 1966, 41, 44.

um einen kleinen Ausschnitt aus dem Tätigkeitsspektrum einer Pflegekraft. Möglicherweise werden dafür andere, mindestens ebenso wichtige Tätigkeiten, wie etwa der Abwasch oder die Abrechnung der Pflegeleistung, überdurchschnittlich schnell erledigt, so dass die betroffene Pflegekraft am Ende der täglichen Arbeitszeit ihre Aufgaben innerhalb der vorgegebenen Arbeitszeit erledigt hat.[333] Auch in anderen Bereichen erscheint die Anknüpfung an eine Durchschnittsleistung kaum sinnvoll. So hat das Bundesarbeitsgericht in einer Entscheidung aus dem Jahr 1997 die ordentliche Kündigung eines im Ressort „Management und Karriere" angestellten Zeitungsredakteurs wegen eines Verstoßes gegen das „Anforderungsprofil" des Arbeitsplatzes deshalb scheitern lassen, weil der Redakteur nach einer Umsetzung auch in der Nachrichtenredaktion weiterbeschäftigt werden konnte.[334] Es ist in diesem Zusammenhang bemerkenswert, dass das Gericht auf den Leistungsmaßstab, der an die Tätigkeit des Zeitungsredakteurs anzulegenden gewesen wäre, mit keinem Wort einging. Auch der Arbeitgeber hat die Kündigung lediglich mit einem Verstoß gegen das „Anforderungsprofil" des Arbeitsplatzes begründet, und nicht mit der Unterschreitung eines bestimmten Durchschnitts.

IV. Zwischenergebnis

Es bleibt festzuhalten, dass die Zugrundelegung einer Durchschnittsleistung nur dort sachgerecht ist, wo die Arbeitsleistung ohne weiteres mengenmäßig erfassbar ist, insbesondere also bei repetitiven Tätigkeiten, die sich im Wesentlichen in der gleichförmigen Wiederholung einer oder weniger Leistungshandlungen erschöpfen. Dabei kann die Beantwortung der Frage, ob eine Tätigkeit eher unter qualitativen oder unter quantitativen Aspekten zu betrachten ist, im Einzelfall erhebliche Schwierigkeiten bereiten.[335] Erschwerend wirkt, dass letztlich jede Arbeitsaufgabe hinsichtlich ihrer einzelnen Arbeitsschritte quantifizierbar ist, so dass die Abgrenzung im Zweifel nur aus der Perspektive der Vertragsstörung vorgenommen werden kann. Abzustellen ist insoweit auf den Schwerpunkt von

---

333 Nur insoweit macht der Satz, der Arbeitnehmer habe trotz kleinerer Minderleistungen seine Arbeit insgesamt ordentlich geleistet, Sinn.

334 BAG, Urt. vom 16.1.1997, – 2 AZR 98/96 – Rn. 19 f. (juris). Ein weiteres Beispiel, in dem sich die ausgeübte Tätigkeit zahlenmäßig kaum fassen lässt, ist die Tätigkeit eines Orchestermusikers, vgl. BAG, Urt. vom 15.8.1984, – 7 AZR 228/82, AP § 1 KSchG 1969 Nr. 8 unter II.5.b) der Gründe: „Der Senat verkennt nicht, dass sich die fehlende Eignung eines Orchestermusikers wegen der subjektiv-künstlerischen Aspekte häufig nicht anhand von konkreten Tatsachen aufzeigen lässt."

335 Vgl. auch die Ausführungen oben unter § 2 B. II. 5.

Leistungshandlung und Leistungsmangel. Hierbei ist auch die Art und Schwere der Fehlleistung zu berücksichtigen. So wird man die Anzahl der Schreibfehler im Schriftsatz der Sekretärin unproblematisch unter quantitativen Gesichtspunkten bewerten können; die Versäumung einer Notfrist oder die Verursachung eines schweren Unfalls durch den Lkw-Fahrer stellt sich dagegen eher als qualitative Schlechtleistung dar.

In zeitlicher Hinsicht ist der Berechnung einer Durchschnittsleistung ein Zeitraum von mindestens drei Monaten (ein Quartal) zugrunde zu legen. Hiermit wird zugleich gewährleistet, dass individuelle Leistungsschwankungen während des Referenzzeitraumes nicht erheblich ins Gewicht fallen und ohne weiteres ausgeglichen werden können. Im Übrigen werden auch die Arbeitnehmer der relevanten Vergleichsgruppe in aller Regel keine dauerhaft gleichbleibende Arbeitsleistung erbringen, so dass auch die Leistungsdefizite der Kollegen in die Berechnung des Durchschnitts einfließen. Etwaige Befürchtungen, der Maßstab der Durchschnittsleistung führe zu einem Antreibersystem, sind vor diesem Hintergrund unbegründet.

Um sicherzustellen, dass der Maßstab der Durchschnittsleistung tatsächlich eine sachgerechte Leistungsermittlung bzw. -bewertung ermöglicht, sind in die Vergleichsgruppe wenigstens alle vergleichbaren Arbeitnehmer des Betriebs einzubeziehen. Die einzelnen Kriterien der Vergleichsgruppenbildung sind Gegenstand der Ausführungen unter § 5 B. II. 1. b) bb) (2) (c).

C. Dogmatischer Anknüpfungspunkt der Lehre vom objektiven Leistungsmaßstab: Der Maßstab des § 243 Abs. 1 BGB

Die Lehre vom objektiven Leistungsmaßstab wird aus dogmatischer Sicht überwiegend mit einer Anwendung des § 243 Abs. 1 BGB begründet.[336] Diese Vorschrift spielt nicht nur unter dem Gesichtspunkt der Gefahrverteilung eine Rolle, sondern bestimmt auch die Qualitätsanforderungen an die geschuldete Leistung.[337] Gemäß § 243 Abs. 1 BGB muss der Leistungsgegenstand, um erfüllungstauglich zu sein, „mittlerer Art und Güte“ entsprechen. Das heißt allerdings nicht – und das wird häufig verkannt[338] –, dass der Maßstab der mittleren

336 Z.B. *Hammen*, Die Gattungshandlungsschulden, 324 ff.; *Hunold*, BB 2003, 2345, 2346; *Leuchten/Zimmer*, BB 1999, 1973, 1974; *van Gelder*, MDR 1996, 340; *Wlotzke*, RdA 1965, 180, 188; dogmatisch unklar: MüKo/*Hergenröder*, § 1 KSchG, Rn. 273.

337 Erman/*H.P Westermann*, § 243, Rn. 1.

338 So ist etwa *Tillmanns* Schlussfolgerung, dass aus der Verpflichtung zu einer Normalleistung folge, dass jede unterdurchschnittliche Leistung zugleich eine nicht

Art und Güte notwendigerweise einer durchschnittlichen Leistung entspricht. Denn ob eine Leistung den Qualitätsanforderungen des § 243 Abs. 1 BGB gerecht wird, beurteilt sich nach der Verkehrsauffassung.[339] So ist auch zu der Parallelvorschrift des § 360 HGB anerkannt, dass das zu liefernde Handelsgut von mittlerer Art und Güte ist, wenn es den Erwartungen entspricht, die im Handelsverkehr am Leistungsort üblich sind.[340] Dies lässt es in Abhängigkeit von der Art der Schuld durchaus zu, auch fehlerhafte oder unterdurchschnittliche Leistungen noch als solche von „mittlerer Art und Güte" zu begreifen. Allerdings stellt sich die Frage, ob die Vorschrift des § 243 Abs. 1 BGB überhaupt auf das Arbeitsverhältnis Anwendung finden kann.

I. Direkte Anwendung des § 243 Abs. 1 BGB

Eine direkte Anwendung des § 243 Abs. 1 BGB auf die Arbeitspflicht scheidet dabei freilich aus, denn die Vorschrift bezieht sich ausweislich ihres eindeutigen Wortlautes lediglich auf Sachschulden.

II. Analoge Anwendung des § 243 Abs. 1 BGB

Auf Verpflichtungen, deren Gegenstand eine Handlung ist, bleibt also lediglich eine analoge Anwendung des § 243 Abs. 1 BGB denkbar. Dies setzt jedoch voraus, dass eine Handlungsschuld überhaupt als Gattungsschuld verstanden werden kann („Wer eine nur der Gattung nach bestimmte Sache schuldet, …"). Erst wenn diese Voraussetzung bejaht werden kann, ist danach zu fragen, ob eine planwidrige Regelungslücke vorliegt bzw. eine vergleichbare Interessenlage bei der Behandlung von Gattungssach- und Gattungshandlungsschulden anzunehmen ist und in diesem Zusammenhang der Qualitätsmaßstab der „mittleren Art und Güte", wie ihn § 243 Abs. 1 BGB nur für Sachschulden anordnet, auch auf die Arbeitspflicht übertragen werden kann.

1. Handlungsschulden als Gattungsschulden

Unter einer Gattungsschuld wird in Abgrenzung zur Stück- bzw. Speziesschuld gemeinhin eine Leistungspflicht verstanden, die nur nach generellen

---

ordnungsgemäße Leistung bedeutet, gerade nicht zwingende Konsequenz aus der entsprechenden Anwendung des § 243 Abs. 1 BGB (Strukturfragen, S. 156).

339 *Hammen*, Die Gattungshandlungsschulden, S. 324 f.

340 MüKo/HGB/*Welter*, § 360, Rn. 23; Baumbach/Hopt/*Hopt*, § 360, Rn. 3; Heymann/*Horn*, § 360, Rn. 11.

Merkmalen, also nicht individuell bestimmt ist.[341] Ob auch Handlungsschulden, insbesondere solche aus Dienst- und Arbeitsverträgen, Gattungsschulden darstellen können, ist umstritten. Teilweise wird dies ohne weitere Begründung bejaht.[342] Auch die Praxis wendet die auf den Gattungssachkauf zugeschnittene Vorschrift des § 243 BGB auf eine Vielzahl von anderen Rechtsverhältnissen an.[343] So wird im Mietrecht etwa die Überlassung von Leasinggegenständen als Gattungsschuld verstanden, wobei die geschuldete „Handlung" insoweit immer noch in der Überlassung einer „Sache" besteht.[344] Gleiches kann indessen nicht von der Verpflichtung des Mieters zur Ausführung von Schönheitsreparaturen gesagt werden, die nach Auffassung des Bundesgerichtshofes ebenfalls eine Gattungsschuld darstellt[345]. Es handelt sich hierbei vielmehr um eine Handlung mit werkvertraglichem Charakter, die nur an einer Sache, nämlich der angemieteten Wohnung, vorzunehmen ist. Auch die Verpflichtung zur sicherungsweisen Abtretung von Kundenforderungen wird als Gattungsschuld begriffen.[346] Dabei ist die Abtretungserklärung des Zedenten ebenfalls als Handlung zu verstehen, wobei sich diese nicht auf eine Sache, sondern auf ein Recht bezieht. Bemerkenswert ist, dass auch das Bundesarbeitsgericht die Vorschrift des § 243 Abs. 1 BGB auf Handlungsschulden anwendet, und zwar im Urlaubsrecht. So soll der Urlaubsanspruch des Arbeitnehmers (Freistellungsanspruch) Gegenstand einer Gattungsschuld sein, dessen Konkretisierung durch den Arbeitgeber gemäß § 7 Abs. 1 BUrlG erfolgt.[347] Besonders intensiv hat sich *Hammen* mit der Kategorie der Gattungshandlungsschulden auseinandergesetzt.[348] Ausgehend von der Überlegung, dass als Gegenstand einer Gattungsschuld, wie bei jeder anderen Schuld auch, ein Tun oder Unterlassen i.S.d. § 194 BGB in Betracht kommt, bezeichnet *Hammen* als Gattungshandlungsschulden alle „Gattungsbemühungsschulden" (worunter auch die

---

341 MüKo/*Emmerich*, § 243, Rn. 5; *Tillmanns*, Strukturfragen, S. 139 f. weist allerdings darauf hin, dass über den Begriff der Gattungsschuld selbst keine letzte Klarheit besteht.

342 *Medicus/Lorenz*, S. 97, Rn. 197; in Bezug auf das Arbeitsverhältnis dagegen etwa *Fahl*, Arbeit ist Leistung, S. 144 ff.

343 Nachweise bei Staudinger/*Schiemann*, § 243, Rn. 44 ff.

344 BGH, Urt. vom 2.12.1983, – VIII ZR 273/80, NJW 1982, 873; *Hammen* will deshalb § 243 BGB auf Fälle der Gebrauchsüberlassung von Sachen direkt anwenden (Die Gattungshandlungsschulden, S. 74).

345 BGH, Rechtsentscheid vom 6.7.1988, – VIII ARZ 1/88, NJW 1988, 2790, 2792.

346 Bamberger/Roth/*Sutschet*, § 243, Rn. 3.

347 BAG, Urt. vom 10.5.2005, – 9 AZR 251/04, BAGE 114, 313, 317.

348 *Hammen*, Die Gattungshandlungsschulden.

Arbeitspflicht fallen soll) und diejenigen Gattungsschulden, die zwar auf die Herbeiführung eines Erfolgs, nicht jedoch auf die Veräußerung oder Überlassung eines Gegenstands gerichtet sind.[349]

Für die Existenz von Gattungshandlungsschulden spricht immerhin, dass es auch im Fall von Verpflichtungen, die eine Handlung zum Gegenstand haben, möglich ist, diese nach generellen Merkmalen zu umschreiben (Beispiel: Vereinbarung, dass der Frisör der Kundin einen „Bob" schneidet). Darüber hinaus erkannte auch der historische Gesetzgeber die Möglichkeit der Existenz von Gattungshandlungsschulden, auch wenn er von ihrer Regelung abgesehen hat.[350] Unterstellt man nun, dass auch eine Verpflichtung, die die Vornahme einer Handlung zum Gegenstand hat, eine Gattungsschuld darstellen kann, ist hieraus gleichwohl noch nicht der Schluss zu ziehen, dass auch die Arbeitspflicht stets als Gattungsschuld zu qualifizieren ist. Denn für die Frage, ob eine Gattungsschuld vorliegt, kommt es allein auf die vertragliche Vereinbarung an.[351] Im Fall des typischen Arbeitsvertrags spricht für die Einordnung der Arbeitspflicht als Gattungs(handlungs)schuld immerhin, dass die geschuldeten Einzelhandlungen, die der Arbeitnehmer aufgrund des Arbeitsvertrages verspricht, zu Beginn des Arbeitsverhältnisses in der Regel nur rahmenmäßig, also nach generellen Merkmalen beschrieben sind (Beispiel: Anstellung als kaufmännischer Angestellter in der Einkaufsabteilung eines Fliesengroßhandels).[352] Auch die in § 243 Abs. 2 BGB zum Ausdruck kommende Annahme, nach der die Konkretisierungsbefugnis der nur gattungsmäßig bestimmten Leistung dem Schuldner zusteht, während es beim Arbeitsverhältnis regelmäßig der Arbeitgeber, also der Gläubiger, ist, der die Leistung durch Ausübung seines Weisungsrechts individualisiert, schließt die Einordnung der Arbeitspflicht als Gattungshandlungsschuld nicht aus. Denn diese Grundregel kann – wie in der Literatur bereits festgestellt wurde[353] – durch die vertragliche Vereinbarung abbedungen werden. So liegt es etwa beim Giro(dienst)vertrag,

---

349 *Hammen*, Die Gattungshandlungsschulden, S. 30 f.

350 Mot. II, S. 6.

351 MüKo/*Emmerich*, § 243, Rn. 6.

352 *Hammen*, Die Gattungshandlungsschulden, S. 178 ff. weist darauf hin, dass die rahmenmäßige Umschreibung der Arbeitspflicht nicht alleine mit dem Dauerschuldcharakter begründet werden kann, denn es seien umgekehrt auch Dauerschuldverhältnisse denkbar, bei denen die geschuldete Leistung nicht nach Gattungsmerkmalen, sondern individuell bestimmt sei, beispielsweise das auf wenige Tage befristete Arbeitsverhältnis.

353 *Motzer*, Die positive Vertragsverletzung des Arbeitnehmers, S. 120.

bei dem die Bank dem Kunden gattungsmäßig bestimmte Dienstleistungen verspricht, die durch den Kunden, d.h. den Gläubiger, konkretisiert werden.[354]

Auf der anderen Seite wird die Arbeitspflicht in zeitlicher Hinsicht regelmäßig als absolute Fixschuld verstanden, welche sich dadurch auszeichnet, dass sie nicht nachgeholt werden kann.[355] Insoweit könnte man also annehmen, dass die Arbeitspflicht vor der Leistungserbringung noch eine Gattungsschuld darstellt, da sie vor diesem Zeitpunkt noch in mannigfacher Form möglich ist, und sich aufgrund ihres gleichzeitigen Fixschuldcharakters ab dem Zeitpunkt der Leistungserbringung in eine Speziesschuld wandelt. *Tillmanns* spricht in diesem Zusammenhang auch von einem „wechselnden Gattungs- Speziesschuldcharakter" für dienst- oder arbeitsvertragliche Verpflichtungen.[356] Sofern man von einem reinen Gattungsschuldcharakter der Arbeitsleistung ausgehe, bedürfe es nämlich einer besonderen Begründung dafür, warum der Arbeitnehmer nicht zur Nachleistung verpflichtet sein soll.[357] Einer solchen Sichtweise ist jedoch entgegenzuhalten, dass die Einordnung einer Verpflichtung als Fixschuld nicht nur dazu führt, dass diese nicht nachgeholt werden kann, sondern auch, dass die Verpflichtung wegen Unmöglichkeit erlischt, sobald der vorbestimmte Leistungszeitpunkt verstrichen ist (§ 275 Abs. 1 BGB). Ab diesem Zeitpunkt besteht also gar keine Schuld mehr, die sich in die Kategorien Gattungs- oder Speziesschuld einordnen ließe. Bei genauerem Hinsehen trifft es darüber hinaus nicht zu, dass sich die Arbeitspflicht auf einem Zeitstrahl betrachtet stets bis zum Zeitpunkt der Leistungserbringung als Gattungsschuld begreifen lässt. Vielmehr tritt der Wechsel zur Stück- bzw. Speziesschuld bereits vor der Leistungserbringung, nämlich durch die vom Arbeitgeber vorgenommene Konkretisierung, d.h. durch die genaue Zuweisung der konkreten Arbeitsaufgabe ein (§ 243 Abs. 2 BGB).[358] Dass zwischen dem Zeitpunkt der Konkretisierung der Arbeitspflicht und dem Zeitpunkt der Leistungserbringung möglicherweise nur ein kurzer Zeitraum besteht, ändert hieran nichts.

Andere lehnen einen Gattungsschuldcharakter der Arbeitspflicht ab und gehen ausdrücklich von einer Speziesschuld aus.[359] *Richardi/Fischinger* leiten diese Konsequenz ohne weitere Begründung aus der Verpflichtung zur

---

354 *Hammen*, Die Gattungshandlungsschulden, S. 180.
355 Staudinger/*Richardi/Fischinger*, § 611 BGB, Rn. 543.
356 *Tillmanns*, Strukturfragen, S. 142.
357 *Tillmanns*, Strukturfragen, S. 142.
358 MüKo/*Emmerich*, § 243, Rn. 32.
359 z. B. Staudinger/*Richardi/Fischinger*, § 611, Rn. 533; *Picker*, JZ 1985, 693, 699.

höchstpersönlichen Leistungserbringung (§ 613 S. 1 BGB) ab.[360] Allerdings hat schon *Hammen* darauf hingewiesen, dass der Inhalt der Arbeitspflicht keineswegs alleine durch die Person des zur Leistung Verpflichteten bestimmt wird, sondern diese nur eine von mehreren Merkmalen zur Bestimmung der Arbeitspflicht darstellt.[361] So ändert die Verpflichtung zur höchstpersönlichen Leistung nichts daran, dass die Arbeitspflicht in der Regel nur rahmenmäßig, d.h. hinsichtlich Art, Ort und Zeit nach generalisierenden Merkmalen umschrieben ist.

Obwohl nach alledem davon auszugehen ist, dass auch eine Verpflichtung, die sich in der Vornahme einer Handlung erschöpft, als Gegenstand einer Gattungsschuld in Betracht kommt, erscheint es gerade in Bezug auf die Arbeitspflicht nicht einfach, sie den Kategorien der Gattungs- oder Speziesschuld zuzuordnen. Dementsprechend wird auch vertreten, dass noch eine dritte Schuldkategorie, ein sog *„tertium“*, existieren soll, unter welche alle Verpflichtungen zu subsumieren seien, die weder als Gattungs- noch als Speziesschuld qualifiziert werden können.[362] Eine zwingende Notwendigkeit, die Arbeitspflicht als Gattungs- oder Speziesschuld einzuordnen, wird deshalb auch bestritten.[363]

2. Planwidrige Regelungslücke

Lässt man diese Schwierigkeiten einmal außer Acht und geht stattdessen davon aus, dass die Arbeitspflicht eine Gattungshandlungsschuld darstellt, setzt eine analoge Anwendung des § 243 Abs. 1 BGB weiter den Nachweis voraus, dass die Vorschrift, obwohl sie nach dem Plan des Gesetzes für den Bereich der Gattungsschulden eine vollständige Regelung anstrebt, lückenhaft ist.[364]

Während der Wortlaut, der sich – wie gesagt – nur auf Sachschulden bezieht, eine Analogie nicht ausschließt, sondern *prima facie* nur für das Bestehen einer Regelungslücke spricht, erscheint gerade die Annahme dieser Lücke zweifelhaft, wenn man die Gesetzgebungsgeschichte des § 243 Abs. 1 BGB berücksichtigt.[365] So heißt es in den Motiven zu den Regelungen über die Gattungsschuld:

---

360 Staudinger/*Richardi/Fischinger*, § 611, Rn. 533.

361 *Hammen*, Die Gattungshandlungsschulden, S. 181; vgl. auch Staudinger/*Schiemann*, § 243, Rn. 46.

362 *Medicus*, FS Felgentraeger, S. 309, 310; die Existenz einer dritten Kategorie strikt ablehnend *Hammen*, Die Gattungshandlungsschulden, S. 28.

363 *Tillmanns*, Strukturfragen, S. 142 m.w.N.

364 *Larenz/Canaris*, Methodenlehre, S. 194.

365 *Tillmanns*, Strukturfragen, S. 139.

„Diese Vorschriften haben nur die generische Sachobligation im Auge. Generische Obligationen, deren Gegenstand eine Handlung ist, sind äußerst selten und haben einen so eigenthümlichen Charakter, daß sie sich nicht unter allgemeine Regeln subsumieren lassen, bei ihrer Beurtheilung vielmehr die besonderen Umstände des einzelnen Falles den Ausschlag geben müssen".[366]

Ein Analogieschluss hat stets zur Voraussetzung, dass ein Rechtssatz für ein Problem keine Regel enthält, das nach der zugrunde liegenden Regelungsabsicht einer Regelung bedarf.[367] Die Formulierung in den Motiven spricht indes dafür, dass der historische Gesetzgeber eine Erweiterung der Vorgängerreglung des § 243 BGB auf Handlungsschulden zwar erwogen, aber letztlich doch bewusst verworfen hat, so dass schwerlich von einer „planwidrigen" Regelungslücke gesprochen werden kann.[368] Näher liegt es, eine „bewusste anfängliche Lücke"[369] anzunehmen, welche sich dadurch auszeichnet, dass der Gesetzgeber eine Frage bewusst offen gelassen hat, um ihre Entscheidung der Rechtsprechung und der Wissenschaft zu überlassen.[370] Gerade in Bezug auf die Arbeitspflicht lehnt das Bundesarbeitsgericht eine entsprechende Anwendung des § 243 Abs. 1 BGB aber nach wie vor ausdrücklich ab.[371] Es wurde bereits ausgeführt, dass sich im Schrifttum auch gegenteilige Stellungnahmen finden lassen. So geht insbesondere *Hammen* im Ergebnis von einer sog. „nachträglichen Regelungslücke"[372] aus. Hintergrund der Regelung über die Gattungsschulden sei nicht nur die Gefahrverteilung gewesen, sondern auch die Festsetzung eines bestimmten Qualitätsmaßstabes. Der Grund, weshalb der Gesetzgeber diesen Qualitätsmaßstab nicht auch auf Dienstleistungen erstreckt habe, liege darin, dass eine entsprechende Verkehrsauffassung zum Ende des 19. Jahrhunderts nur für Sachen existiert habe, für Diensthandlungen hingegen noch nicht.[373] Diese Verkehrsanschauung, wonach der Schuldner in Ermangelung einer anderen Bestimmung eine Sache von mittlerer Art und Güte zu leisten hat, ließe sich heute aber nicht mehr nur auf den Warenverkehr beschränken, sondern könne auch im Dienstleistungsverkehr Geltung beanspruchen.[374] *Hammen* zieht hieraus die Konsequenz, dass der

---

366 Mot. II, S. 6.
367 *Larenz/Canaris*, Methodenlehre, S. 193.
368 Dezidiert *Tillmanns*, Strukturfragen, S. 139.
369 *Larenz/Canaris*, Methodenlehre, S. 199.
370 *Larenz/Canaris*, Methodenlehre, S. 199.
371 Vgl. nur BAG, Urt. vom 11.12.2003, – 2 AZR 667/03, BAGE 109, 87, 92.
372 Zu diesem Begriff *Larenz/Canaris*, Methodenlehre, S. 199 f.
373 *Hammen*, Die Gattungshandlungsschulden, S. 77.
374 *Hammen*, Die Gattungshandlungsschulden, S. 76.

Qualitätsmaßstab der mittleren Art und Güte analog § 243 Abs. 1 BGB auch auf die Arbeitspflicht zu übertragen sei.[375]

Das Entstehen einer nachträglichen Regelungslücke wird in der Literatur indessen bezweifelt. So erscheint *Tillmanns* die von *Hammen* dargestellte Entwicklung der Verkehrsauffassung vor dem Hintergrund der „Vehemenz" unwahrscheinlich, mit der vor und kurz nach der Entstehung des BGB gegen den „Warencharakter" der Arbeitsleistung „angekämpft" worden sei.[376] In die gleiche Richtung geht die Kritik von *Fahl*, die allerdings schon bei der Subsumtion der Arbeitspflicht unter den Begriff der Gattungsschuld ansetzt. So sei ein solches Verständnis der Arbeitspflicht allenfalls im antiken römischen Recht beim Sklavenkauf denkbar gewesen, als die Sklaven noch „als Sachen und nicht als Menschen betrachtet wurden".[377] Diese Kritik verkennt, dass es *Hammen* keineswegs darum geht, den Menschen als solchen mit einer Sache zu vergleichen, sondern lediglich die von ihm aufgrund des Arbeitsvertrages geschuldete Arbeitsleistung mit einer Sachleistung, und zwar nur insoweit erstere überhaupt als Gattungsschuld qualifiziert werden kann. Man sollte einem solchen Ansatz daher nicht reflexartig vorwerfen, damit letztlich den Menschen selbst wie eine Sache zu behandeln. Denn dies würde der anerkennenswerten Überlegung, wonach auch die menschliche Arbeitsleistung als Vertragsgegenstand einen Vermögenswert besitzt und damit gewissen Standards genügen muss, nicht hinreichend gerecht werden. Zuzugeben ist der Kritik allerdings, dass es angesichts der Gesetzesmaterialien zur Vorgängerregelung des § 243 BGB mindestens zweifelhaft bleibt, ob eine planwidrige Regelungslücke angenommen werden kann.

3. Vergleichbare Interessenlage

Selbst wenn man aber eine planwidrige Regelungslücke annehmen wollte, setzt eine analoge Anwendung des § 243 Abs. 1 BGB des Weiteren voraus, dass bei der Behandlung von Gattungssach- und Gattungshandlungsschulden eine sog. vergleichbare Interessenlage besteht.[378] Dies wird – wie bereits dargestellt wurde – für einige schuldrechtliche Verpflichtungen im Ergebnis bejaht, etwa für die Pflicht des Mieters zur Ausführung von Schönheitsreparaturen.[379] Ob für die analogieweise Übertragung des für Gattungssachschulden in § 243 Abs. 1 BGB

---

375 *Hammen*, Die Gattungshandlungsschulden, S. 324 ff.

376 *Tillmanns*, Strukturfragen, S. 139.

377 *Fahl*, Arbeit ist Leistung, S. 150 f.

378 Zur Feststellung der „Vergleichbarkeit" bzw. „Ähnlichkeit" vgl. *Bydlinski*, Methodenlehre und Rechtsbegriff, S. 466 f.; *Larenz*, Methodenlehre, S. 269.

379 Vgl. oben unter 1.

bereitgestellten Qualitätsmaßstabs der mittleren Art und Güte auf die Arbeitsleistung ebenfalls eine vergleichbare Interessenlage besteht, ist jedoch einer eigenständigen Prüfung zu unterziehen. Insoweit ist zu fragen, ob die vom Gesetz erfasste Gattungssachschuld und die nicht erfasste Arbeitsschuld wertungsmäßig eine so hohe Ähnlichkeit aufweisen, dass sie unter Berücksichtigung des Gleichheitsgrundsatzes gleich zu behandeln sind und keine Ausnahme von diesem Prinzip gerechtfertigt ist.[380] Die Ähnlichkeit bemisst sich dabei nach dem Zweck des Gesetzes, und nicht nach den äußerlichen Ähnlichkeiten der verglichenen Sachverhalte.[381] *Ratio legis* der mit § 243 BGB geschaffenen Regelung über die Gattungssachschulden ist nicht nur die Sicherstellung eines bestimmten Qualitätsmaßstabes (Abs. 1), sondern auch die Verteilung der Leistungsgefahr (Abs. 2).[382] Beides kann nicht isoliert voneinander betrachtet werden. Denn wenn man die Arbeitspflicht als Gattungs(handlungs)schuld begreifen will, dann gelten infolge des Analogieschlusses prinzipiell auch alle weiteren Erwägungen, die dem Gesetz in Bezug auf die Behandlung von Gattungssachschulden entnommen werden können.[383] Gerade in Bezug auf die in § 243 Abs. 2 BGB vorgesehene Gefahrverteilung ist eine Ähnlichkeit zwischen den Tatbeständen der Gattungssachschuld und der Arbeitspflicht aber zweifelhaft. Dies hängt einerseits mit dem Charakter der Arbeitspflicht als absoluter Fixschuld zusammen, andererseits mit den spezifischen Besonderheiten des Arbeitsverhältnisses.

a) Die Zuweisung der Leistungsgefahr bei Gattungssachschulden und bei der Arbeitspflicht

Die Vorschrift des § 243 Abs. 2 BGB verfolgt hinsichtlich der Gefahrverteilung den Zweck, im Regelfall dem Schuldner die Auswahl des endgültig zu leistenden Gegenstandes zu überlassen.[384] Hierin liegt sein Vorteil, da er aus einer Gattung einen beliebigen Gegenstand auswählen kann, solange dieser nur eine Qualität mittlerer Art und Güte aufweist. Sein Nachteil liegt darin, dass er bis zu dem Zeitpunkt, in dem er seinerseits das zur Leistung Erforderliche getan hat (Konkretisierung) oder sich der Gläubiger im Annahmeverzug befindet

---

380 *Larenz/Canaris*, Methodenlehre, S. 202.

381 *Bydlinski*, Methodenlehre und Rechtsbegriff, S. 475.

382 Erman/*H.P. Westermann*, § 243, Rn. 1.

383 Davon gehen offenbar auch *Hammen* (Die Gattungshandlungsschulden, S. 76) und *Tillmanns* (Strukturfragen, S. 142) aus.

384 MüKo/*Emmerich*, § 243, Rn. 5; Es wurde bereits darauf hingewiesen, dass die Konkretisierungsbefugnis nach der vertraglichen Regelung auch dem Gläubiger zustehen kann.

(§ 300 Abs. 2 BGB), die Leistungsgefahr trägt, er also durch den Untergang einzelner zur Gattung gehörender Gegenstände nicht befreit wird.[385] Vielmehr ist der Schuldner verpflichtet, seine Leistungsanstrengungen zu wiederholen.[386] Auch die im Übrigen für Stückschulden geltenden sekundärrechtlichen Vorschriften (§§ 280 ff., 323 ff. BGB) gelangen erst mit der Konkretisierung zur Anwendung.[387] Diese vom Gesetz vorgesehene Grundkonzeption der Risikozuweisung bei Gattungsschulden „passt" nicht auf die Arbeitspflicht. Denn während der Anknüpfungspunkt für den Übergang der Leistungsgefahr bei Gattungsschulden regelmäßig in der inhaltlichen Konkretisierung des Leistungsgegenstandes liegt, geht die Leistungsgefahr bei der Arbeitspflicht aufgrund ihres Fixschuldcharakters erst mit dem Ablauf des kalendertäglich vorbestimmten Leistungszeitraumes auf den Arbeitgeber über (man könnte insoweit von einer „zeitlichen Konkretisierung" der Arbeitspflicht sprechen). Die seitens des Arbeitgebers durch Ausübung seines Weisungsrechts bewirkte inhaltliche Konkretisierung der einzelnen Leistungshandlung spielt dagegen im Rahmen der arbeitsvertraglichen Risikoverteilung keine entscheidende Rolle, da die Leistungshandlung des Arbeitnehmers auch nach der erfolgten Konkretisierung in aller Regel bis zum Ablauf des jeweiligen Kalendertages nachgeholt werden kann. Mit Blick auf die Verteilung der Leistungsgefahr ist eine Vergleichbarkeit von Gattungsschulden und der Arbeitspflicht deshalb zu verneinen.

b) Berücksichtigung der Verteilung der Gegenleistungsgefahr

Ein weiterer Gesichtspunkt, der deutlich macht, dass sich Gattungssachschulden und die Arbeitspflicht nicht „ähnlich" sind, ergibt sich aus einer Betrachtung der Kehrseite der in §§ 243 Abs. 2, 300 Abs. 2 BGB vorgesehenen Gefahrverteilung, nämlich der Zuordnung der Gegenleistungs- bzw. Entgeltgefahr. Leistungs- und Gegenleistungsgefahr sind in einem funktionellen Synallagma miteinander verbunden.[388] Die Gefahrverteilung für ein Rechtsverhältnis ist daher insgesamt zu betrachten, und nicht nur hinsichtlich der Zuweisung des einzelnen Risikos.

Während der Gläubiger bei Gattungssachschulden ab dem Zeitpunkt der Konkretisierung die Leistungsgefahr trägt, trägt der Schuldner ab demselben Zeitpunkt die Gegenleistungsgefahr (§ 326 Abs. 1 S. 1 BGB). Das bedeutet, dass der Schuldner seines Anspruchs auf die Gegenleistung verlustig geht, sobald er von der Leistungspflicht befreit wird. Den Anspruch auf die Gegenleistung

---

385 So bereits RG, Urt. vom 23.2.1904, – II 398/03, RGZ 57, 116, 118.

386 *Medicus/Petersen*, S. 130, Rn. 271.

387 MüKo/*Emmerich*, § 243, Rn. 32.

388 *Medicus/Petersen*, S. 102, Rn. 213 ff.

behält der Schuldner nur, wenn der Gläubiger für den Eintritt des Leistungshindernisses allein oder weit überwiegend verantwortlich ist (§ 326 Abs. 2 S. 1 Fall 1 BGB) oder dieser Umstand zu einem Zeitpunkt eintritt, in dem sich der Gläubiger im Annahmeverzug befindet (§§ 326 Abs. 2 S. 1 Fall 2, 300 Abs. 2 BGB). In diesem Fall muss er sich lediglich die durch den Wegfall der Leistungspflicht erlangten Vorteile anrechnen lassen (§ 326 Abs. 2 S. 2 BGB).

Für das Arbeitsverhältnis ermöglicht eine solche Zuordnung der Gegenleistungs- bzw. Entgeltgefahr anerkanntermaßen keine gerechte Risikoverteilung.[389] Denn die für Gattungssachschulden geltenden Vorschriften berücksichtigen nicht die spezifischen Besonderheiten des Arbeitsverhältnisses, die sich aus der Organisationshoheit des Arbeitgebers über die betrieblichen Abläufe und der wirtschaftlichen Schutzbedürftigkeit des Arbeitnehmers ergeben. Zwar heißt es auch im Arbeitsrecht: „Ohne Arbeit kein Lohn“[390], doch wird dieser Grundsatz von zahlreichen bereichsspezifischen Gefahrtragungsregelungen durchbrochen. So regelt etwa den in § 300 Abs. 2 BGB für die Gattungssachschuld normierten Fall des Übergangs der Gegenleistungsgefahr während des Annahmeverzugs für das Arbeitsverhältnis die Vorschrift des § 615 S. 1 u. 2 BGB.[391] Hiermit wird zugleich deutlich, dass der Gesetzgeber offenbar nicht davon ausgegangen ist, dass die Arbeitspflicht eine Gattungsschuld darstellt. Für ein solches Verständnis spricht im Übrigen auch, dass er für das Arbeitsverhältnis die Gefahrtragungsvorschrift des § 615 BGB zum 1.1.2002 im Rahmen des Schuldrechtsmodernisierungsgesetzes[392] um einen Satz 3 erweitert hat, welcher dem Arbeitgeber die Entgeltgefahr auch in den Fällen zuweist, in denen dieser das Betriebsrisiko trägt. Die seit langem anerkannte und in § 615 S. 3 BGB nunmehr kodifizierte Betriebsrisikolehre sieht vor, dass der Arbeitnehmer auch dann seinen Vergütungsanspruch behält, wenn keine Vertragspartei den Arbeitsausfall zu vertreten hat, die Ursache aber dem betrieblichen Risiko des Arbeitgebers zuzuordnen ist.[393] Dies ist etwa der Fall, wenn für die Fertigung einer Serienproduktion benötigte Einzelteile nicht lieferbar sind und

389 Vgl. nur die bereits in den 1920er Jahren einsetzende dogmatische Entwicklung der Betriebsrisikolehre, hierzu ausf. ErfK/*Preis*, § 615 BGB, Rn. 123 ff.

390 MüKo/*Henssler*, § 615, Rn. 1.

391 Zur aufgrund der Fixschuldthese bestehenden Problematik der Abgrenzung zwischen Verzug und Unmöglichkeit im Arbeitsrecht vgl. ErfK/*Preis*, § 615 BGB, Rn. 4 ff.; HWK/*Krause*, § 615 BGB, Rn. 5 ff.; MüKo/*Henssler*, § 615, Rn. 3 ff.

392 BGBl. I S. 3138.

393 Palandt/*Weidenkaff*, § 615, Rn. 21; zur Kritik an der Regelung durch das SMR Staudinger/*Richardi/Fischinger*, § 615, Rn. 6 ff. „Leerformel“.

es deshalb zum Arbeitsausfall kommt. Unter einer ausschließlichen Geltung der Gefahrtragungsregelung des § 326 Abs. 2 BGB würde der Entgeltanspruch des Arbeitnehmers in dem vorgenannten Beispiel hingegen entfallen. Von der Betriebsrisikolehre ist die Arbeitskampfrisikolehre zu unterscheiden.[394] Letztere modifiziert anhand des Maßstabes der „Kampfparität" die Entgeltrisikoverteilung während eines Arbeitskampfes zulasten des Arbeitnehmers.[395] Die Abweichung vom Leistungsstörungsrecht des BGB wird damit gerechtfertigt, dass in Fällen, in denen die Fernwirkung eines Streiks zum Arbeitsausfall in drittbetroffenen Betrieben führt, die Aufrechterhaltung des Beschäftigungs- und Lohnzahlungsrisikos des Arbeitgebers unbillig sei, soweit sich hieraus ein wesentlicher „kampftaktischer Vorteil" für die Gewerkschaft ergäbe.[396] Einige sehen in der Arbeitskampfrisikolehre deshalb sogar eine „Ersetzung" des Rechts der Leistungsstörungen durch die Konstruktion eines Sonderstörungstatbestandes.[397] Ferner enthält § 616 BGB eine Zuweisung der Gegenleistungsgefahr, die den spezifischen Bedürfnissen des Dienstvertragsrechts Rechnung trägt. Nach § 616 S. 1 BGB behält der Arbeitnehmer seinen Vergütungsanspruch auch dann, wenn er für eine verhältnismäßig nicht erhebliche Zeit durch einen in seiner Person liegenden Grund ohne sein Verschulden an der Arbeitsleistung verhindert wird. Der Arbeitgeber trägt demzufolge entgegen der Vorschrift des § 326 Abs. 2 S. 1 BGB – ähnlich wie im Fall des § 615 S. 3 BGB – auch dann das Entgeltrisiko, wenn er das Ausbleiben der Leistung nicht zu vertreten hat. Der Unterschied zur Entgeltrisikoverteilung aufgrund der Betriebsrisikolehre liegt darin, dass das Leistungshindernis, von dem § 616 BGB ausgeht, nicht aus der Sphäre des Arbeitgebers, sondern aus der des Arbeitnehmers stammt. Hintergrund der Vorschrift sind sozialpolitische Erwägungen.[398] Das Gesetz geht davon aus, dass unerhebliche, kurzfristige Unterbrechungen der Arbeitsleistung, die nicht auf Krankheit beruhen, schon bei der Bemessung des Arbeitsentgelts einkalkuliert werden müssen.[399] Außerhalb des BGB sieht § 3 Abs. 1 EFZG den Erhalt des Vergütungsanspruchs für den Fall vor, dass der Arbeitnehmer unverschuldet wegen Krankheit an der Arbeitsleistung verhindert ist.

---

394 Staudinger/*Richardi/Fischinger*, § 615, Rn. 261.

395 BAG, Beschl. vom 22.12.1980, – 1 ABR 2/79, BAGE 34, 331, 342.

396 BAG, Beschl. vom 22.12.1980, – 1 ABR 2/79, BAGE 34, 331, 342; vgl. ausf. zur Arbeitskampfrisikolehre etwa MüKo/*Henssler*, § 615, Rn. 102 ff.

397 Staudinger/*Richardi/Fischinger*, § 615, Rn. 260.

398 Mot. II, S. 258.

399 RGKU/*Joussen*, § 616 BGB, Rn. 3.

Insgesamt macht auch der vorgenommene Vergleich der Verteilung der Gegenleistungsgefahr bei Gattungsschulden und der Arbeitspflicht deutlich, dass die gesetzlichen Vorgaben der §§ 326, 300 Abs. 2 BGB nicht ausreichen, um den spezifischen Bedürfnissen des Arbeitsverhältnisses gerecht zu werden. Hieraus folgt, dass sich Gattungssachschulden und die Arbeitspflicht nicht in dem Maße ähneln, wie es für die Zulässigkeit eines Analogieschlusses erforderlich wäre. Eine vergleichbare Interessenlage liegt deshalb nicht vor.

III. Zwischenergebnis zu einer analogen Anwendung des § 243 Abs. 1 BGB

Eine analoge Anwendung des § 243 Abs. 1 BGB auf die Arbeitspflicht begegnet vielfachen Bedenken und ist im Ergebnis abzulehnen. Zweifelhaft ist schon, ob die Arbeitspflicht überhaupt als Gattungs(handlungs)schuld verstanden werden kann. Zudem dürfte es an der „Planwidrigkeit" einer Regelungslücke innerhalb der Vorschrift des § 243 BGB fehlen. Letztlich sind die Tatbestände der Gattungssachschuld und der Arbeitspflicht aufgrund der spezifischen arbeitsrechtlichen Gefahrverteilungsregelungen auch nicht in hinreichendem Maße miteinander vergleichbar.

D. Zwischenergebnis zur Lehre vom objektiven Leistungsmaßstab

Aus alldem folgt, dass der wichtigste dogmatische Anknüpfungspunkt der Lehre vom objektiven Leistungsmaßstab bei genauerem Hinsehen kaum haltbar ist. *De lege lata* scheidet hiermit zugleich die Übertragung des Maßstabs der „mittleren Art und Güte" auf die Arbeitspflicht aus, so sachgerecht dieser Maßstab in vielen Fällen auch sein mag. Das bedeutet allerdings nicht, dass sich der an die Arbeitspflicht anzulegende Leistungsmaßstab letztlich doch an der individuellen Leistungsfähigkeit des Arbeitnehmers orientieren sollte. Denn die Lehre vom subjektiven Leistungsmaßstab verstößt – wie unter § 2 C. herausgearbeitet wurde – gegen wesentliche Grundprinzipien des BGB-Schuldrechtssystems und ist deshalb ebenfalls abzulehnen. Zudem folgt aus einer Nichtanwendung des § 243 Abs. 1 BGB auf die Arbeitspflicht keineswegs, dass ein objektiver Leistungsmaßstab per se ungeeignet wäre.

§ 4. Vermittelnde Ansätze

Bevor dieser Überlegung näher nachgegangen wird, sollen im Folgenden zunächst die wichtigsten Vorschläge dargestellt und diskutiert werden, die zwischen subjektiver und objektiver Theorie zu vermitteln versuchen.

A. Die Ansicht von *Tillmanns*

I. Lösungsansatz

Einen vielfach beachteten Ansatz zur Beantwortung der Frage nach dem Leistungsmaßstab im Arbeitsverhältnis hat *Tillmanns* entwickelt.[400] Ihr Vorschlag fand sich zeitweise[401] auch in dem Diskussionsentwurf für ein Arbeitsvertragsgesetz (ArbVG-E)[402] wieder. Insoweit hieß es in § 27 Abs. 3 ArbVG-E (Stand: August 2006):

> *„Der Arbeitnehmer schuldet im Zweifel den üblichen Einsatz seines nach dem Vertragsinhalt zu erwartenden individuellen Leistungsvermögens.“*

Tillmanns Ansatz geht davon aus, dass der Umfang der geschuldeten Arbeitsleistung in erster Linie durch die Auslegung der vertraglichen Vereinbarung zu ermitteln sei.[403] Der Arbeitnehmer verspreche bei Vertragsschluss lediglich den Einsatz seines subjektiven Leistungsvermögens. Dagegen mache er weder ausdrücklich noch konkludent Angaben über die Arbeitsqualität oder -quantität, die er erbringen wolle. Auch der Arbeitgeber erhebe derartige Forderungen zu Beginn des Arbeitsverhältnisses in der Regel nicht.[404] Das zum Zeitpunkt des Vertragsschlusses vorhandene Leistungsvermögen des Arbeitnehmers sei aus Sicht eines objektiven Beobachters durch normative Auslegung zu ermitteln („objektiv-individuelles Leistungsvermögen“).[405] Dabei hänge die Einschätzung von einer Vielzahl sog. „interner“ und „externer“ Faktoren ab.[406] Interne Faktoren seien etwa die durch Arbeitszeugnisse und eigene Aussagen erkennbaren

400 *Tillmanns*, Strukturfragen, S. 157 ff.; *dies.*, RdA 2009, 391 ff.; diesem Ansatz weitestgehend folgend *Sedlmeier*, Unzureichende Arbeitsleistung, S. 74 ff.; vgl. auch MüArbR-Hdb/*Reichold*, § 36, Rn. 42.

401 In § 27 Abs. 3 ArbVG-E (Stand: November 2007), *Henssler/Preis*, NZA-Beil. 1/2007, 6, 12 findet sich allerdings eine abgeänderte Formulierung, welche stärker versucht, die Rechtsprechung des BAG seit dem „Kommissionierer-Fall“ (BAGE 109, 87 ff.) aufzugreifen: „Der Arbeitnehmer schuldet die angemessene Ausschöpfung seiner persönlichen Leistungsfähigkeit, die nach dem Vertragsinhalt von ihm erwartet werden kann. Eine Unterschreitung des geschuldeten Einsatzes ist anzunehmen, wenn die Arbeitsleistung wesentlich hinter der erbrachten Durchschnittsleistung vergleichbarer Arbeitnehmer zurückbleibt“.

402 *Henssler/Preis*, NZA, Beil. zu Heft 23/2006, 11.

403 *Tillmanns*, Strukturfragen, S. 157; *Tillmanns*, RdA 2009, 391, 393.

404 *Tillmanns*, RdA 2009, 391, 393.

405 *Tillmanns*, Strukturfragen, S. 159.

406 *Tillmanns*, Strukturfragen, S. 162 ff.

Qualifikationen und Fähigkeiten. Als externe Faktoren werden z.B. von dem Arbeitgeber an den Arbeitnehmer herangetragene Fragen nach dem Leistungsvermögen bzw. eine Konfrontation mit der Arbeitsaufgabe genannt.[407] Der Schuldinhalt bestimmt sich nach *Tillmanns* somit nicht nach dem tatsächlich vorhandenen Leistungsvermögen im Einzelfall, sondern nach dem versprochenen, wodurch im Rahmen des Leistungsversprechens auch die Erwartungen des Arbeitgebers hinreichend geschützt seien.[408] Allerdings sei auch der Begriff der des objektiv-individuellen Leistungsvermögens nicht statisch zu verstehen.[409] Vielmehr kalkulierten die Parteien in dem Bewusstsein, dass die „Zeit voranschreiten" werde, bei Vertragsschluss bewusst eine Dynamik des Leistungsvermögens mit ein. Dies gelte sowohl für eine Steigerung des Leistungsvermögens durch Erfahrungszunahme als auch für einen Leistungsabfall aufgrund alters- bzw. krankheitsbedingten Kräftenachlasses.

Von der Bestimmung des „objektiv-individuellen" Leistungsvermögens sei die Frage zu trennen, in welchem „Umfang" der Arbeitnehmer seine Fähigkeiten einzusetzen habe. Denn das Leistungsvermögen könne „mehr" oder „weniger" eingesetzt werden, etwa indem schneller oder langsamer gearbeitet werde.[410] In diesem Zusammenhang sei maßgeblich auf die Interessenlage der Parteien abzustellen, welche sich insoweit als konträr erweise, als der Dienstverpflichtete stets ein Interesse an einer möglichst weitgehenden Freiheit bei der Leistungserbringung habe („Leistungskonkretisierungsbefugnis"). Demgegenüber sei das Interesse des Dienstberechtigten im Wesentlichen darauf gerichtet, dass das Leistungsversprechen des Arbeitnehmers einen bestimmten Leistungsstandard umfasse, welchen er durch weisungsrechtliche Steuerung lenken könne. Maßgeblicher Faktor zur Bestimmung des Leistungsumfangs sei das „Kompetenzgefälle" zwischen den Vertragsparteien, wobei *Tillmanns* hiermit die Kompetenz zur Steuerung der Leistungserbringung meint.[411] Liege die professionelle Kompetenz auf Seiten des Dienstverpflichteten, dann liege bei ihm in der Regel auch die Kompetenz zur Steuerung seines Arbeitseinsatzes. In diesem Fall könnten

---

407 *Tillmanns*, RdA 2009, 391, 393.

408 *Tillmanns*, RdA 2009, 391, 393, bei Fn. 30. Hierin liegt der wesentliche Unterschied zur Lehre vom subjektiven Leistungsmaßstab, die nicht an die individuellen Fähigkeiten des Arbeitnehmers im Zeitpunkt des Vertragsbeginns anknüpft, sondern grds. für jede Leistungshandlung bzw. Pflichtverletzung nach den in diesem Zeitpunkt vorhandenen persönlichen Fähigkeiten fragt.

409 *Tillmanns*, Strukturfragen, S. 165.

410 *Tillmanns*, Strukturfragen, S. 175 ff.

411 *Tillmanns*, Strukturfragen, S. 179 f.

die Interessen des Arbeitgebers nur noch durch die „rechtliche Sicherung“ eines gewissen Leistungsstandards gewahrt werden.[412] Liege die Kompetenz zur Steuerung der Arbeitsleistung dagegen beim Arbeitgeber, wie dies im Arbeitsverhältnis regelmäßig der Fall sei, so verbiete sich zumeist die rechtliche Sicherung des Leistungsstandards.[413] Da das so verstandene Interessenzusammenspiel beweglich sei und deshalb von Fall zu Fall verschieden sein könne, greift *Tillmanns* bei einer normalen Interessenverteilung (etwa im typischen Arbeitsverhältnis) auf das Kriterium der „Üblichkeit“ zurück, um im Einzelfall den geschuldeten Umfang der Leistung bestimmen zu können.[414] Dabei wird „Üblichkeit“ nicht normativ, sondern als empirischer Begriff verstanden. Die „Üblichkeit“ eigne sich viel eher dazu, das Maß der geschuldeten Leistung zu beschreiben, als die Begriffe der „Normalleistung“, der „Leistung mittlerer Art und Güte“ oder der „Durchschnittsleistung“, da sie in der Lage sei, auch die variable Leistungskonkretisierungsbefugnis – im Kern also den weisungsfreien Eigenbereich des Arbeitnehmers – zu berücksichtigen.[415] Die hierdurch eröffnete Spannbreite der Üblichkeit ermögliche es, auch unterdurchschnittliche Leistungen noch als üblich und damit vertragsgemäß anzuerkennen, wobei die untere Grenze der Üblichkeit durch das „untere Limit“ der Leistungskonkretisierungsbefugnis festgelegt sei.[416]

Tillmanns erläutert ihr Konzept vom „üblichen Einsatz des objektiv-individuellen Leistungsvermögens“ an folgendem Beispiel:[417] Eine Schreibkraft legt bei Vertragsschluss ein Zeugnis vor, welches ihr die Fähigkeit zu einer

---

412 Dies ist im Recht der freien Berufe etwa die anerkannte Verpflichtung zu einer Leistung, die berufsfachlichen Standards entspricht.

413 *Tillmanns*, Strukturfragen, S. 180.

414 *Tillmanns*, Strukturfragen, S. 188 ff.: Das Kriterium der Üblichkeit soll dann keine Verwendung finden, wenn die Interessenverteilung zwischen den Parteien Besonderheiten aufweist. So sei das Kriterium der Üblichkeit nicht dazu geeignet, die Interessen des professionell unterlegenen Dienstberechtigten ausreichend zu wahren. Insoweit sei nicht auf das „tatsächlich Übliche“, sondern auf das „rechtliche Gebotene“ abzustellen. Geschuldet sei in diesen Fällen das „Angemessene“, nicht das „Übliche“. Nur auf die „Angemessenheit“ als Maßstab für den geschuldeten Einsatz der Dienste abstellend (und insoweit von Tillmanns Ansatz abweichend) *Sedlmeier*, Unzureichende Arbeitsleistung, S. 127: „Der Arbeitnehmer schuldet den angemessenen Einsatz seines objektiv versprochenen Leistungsvermögens“.

415 *Tillmanns*, Strukturfragen, S. 189.

416 *Tillmanns*, Strukturfragen, S. 189.

417 *Tillmanns*, Strukturfragen, S. 191.

bestimmten Anschlagszahl pro Minute attestiert. Während des Leistungszeitraumes erbringt die Schreibkraft eine Leistung, die 60–70% der im Zeugnis genannten Taktzahl liegt. Eine normative Auslegung des Vertrages soll nun zunächst ergeben, dass die Schreibkraft keinesfalls die im Zeugnis ausgewiesene Leistungsfähigkeit zugesagt hat. Denn ein objektiver Beobachter wisse, dass die normale Leistungsfähigkeit unter der in einer Prüfungssituation erbrachten „Optimalleistung" einer Person liege. Er wisse darüber hinaus, dass die Leistungsfähigkeit einer Person gewissen Schwankungen unterliege. Das geschuldete objektiv-individuelle Leistungsvermögen liege daher bei 70–90% der im Zeugnis ausgewiesenen Leistungsfähigkeit. Da es sich darüber hinaus um ein Normalarbeitsverhältnis handelt, soll sich der Umfang, in dessen Rahmen das objektiv-individuelle Leistungsvermögen einzusetzen ist, nach dem variablen Kriterium der Üblichkeit richten. Hiernach schulde die Schreibkraft im Ergebnis eine Leistung von etwa 60–90% der Zeugnisleistung. Alle im Rahmen dieser Spannbreite erbrachten Leistungen seien noch „üblich", wobei die Schreibkraft auch frei sei, stets um unteren Limit zu arbeiten, das bei 60% der im Zeugnis ausgewiesenen Anschläge liege.

II. Stellungnahme

Der von *Tillmanns* vorgeschlagene objektiv-individuelle Leistungsbegriff überzeugt nicht. Dabei sind die Ansatzpunkte für eine kritische Betrachtung vielfältig. Schon die Grundannahme ist zweifelhaft. So fußt *Tillmanns* Auffassung auf der Prämisse, dass unter dem Begriff „versprochene Dienste" i.S.d. § 611 Abs. 1 BGB grundsätzlich (nur) das individuelle Leistungsvermögen des Dienstverpflichteten zu verstehen sei. Anders stelle es sich nur in Ausnahmefällen dar, etwa wenn der Arbeitnehmer vor Abschluss des Arbeitsvertrages mit einer Arbeitsaufgabe, d.h. dem Anforderungsprofil des Arbeitsplatzes, konfrontiert werde. In diesem Fall erkläre er jedenfalls konkludent, dass er zur Ausführung der Arbeitsaufgabe in der Lage sei.[418] Die Annahme, dass der Arbeitnehmer statt der Einhaltung professioneller bzw. betrieblicher Mindeststandards das Innehaben und den Einsatz seiner individuellen Fähigkeiten verspricht und sich der Arbeitgeber hiermit einverstanden erklärt, trifft jedoch allenfalls im Einzelfall zu. Hierbei wird es sich aber regelmäßig um die Einstellung eines Spezialisten handeln, mit dem der Arbeitgeber „gerade wegen" seiner individuellen Fähigkeiten ein Arbeitsverhältnis eingehen will. Etwas anders gilt indes für die weit

418 *Tillmanns*, Strukturfragen, S. 163; *Tillmanns*, RdA 2009, 391, 393.

überwiegenden Fälle des Normalarbeitsverhältnisses.[419] So wurde bereits von *Motzer* bemerkt, dass es dem Arbeitgeber gerade in Großbetrieben nicht darum geht, einen Arbeitnehmer nach seinen individuellen Fähigkeiten auszuwählen, sondern darum, dass dieser dazu in der Lage ist, die Anforderungen der Arbeitsaufgabe auf einem Standardniveau zu erfüllen.[420] Das gilt erst Recht, wenn der Arbeitgeber auf eine einheitliche Leistungserbringung im Verhältnis zu Dritten – seinen Kunden – angewiesen ist (McDonalds). Warum dies bis auf die Fälle, in denen eine professionelle Überlegenheit des Dienstverpflichteten besteht, nur der Fall sein soll, wenn der Arbeitnehmer vor Vertragsschluss mit der Arbeitsaufgabe konfrontiert wurde, leuchtet nicht ein. Dagegen spricht auch die gängige Praxis, im Arbeitsvertrag eine Probezeit gemäß § 622 Abs. 3 BGB zu vereinbaren, deren Sinn gerade darin besteht, dem Arbeitgeber die Möglichkeit zu geben, sich von einem unbefristet eingestellten Arbeitnehmer ohne größere Schwierigkeiten trennen zu können, der den Standardanforderungen an den Arbeitsplatz nicht gewachsen ist.[421]

Das von *Tillmanns* entwickelte Beispiel der Einstellung einer Schreibkraft offenbart noch eine weitere Schwäche ihres Ansatzes. In dem Beispiel soll ein objektiver Beobachter im Rahmen einer normativen Auslegung des Leistungsversprechens von der im Zeugnis ausgewiesenen Befähigung zu einer bestimmten Anschlagszahl pro Minute einen gewissen Abschlag vornehmen, da er wisse, dass die normale Leistungsfähigkeit unter der in einer Prüfungssituation erbrachten Optimalleistung liege.[422] Ein solcher Zusammenhang darf indes bezweifelt werden. Denn es ist kaum von der Hand zu weisen, dass es nicht wenige Menschen gibt, die in Prüfungssituationen eher gehemmt und gerade nicht dazu in der Lage sind, ihre volle Leistungsfähigkeit abzurufen („Blackout"). Bei diesen Arbeitnehmern von der ausgewiesenen Leistung einen weiteren Abzug zu fordern, würde im Ergebnis einen „doppelten Abschlag" zu Lasten des

---

419 Nach *Fahl*, Arbeit ist Leistung, S. 251 verspricht etwa ein Arbeitnehmer, der am Fließband arbeitet, dass die von ihm zu erbringende Arbeitsmenge der Taktgeschwindigkeit des Fließbandes entspricht.

420 *Motzer*, Die positive Vertragsverletzung des Arbeitnehmers, S. 121, der allerdings auf eine „durchschnittliche" Leistung abhebt.

421 MüKo/*Hesse*, § 622, Rn. 29. Das LAG München, Urt. vom 15.7.1975, – 5 Sa 392/75, DB 1975, 1756 hält bei Fehlen des „selbstverständlich erforderlichen Mindestmaß(es) an Grundkenntnissen" sogar eine fristlose Kündigung für gerechtfertigt (im entschiedenen Fall handelte es sich um das Versagen einer kaufmännischen Angestellten in Rechtschreibung und Rechnen).

422 *Tillmanns*, Strukturfragen, S. 191.

Arbeitgebers bedeuten. Vor allem stellt sich aber die Frage, wie hoch ein solcher Abschlag sein soll. Warum soll die geschuldete Leistungsfähigkeit ausgerechnet bei 70–90% liegen, und warum erfasst dieses Spektrum nicht auch die „Optimalleistungsfähigkeit", also 100% der im Zeugnis ausgewiesenen Anschlagszahl?[423] Bei Tätigkeiten, die nicht oder nur schwer quantifizierbar sind, ermöglicht das Zugrundelegen fester Größen zudem nicht die angemessene Berücksichtigung von Art und Schwere der in Rede stehenden Fehlleistung. So macht es einen Unterschied, ob die Sekretärin beim Abtippen diktierter Schriftsätze eine bestimmte Anschlagszahl nicht erreicht oder ob sie den Fristenkalender nicht ordentlich führt. Auch bei Tätigkeiten, die sich im Wesentlichen in der Kommunikation mit Kunden erschöpfen, erscheinen starre Abschlagswerte wenig hilfreich. Als Beispiel sei hier nur die Tätigkeit einer Empfangskraft eines Hotels genannt.

Abgesehen von diesen Schwierigkeiten bleibt festzuhalten, dass das Konzept von *Tillmanns* nicht dazu in der Lage ist, das grundsätzliche Dilemma der subjektiven Theorie zu beseitigen, welches darin liegt, dass gleich entlohnte Arbeitnehmer unterschiedliche Leistungen schulden.[424] Auch wenn hiergegen eingewandt werden könnte, der Maßstab der Üblichkeit beanspruche für jeden Arbeitnehmer gleichermaßen Geltung, so bleibt das Problem bestehen, dass nur der Einsatz des jeweils zum Zeitpunkt des Vertragsschlusses feststellbaren „individuellen" Leistungsvermögens geschuldet ist. Eine solche Sichtweise entspricht nicht dem rein schuldrechtlichen Charakter des Arbeitsverhältnisses. So erkennt auch das Bundesarbeitsgericht mittlerweile an, dass das Äquivalenzprinzip ein Mindestmaß an Austauschgerechtigkeit im Hinblick auf die geschuldete Arbeitsleistung erfordert („Gleichwertigkeitserwartung").[425] Die Lösung von *Tillmanns* beruht im Gegensatz dazu auf einer zu starken Betonung der Interessenantagonie hinsichtlich der Steuerungsbefugnis der Arbeitsleistung. Die Annahme eines „immer" bestehenden Interesses des Arbeitnehmers an einer möglichst

---

423 *Tillmanns*, RdA 2009, 391, 394 vertritt zum „Kommissionierer-Fall" (BAG, Urt. vom 11.12.2003, – 2 AZR 667/02, BAGE 109, 87) die Ansicht, dass es im konkreten Fall durchaus zulässig war, anzunehmen, dass ein Einsatz des Leistungsvermögens, der 1/3 hinter dem durchschnittlichen Einsatz zurückbleibt, nicht mehr üblich gewesen sei. Eine Begründung, warum gerade diese Grenze das „untere Limit der Leistungskonkretisierungsbefugnis", also der Üblichkeit, darstellen soll, wird allerdings nicht geliefert.

424 *Motzer*, Die positive Vertragsverletzung des Arbeitnehmers, S. 119.

425 BAG, Urt. vom 11.12.2003, – 2 AZR 667/02, BAGE 109, 87, 99; BAG, Urt. vom 10.2.2005, – 2 AZR 584/03, AP § 174 BGB Nr. 18; vgl. im Schrifttum etwa HWK/*Thies*, § 1 KSchG, Rn. 155a.

weitgehenden Leistungskonkretisierungsbefugnis dürfte jedoch schon für sich genommen ungewiss sein, jedenfalls kann ein solches nicht allgemein behauptet werden.[426] Insofern sollte nämlich das Interesse des Arbeitnehmers, sich durch eine weitgehende Unterwerfung unter das Weisungsrecht des Arbeitgebers bei Fehlern entlasten zu können, nicht unterschätzt werden.

B. Die Ansicht von *Fahl*

I. Lösungsansatz

Einen Ansatz, der sich im Vergleich zu der Lösung von *Tillmanns* eher der objektiven Theorie annähert, hat *Fahl* vorgeschlagen.[427] Auch sie setzt für die Ermittlung des geschuldeten Umfangs der Arbeitsleistung zunächst bei einer normativen Auslegung des arbeitsvertraglichen Leistungsversprechens gemäß §§ 133, 157 BGB an („subjektiv-objektiver Leistungsbegriff").[428] Sofern sich Qualität und Intensität der Leistung hieraus nicht ableiten ließen, befürwortet *Fahl* die Übertragung des in §§ 434 Abs. 1, 536 Abs. 1 S. 1, 633 Abs. 2 BGB enthaltenen Mangelbegriffs auf den Arbeitsvertrag.[429] Die genannten Vorschriften gehen für den Fall einer unterbliebenen Vereinbarung der Beschaffenheit des Vertragsgegenstandes davon aus, dass ein Beschaffenheitsstandard geschuldet ist, der bei Sachen der gleichen Art üblich ist und den der Vertragspartner nach der Art der Sache erwarten kann. Aus dieser negativen Determinierung des Leistungsgegenstandes leite sich ein verallgemeinerungsfähiger Rechtsgedanke ab, was durch entsprechende Formulierungen in den bisher vorgelegten Entwürfen für ein Arbeitsvertragsgesetz sowie durch arbeitsvertragliche Regelungen in Österreich, der Schweiz und der ehemaligen DDR unterstrichen werde.[430] Da das Arbeitsvertragsrecht mit dem Kauf-, Miet- und Werkvertragsrecht vergleichbar sei, könne auch der hieraus folgende Maßstab auf die Leistungspflicht des Arbeitnehmers übertragen werden.[431] Arbeitsrechtliche Besonderheiten stünden einem Analogieschluss nur insoweit entgegen, als die „Intensität" der Arbeitsleistung betroffen sei, worunter *Fahl* die geschuldete Arbeitsmenge je

426 So aber *Tillmanns*, Strukturfragen, S. 175.

427 *Fahl*, Arbeit ist Leistung, S. 217 ff.

428 *Fahl*, Arbeit ist Leistung, S. 283, wobei die subjektive Komponente ihres Leistungsbegriffs lediglich den in § 611 Abs. 1 BGB angelegten Vorrang der Individualabrede deutlich machen soll.

429 *Fahl*, Arbeit ist Leistung, S. 248.

430 *Fahl*, Arbeit ist Leistung, S. 231 ff.

431 *Fahl*, Arbeit ist Leistung, S. 226 ff.

Zeiteinheit versteht. Hier sei der Individualität des Arbeitnehmers in der Form Rechnung zu tragen, dass auch eine Arbeitsmenge, die um 10% unter der Durchschnittsleistung vergleichbarer Arbeitnehmer liege, noch als vertragsgemäß anzuerkennen sei.[432] Im Hinblick auf die Qualität der Arbeitsleistung bestehe ein entsprechendes Bedürfnis demgegenüber nicht. Insofern überwiege vielmehr das Interesse des Arbeitgebers, ein Arbeitsprodukt zu erhalten, mit dem er auch gegenüber seinem Vertragspartner erfüllen könne, so dass die „übliche" Leistung in qualitativer Hinsicht stets die Verpflichtung zur Erbringung einer Durchschnittsleistung bedeuten soll.[433] Was im jeweiligen Arbeitsverhältnis als üblich anzuerkennen sei, bestimme sich nach arbeitswissenschaftlichen Methoden sowie der Orts-, Betriebs- und Tarifbezirksüblichkeit.[434]

II. Stellungnahme

Der Ansatz von *Fahl* hat im Gegensatz zu der Lösung von *Tillmanns* den Vorzug, dass er stärker das Äquivalenzverhältnis der gegenseitigen Pflichten im Arbeitsverhältnis berücksichtigt. Es wird anerkannt, dass der Arbeitgeber ein erhebliches Interesse an dem Erhalt einer Leistung hat, die dazu geeignet ist, mit ihr auf dem Markt bestehen zu können. Dennoch kann *Fahls* Ansatz im Ergebnis nicht gefolgt werden. Unabhängig davon, dass sich einer Vergleichbarkeit des Arbeitsvertragrechts mit dem Kauf-, Miet- und Werkvertragsrecht einiges entgegenhalten ließe, ist bereits nicht einsichtig, warum die objektive Bestimmung der Leistungspflicht ausgerechnet für die sog. Intensität der Leistung aufgeweicht wird. Denn neben sonstigen betrieblichen Umständen bestimmt die vom Arbeitnehmer erbrachte Arbeitsmenge je Zeiteinheit maßgeblich die Quantität der Arbeitsleistung. Diese stellt in der Regel aber einen genauso wichtigen Faktor für den wirtschaftlichen Erfolg eines Unternehmens dar wie die Arbeitsqualität. Darüber hinaus darf bezweifelt werden, dass sich die Unfähigkeit des Arbeitnehmers zu einem dauerhaft gleichmäßigen Einsatz seiner Fähigkeiten nur auf die Arbeitsmenge, nicht hingegen auf die Qualität seiner Arbeit auswirken soll. So lässt etwa das berühmte „Mittagstief" in erster Linie die Konzentrationsfähigkeit des Arbeitnehmers absinken, was sich erfahrungsgemäß aber auf die Leistungsfähigkeit insgesamt, und damit auf Qualität und Quantität der Arbeitsleistung gleichermaßen, auswirkt. Die Vornahme eines pauschalen Abzugs in Höhe von 10% nur bei der Beurteilung der Intensität der Arbeitsleistung erscheint daher

---

432 *Fahl*, Arbeit ist Leistung, S. 243.
433 *Fahl*, Arbeit ist Leistung, S. 257.
434 *Fahl*, Arbeit ist Leistung, S. 257.

nicht plausibel. Die Anerkennung einer solchen Spannbreite mag indes damit zusammenhängen, dass *Fahl* in Bezug auf die Qualität der Arbeitsleistung einen umso strengeren Maßstab der Üblichkeit vertritt. So soll hier stets eine Durchschnittsleistung geschuldet sein, wobei in eine zu bildende Vergleichsgruppe, unabhängig von ihrer Erfahrung und der tatsächlichen Stellung im Betrieb, alle Arbeitnehmer einzubeziehen seien, die die gleiche Berufsausbildung durchlaufen haben.[435] Dass ein strenger Durchschnittsmaßstab insbesondere in den Fällen qualitativer Leistungsdefizite ungeeignet ist, den Leistungsmaßstab zu ermitteln, wurde indes bereits unter § 3 B. III. festgestellt. Auch die von *Fahl* vorgeschlagenen Parameter für eine Vergleichsgruppenbildung erscheinen nicht interessengerecht. Wenn dem Äquivalenzprinzip Geltung verschafft werden soll, dann muss unabhängig von einer Verpflichtung zur Einhaltung berufsspezifischer Mindeststandards hierbei Berücksichtigung finden, dass erfahrene Arbeitnehmer in aller Regel trotz gleicher Berufsausbildung (Bsp.: Zweites Juristisches Staatsexamen) eine höhere Vergütung erhalten als Berufseinsteiger. Aus der berechtigten Gleichwertigkeitserwartung des Arbeitgebers folgt, dass er von diesen Mitarbeitern auch eine Arbeitsleistung verlangen darf, die in qualitativer und quantitativer Hinsicht höheren Maßstäben genügt als die von Anfängern.

C. Die Ansicht von *Maschmann*

I. Lösungsansatz

In der vielleicht prägnantesten Form vertritt *Maschmann* einen „gemischt subjektiv-objektiven Leistungsmaßstab".[436] Ausgehend von dem Standpunkt, dass der Arbeitnehmer keine „Gutleistung", sondern lediglich eine „Überhauptleistung" schulde, nimmt *Maschmann* eine Einschränkung in Bezug auf die Sorgfalt vor, mit der die Arbeit zu leisten ist.[437] Insoweit hafte der Arbeitnehmer für die Einhaltung „professioneller Standards", was *Maschmann* auf die Formel bringt: „Keine Garantie für den Erfolg der Dienste, sondern für ihre Qualität".[438] Zur Begründung wird angeführt, dass die Rechtsprechung des Bundesgerichtshofes zur Existenz von Sorgfaltspflichten im Recht des freien Dienstvertrags im Ergebnis auch auf das Arbeitsverhältnis zu übertragen sei. Dabei betreffe die Sorgfaltsverwaltung nicht lediglich das Nebenpflichtenprogramm, sondern auch die Arbeitspflicht selbst. Unter Sorgfalt sei die „verkehrserforderliche

---

435 *Fahl*, Arbeit ist Leistung, S. 259.
436 *Maschmann*, NZA-Beil. 1/2006, 13.
437 *Maschmann*, NZA-Beil. 1/2006, 13, 16.
438 *Maschmann*, NZA-Beil. 1/2006, 13, 16.

Sorgfalt" zu verstehen, welche sich gerade nicht subjektiv, sondern objektiv aus den Anforderungen der jeweiligen Verkehrskreise ergebe.[439] Im Ergebnis folge hieraus, dass sich die „Güte der Arbeitsleistung" gleichzeitig subjektiv und objektiv bestimme.[440] Während der Arbeitnehmer in Bezug auf „Arbeitstempo, Arbeitsintensität und Arbeitsmenge" lediglich das zu leisten brauche, wozu er individuell in der Lage sei, hafte er objektiv für die Einhaltung professioneller Standards.[441] Auf der Rechtsfolgenseite habe die fehlende Verpflichtung zur Gutleistung zur Konsequenz, dass wegen einer Schlechtleistung „als solcher" nicht gekündigt werden könne. Als Anknüpfungspunkt könne insoweit nur die nachhaltige Verletzung professioneller Standards in Betracht kommen.[442]

II. *Stellungnahme*

Der Ansatz von *Maschmann* ist zwar insofern zu begrüßen, als er eine Verpflichtung des Arbeitnehmers zur Einhaltung professioneller Standards anerkennt, gleichzeitig leidet der Versuch jedoch an seiner offensichtlichen inhärenten Widersprüchlichkeit. Zunächst trifft allerdings *Maschmanns* Überlegung zu, wonach die Anerkennung eines subjektiven Pflichtenmaßstabs nicht dazu führen dürfe, dass im Arbeitsrecht die Wertung des § 276 Abs. 2 BGB bereits auf der Pflichtenebene ausgehebelt wird. Denn der Zweck dieser Vorschrift liegt in der umfassenden Sicherung objektiver Standards im Rechtsverkehr, und zwar nicht nur auf der Verschuldens-, sondern auch auf der Pflichtenebene.[443] Dagegen kann nicht ohne Weiteres vorgebracht werden, dass Pflichten- und Verschuldensmaßstab streng zu trennen seien, wie dies vielfach behauptet wird,[444] zumal eine solche Trennung gerade in Fällen, in denen es um Verhaltensunrecht geht, kaum möglich ist.[445] Im Übrigen handelt es sich bei dem Begriff der Sorgfaltspflichten keineswegs lediglich um eine terminologisch ungenaue Bezeichnung für vertragliche Nebenpflichten, die nicht dazu führen dürfe, dass sorgfältiges Verhalten zur Vertragspflicht erhoben werde.[446] Das ergibt sich schon aus der

439 *Maschmann*, NZA-Beil. 1/2006, 13, 16.
440 *Maschmann*, NZA-Beil. 1/2006, 13, 16.
441 *Maschmann*, NZA-Beil. 1/2006, 13, 16.
442 *Maschmann*, NZA-Beil. 1/2006, 13, 17.
443 Vgl. auch *Singer/Schiffer*, JA 2006, 833, 836.
444 Z.B. *Ballerstedt*, JZ 1963, 190, 191; *Hammen*, Die Gattungshandlungsschulden, 1995, S. 307 f. m.w.N.; *Wlotzke*, RdA 1965, 180, 188.
445 *Singer/Schiffer*, JA 2006, 833, 836; vgl. auch *Deutsch*, JZ 1988, 993, 994 zu den Fahrlässigkeitsaspekten der „inneren" und der „äußeren" Sorgfalt.
446 So aber bspw. *Fahl*, Arbeit ist Leistung, S. 99.

überzeugenden Überlegung *Himmelscheins*, nach der sich aus dem Satz, wonach der Schuldner das Außerachtlassen der im Verkehr erforderlichen Sorgfalt zu vertreten hat, „mit notwendiger logischer Konsequenz" ergibt, dass der Schuldner zu sorgfältigem Verhalten verpflichtet ist.[447] Es lässt sich auch nichts Gegenteiliges aus dem Einwand *E. Wolfs* schließen, wonach die Sorgfalt als solche keine Leistung (Tun oder Unterlassen), sondern nur eine Modalität einer Leistung sei, so dass der Schuldner niemals zu Sorgfalt „schlechthin", sondern immer nur zu „sorgfältigem Leisten" verpflichtet sei.[448] Denn die Modalität der Arbeitsleistung ist genau das, worum es bei der Frage nach dem Leistungsmaßstab geht, nämlich um das „wie" bzw. das „wie gut" und „wie viel" der Arbeitsleistung. Wenn aber gefordert wird, der Arbeitnehmer habe seine Tätigkeit sorgfältig zu verrichten, dann folgt hieraus, dass die Einhaltung des (objektiven) Sorgfaltsmaßstabs Pflichteninhalt ist. Darüber hinaus erkennt auch der Gesetzgeber den Begriff der Sorgfaltspflichten an, und zwar gerade auch als Bestandteil des Pflichtenprogramms. Dies wird etwa deutlich anhand der Vorschrift des § 116 AktG, die schon in der amtlichen Überschrift zwischen „Sorgfaltspflicht" und „Verantwortlichkeit" der Aufsichtsratsmitglieder trennt. Dementsprechend wird in der aktienrechtlichen Literatur auch angenommen, dass dem Anknüpfungspunkt für die Sorgfaltspflichten des Aufsichtsrats, nämlich dem Sorgfaltsbegriff des § 93 Abs. 1 S. 1 AktG (Sorgfalt eines ordentlichen und gewissenhaften Geschäftsleiters) eine „Doppelfunktion" sowohl als Verschuldensmaßstab als auch als generalklauselartiger Umschreibung objektiver Verhaltenspflichten zukommt.[449]

Hieran wird deutlich, dass der in § 276 Abs. 2 BGB zum Ausdruck kommenden Forderung nach der Einhaltung objektiver Verkehrsstandards eine nicht zu leugnende Berechtigung innewohnt, die auch im Arbeitsverhältnis Geltung beanspruchen kann. Es ist daher nicht ersichtlich, warum diese Verpflichtung nach *Maschmann* nur in Bezug auf die „Qualität" der Leistung gelten soll, nicht aber für „Arbeitstempo, Arbeitsintensität und Arbeitsmenge". Denn es kann nicht zweifelhaft sein, dass professionelle Standards auch für die Arbeitsmenge oder das Arbeitstempo existieren können. Dies gilt in besonderem Maße für den Bereich der industriellen Produktion, wo die Arbeit in der Regel unschwer quantifizierbar, häufig sogar taktgebunden ist. Aber auch im Dienstleistungssektor

---

447 *Himmelschein*, AcP 135 (1932), 255, 290 f.

448 *E. Wolf*, AcP 153 (1954), 97, 112 ff.

449 Vgl. nur *Hüffer*, § 93, Rn. 3a; KK-AktG/*Mertens/Cahn*, § 93, Rn. 11; ErfK/*Oetker*, § 116 AktG, Rn. 1; siehe auch die Verwendung des Begriffs der Sorgfaltspflicht im Zusammenhang mit den Pflichten aus § 241 Abs. 2 BGB im Regierungsentwurf des Schuldrechtsmodernisierungsgesetzes (BT-Drs. 14/6040, S. 93).

ist nicht anzunehmen, dass es noch professionellen beruflichen Standards entspricht, wenn bspw. die angestellte Putzfrau für die Reinigung eines Einzelbüros mehr als fünf Stunden benötigt. Insoweit vermag die Auffassung *Maschmanns* daher nicht zu überzeugen.

Auch die rechtlichen Konsequenzen, die aus diesem Ansatz folgen sollen, sind zweifelhaft. So soll dem Arbeitgeber eine verhaltensbedingte Kündigung wegen einer Schlechtleistung „als solcher" verwehrt sein, da der Arbeitnehmer keine „Gutleistung" schulde. Nur die Verletzung professioneller Standards sei dazu geeignet, eine verhaltensbedingte Kündigung zu rechtfertigen. Hier geht *Maschmann* offensichtlich davon aus, dass es Schlechtleistungen gibt, die nicht mit einer Vertragspflichtverletzung einhergehen. Man mag dieser Auffassung zugute halten, dass auch das Bundesarbeitsgericht im „Kommissionierer-Fall" von „auf Pflichtverletzungen beruhende(n) Schlechtleistungen" spricht.[450] Allerdings wurde bereits oben herausgearbeitet[451], dass diese Formulierung wohl damit zusammenhängt, dass das Gericht für die personenbedingte Kündigung wegen Schlechtleistung keine Pflichtverletzung mehr voraussetzt. Anknüpfungspunkt ist vielmehr das Vorliegen einer „schweren und dauerhaften Störung des Austauschverhältnisses, ohne dass dem Arbeitnehmer eine Vertragsverletzung vorzuwerfen wäre".[452] Dass das Bundesarbeitsgericht diese Aussage jedenfalls nicht auf die verhaltensbedingte Kündigung bezieht, ergibt sich aus der ebenfalls im „Kommissionierer-Fall" getroffenen Feststellung, nach der sich die Frage, ob eine Leistung als Schlechtleistung anzusehen ist, (zunächst) nach der vertraglichen Vereinbarung der Parteien beurteilt.[453] Das kann aber nur bedeuten, dass eine Leistung, die hinter der vertraglichen Vereinbarung zurückbleibt, also eine Vertragsverletzung darstellt, als Schlechtleistung zu beurteilen ist.[454] Darüber hinaus würde *Maschmanns* These bedeuten, dass die Nichteinhaltung professioneller Standards keine Schlechtleistung „als solche" darstellt. Es erscheint aber kaum sinnvoll, zwischen Schlechtleistung „als solcher" und Nichteinhaltung professioneller Standards zu trennen; beide Tatbestände stellen Pflichtverletzungen dar, die der Arbeitgeber grundsätzlich nicht hinzunehmen braucht.

---

450 BAG, Urt. vom 11.12.2003, – 2 AZR 667/02, BAGE 109, 87, 92; zur Kritik an diesem Satzbau vgl. *Tillmanns*, RdA 2009, 391, 392.

451 § 2 B. II. 3) b).

452 BAG, Urt. vom 11.12.2003, – 2 AZR 667/02, BAGE 109, 87, 98.

453 BAG, Urt. vom 11.12.2003, – 2 AZR 667/02, BAGE 109, 87, 92; vgl. auch BAG, 17.1.2008, – 2 AZR 536/06, BAGE 125, 257, 260.

454 Der Begriff der Schlechtleistung wird näher unten unter Viertes Kapitel § 1 A. erörtert.

D. Die Ansicht von *Tschöpe*

I. Lösungsansatz

Ein weiterer Lösungsansatz wird von *Tschöpe* vorgeschlagen. Hiernach soll sich die Leistungspflicht des Arbeitnehmers an dem „Anforderungsprofil“ des Arbeitsplatzes orientieren, welches der Arbeitgeber selbst durch konkrete Weisungen oder durch schriftliche Arbeitsplatzbeschreibungen festlegen könne.[455] Dabei habe die Festlegung in der Regel nach arbeitswissenschaftlichen Grundsätzen zu erfolgen. Zudem sei das so definierte Anforderungsprofil nur dann für den Arbeitnehmer verpflichtend, wenn er von den Anforderungen vorher durch die arbeitsvertragliche Abmachung oder durch später vereinbarte oder vorgegebene Arbeitsplatzbeschreibungen Kenntnis erlangt habe.[456] Mit „vorher“ meint *Tschöpe* also lediglich, dass der Arbeitnehmer die Anforderungen vor Ausführung der Tätigkeit kennen muss, nicht aber, dass sie bereits Grundlage der vertraglichen Abmachung sein müssen. Weiche der Arbeitnehmer von dem Anforderungsprofil des Arbeitsplatzes – und sei es auch nur ein „Jota“ – nach unten ab, liege eine „low performance“ vor.[457] Ihr Vorliegen allein besage allerdings noch nichts darüber, ob der Arbeitgeber zu arbeitsvertraglichen Sanktionen berechtigt sei. Diese Frage müsse vielmehr auf der Rechtsfolgenseite entschieden werden.

II. Stellungnahme

Die Ansicht von *Tschöpe* hat in den letzten Jahren in der Literatur vereinzelt Gefolgschaft gefunden.[458] Insoweit fokussiert sich die Diskussion allerdings vornehmlich darauf, welche Auswirkungen die arbeitgeberseitige Änderung des Anforderungsprofils auf die Arbeitspflicht hat. Dass der Arbeitgeber das Recht hat, im Betrieb die Arbeits- und Produktionsprozesse zu verändern, kann nicht zweifelhaft sein und liegt in seiner von Art. 12 GG gewährleisteten unternehmerischen Freiheit begründet.[459] Einer derartigen Entscheidung

---

455 *Tschöpe*. BB 2006, 213, 214.

456 *Tschöpe*. BB 2006, 213, 215.

457 *Tschöpe*. BB 2006, 213, 214.

458 Bspw. bei *Wetzling/Habel*, BB 2009, 1638 ff.; *Wisskirchen/Bissels/Schmidt*, NZA 2008, 1386, 1391 f.; ebenfalls auf das Anforderungsprofil abstellend *Schiff*, FS Löwisch, 311, 313.

459 BAG, Urt. vom 16.12.2004, – 2 AZR 66/04, AP § 1 KSchG 1969 Betriebsbedingte Kündigung Nr. 133; BAG, Urt. vom 7.7.2005, – 2 AZR 399/04, AP § 1 KSchG 1969 Betriebsbedingte Kündigung Nr. 138; BAG, Urt. vom 10.7.2008, – 2 AZR 1111/06,

können vielfältige Zwänge zugrunde liegen. So kann es infolge des technischen Fortschritts und zum Erhalt der eigenen Wettbewerbsfähigkeit erforderlich sein, im Unternehmen auf computergestützte Fertigungsprozesse umzustellen, die die Arbeitnehmer noch nicht beherrschen.[460] Ein weiteres typisches Beispiel sind Fremdsprachenkompetenzen, die aufgrund der Internationalisierung der Geschäftsbeziehungen von vielen Unternehmen mittlerweile als Standard vorausgesetzt werden.[461] Allerdings muss die Änderung des Anforderungsprofils für einen Arbeitsplatz nicht notwendig auf ökonomischen Zwängen beruhen. Der Arbeitgeber kann sich auch schlicht entscheiden, für eine bestimmte Stelle nunmehr bestimmte Anforderungen aufzustellen. Eine solche unternehmerische Entscheidung ist von den Arbeitsgerichten prinzipiell zu respektieren und kann lediglich auf Willkür und offensichtliche Unsachlichkeit überprüft werden.[462] So hat das Bundesarbeitsgericht die betriebsbedingte Kündigung in einem Fall zugelassen, in welchem eine musikalische Bildungsstätte einem als Geschäftsführer angestellten Rechtsassessor gekündigt hatte, weil das geänderte Anforderungsprofil an diese Position nunmehr sowohl eine musikalische Fachkompetenz als auch eine ausgewiesene betriebswirtschaftliche Qualifikation voraussetzte.[463] In Fällen dieser Art liegt die Gefahr einer missbräuchlichen Umgehung des Kündigungsschutzes unter Berufung auf die unternehmerische Freiheit auf der Hand.

Dies erkennt auch das Bundesarbeitsgericht und stellt insoweit erhöhte Anforderungen an die Darlegungslast des Arbeitgebers, wenn dieser durch eine unternehmerische Entscheidung das Anforderungsprofil für Arbeitsplätze ändert, die bereits mit langjährig beschäftigten Arbeitnehmern besetzt sind.[464] Begründet der Arbeitgeber eine betriebsbedingte Kündigung unter anderem mit der Änderung des Anforderungsprofils, muss er darlegen, dass hierfür ein betrieblicher Anlass

AP § 1 KSchG 1969 Betriebsbedingte Kündigung Nr. 181; Schaub/*Linck*, ArbR-Hdb., § 134, Rn. 36.

460 Beispiele im Wesentlichen nach *Wisskirchen/Bissels/Schmidt*, NZA 2008, 1386.

461 LAG Hessen, Urt. vom 19.7.1999, – 16 Sa 1898/98, LAGE § 1 KSchG Betriebsbedingte Kündigung Nr. 55; vgl. zu Sprachanforderungen im Arbeitsverhältnis auch *Günther*, ArbRAktuell 2010, 285 ff.; *Latzel*, RdA 2013, 73 ff.

462 BAG, Urt. vom 7.7.2005, – 2 AZR 399/04, AP § 1 KSchG 1969 Betriebsbedingte Kündigung Nr. 138; Schaub/*Linck*, § 134, Rn. 36; *Wisskirchen/Bissels/Schmidt*, NZA 2008, 1386, 1391.

463 BAG, Urt. vom 7.7.2005, – 2 AZR 399/04, AP § 1 KSchG 1969 Betriebsbedingte Kündigung Nr. 138.

464 BAG, Urt. vom 7.7.2005, – 2 AZR 399/04, AP § 1 KSchG 1969 Betriebsbedingte Kündigung Nr. 138.

besteht.[465] Sonst, so das Bundesarbeitsgericht, hätte es der Arbeitgeber weitgehend selbst in der Hand, sich mittels einer nur noch auf Willkür überprüfbaren Unternehmerentscheidung von einem Arbeitnehmer trennen zu können, in dem er in sachlich nicht gebotener Weise die Anforderungen an die Vorbildung des betreffenden Arbeitsplatzes verschärft, z.B. „perfekte" Französischkenntnisse verlangt, um mit ein oder zwei Kunden korrespondieren zu können.[466]

Diese Rechtsprechung des Bundesarbeitsgerichts muss im Zusammenhang mit seiner Judikatur zur verhaltens- und personenbedingten Kündigung wegen Schlecht- bzw. Minderleistung gesehen werden. Das Gericht ist offensichtlich bemüht, den Schutz, den es Arbeitnehmern mit der Anwendung eines subjektiven Leistungsmaßstabs gewährt, nicht dadurch leer laufen zu lassen, dass es dem Arbeitgeber die letztlich nur noch auf Willkür überprüfbare Möglichkeit der betriebsbedingten Kündigung wegen einer Änderung des Anforderungsprofils an die Hand gibt. Es ist jedoch nicht zu übersehen, dass ein gewisses Spannungsverhältnis besteht zwischen dem vom Gericht vertretenen subjektiven Leistungsmaßstab und der durch die unternehmerische Freiheit gewährleisteten Möglichkeit, einseitig objektive Anforderungsprofile an einen Arbeitsplatz zu ändern. Denn wenn von dem Arbeitnehmer einerseits nur verlangt wird, seine subjektiven Fähigkeiten in angemessenem Umfang auszuschöpfen, ist hiermit kaum zu vereinbaren, dass er sich doch an objektiven Anforderungsprofilen festhalten lassen muss, zumal wenn diese erst nachträglich definiert werden.[467] Es ist auch fragwürdig, für die die Trennung von einem Arbeitnehmer, der das nachträglich festgesetzte Anforderungsprofil nicht erfüllt, überhaupt betriebsbedingte Gründe zu akzeptieren. Denn letztlich fällt durch die unternehmerische Entscheidung, die Anforderungen an eine Stelle zu ändern, nicht der Arbeitsplatz als solcher weg, sondern allenfalls die subjektive Eignung des Arbeitnehmers. Hierauf ist aber in der Regel mit einer personenbedingten Kündigung unter Beachtung der vom Bundesarbeitsgericht hierfür aufgestellten 1/3-Grenze zu reagieren.[468] Im Übrigen steht die Möglichkeit

465 BAG, Urt. vom 10.7.2008, – 2 AZR 1111/06, AP § 1 KSchG 1969 Betriebsbedingte Kündigung Nr. 181; LAG Hamm, Urt. vom 15.6.2010, – 12 Sa 349/10, NZA-RR 2010, 578, 579.

466 BAG, Urt. vom 7.7.2005, – 2 AZR 399/04, AP § 1 KSchG 1969 Betriebsbedingte Kündigung Nr. 138.

467 Auch das LAG Hessen, Urt. vom 19.7.1999, – 16 Sa 1898/98, LAGE § 1 KSchG Betriebsbedingte Kündigung Nr. 55 lehnt eine personen- bzw. betriebsbedingte Kündigung ab, wenn diese mit erst nachträglich geforderten mangelnden Sprachkenntnissen des Arbeitnehmers begründet wird.

468 BAG, Urt. vom 11.12.2003, – 2 AZR 667/02, BAGE 109, 87, 99.

einer betriebsbedingten Kündigung auch im Widerspruch zu der in der Literatur geführten Diskussion über eine „Lernpflicht" des Arbeitnehmers, wenn sich die betrieblichen Erfordernisse etwa aufgrund des technischen Fortschritts ändern.[469] Ob die verschärften Anforderungen des Bundesarbeitsgerichts an die Darlegungslast des Arbeitgebers tatsächlich dem missbräuchlichen Ausspruch von betriebsbedingten Kündigungen vorbeugen werden, bleibt abzuwarten. Angesichts der hohen Hürden für eine verhaltens- bzw. personenbedingten Kündigung wegen Minderleistung – insbesondere im Bereich der Leistungsdokumentation – ist es jedenfalls nicht gänzlich unwahrscheinlich, dass Arbeitgeberanwälte ihren Mandanten in Zukunft raten werden, das Anforderungsprofil an einen Arbeitsplatz durch Unternehmerbeschluss zu verschärfen, um sich so von Minderleistern kurzfristig trennen zu können.[470]

Mit Blick auf die dogmatische Frage nach dem Leistungsmaßstab ist all dies aber letztlich von untergeordneter Bedeutung. Ausgangspunkt der Betrachtung ist, dass der Arbeitnehmer die „versprochenen Dienste" i.S.d. § 611 Abs. 1 BGB schuldet. Erst wenn sich hierfür aus dem Arbeitsvertrag nichts ergibt, ist auf Kollektivnormen und hilfsweise auf gesetzliche Regelungen abzustellen. Die Frage, ob sich der Arbeitnehmer hinsichtlich des Umfangs seiner Arbeitspflicht an dem Anforderungsprofil seines Arbeitsplatzes festhalten lassen muss, beantwortet sich daher einzig anhand der oben genannten Rechtsquellen. Dementsprechend ist das Anforderungsprofil nur dann in der Lage, den Umfang der Leistungspflicht zu determinieren, etwa „verhandlungssichere" Englischkenntnisse zu fordern, wenn diese Anforderungen Inhalt der arbeitsvertraglichen Abrede geworden sind. Ob die Einbeziehung des Anforderungsprofils ausdrücklich erfolgt, oder ob erst eine normative Vertragsauslegung ergibt, dass bestimmte arbeitsplatzbezogene Anforderungen Inhalt des Arbeitsvertrages geworden sind, etwa wenn der Arbeitgeber den Stellenbewerber mit dem Anforderungsprofil des Arbeitsplatzes vor Vertragsabschluss ausdrücklich konfrontiert hat, ist nicht der entscheidende Punkt. Das Problem des Leistungsmaßstabs wird vielmehr erst dann virulent, wenn sich aus dem Arbeitsvertrag gerade nichts für die Feststellung von Qualität und Quantität der Arbeitsleistung ergibt. Das gilt auch für den Fall, dass ein vereinbartes Anforderungsprofil nur allgemeine Kenntnisse voraussetzt, ohne gleichzeitig einen bestimmten Kenntnisgrad zu verlangen (Bsp.: Der Umgang mit einem bestimmten Computerprogramm).

---

469 Z.B. *Hunold*, NZA 2000, 802; *Wisskirchen/Bissels/Schmidt*, NZA 2008, 1386.

470 Zweifelnd *Grobys/v. Steinau-Steinrück*, Anm. zu BAG, 10.7.2008, – 2 AZR 1111/06, NJW-Spezial 2009, 180.

Die Lösung von *Tschöpe* bietet also in der Regel nur eine Erklärung dafür, „was“ der Arbeitnehmer leisten muss, nicht aber „wie“ bzw. „wie gut“ er seine Leistung zu erbringen hat, oder „wie viel“ davon. Soweit das Anforderungsprofil nicht arbeitsvertraglich vereinbart ist, eignet es sich daher auch nicht dazu, objektive Leistungskriterien festzulegen. Denn wenn schon keine vertragliche Grundlage für den „Leistungsmaßstab des Anforderungsprofils“ existiert, so muss er sich doch rechtlich herleiten lassen können. Tarifverträge werden hierzu selten Auskunft geben, so sie denn überhaupt Anwendung finden. Insbesondere fehlt aber eine gesetzliche Grundlage für den Ansatz von *Tschöpe*. Während die Vertreter der objektiven Theorie ihre Ansicht immerhin mit einer analogen Anwendung des § 243 Abs. 1 BGB rechtfertigen und die subjektive Theorie sich methodisch auf das fehlende dienstvertragliche Gewährleistungsrecht sowie die Vorschrift des § 613 BGB stützt, wird ein vergleichbarer gesetzlicher Anknüpfungspunkt zugunsten eines „Leistungsmaßstabs des Anforderungsprofils“ nicht vorgebracht. Ohne rechtliche Grundlage kann die von *Tillmanns* sog. „Leistungskonkretisierungsbefugnis“ des Arbeitnehmers, das heißt sein Recht stets „am unteren Limit“ zu arbeiten, aber in der Tat nicht beschränkt werden.[471]

§ 5. Eigene Lösung: Analoge Anwendung des § 59 HGB

A. Ausgangssituation

Unter § 2 C. wurde dargelegt, warum sich der Leistungsmaßstab im Arbeitsverhältnis nicht nach den individuellen Fähigkeiten des einzelnen Arbeitnehmers richten kann. Im Anschluss folgte unter § 3 der Nachweis, dass auch die bisherigen Versuche, einen objektiven Leistungsmaßstab zu begründen – um es noch einmal mit den Worten *Maschmanns* zu sagen – als „gescheitert“ gelten dürfen[472]. Dasselbe gilt für die unter § 4 dargestellten vermittelnden Ansätze. An dieser Stelle soll deshalb ein neuer Versuch unternommen werden, den Leistungsmaßstab, der entsprechend dem zivilrechtlichen Äquivalenzprinzip ein objektiver sein muss, dogmatisch herzuleiten.

B. Die Vorschrift des § 59 HGB

Richtet man seinen Blick über die § 611 ff. BGB hinaus, lassen sich allgemeine arbeitsvertragliche Regelungen nicht nur im BGB, sondern auch im HGB finden, und zwar in den §§ 59 ff. HGB. Der sechste Abschnitt des HGB regelt das Recht

471 *Tillmanns*, Strukturfragen, S. 111 ff.
472 *Maschmann*, NZA-Beil. 1/2006, 13, 15.

der Handlungsgehilfen und Handlungslehrlinge und damit – eigentlich systemfremd[473] – im HGB Arbeitsrecht.[474] Die Schlüsselnorm dieses Abschnitts ist die Vorschrift des § 59 HGB. Im Gegensatz zu § 612 Abs. 2 BGB enthält § 59 HGB für den Fall, dass eine entsprechende vertragliche Vereinbarung fehlt, nicht nur eine Auffangregelung in Bezug auf die Vergütungspflicht, sondern auch eine Bestimmung hinsichtlich der „Art" und des „Umfangs" der geschuldeten Dienstleistung. Die Vorschrift soll deshalb eingehender untersucht werden.

I. Anwendungsbereich und heutige Relevanz des § 59 HGB

1. Anwendungsbereich

Neben der Bestimmung der Vergütungs- und Dienstleistungspflicht der Arbeitsvertragsparteien legt § 59 HGB zugleich den persönlichen Anwendungsbereich des Handlungsgehilfenrechts fest. Nach der Legaldefinition des § 59 S. 1 HGB ist Handlungsgehilfe, wer in einem Handelsgewerbe zur Leistung kaufmännischer Dienste gegen Entgelt angestellt ist. Damit lassen sich der Vorschrift zwei Voraussetzungen für die Begriffsbestimmung des Handlungsgehilfen entnehmen. Einerseits kommt es auf die Qualifikation des Arbeitgebers als Kaufmann an (§ 1 ff. HGB), andererseits darauf, ob der Angestellte kaufmännische Dienste gegen Entgelt leistet. Die Frage nach der Handlungsgehilfeneigenschaft war in der Rechtsprechung lange Zeit insoweit von Relevanz, als die §§ 59 ff. HGB für kaufmännische Angestellte eine Reihe von Sonderregelungen enthielten, die im sonstigen Arbeitsrecht nicht vorgesehen waren. Das galt insbesondere für das gesetzliche (§§ 60 f. HGB) und das nachvertragliche (§§ 74 ff. HGB) Wettbewerbsverbot. Beide Normen werden als Ausdruck eines allgemeinen Rechtsgedankens vom Bundesarbeitsgericht schon seit langem im gesamten Arbeitsrecht analog angewandt.[475] Seit dem 1.1.2003 besteht mit der Vorschrift des § 110 S. 2 GewO für die Erstreckung der §§ 74 – 75f HGB über das Handlungsgehilfenrecht hinaus eine unmittelbare gesetzliche Grundlage.[476] Vor diesem Hintergrund findet

---

473 MüKo/HGB/*von Hoyningen-Huene*, Vor §§ 59, Rn. 1.

474 *K.Schmidt*, FS Söllner, S. 1047.

475 Für das gesetzliche Wettbewerbsverbot (§ 60 HGB): st. Rspr. seit BAG, Urt. vom 17.10.1969, – 3 AZR 442/68, AP § 611 BGB Treuepflicht Nr. 7 m. Anm. *Canaris;* zuletzt BAG, Urt. vom 26.9.2007, – 10 AZR 511/06, BAGE 124, 133, 137 f. Für das nachvertragliche Wettbewerbsverbot (§§ 74 ff. HGB): st. Rspr. seit BAG, Urt. vom 13.9.1969, – 3 AZR 138/68, BAGE 22, 125, 133; aus jüngerer Zeit etwa BAG, Urt. vom 14.7.1981, – 3 AZR 414/80, AP § 74 HGB Nr. 38 m. Anm. *Stumpf.*

476 Drittes Gesetz zur Änderung der Gewerbeordnung und sonstiger gewerberechtlicher Vorschriften vom 24.8.2002, BGBl. I, S. 3412.

sich zwar eine Vielzahl an Entscheidungen zu der Frage, ob ein Arbeitnehmer kaufmännische Dienste leistet und demzufolge als Handlungsgehilfe anzusehen ist.[477] Dass die Vorschrift des § 59 HGB darüber hinaus auch Auskunft über den „Umfang“ der Dienstleistungspflicht gibt, ist jedoch lediglich in der Literatur und dort allenfalls am Rande erörtert worden.[478] Das erstaunt deshalb, weil gerade bei der gerichtlichen Überprüfung von Kündigungen wegen Schlecht- bzw. Minderleistungen unschwer Fälle auszumachen sind, in denen die gekündigten Arbeitnehmer zweifellos kaufmännische Angestellte waren.[479] Die Arbeitsgerichte zogen es – soweit ersichtlich – bislang jedoch nicht in Erwägung, den Umfang der Dienstleistungspflicht in Ermangelung einer vertraglichen Regelung nach § 59 HGB zu ermitteln.

2. Heutige Relevanz des § 59 HGB

Die Regelungen des sechsten Abschnitts des HGB haben ihren Ursprung in den Art. 57–65 des Allgemeinen Deutschen Handelsgesetzbuches (ADHGB) von 1861. Vor dem historischen Hintergrund eines zu dieser Zeit nach Arbeitnehmergruppen zersplitterten deutschen Arbeitsrechts und der Exklusion der Handlungsgehilfen aus dem Anwendungsbereich der Gewerbeordnung von 1869 durch (den mittlerweile aufgehobenen) § 154 Abs. 1 Nr. 2 GewO, kam dem Handlungsgehilfenrecht daher eine wichtige arbeitsrechtliche Funktion für einen nicht unwesentlichen Teil der Arbeitnehmerschaft zu.[480]

Heute wird den §§ 59 ff. HGB eine eigenständige Bedeutung überwiegend abgesprochen.[481] Teilweise wird sogar die Abschaffung des sechsten Abschnitts des HGB gefordert.[482] Lediglich den Regelungen über das gesetzliche (§§ 60 f. HGB) und das nachvertragliche (§§ 74 ff. HGB) Wettbewerbsverbot wird eine weiterhin bestehende Relevanz zuerkannt.[483] Der Bedeutungsverlust der §§ 59 ff. HGB hängt im Wesentlichen damit zusammen, dass die ehemals unterschiedliche Behandlung der verschiedenen Arbeitnehmergruppen im Laufe der Zeit einer einheitlichen Handhabung des persönlichen Anwendungsbereichs

---

477 Vgl. die Rechtsprechungsübersicht bei Baumbauch/Hopt/*Hopt*, § 59, Rn. 30; siehe auch MüKoHGB/*von Hoyningen-Huene*, § 59, Rn. 9; Staub/*Weber*, § 59, Rn. 35.

478 Eine Ausnahme findet sich bei MüKo/HGB/*von Hoyningen-Huene*, § 59, Rn. 168.

479 Vgl. unten unter 2.

480 Staub/*Weber*, § 59, Rn. 1.

481 Vgl. nur *Ramrath*, FS Sandrock, S. 255, 261; MüKo/HGB/*von Hoyningen-Huene*, Vor §§ 59, Rn. 4; Staub/*Weber*, § 59, Rn. 2.

482 *K.Schmidt*, FS Söllner, S. 1047, 1057.

483 Staub/*Weber*, § 59, Rn. 4.

arbeitsrechtlicher Regelungen gewichen ist. Eine erhebliche Rolle spielte hierbei das Erste Arbeitsrechtsbereinigungsgesetz von 1969[484], welches die eigenständigen Kündigungsregelungen für kaufmännische Angestellte zugunsten einer allgemeinen Anwendung der §§ 620 ff. BGB aufhob. Durch das Dritte Gesetz zur Änderung der Gewerbeordnung und sonstiger gewerberechtlicher Vorschriften aus dem Jahr 2002[485] wurde zudem die zeugnisrechtliche Vorschrift des § 73 HGB zugunsten der nunmehr für alle Arbeitnehmer geltenden Regelung des § 109 GewO abgeschafft. Auch die sonstigen arbeitsrechtlichen Schutzgesetze (etwa das EFZG, das BUrlG, das KSchG usw.) finden heute auf die kaufmännischen Angestellten ebenso unmittelbare Anwendung wie auf andere Arbeitnehmergruppen. Gleiches gilt für das kollektive Arbeitsrecht.

II. Der objektive Maßstab des § 59 HGB

1. Regelungsgehalt des § 59 HGB in Bezug auf die gegenseitigen Hauptleistungspflichten

Vermutlich hängt es mit der Annahme einer weitgehenden Redundanz des Handlungsgehilfenrechts zusammen, dass eine wichtige Funktion des § 59 HGB im Arbeitsrecht bislang kaum Beachtung gefunden hat, und zwar die hilfsweise Bestimmung der gegenseitigen Hauptleistungspflichten. Insoweit gibt § 59 HGB ein dreistufiges Prüfprogramm vor: Auf einer ersten Stufe ist zu fragen, ob die Parteien eine arbeitsvertragliche Vereinbarung über die Art und den Umfang der Dienstleistung bzw. über die geschuldete Vergütung getroffen haben. Die gesetzliche Anordnung des Vorrangs der Individualabrede stellt hierbei jedoch nicht mehr als eine deklaratorische Bekräftigung des Prinzips der Privatautonomie dar. Soweit eine vertragliche Vereinbarung nicht besteht, sieht § 59 S. 1 HGB auf der zweiten Stufe vor, dass der Handlungsgehilfe die dem Ortsgebrauch entsprechenden Dienste zu leisten hat sowie die dem Ortsgebrauch entsprechende Vergütung beanspruchen kann. Sollte auch ein Ortsgebrauch nicht feststellbar sein, bestimmt § 59 S. 2 HGB schließlich auf einer dritten Stufe, dass die den Umständen nach angemessenen Leistungen als vereinbart gelten.

a) Der Vergütungsanspruch des Handlungsgehilfen

aa) Vertragliche Vereinbarung

Von Ausnahmen abgesehen wird der Arbeitsvertrag eines kaufmännischen Angestellten regelmäßig eine Vereinbarung über die vom Arbeitgeber

484 BGBl. I, S. 1106.
485 BGBl. I, S. 3412.

geschuldete Vergütung enthalten, zumal sich eine solche auch aus der normativen oder schuldrechtlichen Geltung eines Lohn- bzw. Gehaltstarifvertrages ergeben kann.

bb) Die dem Ortsgebrauch entsprechende Vergütung

Sollte es dennoch an einer wirksamen Vergütungsvereinbarung fehlen, ordnet § 59 S. 1 HGB zunächst an, dass die dem Ortsgebrauch entsprechende Vergütung geschuldet ist (2. Stufe). In der Literatur wird der Rekurs auf den Ortsgebrauch gemäß § 59 S. 1 HGB überwiegend als inhaltliches Pendant zu der allgemeinen arbeitsrechtlichen Auffangvorschrift des § 612 Abs. 2 BGB verstanden.[486] Hiernach ist in Ermangelung einer Vergütungsvereinbarung bei Bestehen einer Taxe die taxmäßige Vergütung,[487] bei Fehlen einer solchen die übliche Vergütung als vereinbart anzusehen ist.[488] Dementsprechend wird im Rahmen des § 59 S. 1 HGB die dem Ortsgebrauch entsprechende Vergütung auch als die „ortsübliche" Vergütung begriffen, denn der Ortsgebrauch stellt die örtliche Verkehrssitte dar, womit nichts anderes als die am Ort herrschende tatsächliche Übung, also das am Ort Übliche gemeint ist.[489] Üblich ist die Vergütung, die für entsprechende Tätigkeiten am Ort der Tätigkeit unter Berücksichtigung der persönlichen Verhältnisse, insbesondere der Ausbildung des Arbeitnehmers gezahlt wird.[490] Sofern für eine Branche regional einschlägige Tarifverträge bestehen, orientiert sich die

---

486 Vgl. z.B. *Roth*, RdA 2012, 1, 9, der in den § 59 S. 1 HGB und § 612 Abs. 2 BGB einen „einheitlichen Regelungskorpus" sieht.

487 Taxen sind nach Bundes- oder Landesrecht zugelassene und festgelegte Vergütungssätze (bspw. RVG, HOAI). Da eine „Gebührenordnung für Arbeitnehmer" nicht existiert, ist der Verweis auf Taxen in § 612 Abs. 2 BGB rechtlich ohne Bedeutung, vgl. Schaub/*Weber*, § 59, Rn. 46.

488 Ebenroth/Boujong/Joost/Strohn/*Boecken*, § 59, Rn. 36; MüKo/HGB/*von Hoyningen-Huene*, § 59, Rn. 319; Oetker/*Kotzian-Marggraf*, § 59, Rn. 19; a.A.: RGKU/*Hagen*, § 59 HGB, Rn. 5.: Spezialitätsverhältnis zwischen § 59 HGB und § 612 Abs. 2 BGB.

489 *Wagner*, Die Besonderheiten beim Arbeitsverhältnis des Handlungsgehilfen, S. 44; MüKo/HGB/*von Hoyningen-Huene*, § 59, Rn. 320; vgl. zu der synonymen Verwendung der Begriffe „Ortsgebrauch" und „Ortsüblichkeit" auch Meyers Großes Konversations-Lexikon, Band 15, 1908, S. 152, Stichwort: Ortsgebrauch (http://www.zeno.org/nid/20007193459) und Staudinger/*Richardi/Fischinger*, § 612, Rn. 47; vgl. zu dem Begriff der „Verkehrssitte" Staudinger/*Singer*, § 133, Rn. 65 ff.

490 Ebenroth/Boujong/Joost/Strohn/*Boecken*, § 59, Rn. 36; MüKo/HGB/*von Hoyningen-Huene*, § 59, Rn. 320.

Höhe der ortsüblichen Vergütung an dem Tariflohn.[491] Da das Tarifvertragssystem der Bundesrepublik (noch[492]) vom Industrieverbandsprinzip geprägt ist, existieren keine Sondertarifverträge für kaufmännische Angestellte. Das hat zur Folge, dass in einem Betrieb die Vergütung für alle Arbeitnehmergruppen nach denselben Grundsätzen zu ermitteln ist.[493] Eine auf die rechtliche Qualifikation als Handelsgehilfe abstellende Lohndifferenzierung im Rahmen einer betrieblichen Übung würde zudem gegen das – grds. betriebsbezogene[494] – Gleichbehandlungsgebot des Art. 3 Abs. 1 GG verstoßen. Vor diesem Hintergrund kann der Feststellung *Wagners* zugestimmt werden, nach der unter dem Ortsgebrauch i.S.d. § 59 S. 1 HGB dasselbe zu verstehen ist wie unter dem Begriff des Üblichen i.S.d. § 612 Abs. 2 BGB, nämlich „in erster Linie die Betriebsüblichkeit".[495]

cc) Die angemessene Vergütung

Kann auch ein ortsüblicher Lohn nicht festgestellt werden, ist der Handlungsgehilfe nach § 59 S. 2 HGB berechtigt, eine angemessene Vergütung zu verlangen (3. Stufe). Für die Bestimmung der Angemessenheit kann der Branchentariflohn ebenfalls einen Anhaltspunkt darstellen, auch wenn es sich um einen regional und persönlich nicht einschlägigen Tarifvertrag handelt.[496] Allerdings ist es kaum denkbar, dass sich aus der arbeitsvertraglichen Vereinbarung weder eine Vergütungsabrede entnehmen lässt, noch eine ortsübliche, also nach den obigen Feststellungen betriebsübliche Vergütung ermittelt werden kann. Möglich ist dies allenfalls in einem Zwei-Mann-Betrieb, bestehend aus dem Arbeitgeber und einem Arbeitnehmer, oder in einem Betrieb, in dem zuvor kein Arbeitnehmer eine vergleichbare Tätigkeit ausgeübt hat. Ob der Handlungsgehilfe in

---

491 BAG, Urt. vom 13.12.1995, – 4 AZR 1062/94, BAGE 82, 27, 35.

492 Zur jüngst erfolgten Aufgabe des Prinzips der Tarifeinheit und der damit einhergehenden Anerkennung der Tariffähigkeit von Spartengewerkschaften außerhalb des DGB vgl. BAG, Beschl. vom 23.6.2010, – 10 AS 2/10, AP § 3 TVG Nr. 47.

493 *Wagner*, Die Besonderheiten beim Arbeitsverhältnis des Handlungsgehilfen, S. 45; Oetker/*Kotzian-Marggraf*, § 59, Rn. 19; Schaub/*Weber*, § 59, Rn. 50.

494 Ensthaler/*Etzel*, § 59, Rn. 64; weitergehend BAG, Urt. vom 17.11.1998, – 1 AZR 147/98, AP § 242 BGB Gleichbehandlung Nr. 162 m. Anm. *Richardi*: Unternehmensweite Geltung des Gleichbehandlungsgebotes.

495 *Wagner*, Die Besonderheiten beim Arbeitsverhältnis des Handlungsgehilfen, S. 45; ähnlich Staub/*Weber*, § 59, Rn. 51.

496 Staub/*Weber*, § 59, Rn. 51; Ensthaler/*Etzel*, § 59, Rn. 72 will demgegenüber auch für die Bestimmung der angemessenen Vergütung lediglich den „einschlägigen" Tariflohn berücksichtigen. Hierdurch wird jedoch der Unterschied zu der dem Ortsgebrauch entsprechenden Vergütung verwischt.

diesem Fall dazu berechtigt ist, die angemessene Vergütung selbst nach billigem Ermessen festzulegen (§§ 316, 315 BGB), wovon in der Literatur ausgegangen wird,[497] erscheint allerdings zweifelhaft. Denn das Fehlen einer vertraglichen Vergütungsabrede bedeutet für sich genommen nur, dass über einen wesentlichen Vertragspunkt keine Einigung getroffen wurde. Daraus folgt aber nicht automatisch das Eingreifen eines einseitigen Leistungsbestimmungsrechts. Vielmehr ist hierfür grundsätzlich zu fordern, dass einer Partei ein solches Gestaltungsrecht vertraglich eingeräumt worden ist.[498] Der Wortlaut des § 315 Abs. 1 BGB ist insoweit eindeutig.[499] Zwar geht auch das Bundesarbeitsgericht davon aus, dass die Vergütung nach §§ 316, 315 BGB zu bestimmen ist, wenn sich die übliche Vergütung nach § 612 Abs. 2 BGB nicht feststellen lässt.[500] Allerdings kann diese Rechtsprechung nicht ohne weiteres auf die Vorschrift des § 59 S. 2 HGB übertragen werden. Denn hiernach ist im Fall der Nichtfeststellbarkeit der ortsüblichen Vergütung auf der 3. Stufe ein weiterer objektiver Maßstab, nämlich das „Angemessene", vorgegeben. Das Angemessene stimmt aber nicht notwendig mit einer Leistung überein, die billigem Ermessen entspricht.[501] Deshalb bleibt es im Zweifel den Arbeitsgerichten vorbehalten, den Maßstab der Angemessenheit auszufüllen.

b) Die Dienstleistungspflicht des Handlungsgehilfen

aa) Vertragliche Vereinbarung

Während es nur selten an einer arbeitsvertraglichen Vergütungsvereinbarung fehlen wird, kann gleiches lediglich für die Art, nicht aber für den „Umfang" der geschuldeten Dienstleistung gesagt werden. So hat auch das Bundesarbeitsgericht im „Kommissionierer-Fall" festgestellt, dass eine arbeitsvertragliche Vereinbarung in Bezug auf die Menge und die Qualität der Arbeitsleistung „meistens" fehlt.[502] Dies gilt für die typischerweise im Zeitlohn arbeitenden kaufmännischen Angestellten vielleicht sogar in besonderem Maße. Demgegenüber ist die „Art" der Dienstleistung regelmäßig auf Grund der Tätigkeits- bzw. Berufsbezeichnung im Arbeitsvertrag bestimmbar (z.B. Anstellung als

497 *Wagner*, Die Besonderheiten beim Arbeitsverhältnis des Handlungsgehilfen, S. 39; Ebenroth/Boujong/Joost/Strohn/*Boecken*, § 59, Rn. 38.

498 *Medicus/Lorenz*, S. 108, Rn. 222.

499 Staudinger/*Rieble*, § 316, Rn. 7.

500 BAG, Urt. vom 21.11.2001, – 5 AZR 87/00, BAGE 100, 1, 10.

501 BGH, Urt. vom 13.3.1985, – IV a ZR 211/82, BGHZ 94,98,104 („Maklerhonorar-Entscheidung").

502 BAG, Urt. vom 11.12.2003, – 2 AZR 667/02, BAGE 109, 87, 92.

Kundenberater).[503] Insoweit spielen die Maßstäbe des Ortsgebrauchs und der Angemessenheit nur eine Rolle für die Frage, welche Tätigkeiten dem Handlungsgehilfen im konkreten Einzelfall per Weisungsrecht zugewiesen werden können.[504] Im Rahmen der vorliegenden Untersuchung soll diese Problematik jedoch nicht weiter erörtert werden.

bb) Die dem Ortsgebrauch entsprechenden Dienste

(1) Ortsgebrauch und Umfang der zu leistenden Dienste

Weitgehend unbehandelt ist die Bedeutung der Auffangvorschrift des § 59 HGB für die Bestimmung des „Umfangs" der geschuldeten Dienstleistung. Die Funktion der Vorschrift wird jedenfalls unterschätzt, wenn sie im Wesentlichen auf die Bestimmung der Art der Arbeitspflicht reduziert wird.[505] Gemäß § 59 S. 1 HGB hat der Handlungsgehilfe in Ermangelung einer vorrangigen vertraglichen Abmachung die „dem Ortsgebrauch entsprechenden Dienste" zu leisten. Für die Bestimmung des Ortsgebrauchs in Bezug auf den Umfang der Arbeitsleistung gilt dabei prinzipiell nichts anderes als für die Festlegung der Vergütungspflicht. Danach hat der Handlungsgehilfe seine Arbeitsleistung in dem Umfang zu erbringen, wie es „am Ort seiner Tätigkeit nach Auffassung des Handelsverkehrs üblich" ist.[506] Für die quantitativen Anforderungen an die Arbeitsleistung bedeutet Üblichkeit in erster Linie „Betriebsüblichkeit". Allerdings kann im Unterschied zur Ermittlung der ortsüblichen Vergütung nicht ohne weiteres auf tarifvertragliche Regelungen abgestellt werden, zumal diese nur selten konkrete Aussagen dazu enthalten, welche quantitativen und qualitativen Anforderungen an die Arbeitsleistung zu stellen sind. Darüber hinaus hängt die Heranziehung des Tariflohns für die Ermittlung der ortsüblichen Vergütung erkennbar damit zusammen, dem Arbeitnehmer bei einer Gehaltsklage die Darlegungs- und Beweislast zu erleichtern. So ist es deutlich einfacher, sich Kenntnis über die Höhe des Tariflohns zu verschaffen, als über die innerbetriebliche Lohnstruktur. Bei der Ermittlung eines der Ortsüblichkeit entsprechenden quantitativen Umfangs der geschuldeten Dienstleistung verhält es sich aus Sicht des Arbeitgebers jedoch genau umgekehrt. Deshalb sollte der im „Kommissionierer-Fall"

---

503 Vgl. hierzu auch oben unter Zweites Kapitel § 2 A. II.

504 *Wagner*, Die Besonderheiten beim Arbeitsverhältnis des Handlungsgehilfen, S. 35.

505 So im Wesentlichen aber Staub/*Weber*, § 59, Rn. 43 („begrenzte Bedeutung"); den Umfang im Wesentlichen nur als zeitlichen Faktor begreifend Heymann/*Honsell*, § 59, Rn. 57; gar nicht auf den „Umfang" eingehend z.B. Baumbach/Hopt/*Hopt*, § 59, Rn. 44; Oetker/*Kotzian-Marggraf*, § 59, Rn. 18.

506 Röhricht/Graf v. Westphalen/*Wagner*, § 59, Rn. 30; Staub/*Weber*, § 59, Rn. 43.

gegebene Hinweis des Bundesarbeitsgerichts, wonach es dem Arbeitgeber möglich bleiben muss, einen vertragswidrigen Zustand mit Rechtsmitteln zu beseitigen,[507] gerade auch in diesem Zusammenhang ernst genommen werden. Es kann daher von dem Arbeitgeber nicht verlangt werden, im Rahmen eines Kündigungsschutzprozesses die tatsächliche Arbeitsleistung vergleichbarer Arbeitnehmer eines gesamten Tarifbezirks zu ermitteln und vorzutragen. Die hiermit verbundenen Beweisschwierigkeiten wären unzumutbar. Aus dieser Einsicht heraus erkennt auch das Bundesarbeitsgericht an, dass das Unterschreiten eines von vergleichbaren Arbeitnehmern erreichten Mittelwerts häufig den einzigen Anhaltspunkt darstellt, anhand dessen der Arbeitgeber feststellen kann, dass ein Arbeitnehmer seine Arbeitspflicht verletzt.[508] Diesen Leistungsstandard muss der Arbeitgeber selbst ermitteln können, was in aller Regel nur innerhalb eines Betriebes gelingen wird. Daraus folgt, dass gemäß § 59 S. 1 HGB im Zweifel eine „betriebsübliche Dienstleistung“ geschuldet ist. Das gilt auch, wenn sich der Arbeitgeber im Kündigungsschutzverfahren für den Nachweis einer qualitativen Schlechtleistung zulässigerweise auf betriebsübergreifend gültige Qualitäts- und Sorgfaltsanforderungen an die Arbeitsleistung beruft. Denn anerkannte berufsfachliche bzw. branchenspezifische Standards sind in jedem Betrieb einzuhalten und deshalb ebenso wie innerbetriebliche Zahlenerhebungen dazu geeignet, den Maßstab der Orts- bzw. Betriebsüblichkeit inhaltlich auszufüllen.

(2) Ermittlung des Umfangs

(a) Betriebsinterne Dokumentations- und Bewertungssysteme

Zur Ermittlung der betriebsüblichen Leistung kann grundsätzlich auf ein betriebsinternes Dokumentationswesen abgestellt werden.[509] Um aussagekräftige Werte zu ermitteln, sollte die Leistungsdokumentation über einen Zeitraum von mindestens drei Monaten erfolgen. Dies gilt sowohl für die Feststellung der betrieblichen Durchschnittsleistung als auch für die individuelle Messung einer hiervon abweichenden Arbeitsleistung.[510] Die Leistungsermittlung mittels

---

507 BAG, Urt. vom 11.12.2003, – 2 AZR 667/02, BAGE 109, 87, 93.

508 BAG, Urt. vom 11.12.2003, – 2 AZR 667/02, BAGE 109, 87, 93; in diese Richtung auch *Sedlmeier*, Unzureichende Arbeitsleistung, S. 139, welcher der objektiven Durchschnittsleistung vergleichbarer Arbeitnehmer ebenfalls nur indizielle Wirkung für die Bestimmung des Pflichteninhalts beimessen will.

509 Vgl. nur BAG, Urt. vom 11.12.2003, – 2 AZR 667/02, BAGE 109, 87, 93. *Mauer*, Anmerkung zu BAG, Urt. vom 11.12.2003, – 2 AZR 667/02, § 1 KSchG 1969 Verhaltensbedingte Kündigung Nr. 48.

510 Vgl. oben unter § 3 B. II.

Erstellung eines auf absolute Bezugsgrößen abstellenden Zahlenwerks erscheint jedoch – wie bereits festgestellt wurde[511] – in aller Regel nur dann praktikabel, wenn es sich um quantitativ messbare, also überwiegend gleichförmige bzw. repetitive Tätigkeiten handelt. Solche Tätigkeiten werden aber typischerweise im Massenproduktionsprozess verrichtet, wohingegen die Tätigkeit des Handlungsgehilfen in der Verpflichtung zur Leistung „kaufmännischer Dienste" besteht. Auch solche können zwar quantifizierbar sein, bspw. die sich in der Zahl konkreter Vertragsabschlüsse niederschlagende Tätigkeit eines Außendienstmitarbeiters[512]. Schwieriger gestaltet es sich dagegen bei anderen kaufmännischen Tätigkeiten, etwa der eines Schaufensterdekorateurs.[513]

Als akzeptabler Weg zur Leistungsdokumentation von Tätigkeiten, die weniger unter quantitativen als unter qualitativen Gesichtspunkten greifbar sind, wird von Teilen der Rechtsprechung und Literatur die Einführung von betrieblichen Beurteilungs- bzw. Bewertungssystemen angesehen.[514] Hierbei werden vergleichbare Arbeitnehmer unter Zugrundelegung bestimmter Kriterien einer turnusmäßigen Bewertung, gegebenenfalls durch Dritte, ausgesetzt, wobei die Ergebnisse z.B. in Schulnoten ausgedrückt werden können.[515] Bei der Konzeption eines derartigen Bewertungssystems ist allerdings streng darauf zu achten, dass die Ergebnisse auf einer hinreichenden Tatsachengrundlage beruhen. Bloße Werturteile, wie etwa die Feststellung, dass ein bestimmter Arbeitnehmer „ein introvertierter Typ" sei, sind nicht dazu geeignet, den Umfang der geschuldeten Dienstleistung bzw. eine Abweichung von derselben zu kennzeichnen.[516]

Bei der Einführung eines betrieblichen Dokumentations- und Bewertungssystems hat der Arbeitgeber Mitbestimmungsrechte des Betriebsrates zu beachten. Dies folgt namentlich aus den Mitbestimmungstatbeständen des § 94 Abs. 2 BetrVG und des § 87 Abs. 1 Nr. 6 BetrVG. Nach § 94 Abs. 2 BetrVG unterliegt zwar nicht das „Ob", aber das „Wie" der Einführung von Beurteilungsgrundsätzen

---

511 Vgl. oben unter § 3 B. III.

512 *Friemel/Walk*, NJW 2010, 1557, 1558.

513 Beispiel nach LAG Düsseldorf, Urt. vom 6.11.1959, – 4 Sa 448/59, AP § 59 HGB Nr. 15.

514 LAG Düsseldorf, Urt. vom 8.4.2009, – 7 Sa 1385/08 – (BeckRS); *Friemel/Walk*, NJW 2010, 1557, 1559.

515 Vgl. zur Leistungsfeststellung mittels betrieblicher Bewertungssysteme auch oben unter § 2 B. III. 2.

516 LAG Rheinland-Pfalz, Urt. vom 21.1.2009, – 7 Sa 400/08 – (BeckRS); *Friemel/Walk*, NJW 2010, 1557, 1559.

einem vollen Mitbestimmungsrecht des Betriebsrates.[517] Seine Beteiligung ist daher sowohl bei der Aufstellung materieller Beurteilungsmerkmale erforderlich als auch bei der Festlegung des Verfahrens, wie derartige Beurteilungen zustande kommen.[518] Daneben wird oftmals § 87 Abs. 1 Nr. 6 BetrVG einschlägig sein. Diese Vorschrift gibt dem Betriebsrat ein zwingendes Mitbestimmungsrecht bei der Einführung und Anwendung technischer Einrichtungen, deren Zweck darin besteht, Leistung und Verhalten der Arbeitnehmer zu überwachen. Das Bundesarbeitsgericht legt § 87 Abs. 1 Nr. 6 BetrVG weit aus, so dass praktisch jede Form automatisierter Datenerhebung und -verarbeitung erfasst wird, die Rückschlüsse auf das Leistungsverhalten der Arbeitnehmer zulässt.[519] Da die Einführung derartiger Dokumentationssysteme von den Betriebsräte oftmals kritisch betrachtet wird, ist die Folge häufig ein langwieriges Einigungsstellenverfahren gemäß § 87 Abs. 2 i.V.m. § 76 BetrVG.

(b) Auskünfte und Gutachten der Industrie- und Handelskammern
In Fällen, in denen sich die betriebsübliche Leistung nicht oder nur sehr begrenzt zahlenmäßig ausdrücken lässt und auch ein betriebliches Beurteilungs- bzw. Bewertungssystem nicht existiert, kann das Gericht im Kündigungsschutzprozess für die Feststellung des Üblichen auch auf Auskünfte oder Gutachten der zuständigen Industrie- und Handelskammer zurückgreifen.[520] Nach § 1 IHKG gehört es zu den gesetzlichen Aufgaben der Industrie- und Handelskammern, durch Vorschläge, Gutachten und Berichte die Behörden zu unterstützen und zu beraten.[521] Auch der Arbeitgeber ist nicht gehindert, zur Substantiierung seines prozessualen Vortrags ein entsprechendes Privatgutachten einzuholen und vorzulegen. Auskünfte und Gutachten der Industrie- und Handelskammern eignen sich deshalb besonders zur Feststellung von berufsspezifischen Leistungsstandards, weil diese als Selbstverwaltungskörperschaften der Wirtschaft nach

---

517 Hierzu *Fitting*, § 94, Rn. 32.; Richardi/*Thüsing*, § 94, Rn. 63.

518 Richardi/*Thüsing*, § 94, Rn. 54.

519 Richardi/*Richardi*, § 87, Rn. 476.

520 Röhricht/Graf v. Westphalen/*Wagner*, § 59, Rn. 30; Staub/*Weber*, § 59, Rn. 43.

521 Deshalb ist *Wagner*, Die Besonderheiten beim Arbeitsverhältnis des Handlungsgehilfen, S. 38, Fn. 15 zu widersprechen, wenn sie das Einholen von Gutachten der regionalen Handelskammern zur Feststellung des Ortsgebrauchs allgemein als „unüblich geworden" bezeichnet und stattdessen auf die Tätigkeitsbeschreibungen in den Tarifverträgen der jeweiligen Branche abstellen will. Denn solche besitzen eine gewisse Aussagekraft nur in Bezug auf die Art der Tätigkeit („Was"), nicht hingegen hinsichtlich des Umfangs („Wie", „Wie viel", „Wie gut") der geschuldeten Arbeitsleistung.

§ 71 Abs. 2 BBiG in nichthandwerklichen Gewerbeberufen für die Berufsausbildung zuständig sind.[522] Hierzu gehört auch das Prüfungswesen, welches für die anerkannten Ausbildungsberufe die Durchführung einer Abschlussprüfung beinhaltet (§ 37 Abs. 1 BBiG). Gemäß § 38 BBiG ist durch die Abschlussprüfung festzustellen, ob der Prüfling die „berufliche Handlungsfähigkeit" erworben hat. Das beinhaltet den Nachweis, dass der Auszubildende die erforderlichen beruflichen Fertigkeiten beherrscht, die notwendigen beruflichen Kenntnisse und Fähigkeiten besitzt und mit dem während der Ausbildung vermittelten Lehrstoff vertraut ist. Die Begriffe „erforderlich" und „notwendig" stellen hierbei klar, dass das Bestehen der Abschlussprüfung an die Erfüllung objektiv-fachlicher Berufsstandards geknüpft ist, die von jedem Prüfling erwartet werden können, wie auch die Beachtung der im Verkehr erforderlichen Sorgfalt von jedem Teilnehmer im Rechtsverkehr erwartet werden kann (§ 276 Abs. 2 BGB).

Diese Erwartung ist nicht nur normativ auszufüllen; sie ermöglicht auch die Berücksichtigung empirischer Feststellungen. Denn die Berufsanwärter müssen in der Prüfung zeigen, dass sie die beruflichen Aufgaben „sachgerecht" bewältigen können.[523] So wird ein Lehrling die Prüfung nur bestehen, wenn er die berufspraktische Aufgabe in einer Zeit und Qualität erfüllt, die beruflichen Mindestanforderungen gerecht wird.[524] Bei der Ausbildung von Schreibkräften wird etwa die Schreibfertigkeit der Prüflinge mit Hilfe einer Bewertungstabelle für sog. „10-Minuten-Abschriften" ermittelt. Wenn hierbei im letzten Ausbildungsjahr die Note 4 (= ausreichend) nur noch erreicht wird, sofern bei einem Wert von 2000 Anschlägen (= 200 Anschläge/Minute) nicht mehr als 10 Schreibfehler verursacht werden, dann ist diese sich in der Note 4 ausdrückende Fähigkeit als die „Untergrenze" dessen zu verstehen, was von einer ausgelernten Schreibkraft üblicherweise geleistet wird.

Vor diesem Hintergrund ist auch der Auffassung von *Tillmanns* entgegenzutreten, wonach auch der „im Verkehr eingerissene Schlendrian" üblich sein könne und unter diesen Umständen stattdessen das „Angemessene" geschuldet sei.[525] Eine solche Sichtweise widerspricht bereits dem Wortlaut des § 59 S. 1 HGB, wonach das Angemessene nur „in Ermangelung" eines Ortsgebrauchs als vereinbart fingiert wird. Für die klassischen Lehrberufe und die hiermit verbundenen Tätigkeiten wird sich ein Ortsgebrauch jedoch in

522 Für die Berufsbildung in Berufen der Handwerksordnung ist die Handwerkskammer zuständig; für sie gelten die nachfolgenden Ausführungen entsprechend.

523 *Leinemann/Taubert*, § 38, Rn. 16.

524 *Fahl*, Arbeit ist Leistung, S. 258.

525 *Tillmanns*, Strukturfragen, S. 188.

den weitaus überwiegenden Fällen feststellen lassen. Zwar beziehen sich die Auskünfte der Industrie- und Handelskammern in aller Regel auf eine überbetriebliche Feststellung der Üblichkeit, allerdings wurde bereits oben festgestellt, dass anerkannte berufsfachliche Mindeststandards in jedem Betrieb einzuhalten sind.[526] Es ist auch kein Gesichtspunkt erkennbar, unter dem eine Schutzwürdigkeit des Arbeitnehmers dahingehend anzuerkennen wäre, bei branchenüblicher Bezahlung mit einer Arbeitsleistung erfüllen zu können, die branchenfachlichen Standards nicht mehr gerecht wird. Legt der Arbeitgeber derartige Standards in Bezug auf den Umfang der Tätigkeit sowie eine Abweichung des Arbeitnehmers hiervon dar, so genügt er grundsätzlich seiner prozessualen Darlegungslast. Es ist sodann Aufgabe des Arbeitnehmers, hierauf zu erwidern und in diesem Zusammenhang darzulegen und – soweit erforderlich – zu beweisen, dass seine Leistung noch orts- bzw. betriebsüblichen Standards genügt.

Auskünfte und Gutachten der Industrie- und Handelskammern bzw. der Handwerkskammern können nicht nur für die Feststellung einer gewissen Untergrenze des Üblichen herangezogen werden, sondern auch für die Beurteilung dessen, was von erfahrenen Arbeitnehmern im Rahmen der Üblichkeit erwartet werden kann. Insofern ist die Beurteilungskompetenz keineswegs auf die Einschätzung berufspraktischer Grundvoraussetzungen beschränkt. Zwar ist die Beurteilung dessen, was unter Berücksichtigung eines bestimmten Maßes an Berufserfahrung und der jeweiligen beruflichen Stellung des Arbeitnehmers im betrieblichen Organisationsgefüge der Qualität und der Quantität nach dem Üblichen entspricht nicht einfach. Gleichwohl sind die Selbstverwaltungskörperschaften von Wirtschaft und Handwerk aufgrund ihrer berufsfachlichen Aus- und Weiterbildungskompetenz hierzu am besten geeignet.

(c) Vergleichsgruppenbildung

Die Feststellung der „üblichen“ Leistung setzt die Bildung einer Vergleichsgruppe voraus. Da diese notwendigerweise aus mehreren Arbeitnehmern bestehen muss, hilft der vom Bundesarbeitsgericht im „Gitter-Fall“[527] zugelassene Vergleich der Leistungen eines Arbeitnehmers mit seinen eigenen, früheren Leistungen nicht weiter (individueller Leistungsvergleich). Es kommt vielmehr darauf an, was vergleichbare Arbeitnehmer üblicherweise leisten. Geringe Schwierigkeiten bestehen in diesem Zusammenhang nur bei der Festlegung eines Mindeststandards,

526 Vgl. oben unter (1).

527 BAG, Urt. vom 20.3.1969, – AZR 283/68, AP § 123 GewO Nr. 27 m. Anm. *Canaris*.

der nach dem oben Gesagten in der Leistung besteht, die ausreichend ist, um die berufsspezifische Abschlussprüfung zu bestehen.

Sind selbst diese Anforderungen unterschritten, ist in jedem Fall von einer Schlecht- bzw. Minderleistung auszugehen. Ein gesonderter Vortrag des Arbeitgebers zu einer Vergleichbarkeit des Arbeitnehmers mit seinen Kollegen ist dann nicht mehr erforderlich. In den übrigen Fällen gilt es jedoch Kriterien für die Definition einer Vergleichsgruppe zu entwickeln, die eine sachgerechte Leistungsermittlung ermöglichen. Insoweit wird dem Arbeitgeber zugestanden, die Vergleichsgruppe nach billigem Ermessen selbst festzulegen.[528] Hierbei ist zwingende Voraussetzung, dass zunächst die von den Arbeitnehmern verrichteten Tätigkeiten selbst miteinander vergleichbar sein müssen. Darüber hinaus wird billiges Ermessen nur gewahrt sein, wenn die einbezogenen Arbeitnehmer sowohl im Hinblick auf die äußeren Bedingungen, unter denen die Arbeitsleistung erbracht wird, als auch hinsichtlich ihres Qualifikationsgrades bzw. ihrer beruflichen Stellung im Betrieb miteinander vergleichbar sind.[529] Auch die Höhe des Gehalts ist vor dem Hintergrund der bezweckten Austauschgerechtigkeit zu berücksichtigen. Zudem muss die Vergleichsgruppenbildung aus sich heraus nachvollziehbar, d.h. transparent sein.[530]

Ob auch das Alter oder körperliche Beeinträchtigungen eine Rolle für die Vergleichsgruppenbildung spielen können, erscheint demgegenüber zweifelhaft.[531] So führte auch das LAG Rheinland-Pfalz in seinem Urteil vom 22.1.2009 aus, dem Arbeitgeber sei es nicht ohne weiteres gestattet, längerfristig erkrankte Arbeitnehmer aus der Vergleichsgruppenbildung herauszunehmen, da diese auch für „Ausreißer nach unten" sorgen dürften.[532] Dieser Entscheidung ist unter dem Gesichtspunkt der Vermeidung überhöhter Anforderungen an die Leistungspflicht zuzustimmen. Individuelle Defizite oder Begabungen gehen in dem zu bildenden Vergleichsmaßstab auf, sie rechtfertigen jedoch nicht das Aufstellen gesonderter Vergleichsgruppen. Es erscheint daher sachgerecht, die Vergleichsgruppenbildung unter Zugrundelegung weniger, dafür aussagekräftiger Kriterien vorzunehmen.

---

528 *Mauer*, Anm. zu BAG, Urt. vom 11.12.2003, – 2 AZR 667/02, AP § 1 KSchG 1969 Verhaltensbedingte Kündigung Nr. 48.

529 *Friemel/Walk*, NJW 2010, 1557, 1560.

530 LAG Rheinland-Pfalz, Urt. vom 22.1.2009, – 10 Sa 535/08 – (BeckRS).

531 In diese Richtung aber LAG Hamm, Urt. vom 1.2.2005, – 19 (11) Sa 1167/01 – (BeckRS), das bei körperlichen Arbeiten nur Arbeitnehmer der gleichen Altersstufe für vergleichbar hält.

532 LAG Rheinland-Pfalz, Urt. vom 22.1.2009, – 10 Sa 535/08 – (BeckRS).

Qualifikationsgrad und äußere Umstände der Arbeitsleitung stellen insoweit handhabbare Parameter dar. Gleiches gilt für die tatsächliche Stellung der Arbeitnehmer im Betrieb und die Höhe der Vergütung. Wenn man hingegen auch auf das Alter oder die persönlichen – insbesondere familiären – Umstände abstellen wollte, ist eine sinnvolle Vergleichgruppenbildung im Grunde nicht mehr möglich.[533] So würde sich etwa die Frage stellen, ob man einen 34-jähigen Arbeitnehmer mit einem 36-jährigen (jeweils mit oder ohne eine bestimmte Anzahl von Kindern) vergleichen könnte oder ob man Altersklassen in Drei-, Fünf- oder Zehnjahresschritten einzuteilen hätte. Eine solche Sichtweise wäre in der Tat wenig praxistauglich. Das alles bedeutet indes nicht, dass Krankheit und Alter keine Berücksichtigung finden können. Dies geschieht jedoch nicht auf der Ebene der Feststellung des Leistungsumfangs, sondern im Fall der arbeitgeberseitigen Kündigung oder des Schadensersatzes auf der Ebene der Vorwerfbarkeit bzw. der Interessenabwägung.

(d) „Spannbreite" der Üblichkeit

Fraglich ist, ob der Maßstab der Üblichkeit starr zu handhaben ist, oder ob er eine sog. Spannbreite eröffnet, innerhalb derer sich die Leistungen des Arbeitnehmers bewegen dürfen, ohne eine arbeitsvertragliche Pflichtverletzung darzustellen. In der Literatur werden für den Umfang eines solchen Toleranzbereichs abweichende Vorschläge gemacht. So wird etwa von *Tillmanns* eine Spannbreite von 60–90% derjenigen Leistung genannt, die ein Arbeitnehmer bei Vertragsschluss zu haben vorgibt.[534] *Fahl* schlägt bezogen auf die sog. Intensität der Dienste einen Toleranzbereich von 10% vor.[535] Teilweise werden sogar Aphorismen wie „Einmal ist keinmal" bzw. die angebliche Rechtsweisheit „alle guten wie schlechten Dinge sind drei" bemüht, um die Anerkennung einer Fehlleistung als (noch) pflichtgemäße Erfüllung der Arbeitspflicht zu rechtfertigen.[536]

Derartige Vorschläge sind indessen abzulehnen. Es fehlt schon an einer Begründung, warum die Spannbreite gerade 10% oder 60–90% betragen soll. Die Frage, ob der Maßstab der Üblichkeit einen Toleranzbereich beinhaltet, ist vielmehr differenziert unter Berücksichtigung der Art der konkreten Tätigkeit sowie ihres Schadens- bzw. Haftungspotentials zu beantworten. Es gibt Tätigkeiten, bei

---

533 A.A. *Verstege*, Die Kündigung wegen geminderter Leistung des Arbeitnehmers, S. 90.

534 *Tillmanns*, Strukturfragen, S. 189 f.

535 *Fahl*, Arbeit ist Leistung, S. 259.

536 *Hammen*, Gattungshandlungsschulden, S. 331 f., der diese Werte allerdings als Ausfüllung des von ihm vertretenen Maßstabs der mittleren Art und Güte versteht.

denen keine Fehler vorkommen dürfen. Hierzu zählt etwa die Tätigkeit eines Chirurgen bei der Vornahme einer Operation. Auch wird man kaum vertreten können, dass ein Pilot das von ihm gesteuerte Verkehrsflugzeug erst dreimal fehlerhaft landen muss, ehe davon gesprochen werden kann, dass er seine Arbeitspflicht schlecht erfüllt hat. Bei anderen Tätigkeiten fallen einzelne Fehlleistungen – jedenfalls im Verhältnis zur Gesamtleistung – dagegen nicht erheblich ins Gewicht, etwa bei der Fließbandarbeit. Hier sind quantitative Leistungsmängel – zu denen es insbesondere bei repetitiven Tätigkeiten zwangsläufig hin und wieder kommt – in der Regel nur dann als Pflichtverletzungen zu qualifizieren, wenn ihre Häufigkeit über einen gewissen Zeitraum dazu führt, dass die Durchschnittsleistung vergleichbarer Arbeitnehmer unterschritten wird. Wenn also überhaupt ein Toleranzbereich anerkannt werden kann, so ist er ein zeitlicher: Einzelne Abweichungen von der Durchschnittsleistung werden hingenommen, soweit sie über den zugrunde gelegten Vergleichszeitraum hin wieder ausgeglichen werden.

Im Übrigen darf nicht übersehen werden, dass die Verpflichtung zu einer Durchschnittsleistung nicht bedeutet, dass die Arbeitsleistung fehlerlos sein müsste. Im „Sorter-Versand-Fall“ betrug die durchschnittliche Fehlerquote vergleichbarer Arbeitnehmer während eines Quartals 1,34%.[537] Bei Anlegung des objektiven Leistungsmaßstabs des § 59 HGB wären somit alle Leistungen der gekündigten Arbeitnehmerin, die sich während des Vergleichszeitraums innerhalb einer Fehlerquote zwischen 0% und 1,34% bewegten, als üblich und damit als ordnungsgemäße Leistung zu qualifizieren. Die verursachte Fehlerquote von 4,01% bzw. 5,44% hätte demgegenüber als Schlecht- bzw. Minderleistung bewertet werden müssen. Im konkreten Fall käme es nach der hier vertretenen Auffassung für die soziale Rechtfertigung der Kündigung demzufolge auf die Wirksamkeit einer vorherigen Abmahnung, die Vorwerfbarkeit des Pflichtverstoßes sowie auf das Ergebnis einer umfassenden Interessenabwägung an.

Bei Tätigkeiten, die sich nicht in der gleichförmigen Wiederholung einiger weniger Arbeitsschritte erschöpfen, die also der Erfassung durch auf absolute Bezugsgrößen abstellende Zahlenwerte sachlich kaum zugänglich sind, kann die ortsübliche Leistung ohnehin nicht auf einen bestimmten Zahlenwert oder ein bestimmtes Maß festgelegt werden. Dies gilt besonders für Tätigkeiten im Dienstleistungssektor. Hier kommt es für die Frage nach einem Toleranzbereich maßgeblich auf das betriebliche Schadens- bzw. Haftungspotential an. Die ungenügende Desinfektion von OP-Besteck durch die Reinigungskraft braucht

537 BAG, Urt. vom 17.1.2008, – 2 AZR 536/06, BAGE 125, 257 ff.

der Krankenhausträger nicht zu dulden, auch nicht, wenn sich die Fehlerquote im Promillebereich bewegt. Daraus folgt, je haftungssensibler sich eine Tätigkeit darstellt, umso kleiner ist die Spannbreite, in dem Fehlleistungen noch der Üblichkeit entsprechen.

Letztlich streitet gegen die Festlegung eines bestimmten Toleranzbereichs auch das systematische Argument, wonach die Feststellung einer vom Üblichen abweichenden Arbeitsleistung nicht zwangsläufig bedeutet, dass hiermit auch arbeitsvertragliche Sanktionen einhergehen müssen. Denn es stellt ein wesentliches Strukturmerkmal des Schuldrechts dar, dass nach dem Rechtsgrundsatz *minima non curat praetor* keine Rechtsfolgen eintreten, wenn die geschuldete Leistung Mängel aufweist, die unerheblich sind.[538] Nur ist dies ein Aspekt, der weniger auf der Pflichtenebene als auf der Ebene der persönlichen Vorwerfbarkeit und der Interessenabwägung eine Rolle spielt.[539] Dieser Ansatz gewährleistet auch viel eher die gebotene Einzelfallgerechtigkeit. Denn die Forderung, dass eine unterdurchschnittliche, sich aber noch im Rahmen einer – wie auch immer definierten – Spannbreite bewegende Arbeitsleistung niemals als Pflichtverletzung qualifiziert werden kann, berücksichtigt nicht, dass dem einen Arbeitnehmer seine unterdurchschnittliche Leistung möglicherweise eher vorzuwerfen ist, als seinem Kollegen (etwa weil dieser älter und weniger leistungsfähig ist).

cc) Die angemessenen Dienste

Für den Fall, dass weder der Arbeitsvertrag eine Bestimmung des Umfangs der geschuldeten Dienstleistung enthält noch eine dem Ortsgebrauch entsprechende Leistung ermittelt werden kann, fingiert § 59 S. 2 HGB auf der 3. Stufe die Vereinbarung von „angemessenen“ Diensten. Dieser Auffangtatbestand wird ebenso selten relevant werden wie im Rahmen der Bestimmung des Vergütungsanspruchs. Denn obwohl es zumeist an einer vertraglichen Abrede für den Umfang der Arbeitspflicht fehlen wird, lässt sich in aller Regel auf der 2. Stufe die übliche Leistung i.S.d. § 59 S. 1 HGB bestimmen. Etwas anderes wäre nur denkbar, wenn eine Vergleichsgruppe überhaupt nicht existieren würde und sich auch von dem Berufsbild nicht auf einen bestimmten Leistungsstandard schließen ließe. Nur in diesem Fall werden gemäß § 59 S. 2 HGB die angemessenen Dienste Vertragsinhalt. Die Ermittlung der Angemessenheit erfordert vom Rechtsanwender eine Einzelfallbetrachtung. Arbeitgeber- und Arbeitnehmerinteressen müssen sich

538 Vgl. hierzu Staudinger/*Richardi/Fischinger*, § 616, Rn. 15.

539 In diese Richtung LAG Sachsen, Urt. vom 13.6.2006, – 1 Sa 234/05 – Rn. 40 (juris).

hierin „die Waage halten".[540] Im Ergebnis führt dies ebenfalls zu einem objektiven Maßstab. Denn eine Vereinbarung, die der Angemessenheit entsprechen soll, setzt voraus, dass der Dienstverpflichtete nicht unverhältnismäßig stark gefordert wird und gleichzeitig der Dienstberechtigte in Bezug auf Qualität und Menge der Leistung das erhält, was er gerechterweise von dem Dienstverpflichteten verlangen kann. Unter dem Gesichtspunkt der Austauschgerechtigkeit ist hierbei auch die Höhe der Vergütung zu beachten. Von Arbeitnehmern, denen der Arbeitgeber den gleichen Lohn zahlt, kann er auch vergleichbare Arbeitsleistungen erwarten. Der Unterschied zu dem Maßstab der Üblichkeit besteht lediglich darin, dass für die Bestimmung des Umfangs der geschuldeten Dienste weniger empirische Aspekte eine Rolle spielen, als normative.

2. Zwischenergebnis zum Regelungsgehalt des § 59 HGB

Es bleibt festzuhalten, dass der in § 59 S. 1 HGB enthaltene Maßstab des Ortsgebrauchs bzw. der Ortsüblichkeit eine objektive Bestimmung des Umfangs der Dienstleistungspflicht des Handlungsgehilfen vorgibt. Unter Ortsüblichkeit ist dabei in aller Regel eine betriebsübliche Leistung zu verstehen. Dem Arbeitgeber bleibt es jedoch unbenommen, die Leistungspflicht unter Heranziehung eines weiteren Vergleichsmaßstabes zu ermitteln. Schützenswerte Interessen des Arbeitnehmers werden hierdurch nicht berührt, eher sogar geschützt. Um diesen Maßstab auszufüllen, können sowohl betriebliche Leistungsdokumentations- und Leistungsbewertungssysteme als auch Auskünfte der zuständigen Industrie- und Handelskammern herangezogen werden. Die Frage, ob einzelne Fehlleistungen noch im Rahmen des Üblichen zu verorten und damit nicht als arbeitsvertragliche Pflichtverletzung zu qualifizieren sind, beantwortet sich maßgeblich nach der Art und der Schwere der objektiven Fehlleistung. Grundsätzlich stellt die Akzeptanz unterdurchschnittlicher Leistungen jedoch die Ausnahme dar. Die relevante Vergleichsgruppe zur Feststellung der Üblichkeit kann der Arbeitgeber selbst bestimmen, wobei er hierbei billiges Ermessen zu wahren hat. Dies wird nur dann der Fall sein, wenn die einbezogenen Arbeitnehmer hinsichtlich ihrer Qualifikation, ihrer betrieblichen Stellung, der äußeren Arbeitsumstände sowie ihrer Vergütung tatsächlich miteinander vergleichbar sind. Das Alter und sonstige persönliche Umstände spielen für die Vergleichsgruppenbildung demgegenüber keine Rolle.

Wo ein ortsüblicher Leistungsumfang nicht ermittelt werden kann, fingiert § 59 S. 2 HGB die Vereinbarung angemessener Dienste. Die Angemessenheit setzt

540 *Wagner*, Die Besonderheiten beim Arbeitsverhältnis des Handlungsgehilfen, S. 39.

voraus, dass die gegenseitigen Interessen in einen gerechten Ausgleich gebracht werden. Gewährt der Arbeitgeber allen vergleichbaren Arbeitnehmern den gleichen Lohn, kann er eine der Quantität und Qualität nach vergleichbare Arbeitsleistung verlangen. Nur dies entspricht einer „ideal gedachten Vereinbarung“[541] Ein subjektiver Leistungsmaßstab ist hiermit ebenso wenig vereinbar.

Es ist bemerkenswert, dass Rechtsprechung und Literatur den von § 59 HGB vorgegebenen objektiven Leistungsmaßstab bei der rechtlichen Beurteilung von Minderleisterkündigungen bislang vollständig ignoriert haben. Dabei wäre in einigen Fällen sogar eine direkte Anwendung des § 59 HGB rechtlich geboten gewesen. Dies gilt etwa für eine Entscheidung des LAG Baden-Württemberg vom 6. September 2006, der die minderleistungsbedingte Kündigung einer Arbeitnehmerin zugrunde lag, die ursprünglich als Kassiererin, später sogar als Filialleiterin angestellt war.[542] Es ist anerkannt, dass sowohl Kassierer in SB-Läden als auch Filialleiter als Handlungsgehilfen i.S.d. § 59 HGB zu qualifizieren sind.[543] Auch das LAG Rheinland-Pfalz[544] (Pharmareferentin im Außendienst) und das LAG München[545] („kaufmännische Angestellte“ in Teilzeit) haben die unmittelbare Anwendbarkeit des § 59 HGB nicht erwogen und sind in der Frage des Leistungsmaßstabs unkritisch der subjektiven Theorie gefolgt.

C. Voraussetzungen eines Analogieschlusses

Im Folgenden ist zu prüfen, ob der objektive Maßstab des § 59 HGB nur im Handlungsgehilfenrecht gilt, oder ob er im Wege der analogen Anwendung für das Arbeitsrecht insgesamt Geltung beanspruchen kann.

I. Analogieverbot?

Hierbei kann zunächst festgestellt werden, dass einer Übertragung des § 59 HGB kein Analogieverbot entgegensteht. Zwar ist die Vorschrift ihrem Wortlaut nach lediglich auf Handlungsgehilfen zugeschnitten, mithin auf Arbeitnehmer, die in einem Handelsgewerbe zur Leistung kaufmännischer Dienste angestellt sind. Allerdings schließt der Wortlaut des § 59 HGB eine analoge Anwendung auf

541 *Wagner*, Die Besonderheiten beim Arbeitsverhältnis des Handlungsgehilfen, 39.

542 LAG Baden-Württemberg, Urt. vom 6.9.2006, – 13 Sa 84/05, LAGE § 1 KSchG Verhaltensbedingte Kündigung Nr. 93a.

543 Ensthaler/*Etzel*, § 59, Rn. 10.

544 LAG Rheinland-Pfalz, Urt. vom 15.10.2008, – 8 Sa 345/08 – (BeckRS).

545 LAG München, Urt. vom 3.3.2011, – 3 Sa 764/10 – (BeckRS).

andere Arbeitnehmergruppen auch nicht aus.[546] Insbesondere ist eine Analogie nicht durch die Verwendung von Wörtern wie „nur“ oder „ausschließlich“ im Normtext gesperrt.

II. Planwidrige Regelungslücke

1. Feststellung einer Regelungslücke

Ein Analogieschluss setzt bekanntlich zunächst das Bestehen einer sog. planwidrigen Regelungslücke voraus. Dabei ist von einer „Lückenhaftigkeit“ des Gesetzes nur auszugehen, wenn dieses für ein Problem keine Regel bereithält, das einer Regelung bedarf, welches also nicht dem rechtsfreien Raum überlassen werden kann.[547] Die rechtliche Notwendigkeit einer Analogiebildung rechtfertigt sich mithin aus dem Umstand, dass in der Regel ein Verstoß gegen das Gleichheitsgebot vorliegt, wenn die erkannte Lücke nicht durch Ergänzung ausgefüllt wird.[548] Für die vorliegend zu untersuchende Frage nach dem Leistungsmaßstab im Arbeitsverhältnis stellt die Vorschrift des § 611 Abs. 1 BGB den Ausgangspunkt für die Lückenfeststellung dar. In § 611 Abs. 1 BGB heißt es, dass durch den Dienstvertrag derjenige, welcher Dienste zusagt, zur Leistung der versprochenen Dienste, der andere Teil zur Gewährung der vereinbarten Vergütung verpflichtet ist. Da die Feststellung einer Regelungslücke immer vor dem Hintergrund der *ratio legis* des Gesetzes zu erfolgen hat, ist daher zunächst zu fragen, ob § 611 Abs. 1 BGB bereits eine vollständige Regelung in Bezug auf den Leistungsmaßstab, also die Frage nach dem „Wie“, Wie viel“ und „Wie gut“ der Arbeitsleistung enthält. Auf diesen Standpunkt kann man sich stellen, wenn man davon ausgeht, dass eine normative Auslegung der „versprochenen Dienste“ stets auch zu einer Determinierung von Quantität und Qualität der Arbeitsleistung führt.[549] Dass dem jedoch nicht so ist, zeigt sich, wenn man die Vorschrift des § 612 BGB mit in die Betrachtung einschließt. § 612 Abs. 1 BGB ordnet an, dass eine Vergütung als stillschweigend vereinbart gilt, wenn die Dienstleistung den Umständen nach nur gegen eine Vergütung zu erwarten ist. Das Gesetz geht also für die Hauptleistungspflicht des Arbeitgebers davon aus, dass sich die Höhe Vergütung eben nicht stets anhand einer normativen Auslegung der vertraglichen Abrede ermitteln lässt. Als Folge wird die Höhe der Vergütung über § 612 Abs. 2 BGB gesetzlich fingiert. Sie besteht

546 Mit Blick auf eine analoge Übertragung der §§ 74 ff. HGB auf alle Arbeitnehmer z.B. BAG, Urt. vom 26.9.2007, – 10 AZR 511/06, BAGE 124, 133, 137 f.

547 *Larenz/Canaris*, Methodenlehre, S. 192.

548 *Larenz/Canaris*, Methodenlehre, S. 193.

549 So der Sache nach *Tillmanns*, Strukturfragen, S. 157 ff.

in der taxmäßigen Vergütung bzw. in Ermangelung einer Taxe in der üblichen Vergütung. Für die Arbeitspflicht als die mit der Vergütungspflicht im vertraglichen Synallagma stehende Hauptleistungspflicht des Arbeitnehmers kann aber nichts anderes gelten. So lassen sich gerade Quantität und Qualität der Dienstleistung zumeist nicht durch eine normative Auslegung des Arbeitsvertrages gem. §§ 133, 157 BGB bestimmen.[550] Der Unterschied zur Vergütungspflicht besteht nur darin, dass im allgemeinen Dienstvertragsrecht – und anders als im Handlungsgehilfenrecht (§ 59 HGB) – für den Umfang der Dienstleistung eine dem § 612 Abs. 2 BGB entsprechende Auffangregelung fehlt. Hierin wird gleichwohl derjenige noch keine Regelungslücke erblicken, der mit der subjektiven Theorie davon ausgeht, dass sich der Umfang der geschuldeten Dienste aufgrund der Vorschrift des § 613 BGB sowie des Fehlens eines Gewährleistungsrechts in den §§ 611 ff. BGB nach dem individuellen Leistungsvermögen des einzelnen Arbeitnehmers richtet. Die Begründung der Lehre vom subjektiven Leistungsmaßstab ist jedoch – wie oben unter § 2 C. festgestellt wurde – nicht tragfähig. Die Kritik an diesem Ansatz ist hier nicht zu wiederholen.

Anders als für den Umfang der Vergütungspflicht besteht deshalb hinsichtlich des Umfangs der Arbeitspflicht auf den ersten Blick eine ausfüllungsbedürftige Regelungslücke.

2. Planwidrigkeit der Regelungslücke

Eine ausfüllungsbedürftige Regelungslücke liegt jedoch dann nicht vor, wenn es an der „Planwidrigkeit“ der Lücke fehlt. Streng genommen handelt es sich in diesem Fall gar nicht um eine Regelungslücke, sondern um ein „beredtes Schweigen“[551] des Gesetzes. Von einem solchen ist auszugehen, wenn sich die Lücke nach der *ratio legis* als ein „gewolltes Manko“ darstellt.[552] Im Hinblick auf den Umfang der Dienstleistungspflicht könnte für das Vorliegen einer bewussten Lücke des Gesetzes aus historischer Sicht ein Zitat in den Motiven sprechen. So heißt es im 1. Entwurf auf S. 255 in Bezug auf die „Art und Weise“ der Dienstleistung:

> *„Auch in Ansehung der Art und Weise, wie der Dienstverpflichtete die Dienste zu leisten hat, sind besondere Bestimmungen entbehrlich. Die nach dem Vorbilde des hess. Entw. 220 und des bayer. Entw. 492 in den dresd. Entw. 622 übergegangenen Vorschriften, daß der Dienstverpflichtete die Dienste in der vereinbarten Weise und, soweit letztere nicht*

550 So ausdrücklich BAG, Urt. vom 11.12.2003, – 2 AZR 667/02, BAGE 109, 87, 92: „Ist die Arbeitsleistung im Vertrag, wie meistens, der Menge und der Qualität nach nicht oder nicht näher beschrieben (…)“.

551 *Larenz/Canaris*, Methodenlehre, S. 191.

552 *Bydlinski*, Methodenlehre und Rechtsbegriff, S. 473.

besonders vereinbart worden sind, nach der Anweisung des Dienstberechtigten, in Ermangelung einer solchen aber auf eine dem Gegenstande und dem Zwecke der Dienstleistung entsprechende Weise nach bester Einsicht auszuführen habe, enthalten, abgesehen von der Bestimmung, daß der Dienstverpflichtete nach der Anweisung des Dienstberechtigten zu verfahren habe, nur Selbstverständliches."[553]

Diese Aussage des historischen Gesetzgebers klingt zunächst eindeutig. Misst man ihr allerdings maßgebliche Bedeutung bei, würde dies bedeuten, dass der Arbeitnehmer bei der Ausführung seiner Tätigkeit stets mit „bester Einsicht" zu verfahren habe. Das hieße aber, dass man von der Geltung eines „subjektiv-optimalen" Leistungsmaßstabs („Bestleistungsprinzip") auszugehen hätte, der heute in Literatur und Rechtsprechung mit Recht allgemein abgelehnt wird.[554] So wird man den Rekurs auf die „beste Einsicht" des Dienstverpflichteten wohl in erster Linie vor dem Hintergrund sehen müssen, dass gerade im Bereich des Dienstvertragsrechts der Topos der „Treue" zur Zeit der Verabschiedung des BGB noch eine bedeutende Rolle im juristischen Bewusstsein spielte. Verbreitet wurde davon ausgegangen, dass die Grundlage der Rechtsbeziehung zwischen Arbeitnehmer und Arbeitgeber in einem die Vertragspartner verbindenden „Treuband" bestehe, welches den Arbeitnehmer dazu verpflichtete, sich nach besten Kräften in die Dienste des Dienstherrn zu stellen.[555] Auch lange Zeit nach Inkrafttreten der §§ 611 ff. BGB wurde teilweise noch vertreten, dass der Arbeitnehmer dem Arbeitgeber mit seiner „ganzen Arbeitskraft" zur Verfügung zu stehen habe und von dieser in dem „vollen zulässigen Umfange" Gebrauch zu machen verpflichtet sei.[556] Dass der Begriff der Treue im Arbeitsverhältnis aber deutlich überbewertet ist, wurde bereits nachgewiesen.[557] Was aus heutiger Perspektive weitgehend unstreitig ist, galt bei näherer Betrachtung aber auch schon zur Zeit der vorletzten Jahrhundertwende. Denn der historische Gesetzgeber hat das Dienstvertragsrecht des BGB nicht am Model des „deutschrechtlichen Treudienstvertrages" ausgerichtet, sondern im Wesentlichen nach den Vorgaben der *locatio conductio*.[558] Dementsprechend stellte *Bernhard Windscheid* schon bei den frühen Beratungen der 1. Kommission am 30.5.1883 im Hinblick auf den Umfang der Dienstleistung den Antrag:

„Wer einem Anderen Dienste versprochen hat, ist nicht blos verpflichtet, bei der Leistung der Dienste die Sorgfalt eines guten Hausvaters anzuwenden, sondern er steht auch dafür

553 Mot. II, S. 255.
554 Vgl. oben unter § 2 A.
555 Vgl. oben unter Zweites Kapitel § 2 B. I.
556 *Nikisch*, S. 272.
557 Vgl. oben unter Zweites Kapitel § 2 B. I.
558 Vgl. nur MüKo/*Müller-Glöge*, § 611, Rn. 1.

ein, daß ihm dasjenige Maß von Einsicht und Fertigkeit beiwohne, zu welchem er sich ausdrücklich oder stillschweigend bekannt hat.“[559]

Die Formulierung *Windscheids*, nach der wenigstens die „Sorgfalt eines guten Hausvaters“ geschuldet sein sollte, verdeutlicht aber, dass schon zu diesem Zeitpunkt die Überlegung nicht fremd war, wonach die Dienstvertragsparteien in Ermangelung einer vertraglichen Abrede nicht von der Beachtung objektiver Mindeststandards freigestellt werden sollten.[560] Vor diesem Hintergrund sollte der zitierten Formulierung in den Motiven, wonach es eine Selbstverständlichkeit sei, dass der Dienstverpflichtete in Bezug auf die Art und Weise der Dienstleistung nach „bester Einsicht“ zu verfahren habe, keine allzu große Bedeutung beigemessen werden. Abgesehen davon besteht bei der Auslegung des Gesetzes eine zwingende Bindung an die Normvorstellungen des Gesetzgebers ohnehin nicht, zumal wenn schwerwiegende Wertungswidersprüche die Folge wären.[561] Die Tatsache, dass der Sechste Teil des HGB mit Ausnahme des § 65 HGB bereits am 1.1.1898 – und damit vor dem BGB – in Kraft trat (vgl. § 1 Abs. 2 EGHGB), die Geltung des objektiven Leistungsmaßstabs für das Recht der Handlungsgehilfen gemäß § 59 HGB also schon Rechtskraft erlangt hatte, spricht unter Berücksichtigung des damals vorherrschenden Bestrebens nach Rechtseinheit auf dem Gebiet des bürgerlichen Rechts ebenfalls dafür, dass es sich bei der Formulierung in den Motiven lediglich um eine dogmatische Ungenauigkeit handelt.

Das Fehlen einer (Auffang-)Regelung für den Umfang der geschuldeten Dienstleistung im allgemeinen Dienstvertragsrecht stellt deshalb eine anfängliche „unbewusste“ Regelungslücke dar, die darauf beruht, dass der historische Gesetzgeber eine regelungsbedürftige Frage irrtümlich für bereits von ihm geregelt gehalten hat.[562]

3. Ausfüllung der Regelungslücke durch Analogieschluss

Die Ausfüllung der gefundenen Regelungslücke erfolgt in aller Regel durch Analogieschluss.[563] Insoweit wird herkömmlich zwischen Gesetzesanalogie (Einzelanalogie) und Rechtsanalogie (Gesamtanalogie) unterschieden.[564]

---

559 *Jacobs/Schubert*, Die Beratung des BGB, S. 745.

560 Siehe zur der Frage des Sorgfaltsmaßstabs im Pandektenrecht ausführlich *Reinhardt*, RdA 1965, 259, 260 m.w.N.

561 *Larenz*, Methodenlehre, S. 286 f.

562 *Larenz/Canaris*, Methodenlehre, S. 200.

563 *Bydlinski*, Methodenlehre und Rechtsbegriff, S. 475; *Larenz/Canaris*, Methodenlehre, S. 202.

564 *Bydlinski*, Methodenlehre und Rechtsbegriff, S. 477 f.

a) Gesetzesanalogie

Bei der Gesetzesanalogie werden die Rechtsfolgen einer an sich gar nicht passenden Norm über ihren Wortlaut hinaus auf einen von ihr nicht erfassten Fall erstreckt.[565] Voraussetzung ist eine nach der *ratio legis* des Gesetzes zu beurteilende „Ähnlichkeit" beider Tatbestände.[566] Die Gesetzesanalogie führt jedoch nicht zu einer Verallgemeinerung der gefundenen Rechtsfolge. Vielmehr wird eine für einen begrenzten Tatbestand geltende Regel hierbei nur auf einen weiteren begrenzten Tatbestand übertragen.[567] Die Gesetzes- oder Einzelanalogie ist deshalb nicht dazu geeignet, den in § 59 HGB geregelten objektiven Leistungsmaßstab auf alle Arten von Arbeitsverhältnissen zu erstrecken.

b) Rechtsanalogie

Im Unterschied zur Gesetzesanalogie wird bei der Rechtsanalogie nicht ein Schluss vom „Besonderen auf Besonderes", sondern vom „Besonderen auf das Allgemeine" vorgenommen.[568] Es handelt sich im Grunde um die Gewinnung eines allgemeinen Prinzips durch Induktion.[569] Der hierbei ermittelte Rechtsgrundsatz wird sodann im Wege der Deduktion auf einen „ähnlichen", d.h. wertungsmäßig gleichgelagerten Fall übertragen. Ein verallgemeinerungsfähiger Rechtssatz wird dabei in der Regel aus mehreren gesetzlichen Bestimmungen gewonnen. Dies ist jedoch nicht zwingend so. Es sind durchaus Fälle denkbar, in denen schon die einer einzigen gesetzlichen Regel zugrunde liegende Wertung verallgemeinerungsfähig ist.[570] Im Folgenden wird zu untersuchen sein, ob das auch für die Vorschrift des § 59 HGB gilt.

aa) Die Herleitung eines Rechtsgrundsatzes aus § 59 HGB

(1) Ratio legis *des § 59 HGB*

Ausgangspunkt für die Gewinnung eines auf alle Arbeitsverhältnisse anzuwendenden Leistungsmaßstabs aus § 59 HGB ist die Untersuchung der *ratio legis* dieser Vorschrift. Insoweit lassen sich unschwer zwei Regelungszwecke identifizieren: Zum einen enthält § 59 S. 1 HGB eine Legaldefinition des Handlungsgehilfenbegriffs und definiert damit den persönlichen Anwendungsbereich des Sechsten Abschnitts des HGB. Zum anderen finden sich im Rechtsfolgenteil

---

565 *Bydlinski*, Methodenlehre und Rechtsbegriff, S. 475.
566 *Larenz/Canaris*, Methodenlehre, S. 202 f.
567 *Larenz/Canaris*, Methodenlehre, S. 205.
568 *Larenz/Canaris*, Methodenlehre, S. 205.
569 *Bydlinski*, Methodenlehre und Rechtsbegriff, S. 478.
570 *Larenz/Canaris*, Methodenlehre, S. 207.

Vorgaben für die (hilfsweise) Bestimmung der im Synallagma stehenden Hauptleistungspflichten der Arbeitsvertragsparteien.[571] Dieser Regelungszweck ist der hier einzig interessierende. Dabei soll die Fingierung der gegenseitigen Hauptleistungspflichten das Scheitern des Handlungsgehilfenvertrages nach § 154 Abs. 1 BGB verhindern, wenn in Bezug auf die *essentialia negotii* keine ausdrücklich vertragliche Regelung getroffen wurde und sich eine solche auch nicht durch normative Auslegung gemäß §§ 133, 157 BGB ermitteln lässt.[572]

Inhaltlich werden die nicht geregelten, aber regelungsbedürftigen Hauptleistungspflichten nach einem objektiven Maßstab bestimmt. Sowohl für die Vergütungspflicht als auch für die Art und den Umfang der Dienstleistung bestimmt § 59 HGB, dass in Ermangelung einer hierauf gerichteten vertraglichen Abrede zunächst die dem Ortsgebrauch entsprechende Vergütung bzw. die dem Ortsgebrauch entsprechende Dienstleistung geschuldet ist (S. 1). Ist ein Ortsgebrauch nicht feststellbar, fingiert § 59 S. 2 HGB die angemessene Vergütung bzw. die angemessenen Dienste als vereinbart. Die objektive Bestimmung der Hauptleistungspflichten findet ihre Rechtfertigung im schuldrechtlichen Äquivalenzprinzip. So besteht der Grundgedanke der Privatautonomie nicht zuletzt darin, dass die gegenseitig versprochenen Leistungen zueinander in einem Verhältnis der Gleichwertigkeit stehen.[573] Freilich ist hierfür in erster Linie die subjektive Gleichwertigkeitsvorstellung der Vertragsparteien ausschlaggebend. Es ist den Parteien deshalb unbenommen, Verpflichtungen einzugehen, die von einem objektiven Standpunkt aus betrachtet ungleichwertig sind. Die einer solchen Vereinbarung von der Rechtsordnung gezogene Grenze findet sich erst in § 138 BGB.

Allerdings setzt die Annahme eines gewollt objektiv unausgewogenen Vertrages voraus, dass ein entsprechender Wille in der vertraglichen Abrede Niederschlag gefunden hat, sich also durch normative Auslegung gemäß §§ 133, 157 BGB ermitteln lässt.[574] Ist das nicht möglich, kann auch nicht davon ausgegangen werden, dass sich die Vertragsparteien auf eine objektiv ungleichwertige Vereinbarung eingelassen hätten. Jedenfalls darf eine solche Vereinbarung nicht einfach unterstellt werden, wie es die subjektive Theorie tut. So überschreitet etwa die Behauptung, der Arbeitnehmer sage stets nur den Einsatz seiner subjektiven Fähigkeiten zu, was der Arbeitgeber wiederum stets akzeptiere, da er trotz des Risikos, einen unterdurchschnittlichen Arbeitnehmer einzustellen,

571 Staub/*Weber*, § 59, Rn. 9.

572 Zu dieser Konsequenz allgemein z.B. MüKo/*Busche*, § 154, Rn. 1; *Medicus*, § 29, Rn. 438.

573 *Westermann/Bydlinski/Weber*, S. 8, 1/20.

574 Zur Auslegung von Willenserklärungen allgemein Staudinger/*Singer*, § 133, Rn. 8 ff.

eben auch die Chance erhalte, einen sog. „high-performer" zu gewinnen[575], ohne besondere Hinweise auf den wirklichen Willen der Parteien die Grenzen normativer Auslegung. Denn eine objektive Gleichwertigkeit der gegenseitigen Leistungsversprechen liegt nicht vor, wenn das Risiko einer nachteiligen Vereinbarung – wie im vorgenannten Beispiel – einseitig zu Lasten einer Vertragspartei verschoben wird. Die Vorstellung, dass der Arbeitnehmer in der Regel nicht mehr als den Einsatz seines subjektiven Leistungsvermögens verspreche, negiert darüber hinaus vollständig die Auffangfunktion, die der Gesetzgeber dem § 59 HGB zuerkannt hat. Denn die Vorschrift geht davon aus, dass sich Art und Umfang der Dienstleistung nicht stets normativ bestimmen lassen, es also zahlreiche Fälle gibt, in denen die Frage des Umfangs der Dienstleistung offen bleibt. Um auch für diesen Fall Austauschgerechtigkeit zu gewährleisten, enthält § 59 HGB das Konzept einer abgestuften Konkretisierung der gegenseitigen Leistungspflichten. Dabei legt das Gesetz mit den Maßstäben des „Ortsgebrauchs" und der „Angemessenheit" eine objektive Gleichwertigkeitsvorstellung zugrunde. Nach der Vorstellung des HGB liegt daher ein „ideal gedachter" Handlungsgehilfenvertrag nur vor, wenn der Handlungsgehilfe im Zweifel eine dem Ortsgebrauch, d.h. der Ortsüblichkeit entsprechende Vergütung erhält; andererseits ist er hinsichtlich Art und Umfang der Dienste verpflichtet, das zu leisten, was der Arbeitgeber dem Ortsgebrauch, also ebenfalls der Ortsüblichkeit nach, erwarten kann. Nur, wo die Üblichkeit nicht festgestellt werden kann, ist das „Angemessene" geschuldet. Dabei stellt die Anerkennung einer weiteren Auffangregelung auf der „3.Stufe" eine arbeitsrechtliche Besonderheit dar. Sie ist jedoch vor dem Hintergrund gerechtfertigt, dass die im Fall einer Nichtregelung der arbeitsvertraglichen Hauptleistungspflichten gemäß § 154 Abs. 1 BGB eintretende Nichtigkeitsfolge angesichts der wirtschaftlichen Härte, die ein Arbeitsplatzverlust für den Arbeitnehmer bedeutet, in jedem Fall zu vermeiden ist. § 59 HGB erkennt also gleichzeitig ein besonderes Vertragserhaltungsinteresse des Handlungsgehilfen an.

(2) Formulierung eines Rechtsgrundsatzes

Der Rechtsgedanke, der sich aus § 59 HGB herleiten lässt, kann daher wie folgt formuliert werden:

> *„Das Arbeitsverhältnis des Handlungsgehilfen darf bei unterbliebener Vereinbarung der vertraglichen Hauptleistungspflichten nicht der Nichtigkeitsfolge überlassen werden, sondern ist in jedem Fall zu erhalten; dabei erfolgt die hilfsweise Bestimmung des*

575 So im Ergebnis aber *Tillmanns*, RdA 2009, 391, 396.

Vergütungsanspruchs sowie der Art und des Umfangs der Dienstleistung abgestuft unter Zugrundelegung der objektiven Maßstäbe des Ortsgebrauchs und der Angemessenheit."

bb) Verallgemeinerungsfähigkeit des Rechtsgrundsatzes

Im Folgenden ist nun zu prüfen, ob der in § 59 HGB gefundene objektive Maßstab für die gegenseitigen Hauptleistungspflichten auf alle Arbeitsverhältnisse i.S.d. § 611 BGB übertragen werden kann. Dies setzt zunächst die Verallgemeinerungsfähigkeit des soeben aus der *ratio* des § 59 HGB gewonnenen Rechtsgedankens voraus.

(1) Gleichbehandlungsgebot

Für die Übertragung des in § 59 HGB zum Ausdruck kommenden Rechtsgedankens spricht in erster Linie das Gleichbehandlungsgebot des Art. 3 Abs. 1 GG. Danach verbietet es sich, Sachverhalte, die unter Wertungsgesichtspunkten als gleichartig anzusehen sind, ohne sachlichen Grund ungleich zu behandeln.[576]

(a) Vergleichbarkeit der Sachverhalte

Zwischen dem Arbeitsverhältnis des Handlungsgehilfen und sonstigen Arbeitsverhältnissen bestehen jedenfalls in Bezug auf die Frage, „wie" der Arbeitnehmer seine Arbeitsleistung zu erbringen hat, keine wesentlichen Unterschiede. Das ergibt sich schon daraus, dass der Sechste Abschnitt des HGB heute nach allgemeiner Meinung für redundant gehalten wird.[577] Es wurde bereits oben dargelegt, dass die eigenständige Kodifizierung des Handlungsgehilfenvertrages im HGB ausschließlich historische Gründe hatte.[578] Die Vorstellung, dass das Arbeitsverhältnis des Handlungsgehilfen dem Grundsatz nach wie jedes andere Arbeitsverhältnis zu behandeln ist, findet ihren Ausdruck zudem in zahlreichen gesetzlichen Bestimmungen. So hat der Gesetzgeber mit dem Ersten Arbeitsrechtsbereinigungsgesetz vom 14.8.1969[579] die §§ 66 – 72 HGB aufgehoben und alle Arbeitsverhältnisse einheitlich den Kündigungsfristen des § 622 BGB unterstellt. Auch das Recht zur außerordentlichen Kündigung ergibt sich nunmehr allgemein aus der Vorschrift des § 626 BGB. Darüber hinaus beanspruchen die arbeitsrechtlichen Schutzgesetze, wie etwa das BUrlG, das KSchG usf., für das Arbeitsverhältnis des Handlungsgehilfen ebenso Geltung wie für

---

576 Vgl. nur BVerfG, Beschl. vom 16.3.2005, – 2 BvL 7/00, BVerfGE 112, 268, 279 (st. Rspr.).

577 Stellvertretend *K. Schmidt*, FS Söllner, S. 1047, 1057.

578 Vgl. oben unter B. I. 1.

579 BGBl. I, S. 1106.

die Arbeitsverhältnisse sonstiger Arbeitnehmer. Anknüpfungspunkt für den persönlichen Anwendungsbereich dieser Gesetze ist regelmäßig nur die Arbeitnehmereigenschaft, auf die Qualifikation des Arbeitgebers als Kaufmann i.S.d. §§ 1 ff. HGB kommt es dagegen nicht an. Ob der Arbeitnehmer kaufmännischer Angestellter, technischer Angestellter oder sonstiger gewerblicher Arbeitnehmer ist, spielt heute keine Rolle mehr (vgl. nur § 1 Abs. 2 EFZG).[580] Folgerichtig wendet das Bundesarbeitsgericht das in § 60 HGB für Handlungsgehilfen geregelte gesetzliche Wettbewerbsverbot als Ausdruck eines „allgemeinen Rechtsgedankens" auf alle Arbeitsverhältnisse entsprechend an.[581] Die ehemals von der Rechtsprechung ebenfalls analog angewandten Regelungen über das nachvertragliche Wettbewerbsverbot (§§ 74 ff. HGB) gelten heute ohnehin gemäß § 110 GewO im gesamten Arbeitsrecht.[582]

Neben diesen Vereinheitlichungstendenzen und dem damit einhergehenden Bedeutungsverlust der Sonderregelungen über den Handlungsgehilfenvertrag spricht auch ein normativer Vergleich für die Gleichbehandlung. Das wird an folgendem Beispiel deutlich: Kassierer in Selbstbedienungsläden werden von der Rechtsprechung als Handlungsgehilfen qualifiziert.[583] Keine Handlungsgehilfen sollen demgegenüber Fahrkarten- und Eintrittskartenverkäufer sein.[584] Es ist jedoch offensichtlich, dass zwischen diesen Tätigkeiten von einem wertenden Standpunkt aus keine wesentlichen Unterschiede bestehen. So besteht auch die Aufgabe des Fahrkarten- oder Eintrittskartenverkäufers im Wesentlichen aus Kassierertätigkeiten. In Bezug auf eine „geistige Komponente" der Tätigkeiten lassen sich jedenfalls keine solchen Unterschiede ausmachen, die es rechtfertigen, die Tätigkeiten verschiedenen Regelungsregimen zu unterstellen. Insofern stellt sich die analoge Anwendung des gesetzlichen Wettbewerbsverbots aus § 60 HGB sowie des nachvertraglichen Wettbewerbsverbots aus §§ 74, 74a HGB im gesamten Arbeitsrecht lediglich als die logische Konsequenz aus dieser Einsicht dar. Die Erstreckung des nachvertraglichen Wettbewerbsverbots hat das Bundesarbeitsgericht sogar ausdrücklich mit dem Gleichbehandlungsgebot gerechtfertigt.[585] Mit Blick auf den an die Arbeitspflicht anzulegenden Leistungsmaßstab

---

580 Zur vormals bedeutsamen Unterscheidung kaufmännischer und gewerblicher Angestellter vgl. BAG, Urt. vom 30.9.1954, – 2 AZR 65/53, BAGE 1, 92, 95 f.

581 BAG, Beschl. vom 17.10.1969, – 3 AZR 442/68, AP § 611 BGB Treuepflicht Nr. 7 m. Anm. *Canaris*.

582 BAG, Urt. vom 13.9.1969, – 3 AZR 138/68, BAGE 22, 125, 133 ff.

583 BAG, Urt. vom 6.12.1972, – 4 AZR 56/72, AP § 59 HGB Nr. 23 m. Anm. *Gitter*.

584 Ensthaler/*Etzel*, § 59, Rn. 11; MüKo/HGB/*von Hoyningen-Huene*, § 59, Rn. 91.

585 BAG, Urt. vom 13.9.1969, – 3 AZR 138/68, BAGE 22, 125, 137.

kann nichts anderes gelten. Auch hier ist es geboten, zur Vermeidung willkürlicher Ergebnisse an die Tätigkeit von Handlungsgehilfen und sonstigen Arbeitnehmern die gleichen Maßstäbe anzulegen.

(b) Keine entgegenstehenden Besonderheiten im allgemeinen Arbeitsvertragsrecht
Letztlich sind auch keine Besonderheiten im allgemeinen Arbeitsvertragsrecht auszumachen, die einer Gleichbehandlung des Handlungsgehilfenvertrages und sonstiger Arbeitsverhältnisse im Hinblick auf die Anwendung des in § 59 HGB zum Ausdruck kommenden Rechtsgedankens entgegenstehen. Denn das in dieser Norm durch die doppelte Auffangregelung (Ortsgebrauch/Angemessenheit) besonders geschützte Vertragserhaltungsinteresse des Arbeitnehmers besteht für den Normalarbeitsvertrag in gleichem Maße. Ebenso verlangt das schuldrechtliche Äquivalenzprinzip auch für den Normalarbeitsvertrag gemäß § 611 BGB im Zweifel die Bestimmung des Umfangs der vertraglichen Pflichten nach objektiven Maßstäben.

(2) Weitere Auffangregelungen im Schuldrecht
Das Abstellen auf objektive Maßstäbe für den Fall, dass die Bestimmung des Leistungsgegenstandes durch normative Auslegung scheitert, ist im Übrigen keine Besonderheit des Handlungsgehilfenvertrages. Vielmehr findet sich das dahinter stehende Gerechtigkeitspostulat des Äquivalenzprinzips in vielen schuldrechtlichen Vorschriften. So ist auch die Leistungspflicht des Verkäufers, des Vermieters und des Werkunternehmers über den im Zweifel ebenfalls auf den objektiven Maßstab des „Üblichen" abstellenden Mangelbegriff (§§ 434 Abs. 1, 536 Abs. 1 S. 1, 633 Abs. 2 BGB) negativ determiniert.[586] Unabhängig von der Frage, ob Kauf-, Miet- und Werkvertragsrecht mit dem Dienst- bzw. Arbeitsvertragsrecht vergleichbar sind, lässt dies den Schluss zu, dass schuldrechtliche Austauschverträge prinzipiell nicht an dem Fehlen der regelungsbedürftigen Hauptleistungspflichten scheitern sollen. In Ermangelung einer vertraglichen Abrede soll der Vertragspartner vielmehr im Zweifel berechtigt sein, eine Leistung zu fordern, die objektiven Verkehrsstandards entspricht. Das gilt für beide im vertraglichen Synallagma stehenden Leistungspflichten gleichermaßen. Deshalb ordnen nicht nur § 59 HGB und § 612 BGB an, dass der Dienstherr im Zweifel eine dem „Ortsgebrauch" bzw. der „Üblichkeit" entsprechende Vergütung schuldet.[587] Auch im Werkvertragsrecht (§ 632 Abs. 2 BGB) und im

586 *Fahl*, Arbeit ist Leistung, S. 217 ff.
587 Das zwischen den Maßstäben des Ortsgebrauchs und der Üblichkeit kein Unterschied besteht, wurde bereits oben unter B. II. 1. a) bb) erörtert.

Mäklervertragsrecht (§ 653 Abs. 2 BGB) wird im Zweifel der übliche Lohn als vereinbart fingiert. Was die dienstvertragliche Auffangvorschrift des § 612 Abs. 2 BGB anbetrifft, so erscheint es allerdings für den Bereich des Arbeitsvertragsrechts gerechtfertigt, diese um den zweiten in § 59 S. 2 HGB normierten Auffangmaßstab der Angemessenheit zu ergänzen.

III. Zwischenergebnis zur Ausfüllung der Regelungslücke durch Analogie

Die vorstehenden Ausführungen haben gezeigt, dass das Arbeitsverhältnis des Handlungsgehilfen nach dem Rechtsgedanken des § 59 HGB nicht wegen unterbliebener Vereinbarung der vertraglichen *essentialia negotii* der Nichtigkeitsfolge überlassen werden darf. Vielmehr sind die Hauptleistungspflichten entsprechend dem auf Austauschgerechtigkeit abzielenden Äquivalenzprinzip nach den Maßstäben des Ortsgebrauchs, d.h. der Betriebs- bzw. Branchenüblichkeit, und der Angemessenheit objektiv zu bestimmen. Dieser Rechtsgedanke ergibt sich aus der *ratio legis* des § 59 HGB, wonach das Vertragserhaltungsinteresse insbesondere auf Seiten des Handlungsgehilfen wegen der existenziellen Folgen eines Arbeitsplatzverlusts besonderen Schutz genießt. Ein schutzwürdiges Interesse an der Erhaltung des Arbeitsvertrages besteht aber nicht nur für das Sonderarbeitsverhältnis der Handlungsgehilfen, sondern bei allen Arbeitsverhältnissen gleichermaßen. Daraus folgt, dass der Rechtsgedanke des § 59 HGB unter dem Gesichtspunkt des Gleichbehandlungsgebotes für das gesamte Arbeitsvertragsrecht verallgemeinerungsfähig ist.

D. Ergebnis zur eigenen Lösung

Die Frage nach dem Leistungsmaßstab im Arbeitsverhältnis ist mit Hilfe einer Rechtsanalogie zu der Vorschrift des § 59 HGB zu beantworten, die unmittelbar nur für das Arbeitsverhältnis der kaufmännischen Angestellten gilt. Es hat sich gezeigt, dass der Rechtsgrund für diese Vorschrift unterschiedslos für alle Arbeitsverhältnisse Geltung beanspruchen kann. Durchgreifende Gründe, die gegen die vorgeschlagene Rechtsanalogie sprechen, bestehen nicht.

§ 6. Ergebnis zu der Frage nach dem Leistungsmaßstab im Arbeitsverhältnis

Im Rahmen der vorliegenden Untersuchung wurde nachgewiesen, dass die bislang in Rechtsprechung und Literatur vorgeschlagenen Lösungsansätze zur Herleitung eines arbeitsvertraglichen Pflichtenmaßstabs nicht tragfähig sind. Dies gilt in besonderem Maße für die vom Bundesarbeitsgericht in seiner jüngsten

Rechtsprechung zwar bekräftigte, der Sache nach jedoch inhaltlich aufgeweichte Lehre vom subjektiven Leistungsmaßstab. Mit Blick auf die Begründung der seitens des Gerichts zugelassenen personenbedingten Kündigung wegen Minderleistung ist festzustellen, dass auch das Bundesarbeitsgericht sich nicht dem allgemeinen Grundsatz zu verschließen vermag, wonach die gegenseitigen Leistungen in einem schuldrechtlichen Austauschverhältnis einer objektiven Gleichwertigkeitserwartung der am Vertrag Beteiligten unterliegen und sich diese Erwartung in der Bestimmung der beiderseitigen Hauptleistungspflichten widerspiegeln muss. Aber auch die in der Literatur verfolgten Begründungsversuche zur Herleitung eines objektiven Leistungsmaßstabs, sei es mittels einer analogen Anwendung der auf Gattungs(sach)schulden zugeschnittenen Vorschrift des § 243 Abs. 1 BGB oder der Übertragung von kauf-, miet- und werkvertraglichen Grundsätzen auf das Arbeitsverhältnis, begegnen durchgreifenden systematischen Bedenken. Den aus dogmatischer Sicht naheliegendsten Anknüpfungspunkt, und zwar eine analoge Anwendung der genuin arbeitsrechtlichen Vorschrift des § 59 HGB, haben bislang aber nicht nur die Vertreter der objektiven Theorie im Schrifttum übersehen. Auch die Rechtsprechung, die in einer Vielzahl der in den letzten Jahren zu der Problematik der Minderleisterkündigung ergangenen Entscheidungen verpflichtet gewesen wäre, den aus § 59 HGB folgenden objektiven Leistungsmaßstab direkt anzuwenden, hat diese Vorschrift außer Acht gelassen.

Inhaltlich erkennt § 59 S. 1 HGB zunächst den Vorrang der Individualabrede an. Gleichzeitig soll das Eintreten der Nichtigkeitsfolge für den Fall verhindert werden, dass es an einer arbeitsvertraglichen Vereinbarung in Bezug auf die Vergütungspflicht oder die Art und den Umfang der Dienstleistungspflicht fehlt. Hinsichtlich des Umfangs der Arbeitsleistung stellt das Fehlen ausdrücklicher Abmachungen allerdings die Regel dar. Daher sieht die Vorschrift auf einer zweiten Stufe (§ 59 S. 1 HGB) vor, dass der Arbeitnehmer im Zweifel eine Leistung schuldet, die dem Ortsgebrauch entspricht. Unter dem Begriff des Ortsgebrauchs ist nichts anders zu verstehen, als eine betriebs-, hilfsweise eine (regional) branchenübliche Leistung. Die Feststellung des hiernach geschuldeten Leistungsumfangs kann entweder durch den Arbeitgeber selbst erfolgen, etwa mit Hilfe von Leistungsdokumentations- oder Leistungsbewertungssystemen, oder aber durch Einholung entsprechender Gutachten der regional zuständigen Industrie- und Handelskammern bzw. sonstiger berufsständiger Organisationen. Letzteres ermöglicht insbesondere für die Beurteilung der qualitativen Anforderungen an die Arbeitsleistung praxisgerechte Aussagen, da die Industrie- und Handelskammern für viele Ausbildungsberufe das Prüfungswesen organisieren und in diesem Zusammenhang berufspezifische Mindeststandards definieren. Im Kündigungsschutzprozess können solche Auskünfte entweder als Privatgutachten oder als Sachverständigenbeweis (§§ 402 ff. ZPO) eingeführt werden. Bei Einführung eines betrieblichen Leistungsdokumentations- oder Bewertungssystems kann der Arbeitgeber die zugrunde zu legende Vergleichsgruppe nach billigem Ermessen selbst festlegen. Die maßgeblichen Kriterien hierbei sind in erster Linie Qualifikation, Stellung im betrieblichen Organisationsgefüge, Gehalt und die tatsächlichen äußeren Umstände der Arbeitsleistung. Persönliche Umstände, wie etwa das Alter der Arbeitnehmer oder individuelle Begabungen bzw. körperliche Defizite finden im Rahmen der Bestimmung der Leistungspflicht dagegen grundsätzlich keine Berücksichtigung.

Sollte ein betriebs- bzw. branchenüblicher Leistungsstandard ausnahmsweise nicht feststellbar sein, etwa weil es sich um eine Spezialtätigkeit handelt, fingiert § 59 S. 2 HGB auf einer dritten Stufe die Vereinbarung angemessener Dienste. Insoweit ist eine weitgehend normative Festlegung des Umfangs der geschuldeten Arbeitsleistung unter Berücksichtigung des Prinzips der Austauschgerechtigkeit erforderlich. Ein starkes Indiz für den Umfang der Dienstleistungspflicht ist hierbei die Höhe der vom Arbeitgeber geschuldeten Vergütung. Aber auch die für die Bildung einer Vergleichsgruppe entscheidenden Parameter können an dieser Stelle einen Hinweis auf den Umfang der Leistungspflicht geben, so insbesondere die Stellung des Arbeitnehmers in der betrieblichen Hierarchie oder die Übernahme besonders verantwortungsvoller Aufgaben.

Die Herleitung des objektiven Leistungsmaßstab aus § 59 HGB hat im Unterschied zu den bislang in der Literatur vorgeschlagenen Lösungsansätzen zum einen den Vorteil, dass er auf eine originär arbeitsrechtliche Vorschrift gestützt werden kann; zum anderen erlaubt es der Maßstab der Üblichkeit, die Anforderungen an die quantitativen und qualitativen Aspekte der Arbeitsleistung bereichsspezifisch festzulegen: Während sich die Üblichkeit quantitativer Fehlleistungen in der Regel an einem betrieblichen Durchschnitt orientiert, kann die Frage nach der Üblichkeit qualitativer Leistungsdefizite ohne weiteres unter dem Gesichtspunkt berufs- bzw. branchenspezifischer Standards beantwortet werden.

Viertes Kapitel. Einordnung in das Leistungsstörungs- und Kündigungsrecht

Nachdem die Frage des im Arbeitsverhältnis geltenden Leistungsmaßstabs nunmehr eingehend untersucht und zugunsten eines objektiven Ansatzes beantwortet wurde, soll das gewonnene Ergebnis im folgenden Kapitel in die Systematik des Leistungsstörungs- und Kündigungsrechts eingeordnet werden.

§ 1. Begriffsfragen

Bevor allerdings im Detail auf die Rechtsfolgen einer Unterschreitung der geschuldeten Arbeitsleistung eingegangen wird, ist es zunächst erforderlich, die verschiedenen Formen der „low performance" terminologisch genauer einzuordnen und voneinander abzugrenzen.

A. Der Begriff der „Schlechtleistung"

Mangelbehaftete Leistungen des Arbeitnehmers werden in der Regel unter den Begriff der „Schlechtleistung" gefasst.[588] Die genaue Reichweite des Schlechtleistungsbegriffs ist jedoch unklar, was nicht zuletzt daran liegen dürfte, dass er im Gesetz an keiner Stelle Erwähnung gefunden hat. Das allgemeine Schuldrecht spricht vielmehr von der „nicht vertragsgemäßen Leistung" (§ 326 Abs. 1 S. 2, § 323 Abs. 1, 5 S. 2 BGB) bzw. der „nicht wie geschuldet(en)" Leistung (§ 281 Abs. 1 S. 1 u. 3 BGB) sowie von einer „Teilleistung" (§ 326 Abs. 1 S. 1 HS. 2, § 281 Abs. 1 S. 2 BGB). Überwiegend wird die Schlechtleistung als Oberbegriff für eine in qualitativer oder quantitativer Hinsicht nicht ordnungsgemäße Leistung[589] gebraucht.[590] Um eine Schlechtleistung „im weiteren Sinne" soll es sich handeln, wenn der Arbeitnehmer in irgendeiner Form eine mangelhafte Leistung erbringt, die nicht die Tatbestände der Unmöglichkeit

---

588 Bspw. *Schul/Wichert*, DB 2005, 1906.

589 Diesen „schuldrechtlich neutralen" Begriff gebraucht *Tillmanns*, RdA 2009, 391, 392.

590 z.B. *Brune*, AR-Blattei SD 1420 (Schlechtleistung), Rn. 1; im Ergebnis auch ErfK/*Preis*, § 611 BGB, Rn. 682; Staudinger/*Richardi/Fischinger*, § 611, Rn. 715; *Schul/Wichert*, DB 2005, 1906.

oder des Verzugs erfüllt; dagegen soll eine Schlechtleistung „im engeren" oder „eigentlichen" Sinn vorliegen bei Quantitäts- oder Qualitätsmängeln, die einen Schadensersatzanspruch statt oder neben der Leistung auslösen.[591] Andere Autoren verstehen unter dem Begriff der Schlechtleistung unmittelbar nur die Fälle der früheren positiven Forderungsverletzung.[592] Nach *Canaris* deckt sich die (qualitative) Schlechtleistung mit einer „nicht vertragsgemäßen Leistung" i.S.d. § 326 Abs. 1 S. 2, § 323 Abs. 1, 5 S. 2 BGB, während quantitative Leistungsdefizite unter den Begriff der „Teilleistung" i.S.d. § 326 Abs. 1 S. 1, § 281 Abs. 1 S. 2 BGB fallen sollen.[593]

B. Der Begriff der „Minderleistung"

Auch das Bundesarbeitsgericht orientiert sich nicht an der Terminologie des neuen Schuldrechts. Vielmehr führt das Gericht mit dem Begriff der „Minderleistung" einen weiteren Begriff ein, um den Tatbestand einer nicht ordnungsgemäßen Arbeitnehmerleistung zu beschreiben. Er soll ebenfalls ausdrücken, dass der Arbeitnehmer in irgendeiner Form hinter der geschuldeten Arbeitsleistung zurückbleibt. Während aus Sicht des Bundesarbeitsgerichts im „Kommissionierer-Fall" vom 11.12.2003[594] eine „quantitative Minderleistung" vorlag, soll in der „Sorter-Versand-Entscheidung" vom 17.1.2008[595] Inhalt der Pflichtverletzung eine „qualitative Minderleistung" gewesen sein. Zwar wird der Begriff der Minderleistung vielfach auch in der Literatur aufgegriffen[596], seine Verwendung findet jedoch auch Widerspruch. So fordert etwa *Tillmanns*, den Begriff der Minderleistung aus Gründen der Rechtsklarheit zugunsten der Terminologie des neuen Leistungsstörungsrechts aufzugeben.[597]

---

591 Vgl. MüArbR/*Reichold*, § 39, Rn. 25.

592 *Medicus/Lorenz*, S. 255, Rn. 503 f.; ähnlich Schaub/*Linck*, § 52, Rn. 1: „Eine Schlechtleistung ist zusammenfassend immer dann gegeben, wenn der Arbeitgeber durch die zu erbringende Arbeitsleistung in irgendeiner Form pflichtwidrig geschädigt wird."

593 *Canaris*, FS K.Schmidt, S. 177, 190.

594 BAG, Urt. vom 11.12.2003, – 2 AZR 667/02, BAGE 109, 87 ff.

595 BAG, Urt. vom 17.1.2008, – 2 AZR 536/06, BAGE 125, 257, 262.

596 ZB. ErfK/*Müller-Glöge*, § 626, Rn. 128; MüArbR/*Reichold*, 3. Aufl. 2009, § 36, Rn. 43 ff; *Brune*, AR-Blattei SD 1420 (Schlechtleistung), Rn. 10 versteht unter Minderleistung nur die Fälle unverschuldeter Leistungsdefizite, bspw. wegen eines krankheits- oder altersbedingten Kräftenachlasses.

597 *Tillmanns*, RdA 2009, 391, 392.

C. Stellungnahme

Auch wenn es zutrifft, dass das Gesetz weder eine „Schlechtleistung" noch eine „Minderleistung" kennt, muten die dem Gesetz entlehnten Begriffe „nicht vertragsgemäße" Leistung bzw. „nicht wie geschuldet(e)" Leistung zu technisch an, als dass man erwarten könnte, dass die Praxis mit ihrer Hilfe griffige Lösungen formuliert.[598] Vor diesem Hintergrund spricht prinzipiell nichts dagegen, die sich in der arbeitsrechtlichen Dogmatik herausgebildeten Begrifflichkeiten auch nach der Modernisierung des Schuldrechts aufrechtzuerhalten. Voraussetzung ist jedoch, dass Klarheit darüber besteht, wie sie sich in das Leistungsstörungsrecht einordnen. Im Rahmen der vorliegenden Arbeit wird deshalb davon ausgegangen, dass sich die Begriffe „Minderleistung" und „Schlechtleistung" jedenfalls insofern decken, als sie beide den Tatbestand einer „nicht vertragsgemäße(n)" Leistung i.S.d. § 326 Abs. 1 S. 2, § 323 Abs. 1, 5 S. 2 BGB erfüllen.[599] Dabei ist zu beachten, dass die Schlecht- bzw. Minderleistung sowohl Qualitäts- als auch Quantitätsdefizite umfasst.[600] Eine weitere Differenzierung dergestalt, unter Schlechtleistung lediglich qualitative und unter Minderleistung nur quantitative Leistungsmängel zu verstehen, mag dem besseren Verständnis dienen, spielt für die schuldrechtliche Einordnung aber letztlich keine Rolle. Aus dem hier gewählten Begriffsverständnis folgt, dass der Auffassung, nach welcher quantitative Leistungsmängel als teilweise Nichtleistung bzw. Teilleistung zu behandeln sind, nicht zugestimmt werden kann. Ein solcher Ansatz hätte nämlich zur Konsequenz, dass der Arbeitgeber den Arbeitslohn ohne weitere Voraussetzungen gemäß § 326 Abs. 1 S. 1 HS 2 BGB i.V.m. § 441 Abs. 3 BGB herabsetzen könnte.[601] In diese Richtung kann aber auch das zwischen quantitativer und qualitativer Schlecht- bzw. Minderleistung differenzierende Bundesarbeitsgericht nicht verstanden werden. Denn sonst hätte es nahe gelegen, dass das Gericht im „Kommissionierer-Fall" auf die Möglichkeit, den Entgeltanspruch zu mindern, nicht nur im Rahmen der Prüfung eines milderen Mittels zur Kündigung eingegangen

598 Vgl. aber § 89 ArbVG-E (Stand: November 2007), NZA-Beil. 1/2007,6, 21, der die Arbeitnehmerhaftung bei „Schlechtleistung" und der Verletzung von Nebenpflichten regelt.

599 Das Rücktrittsrecht gem. § 323 BGB wird im Dienstvertragsrecht allerdings durch das Kündigungsrecht mit seinen entsprechenden Voraussetzungen verdrängt.

600 Vgl. auch *Verstege*, Die Kündigung wegen geminderter Leistung des Arbeitnehmers, S. 45 f.

601 Vgl. aber *Canaris*, FS K.Schmidt, S. 177, 197: „Man kann daher sagen, dass es bei der „Teilleistung" um ein quantitatives Defizit geht, bei der „nicht vertragsgemäßen Leistung" um ein qualitatives Defizit geht".

wäre.[602] Darüber hinaus erscheint es nicht zuletzt deshalb notwendig, auch quantitative Leistungsmängel unter den Begriff der Schlecht- bzw. Minderleistung zu subsumieren, weil die im Einzelfall bestehenden Schwierigkeiten, Quantitäts- und Qualitätsdefizite klar voneinander abzugrenzen, anderenfalls zu mitunter fragwürdigen Ergebnissen führen würden. Das zeigen die Entscheidungen des Bundesarbeitsgerichts im „Kommissionierer-Fall“[603] und im „Sorter-Versand-Fall“[604] deutlich.[605] Der Grundsatz, wonach Streit über die Güte der Arbeitsleistung nicht auf der Lohnseite ausgetragen werden soll,[606] verlangt aber, die Frage nach der Minderung des Entgeltanspruchs nicht dem Zufall zu überlassen, sondern im Zweifel zugunsten des Arbeitnehmers zu entscheiden. Aus diesem Grund ist sowohl bei quantitativen als auch bei qualitativen Leistungsdefiziten grundsätzlich vom Vorliegen einer Schlecht- bzw. Minderleistung auszugehen, die den Lohnanspruch unberührt lässt.[607] Hierfür spricht im Übrigen, dass auch der Reformgesetzgeber bei der Schuldrechtsmodernisierung von einem Vorrang der Schlechtleistung vor der Teilleistung ausgegangen ist. So wurde sowohl im Kaufrecht als auch im Werkvertragsrecht die Teilleistung einem Sachmangel gleichgestellt (vgl. § 434 Abs. 3 BGB und § 633 Abs. 2 S. 3 BGB).[608]

§ 2. Abgrenzung der Schlecht- bzw. Minderleistung von der (teilweisen) Nichtleistung

Von der Schlecht- bzw. Minderleistung ist nach dem zuvor Gesagten die Nichtleistung, insbesondere die teilweise Nichtleistung (Teilleistung) abzugrenzen. Nur wenn letztere vorliegt, kann der Lohnanspruch des Arbeitnehmers gemäß § 326 Abs. 1 S. 1 HS 2 BGB i.V.m. § 441 Abs. 3 BGB gemindert werden. Auch diese Unterscheidung wird aber in der Praxis nicht einheitlich vorgenommen, zumal insofern bei weitgehend unbrauchbaren Leistungen „Grauzonen“[609] denkbar sind. Einigkeit besteht nur insoweit, als es sich nicht um einen Fall

---

602 BAG, Urt. vom 11.12.2003, – 2 AZR 667/02, BAGE 109, 87, 99.

603 BAG, Urt. vom 11.12.2003, – 2 AZR 667/02, BAGE 109, 87 ff.

604 BAG, Urt. vom 17.1.2008, – 2 AZR 536/06, BAGE 125, 257 ff.

605 Insoweit zu Recht kritisch *Tillmanns*, RdA 2009, 391, 392.

606 *Beuthien*, ZfA 1972, 73, 74.

607 In diesem Sinne *Brune*, AR-Blattei, SD 1420 (Schlechtleistung), Rn. 25; Schaub/*Linck*, § 52, Rn. 2; a.A. *Sedlmeier*, Unzureichende Arbeitsleistung, S. 162.

608 MüArbR/*Reichold*, § 39, Rn. 29; *Servatius*, Jura 2005, 838, 840; a.A. *Canaris*, FS K.Schmidt, S. 177, 190 ff.

609 MüArbR/*Reichold*, 3. Aufl. 2009, § 39, Rn. 29: Malergeselle streicht die Wand nicht wie geschuldet in gelber, sondern in blauer Farbe an.

der Schlechtleistung, sondern im Kern um Nichtleistung handeln soll, wenn der Arbeitnehmer überhaupt nicht oder zu spät zur Arbeit erscheint, zu früh die Betriebsstätte verlässt oder eigenmächtige Pausen einlegt.[610] Darüber hinaus wird die Differenzierung zwischen Schlecht- und (teilweiser) Nichtleistung unterschiedlich gehandhabt. Während etwa *Zöllner/Loritz/Hergenröder* in der falschen Rechnung des Lohnbuchhalters oder der fehlerhaften Abdeckung eines Daches durch den Dachdeckergesellen eine Schlechtleistung erblicken,[611] nimmt *Tillmanns* auch in derartigen Fällen eine teilweise Nichtleistung an, soweit der geschuldeten Tätigkeit eine eigenständige Teilfunktion fehlt (sog. „funktionaler Teilleistungsbegriff")[612]. Nach dieser Auffassung soll etwa eine teilweise Nichtleistung anzunehmen sein, wenn die Fehlerhaftigkeit der Dachabdeckung zu einem berechtigten Nacherfüllungsverlangen des Bestellers führt, dagegen „nur" Schlechtleistung, wenn der Besteller den für die Dachabdeckung geschuldeten Werklohn lediglich mindern kann.[613] Die Lehre vom funktionalen Teilleistungsbegriff führt indessen zu einer massiven Ausweitung des Tatbestandes der Teilleistung und damit des Minderungsrechts des Arbeitgebers. Sie ist deshalb aus den bereits genannten Gründen abzulehnen.[614]

Aber nicht nur der Aspekt des Arbeitnehmerschutzes, auch Praktikabilitätsgesichtspunkte lassen es vorzugswürdig erscheinen, für die Abgrenzung einzig darauf abzustellen, ob der Arbeitnehmer während des vereinbarten Leistungszeitraums tatsächlich gearbeitet hat. Nach diesem Verständnis fallen unter den Begriff der Schlecht- bzw. Minderleistung alle Quantitäts- und Qualitätsdefizite der Arbeitsleistung sowie alle übrigen Nebenpflichtverletzungen. Als Nichtleistung bzw. Teilleistung sind demgegenüber nur die Fälle des tatsächlichen „Nichtarbeitens" zu verstehen, unabhängig davon, wie lange die geschuldete Arbeitsleistung nicht erbracht wird.[615] Hiermit sind zwar noch nicht die seit jeher schwierig einzuordnenden Fälle der „passiven Resistenz" und der „Aliud-Leistung" entschieden, jedoch gilt auch hier, dass die Schlechtleistung gegenüber der (teilweisen) Nichtleistung vor dem Hintergrund des sozialpolitischen Motivs einer weitgehenden Erhaltung des Entgeltanspruchs Vorrang genießt. Allein

---

610 Vgl. *Brune*, AR-Blattei, SD 1420 (Schlechtleistung), Rn. 22 mit zahlreichen Nachweisen aus der Rechtsprechung.

611 *Zöllner/Loritz/Hergenröder*, S. 214 f.

612 *Tillmanns*, Strukturfragen, S. 430 ff.

613 *Tillmanns*, Strukturfragen, S. 443.

614 Oben § 1 C.

615 So auch § 88 Abs. 1 ArbVG-E (Stand: November 2007), *Henssler/Preis*, NZA-Beil. 1/2007, 6, 21.

dies entspricht letztlich auch dem in § 434 Abs. 3 BGB und § 633 Abs. 2 S. 3 BGB zum Ausdruck kommenden Willen des Reformgesetzgebers. Soweit allerdings wegen tatsächlicher Nichtarbeit ein Fall der Nichtleistung angenommen wird, ist zu beachten, dass allein in dem Zurverfügungstehen des Arbeitnehmers während des vereinbarten Leistungszeitraums, und der damit einhergehenden Dispositionsmöglichkeit des Arbeitgebers über die Arbeitskraft, bereits eine zu vergütende Teilleistung liegen dürfte.[616]

§ 3. Reaktionsmöglichkeiten des Arbeitgebers

A. Mitarbeitergespräch

Der Arbeitgeber ist keineswegs gezwungen, auf fehlerhafte Leistungen des Arbeitnehmers unmittelbar mit einer Abmahnung oder der Geltendmachung eines Schadenersatzanspruches zu reagieren. Schon vor dem Hintergrund massiver Beweisprobleme im Fall von Schlecht- und Minderleistungen, sowie einer zumeist nachhaltigen „atmosphärischen" Beeinträchtigung des Arbeitsverhältnisses durch eine rechtliche Reaktion, stellt eine solche oftmals kein taugliches Mittel zur Wiederherstellung des Vertragsgleichgewichts dar. Auch unter betriebswirtschaftlichen Aspekten wird es sich oftmals empfehlen, zunächst außerrechtliche Reaktionsmöglichkeiten in Betracht zu ziehen.[617]

Als hilfreich kann sich etwa die Vereinbarung eines sog. Mitarbeitergesprächs (MAG) darstellen. Dieses Instrument moderner Personalführung ist vor allem in Großkonzernen mittlerweile Standard.[618] Hierbei lassen sich verschiedene, nach sog. Eskalationsstufen differenzierende Gesprächsanlässe unterscheiden.[619] Schlecht- bzw. Minderleistung können z.B. in einem sog. „Kritikgespräch" oder in einem die nächste Eskalationsstufe darstellenden „Konfliktgespräch" thematisiert werden.[620] Der Zweck des MAG besteht weniger in der reinen Leistungsbeurteilung für die Vergangenheit, als vielmehr in der Ermittlung von Gründen für ein beobachtetes Leistungsdefizit sowie in der Verabredung konkreter Ansätze, um die

---

616 *Tillmanns*, Strukturfragen, S. 433.

617 Bekannt ist bspw. das Phänomen der „inneren Kündigung" als Reaktion auf massive Konflikte am Arbeitsplatz, hierzu *Brinkmann/Stapf*, Innere Kündigung: Wenn der Job zur Fassade wird, 2005.

618 Vgl. auch *Hunold/Wetzling*, Umgang mit leistungsschwachen Mitarbeitern, S. 168.

619 *Hollmann*, DStR 2007, 1226 f.

620 *Hollmann*, DStR 2007, 1226 f.

Schlecht- bzw. Minderleistung für die Zukunft zu beheben.[621] Dabei wird empfohlen, das MAG detailliert vorzubereiten und die Ergebnisse schriftlich zu fixieren.[622]

Der Arbeitgeber kann von dem Arbeitnehmer die Teilnahme an einem Mitarbeitergespräch kraft seines Direktionsrechts verlangen.[623] Umgekehrt hat der Arbeitnehmer gemäß § 82 Abs. 2 S. 1 BetrVG einen Anspruch, dass der Arbeitgeber mit ihm die Beurteilung seiner Leistungen sowie die Möglichkeiten seiner beruflichen Entwicklung im Betrieb erörtert.[624] Teilweise wird auch für möglich gehalten, dass das Führen von Mitarbeitergesprächen ein Mitbestimmungsrecht des Betriebsrates gemäß § 87 Abs. 1 Nr. 1 BetrVG auslöst.[625] Dies erscheint jedoch zweifelhaft, da die Mitbestimmung des Betriebsrates grundsätzlich das Vorliegen eines kollektiven Tatbestands voraussetzt.[626]

B. Umschulungs- und Fortbildungsmaßnahmen

Neben dem Mitarbeitergespräch (MAG) kommen im Vorfeld arbeitsrechtlicher Sanktionen auch Umschulungs- und Fortbildungsmaßnahmen in Betracht. Diese Möglichkeit eröffnet insbesondere dort konstruktive Lösungen, wo die Störung des Arbeitsverhältnisses nicht auf verhaltensbedingten Gründen beruht, sondern auf einer Änderung des Anforderungsprofils, etwa bei der Einführung neuer Informationstechnik im Betrieb. Die Teilnahme an entsprechenden Schulungen kann ebenfalls per Direktionsrecht angeordnet werden,[627] zumal wenn die zu erlernenden Fähigkeiten von dem Berufsbild des Arbeitnehmers gedeckt sind.[628]

---

621 Zur Unterscheidung von Beurteilungsgespräch und Mitarbeitergespräch vgl. *Hunold/Wetzling*, Umgang mit leistungsschwachen Mitarbeitern, S. 169.

622 *Hollmann*, DStR 2007, 1226, 1227; *Hunold/Wetzling*, Umgang mit leistungsschwachen Mitarbeitern, S. 174.

623 Vgl. aber BAG, Urt. vom 23.6.2009, – 2 AZR 606/08, AP § 106 GewO Nr. 3: Keine Pflicht zur Teilnahme an einem Personalgespräch, in dem es alleine um eine vom Arbeitgeber angestrebte Vertragsänderung geht.

624 Nach *Hunold/Wetzling*, Umgang mit leistungsschwachen Mitarbeitern, S. 168 handelt es sich bei der Durchführung von Mitarbeitergesprächen um einen „Akt schlichten positiven Gesetzesvollzugs".

625 So etwa *Gaul/Süßbrich/Aletter*, ArbRB 2005, 82, 83.

626 Z.B. Richardi/*Richardi*, § 87, Rn. 17.

627 *Hunold*, NZA 2000, 802, 805.

628 ArbG Bonn, Urt. vom 4.7.1990 – 4 Ca 751/90, NZA 1991, 512; sobald jedoch die „normale Schwankungsbreite" des Berufsbildes verlassen wird, können die verlangten Fähigkeiten richtigerweise nur noch im Wege des Änderungsvertrages Eingang in das Pflichtenprogramm des Arbeitsverhältnisses finden, vgl. etwa *Latzel*, RdA 2013, 73, 76 betreffend eine Änderung des „sprachlichen Anforderungsprofils".

Das Erlernen von Fähigkeiten, die nicht zum Berufsbild des Arbeitnehmers gehören, kann der Arbeitgeber demgegenüber grundsätzlich nicht verlangen. Jedoch ist zu berücksichtigen, dass auch das Berufsbild nicht „statisch", sondern in einer sich verändernden Arbeitswelt vielfältigen Veränderungen unterworfen ist.[629] So ist es heute selbstverständlich, dass ein Lagerist seine Tätigkeit mit Hilfe eines Computersystems ausübt.[630] Sofern derartige Arbeitsweisen durch eine betriebliche Organisationsmaßnahme eingeführt werden, kann der Arbeitgeber verlangen, dass sich der Arbeitnehmer die entsprechenden Fähigkeiten aneignet. Gestützt wird die Annahme einer „Lernpflicht" auch durch den gesetzlich kodifizierten Unterrichtungs- und Erörterungsanspruch des Arbeitnehmers gemäß § 81 Abs. 4 BetrVG sowie das Mitbestimmungsrecht des Betriebsrates nach § 97 Abs. 2 S. 1 BetrVG. Beide Vorschriften beziehen sich auf Maßnahmen des Arbeitgebers, die dazu führen, dass sich die Tätigkeit des betroffenen Arbeitnehmers ändert und als Folge seine beruflichen Kenntnisse und Fähigkeiten zur Erfüllung der übertragenen Arbeitsaufgabe nicht mehr ausreichen. Diese Regelungen wären sinnlos, wenn der Gesetzgeber davon ausgegangen wäre, dass sich der Arbeitnehmer im Fall einer vom Arbeitgeber veranlassten Änderung des Anforderungsprofils mit dem Argument entlasten könnte, er habe bei Vertragsschluss eine den jetzigen Anforderungen entsprechende Leistungsfähigkeit nicht besessen und also auch nicht versprochen, weshalb sie auch später nicht von ihm verlangt werden könne.[631]

Versäumt es der Arbeitgeber, mit dem Arbeitnehmer arbeitsplatzbezogene Maßnahmen und ihre Auswirkungen auf das Anforderungsprofil frühzeitig zu erörtern, ist dem Arbeitnehmer ein längerer Zeitraum für den Erwerb der notwendigen Kenntnisse und Fähigkeiten einzuräumen, bevor z.B. eine personenbedingte Kündigung in Betracht kommt.[632] Weigert sich umgekehrt der Arbeitnehmer, seine Leistungsdefizite durch Inanspruchnahme angebotener Schulungs- bzw. Fortbildungsmaßnahme zu beheben, kommt nach vorheriger Abmahnung bereits aufgrund der Weigerung als solcher eine verhaltensbedingte Kündigung in Betracht.[633]

---

629 Vgl. *Günther*, ArbRAktuell 2010, 285 ff.;

630 Beispiel nach *Wisskirchen/Bissels/Schmidt*, NZA 2008, 1386, 1387.

631 Die gesetzlich vorausgesetzte Lernpflicht des Arbeitnehmers steht damit ganz offensichtlich in einem nicht auflösbaren Gegensatz zu der Lehre vom subjektiven Leistungsmaßstab.

632 *Fitting*, § 81, Rn. 25.

633 *Hunold*, NZA 2000, 802, 806.

C. Minderung

Unter Hinweis auf das Fehlen eines Gewährleistungsrechts in den §§ 611 ff. BGB wird nach tradierter Auffassung ein Minderungsrecht des Arbeitgebers als rechtliche Reaktion auf Schlecht- bzw. Minderleistungen des Arbeitnehmers abgelehnt.[634] Ein Minderungsrecht wird lediglich in den Fällen akzeptiert, in denen sich die Forderung des Arbeitnehmers nach dem ungekürzten Lohn als rechtsmissbräuchlich darstellt, etwa weil der Arbeitnehmer seine Arbeitskraft bewusst zurückgehalten hat.[635] Im Übrigen kann der Arbeitgeber eine Kürzung des Lohnanspruchs nur durch Aufrechung mit einem Schadensersatzanspruch herbeiführen. Dies erfordert neben einem Verschulden des Arbeitnehmers aber insbesondere den Nachweis eines Schadens. Darüber hinaus sind die Grundsätze des innerbetrieblichen Schadensausgleichs ebenso zu beachten wie der Pfändungsschutz für Arbeitseinkommen gemäß §§ 850a–850i ZPO.

Nach der hier vertretenen Ansicht ergibt sich das Minderungsverbot bei quantitativen bzw. qualitativen Leistungsmängeln bereits unmittelbar aus § 326 Abs. 1 S. 2 BGB, da Schlecht- bzw. Minderleistungen nach der gesetzlichen Terminologie „nicht vertragsgemäße(n)" Leistungen darstellen, deren Nachleistung gemäß § 275 Abs. 1–3 BGB im Regelfall unmöglich ist.[636] Auf die Frage des Verschuldens kommt es insoweit grundsätzlich nicht an.[637] Allein diese Sichtweise entspricht letztlich auch der Grundkonzeption des Dienstvertrages, der sich – wie erörtert wurde[638] – vom Werkvertrag maßgeblich dadurch unterscheidet, dass das Entgeltrisiko dem Dienstberechtigten zugewiesen ist. Auch der Reformgesetzgeber hält an diesem Grundsatz fest. So findet sich in der Begründung

---

634 Zuletzt BAG, Urt. vom 18.7.2007, – 5 AZN 423/96, AP § 611 BGB Minderleistung Nr. 1; Schaub/*Linck*, § 52, Rn. 5; MüArbR/*Reichold*, § 39, Rn. 60.

635 BAG, Urt. vom 17.7.1970, – 3 AZR 423/68, BAGE 22, 402, 404 („Schwangeren-Fall").

636 Die Geltung der Fixschuldthese im Arbeitsvertragsrecht wird in ihrer Allgemeinheit freilich zunehmend in Zweifel gezogen, vgl. etwa ErfK/*Preis*, § 611 BGB, Rn. 677; MüKo/*Ernst*, § 275, Rn. 48; siehe hierzu auch BAG, Urt. vom 17.3.1988, – 17.3.1988, AP § 626 BGB Nr. 99. Letztlich kommt es für die Frage, ob die Arbeitspflicht eine absolute oder relative Fixschuld darstellt, auf die vertragliche Vereinbarung an.

637 Zur Ausnahme bei bewusster Zurückhaltung der Arbeitkraft vgl. BAG, Urt. vom 17.7.1970, – 3 AZR 423/68, BAGE 22, 402, 404; BAG, 26.1.1983, – 4 AZR 179/80, AP § 1 TVG Tarifverträge: Metallindustrie Nr. 14. Zur Vereinbarung eines Akkordlohnanspruchs nur bei „fachlich einwandfreien Arbeiten" vgl. BAG, 15.3.1960, – 1 AZR 301/57, AP § 1 TVG Auslegung Nr. 100. Ob dies dem Willen des Gesetzgebers entspricht, ist allerdings zweifelhaft, vgl. BT-Drs. 14/6040, S. 223.

638 Vgl. auch oben unter Drittes Kapitel § 2 C. II. 1.

zum Schuldrechtsmodernisierungsgesetz ausdrücklich die Forderung, „dass die Minderung für einzelne Vertragstypen, insbesondere für den Dienstvertrag, als Rechtsbehelf ausgeschlossen bleiben muss".[639] Etwas anderes gilt lediglich für die Nichtleistung und die Teilleistung, deren Vorliegen dazu führt, dass der Arbeitgeber den Vergütungsanspruch gemäß § 326 Abs. 1 S. 1 HS 1 BGB bzw. § 326 Abs. 1 S. 1 HS 2 BGB i.V.m. § 441 Abs. 3 BGB ohne weitere Voraussetzungen mindern kann. Verschulden ist nicht erforderlich, da der (automatische) Wegfall des Vergütungsanspruchs unmittelbare Konsequenz aus der synallagmatischen Verknüpfung von Leistung und Gegenleistung ist. Die Minderungsmöglichkeit bei der (teilweisen) Nichtleistung ist nach dem oben Gesagten[640] jedoch auf die Fälle des tatsächlichen „Nichtarbeitens" beschränkt (Nichterscheinen am Arbeitsplatz, eigenmächtige Pausen usw.).[641] Auf die zahlreichen arbeitsrechtsspezifischen Durchbrechungen des synallagmatischen Grundprinzips „Ohne Arbeit kein Lohn" wurde bereits an früherer Stelle eingegangen.[642]

Was den Umfang der Minderung betrifft, so verweist § 326 Abs. 1 S. 1 HS 2 BGB auf die Vorschrift des § 441 Abs. 3 BGB. Hiernach ist das Arbeitsentgelt in dem Verhältnis herabzusetzen, in welchem der Wert einer vollständig erbrachten Arbeitsleistung zu dem Wert der tatsächlich erbrachten Leistung (wirklicher Wert) steht. Dabei bereitet die Berechnung des Minderungsbetrages insoweit Schwierigkeiten, als sich der Wert der vollständig erbrachten Arbeitleistung grundsätzlich nach dem „Verkehrswert" richtet, also nicht ohne weiteres mit dem vertraglichen Vergütungsanspruch übereinstimmen muss.[643] Allerdings wird man in der Höhe der vereinbarten Vergütung ein gewichtiges Indiz für den anzusetzenden Wert sehen können.[644] Das gilt erst recht, wenn sich die Höhe der Vergütung aus einem anwendbaren Lohn- bzw. Gehaltstarifvertrag ergibt, weil dem zugrundeliegenden Tarifkompromiss eine prinzipielle Richtigkeitsgewähr hinsichtlich der marktmäßigen Durchsetzbarkeit von Lohnforderungen unterstellt wird. Da eine Minderung grundsätzlich nur im Fall eines tatsächlichen Nichtarbeitens in Betracht kommt, ist für die Berechnung

---

639 BT-Drs. 14/6040, S. 223; das übersieht *Tillmanns*, Strukturfragen, S. 395.

640 Vgl. oben § 2.

641 BAG, Urt. vom 18.7.2007, – 5 AZN 610/07, AP § 611 BGB Minderleistung Nr. 1; weitergehend *Tillmanns*, Strukturfragen, S. 456, deren Konzept einer „funktionalen Teilleistung" zu einer erheblichen Ausweitung der Minderungsmöglichkeit im Bereich der traditionellen Schlechtleistung führt.

642 Vgl. oben unter Drittes Kapitel § 2 C. II. 1. c).

643 MüKo/*H.P. Westermann*, § 441, Rn. 13.

644 OLG Düsseldorf, Urt. vom 18.6.1999, – 22 U 256/98, NJW-RR 2000, 505, 506.

des wirklichen Werts der Arbeitsleistung zunächst der Zeitraum zu betrachten, in dem der Arbeitnehmer diese nicht (das heißt auch nicht schlecht i.S.d. § 326 Abs. 1 S. 2 BGB) erbracht hat und sodann zu fragen, welchem objektiv-wirtschaftlichen Wert die Arbeitsleistung in diesem Zeitraum entsprechen würde. Insoweit gilt nichts anderes als für die Berechnung des wirklichen Werts der Arbeitsleistung, wobei zu beachten ist, dass eine (teilweise) Nichtleistung nicht stets mit einer Abwesenheit vom Arbeitsplatz einhergehen muss. Sollte der Arbeitnehmer zwar seine Arbeitsleistung (teilweise) tatsächlich nicht erbracht haben, gleichwohl aber am Arbeitsplatz anwesend gewesen sein, so stellt nach zutreffender Auffassung[645] allein die tatsächliche Dispositionsmöglichkeit des Arbeitgebers über die Arbeitskraft seines Arbeitnehmers eine eigenständige „Teilleistung", jedenfalls aber einen wirtschaftlichen Wert dar, der von dem ermittelten Minderungsbetrag abzusetzen ist. Im Übrigen ist bei der Berechnung des wirklichen Werts der Arbeitsleistung zu unterstellen, dass die erbrachte Teilleistung ansonsten vertragsgemäß ist.[646] Der Gesetzgeber hat diese Schwierigkeiten bei der Festlegung der ins Verhältnis zu setzenden Werte der vollständig erbrachten und der tatsächlichen Arbeitsleistung gesehen und in § 441 Abs. 3 S. 2 BGB angeordnet, dass der Minderungsbetrag, soweit erforderlich, durch Schätzung zu ermitteln ist. Die Schätzung hat das Gericht nach freier Überzeugung unter Würdigung aller Umstände des Einzelfalles vorzunehmen (§ 287 Abs. 1 ZPO).[647]

D. Zurückbehaltungsrecht

Die Frage, ob der Arbeitgeber bei Schlecht- bzw. Minderleistungen den Lohn gemäß § 320 BGB zurückbehalten darf, ist entsprechend den oben dargestellten Grundsätzen der Risikoverteilung zu verneinen.[648] Denn eine Nacherfüllung ist aufgrund des Fixschuldcharakters der Arbeitsleistung regelmäßig unmöglich, so dass die Zulassung eines dilatorisch wirkenden Leistungsverweigerungsrechts zu einer Aushebelung des Minderungsverbot bei Schlechtleistungen (§ 326 Abs. 1 S. 2 BGB) führen würde.[649]

645 *Tillmanns*, Strukturfragen, S. 433.

646 Ausführlich zur Berechnung der Minderung im Dienstvertragsrecht *Tillmanns*, Strukturfragen, S. 421 ff.

647 Erman/*B. Grunewald*, § 441, Rn. 10.

648 Oben C.

649 So zutreffend *Brune*, AR-Blattei SD 1420 (Schlechtleistung), Rn. 48; *Tschöpe*, BB 2006, 213, 216.

Gleiches gilt für die Fälle der (teilweisen) Nichtleistung. Auch hier geht der Anspruch auf die Leistung der versprochenen Dienste mit Ablauf der vereinbarten Leistungszeit gem. § 275 BGB unter. Für die von der Einrede des § 320 BGB bezweckte Druckfunktion ist insoweit kein Platz mehr.[650] Dem Arbeitgeber bleibt in diesem Fall allerdings die Möglichkeit der Entgeltminderung gemäß § 326 Abs. 1 S. 1 HS 2 i.V.m. § 441 Abs. 3 BGB.

E. Kündigung

Das Arbeitsrecht stellt als „klassisches" Reaktionsinstrument auf Schlecht- bzw. Minderleistungen die Kündigung zur Verfügung. Ihre Wirksamkeit ist an hohe rechtliche Hürden geknüpft. Im Folgenden sollen die verschiedenen in Betracht kommenden Anknüpfungstatbestände einer Kündigung wegen „low performance" und ihre Voraussetzungen dargestellt werden. Hierbei ist auch auf die Auswirkungen einzugehen, die die Zugrundelegung eines objektiven Leistungsmaßstabs analog § 59 HGB im System des Kündigungsrechts mit sich bringt.

I. Ordentliche Kündigung

1. Kündigung zur Entgeltreduzierung?

In jüngerer Zeit ist häufiger die Frage aufgeworfen worden, ob neben einer ordentlichen Beendigungskündigung wegen defizitärer Arbeitsleistungen auch ein Kündigungsrecht des Arbeitgebers bejaht werden sollte, dessen alleiniger Zweck in einer Vergütungsreduzierung liegt.[651] Diskutiert wird in diesem Zusammenhang die Möglichkeit einer Teilkündigung bzw. einer Änderungskündigung. Auch das Bundesarbeitsgericht hat in seiner Entscheidung vom 11.12.2003 eine Kündigung zur Entgeltreduzierung in Erwägung gezogen, ohne allerdings auf die Voraussetzungen einer solchen Kündigung im Einzelnen einzugehen.[652]

a) Teilkündigung zur Entgeltreduzierung

Eine Teilkündigung ist eine Willenserklärung, mit der der Kündigende einzelne Vertragsbedingungen gegen den Willen seines Vertragspartners einseitig ändern will.[653] Die Teilkündigung ist somit nicht darauf angelegt, das gesamte

---

650 Erman/*H.P. Westermann*, § 320, Rn. 5; differenzierend *Tillmanns*, Strukturfragen, S. 458 f.

651 Vgl. etwa *Tschöpe*, BB 2006, 213, 216.

652 BAG, Urt. vom 11.12.2003, – 2 AZR 667/02, BAGE 109, 87, 99 („Kommissionierer-Fall").

653 BAG, Urt. vom 22.1.1997, – 5 AZR 658/95, AP § 620 BGB Teilkündigung Nr. 6.

Arbeitsverhältnis in seinem Bestand zu beseitigen, sondern nur auf die Herauslösung einzelner vertraglicher Rechte oder Pflichten aus dem Vertragsgefüge. Nach herrschender Ansicht sind Teilkündigungen im Individualarbeitsrecht grundsätzlich unzulässig.[654] Begründet wird dies damit, dass die einzelnen Vertragsbedingungen zu- und untereinander in einem nicht auflösbaren konditionellen Gesamtzusammenhang stünden. Die einzelnen Teile des Arbeitsvertrages kämen regelmäßig nicht isoliert zustande, sondern stünden in einem inneren Zusammenhang und gegenseitigen Wechselwirkungen.[655] Die Teilkündigung führe deshalb zu einer Störung des zwischen den Parteien vereinbarten Äquivalenz- und Ordnungsgefüges.[656] Angesprochen ist hiermit letztlich das Prinzip der Vertragsautonomie. Danach soll es einer Vertragspartei nicht zugemutet werden können, dass sich die andere Partei von einzelnen ungewollten Vertragsbedingungen unter Aufrechterhaltung des Vertrags im Übrigen einseitig lösen und ihr so ein Regelwerk aufdrängen kann, den sie mit dem restlichen Inhalt nicht gewollt hat.[657] Eine Teilkündigung wird deshalb nur ausnahmsweise zugelassen, und zwar nur dort, wo sich das Arbeitsverhältnis aus mehreren Teilverträgen zusammensetzt und diese Teilverträge nach dem Gesamtbild des Vertrages jeweils als für sich selbständig lösbar aufgefasst werden müssen.[658] Soweit ein Recht zur Teilkündigung teilweise individualvertraglich vereinbart ist, wird diese Vereinbarung gemäß §§ 133, 157 BGB als Widerrufsvorbehalt ausgelegt;[659] die für Widerrufsvorbehalte entwickelten Anforderungen finden somit unmittelbare Anwendung. Das bedeutet nach der neueren Rechtsprechung des Bundesarbeitsgerichts für den Widerruf von Lohnbestandteilen, dass arbeitsvertragliche Widerrufsvorbehalte der Inhaltskontrolle nach § 308 Nr. 4 BGB unterliegen und nur wirksam sind, wenn ein Widerruf auf sachliche Gründe gestützt wird, etwa auf eine negative wirtschaftliche Entwicklung des Unternehmens.[660] Darüber hinaus ist die Höhe des widerruflichen Vergütungsanteils auf 25–30% der Gesamtvergütung begrenzt, wobei der Tariflohn nicht unterschritten werden darf.[661]

---

654 Z.B. BAG, Urt. vom 23.8.1989, – 5 AZR 569/88, AP § 565e BGB Nr. 3; Schaub/*Linck*, ArbR-Hdb., 14. Aufl. 2011, § 123, Rn. 8.

655 BAG, Urt. vom 13.3.2007, – 9 AZR 612/05, BAGE 121, 369, 375.

656 BAG, Urt. vom 23.8.1989, – 5 AZR 569/88, AP § 565e BGB Nr. 3.

657 Schaub/*Linck*, § 123, Rn. 8.

658 BAG, Urt. vom 13.3.2007, – 9 AZR 612/05, BAGE 121, 369, 375.

659 *v. Hoyningen-Huene/Linck/Krause*, § 2 KSchG, Rn. 60.

660 BAG, Urt. vom 12.1.2005, – 5 AZR 364/04, BAGE 113, 140, 145.

661 BAG, Urt. vom 12.1.2005, – 5 AZR 364/04, BAGE 113, 140, 146; hierzu auch MüKo/*Würdinger*, § 315, Rn. 65; *Reinecke*, NJW 2005, 3383, 3387; *Singer*, RdA 2006, 362, 368 f.

Gerade die Praxis, Teilkündigungsklauseln als Widerrufsvorbehalte auszulegen, hat in der Literatur jedoch Kritik an der strikten Ablehnung eines Teilkündigungsrechts ausgelöst.[662] So spreche nichts dagegen, die Teilkündigung als milderes Mittel zu einer Änderungskündigung gemäß § 2 KSchG in Betracht zu ziehen.[663] Ohnehin stelle die Annahme eines Änderungsangebots durch den Arbeitnehmer der Sache nach nichts anderes als eine Teilkündigung dar.[664] Allerdings will auch diese Ansicht eine Teilkündigung nicht für den Bereich der Hauptleistungspflichten zulassen, so dass es hinsichtlich der Frage nach der Zulässigkeit einer Teilkündigung zur Entgeltreduzierung nach einhelliger Auffassung bei einem Teilkündigungsverbot verbleibt.[665]

b) Änderungskündigung zur Entgeltreduzierung

Anders stellt es sich im Hinblick auf eine Änderungskündigung dar. Sie besteht gemäß § 2 KSchG aus zwei Willenserklärungen des Arbeitgebers[666]: Der Kündigung des gesamten Arbeitsverhältnisses, verbunden mit dem Angebot, dieses zu geänderten Arbeitsbedingungen fortzusetzen. Der Arbeitnehmer kann das Angebot ablehnen, es annehmen oder die Annahme innerhalb der Frist des § 2 S. 2 KSchG unter dem Vorbehalt erklären, dass die Änderung des Arbeitsbedingungen nicht sozial ungerechtfertigt sei. Der maßgebliche Unterschied der Änderungskündigung zur Teilkündigung wird darin gesehen, dass erstere nicht lediglich auf die Beendigung einzelner Vertragsbedingungen zielt, sondern den Bestand des Arbeitsverhältnisses als Ganzes erfasst.[667] Dies trifft allerdings nur rechtstechnisch zu. Der Sache nach geht es dem Arbeitgeber bei der Änderungskündigung ebenfalls nur um die Abänderung einzelner Vertragsbedingungen.[668] Nimmt der Arbeitnehmer das Änderungsangebot unter dem Vorbehalt der sozialen Rechtfertigung an, bezieht sich die materiell-rechtliche Prüfung der Änderungskündigung ausweislich § 2 S. 1 KSchG zunächst einmal nur auf die Änderung der Arbeitsbedingungen. Daraus wird abgeleitet, dass eine Änderungskündigung im Verhältnis zur Beendigungskündigung unter erleichterten Voraussetzungen zulässig sei. Es sei lediglich zu fragen, ob Gründe i.S.d. § 1 Abs. 2 KSchG die

---

662 APS/*Preis*, 3, Grundlagen E., Rn. 14 ff.
663 APS/*Preis*, 3, Grundlagen E., Rn. 16.
664 SPV/*Preis*, § 11, Rn. 167.
665 APS/*Preis*, Grundlagen E., Rn. 15.
666 Vgl. auch BAG, Urt. vom 16.9.2004, – 2 AZR 628/03, BAGE 112, 58, 60.
667 ErfK/*Oetker*, § 2 KSchG, Rn. 9.
668 Zutreffend insoweit APS/*Preis*, Grundlagen E., Rn. 16.

Änderung der Arbeitsbedingungen bedingen und sich der Arbeitgeber darauf beschränkt hat, nur solche Änderungen vorzunehmen, die der Arbeitnehmer billigerweise hinnehmen muss.[669]

Die Absenkung des Prüfungsmaßstabs bei Änderungskündigungen ist jedoch verfehlt. § 2 S. 1 KSchG verweist für den Prüfungsumfang der sozialen Rechtfertigung einer Änderung der Arbeitsbedingungen ausdrücklich auf § 1 Abs. 2 und 3 KSchG. Hieraus folgt nach zutreffender Ansicht, dass eine Änderungskündigung grundsätzlich nur dann sozial gerechtfertigt ist, wenn auch die Voraussetzungen einer Beendigungskündigung vorliegen.[670] Etwas anderes gilt nur für die vorzunehmende Interessenabwägung. Insoweit erscheint eine Absenkung des Prüfungsmaßstabs in der Tat gerechtfertigt, da hier nicht das Beendigungsinteresse des Arbeitgebers, sondern lediglich sein Änderungsinteresse mit dem Vertragserhaltungsinteresse des Arbeitnehmers in einen angemessenen Ausgleich zu bringen ist.

Eine Änderungskündigung zur Entgeltreduzierung wurde bislang nur aus betriebsbedingten Gründen zugelassen. Ihre soziale Rechtfertigung setzt nach der Rechtsprechung des Bundesarbeitsgerichts voraus, dass bei einer Aufrechterhaltung der bisherigen Personalkostenstruktur weitere, nicht mehr auffangbare Verluste entstehen, die absehbar in einer Reduzierung der Belegschaft oder sogar zu einer Schließung des Betriebes führen müssen und zudem ein Sanierungsplan alle milderen Mittel ausschöpft.[671] Hierbei ist das Volumen der Vergütungsabsenkung auf alle Arbeitnehmer gleichmäßig zu verteilen. Die in jüngster Zeit diskutierte Frage, ob eine Änderungskündigung auch als Reaktion auf Schlechtleistungen des Arbeitnehmers in Betracht kommt,[672] wurde im Wesentlichen durch eine Äußerung des Bundesarbeitsgerichts im „Kommissionierer-Fall" hervorgerufen.[673] Das Gericht hatte darauf hingewiesen, dass ein milderes Mittel gegenüber einer ordentlichen Kündigung wegen Schlecht- bzw. Minderleistung auch in der zumutbaren Beschäftigung zu geänderten Vertragsbedingungen liegen könne, „u.U. auch in einer Vergütungsreduzierung". Was das Bundesarbeitsgericht hiermit genau meint und unter welchen Voraussetzungen eine Entgeltreduzierung in Betracht kommen soll, blieb unklar.

---

669 BAG, Urt. vom 26.6.2008, – 2 AZR 139/07, AP § 2 KSchG 1969 Nr. 138 (st. Rspr.).

670 Ausführlich MüArbR/*Berkowsky*, § 122, Rn. 5 ff. („Beendigungstheorie").

671 BAG, Urt. vom 26.6.2008, – 2 AZR 139/07, AP § 2 KSchG 1969 Nr. 138.

672 Vgl. etwa *Friemel/Walk*, NJW 2005, 3669, 3672; *Römermann/Haase*, MDR 2006, 853, 856; *Tschöpe*, BB 2006, 213, 216.

673 BAG, Urt. vom 11.12.2003, – 2 AZR 667/02, BAGE 109, 87, 99.

Nicht viel Licht ins Dunkel brachte die Entscheidung im „Sorter-Versand-Fall".[674] Die Vorinstanz, das Landesarbeitsgericht Sachsen, hatte anknüpfend an den Hinweis des Bundesarbeitsgerichts im „Kommissionierer-Fall" der Klage der Arbeitnehmerin unter anderem deshalb stattgegeben, weil der Arbeitgeber als milderes Mittel zur Beendigungskündigung nicht „die Option einer Änderungskündigung durch Reduzierung der Vergütung"[675] in Erwägung gezogen habe. „Wenn durch eine erheblich unterdurchschnittliche qualitative Leistung sich ein Ungleichgewicht zwischen Leistung und Gegenleistung aufgetan hätte, so wäre eine Gehaltsanpassung zum Ausgleich dieses Ungleichgewichts in Frage gekommen.", so das Landesarbeitsgericht.[676] Dieser Argumentation ist das Bundesarbeitsgericht nicht gefolgt. Das Landesarbeitsgericht Sachsen habe verkannt, dass in Fällen einer qualitativen Schlechtleistung eine Entgeltreduzierung „kaum geeignet" sei, „eine rechtssichere Handhabung zu gewährleisten".[677] Darüber hinaus kam nach den Feststellungen des Landesarbeitsgerichts im konkreten Fall überhaupt nur eine geringfügige Vergütungsreduzierung in Betracht. Hier eine Änderungskündigung auszusprechen, hielt das Bundesarbeitsgericht für „wohl unverhältnismäßig", da „der geringe Umfang der Gehaltsreduzierung eine Bestandsgefährdung des Arbeitsverhältnisses nicht rechtfertigen würde".[678]

Obwohl es der 2. Senat selbst gewesen ist, der die Möglichkeit, auf Schlecht- bzw. Minderleistungen des Arbeitnehmers mit einer Entgeltreduzierung durch Änderungskündigung zu reagieren, in die Debatte eingeführt hat, bleiben die Ausführungen des Gerichts hierzu weiterhin recht nebulös. Nur in zwei Punkten ist das Urteil im „Sorter-Versand-Fall" insofern erhellend: Erstens lehnt das Bundesarbeitsgericht das Instrument der Änderungskündigung unter dem Aspekt einer rechtssicheren Handhabung bei qualitativen Leistungsmängeln ab, zweitens stellt sich nach Auffassung des Gerichts bei einem geringen Umfang der in Betracht kommenden Vergütungsreduzierung angesichts des Bestandsrisikos des gesamten Arbeitsverhältnisses die Frage nach der Verhältnismäßigkeit dieser Maßnahme.

---

674 BAG, Urt. vom 17.1.2008, – 2 AZR 536/06, BAGE 125, 257 ff.

675 Richtig muss es wohl heißen: „die Option einer Reduzierung der Vergütung durch Änderungskündigung".

676 LAG Sachsen, Urt. vom 7.4.2006, – 3 Sa 425/05 – Rn. 84 (juris).

677 BAG, Urt. vom 17.1.2008, – 2 AZR 536/06, BAGE 125, 257, 265.

678 BAG, Urt. vom 17.1.2008, – 2 AZR 536/06, BAGE 125, 257, 265: Ob das BAG die Frage nach der Verhältnismäßigkeit entsprechend seiner bisherigen Rechtsprechung zur Entgeltreduzierung durch Änderungskündigung auf der Prüfungsebene der Billigkeit des Änderungsangebotes verortet, bleibt unklar.

Beim ersten Argument handelt es sich um die bereits bekannte Erkenntnis, dass qualitative Schlecht- bzw. Minderleistungen ein ganz unterschiedliches kündigungsrelevantes Gewicht haben können. Insbesondere bei schwerwiegenden Fehlleistungen, die unter Umständen erhebliche Haftungsrisiken des Arbeitgebers im Verhältnis zu Dritten auslösen, typischerweise aber nur höchst selten vorkommen, ist nicht zu erkennen, dass eine Vergütungsreduzierung zu einer Wiederherstellung des Vertragsgleichgewichts für die Zukunft führen würde (Bsp.: Wie hoch soll die dauerhafte Entgeltreduzierung ausfallen, wenn der angestellte Arzt schuldhaft einen schwerwiegenden OP-Fehler verursacht?). Eine dauerhafte Gehaltskürzung würde sich in diesen Fällen vielmehr als reine Pönalisierung von in der Vergangenheit liegenden Fehlleistungen darstellen, die dem Kündigungsrecht fremd ist. Für eine sachgerechte Anwendung des Instruments der Änderungskündigung verbleibt somit lediglich der Bereich der quantitativen Minderleistungen. Auf das damit zusammenhängende Problem der schwierigen Unterscheidbarkeit von quantitativen und qualitativen Leistungsmängeln wurde bereits eingegangen.[679]

Was das zweite Argument des Bundesarbeitsgerichts in seiner „Sorter-Versand-Entscheidung" angeht, so bleibt unklar, ab welcher Betragshöhe eine Entgeltreduzierung verhältnismäßig bzw. unverhältnismäßig sein soll. Im konkreten Fall betrug die Fehlerquote der gekündigten Arbeitnehmerin über etwa zwei Jahre zwischen 4,01% und 5,44%, während die durchschnittliche Fehlerquote aller im Sorter-Versand beschäftigten Arbeitnehmer in dieser Zeit bei 1,34% lag. Die Abweichung betrug über den gesamten Vergleichszeitraum gesehen also zwischen 299% und 406%! Angesichts dieser Leistungsdiskrepanz ist kaum nachvollziehbar, dass das Landesarbeitsgericht Sachsen als Vorinstanz noch davon ausgegangen war, eine „erhebliche Unterschreitung der Durchschnittsleistung" könne dem Tatsachenvorbringen der beklagten Arbeitgeberin nicht entnommen werden.[680] Erst recht wird man nicht annehmen können, es handele sich lediglich um eine Bagatellabweichung. Dass das Bundesarbeitsgericht dennoch meinte, eine Änderungskündigung sei unverhältnismäßig, lässt sich deshalb nur mit den Gegebenheiten des konkreten Falls begründen. Hiernach konnte die Arbeitnehmerin selbst bei einer Fehlerquote von 4,01% – 5,44% noch 50% der auf einer Betriebsvereinbarung beruhenden Leistungsprämie beanspruchen. Ihr Grundgehalt wäre ohnehin unangetastet geblieben. „Auch eine Erhöhung der Prämienminderung etwa auf das Dreifache oder das Fünffache würde deshalb für die Klägerin

679 Vgl. oben unter Drittes Kapitel § 2 B. II. 5.

680 BAG, Urt. vom 17.1.2008, – 2 AZR 536/06, BAGE 125, 257, 259.

keinen hinreichenden Anreiz zu einer Reduzierung ihrer Fehlerquote bieten", so der 2. Senat.[681] Diese Sichtweise des Bundesarbeitsgerichts vermag nicht zu überzeugen. So ist schon zweifelhaft, ob die Änderungskündigung zur Entgeltreduzierung im Fall von Leistungsmängeln den Zweck verfolgt, den Arbeitnehmer zu einer Anpassung seiner Leistung an das betriebliche Durchschnittsniveau zu bewegen oder ob damit nicht eher dem Äquivalenzprinzip Rechnung getragen werden soll. Auch wird man kaum sagen können, dass eine Entgeltreduzierung bei einer derartigen Abweichung schlechthin unverhältnismäßig sei, insbesondere wenn sie dauerhaft gemessen wird.

Es bleibt somit festzuhalten, dass der Arbeitgeber eine Entgeltreduzierung durch Ausspruch einer Änderungskündigung stets als milderes Mittel zu einer ordentlichen Beendigungskündigung zu prüfen hat. Die Änderungskündigung ist jedoch aus Gründen einer rechtssicheren Handhabung nur dort in Betracht zu ziehen, wo es um dauerhaft gemessene quantitative Minderleistungen geht. Zudem dürfen sich die Leistungsdefizite nicht im Bagatellbereich bewegen. Wenn der Arbeitnehmer das Änderungsangebot unter Vorbehalt annimmt, ist gemäß § 2 S. 1 i.V.m. § 1 Abs. 2 u. 3 KSchG in die Prüfung einzutreten, ob die Änderung der Arbeitsbedingungen aus Gründen in der Person oder im Verhalten des Arbeitnehmers oder aus dringenden betrieblichen Erfordernissen sozial gerechtfertigt ist. Nach der hier vertretenen Beendigungstheorie[682] müssen insoweit sämtliche Voraussetzungen einer Beendigungskündigung vorliegen. Bei einer verhaltensbedingten Änderungskündigung wegen Schlecht- bzw. Minderleistung sind dies insbesondere das Verschulden des Arbeitnehmers (§ 276 BGB) sowie das Vorliegen (mindestens einer) vorausgegangenen Abmahnung. Im Rahmen einer personenbedingten Kündigung ist die vom BAG aufgestellte 1/3-Grenze zu beachten.[683]

Eine im Zusammenhang mit einer Änderungskündigung zur Entgeltreduzierung – soweit ersichtlich – noch nicht erörterte Frage ist die, ob dem Arbeitnehmer ein Recht auf die ursprüngliche Vergütung zusteht, wenn er seine Leistung dem (betriebs-) üblichen Leistungsniveau – gleich aus welchen Gründen – wieder anpasst. Wenn man davon ausgeht, dass die Wirksamkeit einer Änderungskündigung nicht nur die Vergütungspflicht des Arbeitgebers modifiziert, sondern entsprechend auch die Leistungspflicht des Arbeitnehmers absenkt, stellt sich die Frage systematisch als die nach der Pflicht zur Vergütung „überobligatorischer"

---

681 BAG, Urt. vom 17.1.2008, – 2 AZR 536/06, BAGE 125, 257, 265.
682 MüArbR/*Berkowsky*, § 122, Rn. 5 ff.
683 BAG, Urt. vom 11.12.2003, – 2 AZR 667/02, BAGE 109, 87, 98 f.

Leistungen. In der Praxis werden derartige Fälle quantitativer und qualitativer Mehrleistungen teilweise durch eine entsprechende Anwendung von § 612 Abs. 1 BGB gelöst.[684] Nach dieser Vorschrift gilt eine Vergütung als stillschweigend vereinbart, wenn die Dienstleistung den Umständen nach nur gegen eine Vergütung zu erwarten ist. Als Voraussetzung für einen solchen Vergütungsanspruch ist aber zu fordern, dass die Mehrleistung in irgendeiner Weise betrieblich veranlasst wurde, anderenfalls würde es sich um eine „aufgedrängte Bereicherung" handeln. Die generelle Anwendung des § 612 Abs. 1 BGB auf alle Fälle der „Zuvielleistung" ist zudem deshalb abzulehnen, weil dies zu der Etablierung einer völlig unübersichtlichen Lohnstruktur im Betrieb führen würde. Hieraus folgt, dass auch der Arbeitnehmer, dessen Leistungsumfang sich stets im Rahmen des Üblichen bewegt, grundsätzlich keine höhere Vergütung verlangen kann, wenn er über einen gewissen Zeitraum ohne Veranlassung eine Leistung erbringt, die über diesem Maßstab liegt. Wenn der Arbeitgeber eine Steigerung des Leistungsniveaus erreichen will, stehen ihm Leistungsprämien, Boni usw. als Anreizinstrumente zur Verfügung. Gleichwohl stellt sich die Frage, ob die Situation des Arbeitnehmers, dessen Vergütung – und hiermit korrespondierend auch dessen Leistungspflicht – sich durch eine Änderungskündigung abgesenkt hat, von den vorgenannten Fällen unterschieden werden muss. Jedenfalls auf den ersten Blick scheint dies so zu sein, denn die Änderungskündigung wird durch den Arbeitgeber ausgesprochen; dieser setzt also die letzte Ursache für die Modifizierung der Vertragsbedingungen, die sich bei Nichtannahme des Änderungsangebots letztlich gegen den Willen des Arbeitnehmers vollzieht. Man könnte deshalb meinen, es sei unbillig, den Arbeitnehmer nicht wieder zu seiner ursprünglichen Vergütung zurückkehren zu lassen, wenn er seine Leistung wieder anpasst. Einer solchen Sichtweise steht jedoch entgegen, dass sich der Arbeitnehmer im Vorfeld einer Änderungskündigung über einen erheblichen Zeitraum zunächst einmal vertragswidrig verhalten haben muss. In den Fällen der verhaltensbedingten Änderungskündigung ist dem Arbeitnehmer die Schlecht- bzw. Minderleistung zudem vorzuwerfen. Vor diesem Hintergrund erscheint der Arbeitgeber, dessen Interesse nicht darin bestehen kann, eine ständig variierende Vergütung zahlen zu müssen, schützenswerter, als das Interesse des Arbeitnehmers an einer Rücknahme der geänderten Vertragsbedingungen. Für die personenbedingte Kündigung wegen Schlecht- bzw. Minderleistung gilt nichts anderes. Der Arbeitgeber

684 Z.B. BAG, Urt. vom 16.2.1978, – 3 AZR 723/76, AP § 612 BGB Nr. 31 (qualitative Mehrleistung); BAG, Urt. vom 27.5.1993, – 6 AZR 359/92, AP § 611 BGB Musiker Nr. 22 (quantitative Mehrleistung); vgl. auch ErfK/*Preis*, § 612 BGB, Rn. 16 ff.; Schaub/*Vogelsang*, § 66, Rn. 23.

muss nicht das Risiko tragen, dass sich die vorausgesetzte schwere und dauerhafte Störung des Austauschverhältnisses – ggf. mehrfach – wiederholt.

Im Ergebnis erweist sich die Änderungskündigung zur Entgeltreduzierung aber nicht als ein Instrument, das dem Arbeitgeber den Umgang mit Schlechtleistungen zum Nachteil der betroffenen Arbeitnehmer erleichtert. Das Gegenteil ist der Fall. Denn die soziale Rechtfertigung der Änderungskündigung orientiert sich nicht nur an den Maßstäben einer Beendigungskündigung. Vielmehr ist der Arbeitgeber im Bereich quantitativer Leistungsdefizite verpflichtet, eine Änderungskündigung einer Beendigungskündigung als milderes Mittel „vorzuschalten". Das hat zur Folge, dass die rechtlichen Voraussetzungen für den Ausspruch einer Beendigungskündigung wegen quantitativer Schlecht- und Minderleistungen zugunsten des Arbeitnehmers verschärft werden.

2. Verhaltensbedingte Kündigung

Die Anwendbarkeit des KSchG vorausgesetzt, kommt als Reaktion auf mangelhafte Arbeitsleistungen von den klassischen Kündigungstatbeständen zunächst die ordentliche verhaltensbedingte Kündigung in Betracht. Sie ist gemäß § 1 Abs. 2 S. 1 KSchG sozial gerechtfertigt, wenn der Kündigungsgrund durch das Verhalten des Arbeitnehmers „bedingt" ist. Insofern ist ein Umstand ausreichend, der einen ruhig und verständig urteilenden Arbeitgeber zur Kündigung des Arbeitsverhältnisses bestimmen kann.[685] Unter Verhalten ist jedes vom Willen gesteuerte menschliche Verhalten zu verstehen.[686] Herkömmlich wird deshalb zwischen verhaltens- und personenbedingter Kündigung danach unterschieden, ob der Arbeitnehmer zur Erfüllung der geschuldeten Arbeitsleistung nicht in der Lage ist, er also „nicht kann" (dann personenbedingte Kündigung) oder ob er schlicht „nicht will" (dann verhaltensbedingte Kündigung).

a) Pflichtverletzung

Die Wirksamkeit einer verhaltensbedingten Kündigung setzt zunächst die Verletzung einer vertraglichen Haupt- oder Nebenpflicht voraus. Auch Schlecht- bzw. Minderleistungen sind als Verletzungen der Arbeitspflicht dazu geeignet, eine verhaltensbedingte Kündigung zu rechtfertigen.[687] Wann eine Unterschreitung

---

685 z.B. BAG, Urt. vom 21.5.1992, – 2 AZR 10/92, AP § 1 KSchG 1969 Verhaltensbedingte Kündigung Nr. 29.

686 Schaub/*Linck*, § 133, Rn. 1.

687 BAG, Urt. vom 11.12.2003, – 2 AZR 667/02, BAGE 109, 87, 92; BAG, Urt. vom 17.1.2008, – 2 AZR 536/06, BAGE 125, 257, 260; *Brune*, AR-Blattei SD 1420 (Schlechtleistung), Rn. 126; APS/*Dörner*, § 1 KSchG, Rn. 278 m.w.N.

des geschuldeten Umfangs der Arbeitsleistung angenommen werden kann, ist im Dritten Kapitel unter § 5 B. II. 1. b) ausführlich erörtert worden.[688] Auf die dortigen Ausführungen kann verwiesen werden. Zusammenfassend stellen defizitäre Arbeitsleistungen eine Pflichtverletzung dar, wenn die Leistungen des Arbeitnehmers unterhalb des Niveaus bleiben, welches der Ortsüblichkeit entspricht (§ 59 HGB).

b) Abmahnung

Bei Schlecht- bzw. Minderleistungen handelt es sich um typische Fälle sog. „Störungen im Leistungsbereich". Hier ist eine Kündigung nach ständiger Rechtsprechung nur nach vorherigem Ausspruch einer Abmahnung wirksam.[689] Soweit es um die außerordentliche Kündigung von Dauerschuldverhältnissen geht, hat das Abmahnungserfordernis mittlerweile auch in § 314 Abs. 2 BGB eine allgemeine positivrechtliche Regelung erfahren. Die Abmahnung verfolgt in erster Linie eine Rüge- und Warnfunktion.[690] Dem Arbeitnehmer soll einerseits aufgezeigt werden, dass und durch welches Verhalten er gegen seine arbeitsvertraglichen Pflichten verstoßen hat (Rügefunktion).[691] Ein solcher Hinweis muss ausreichend bestimmt sein.[692] Darüber hinaus soll dem Arbeitnehmer verdeutlicht werden, dass sein pflichtwidriges Verhalten nicht hingenommen wird und er für den Fall, dass er nicht zu vertragskonformen Leistungen zurückkehrt, mit der Kündigung seines Arbeitsverhältnisses rechnen muss (Warnfunktion).[693] Der Ausspruch mehrerer Abmahnungen im Vorfeld einer Kündigung ist grundsätzlich nicht erforderlich. Es kann unter Umständen sogar schädlich sein, den Arbeitnehmer mehrfach abzumahnen, da die Warnfunktion der Abmahnung hierdurch relativiert werden kann.[694]

Bei der Formulierung einer Abmahnung wegen Leistungsmängeln stellt das Bestimmtheitserfordernis den Arbeitgeber vor erhebliche Probleme. Der gerügte

---

688 Im Hinblick auf die Unterscheidung der Begriffe „Schlechtleistung" und „Minderleistung" vgl. § 1.

689 Grundlegend BAG, Urt. vom 17.2.1994, – 2 AZR 616/93, BAGE 76, 35, 38.

690 Auf die sog. Dokumentationsfunktion soll hier nicht näher eingegangen werden. Eingehend zu den verschiedenen Funktionen der Abmahnung BAG, Urt. vom 27.11.2008, – 2 AZR 675/07, AP § 611 BGB Abmahnung Nr. 33; ErfK/*Müller-Glöge*, § 626 BGB, Rn. 29 ff.; Schaub/*Linck*, § 132, Rn. 19 ff.

691 BAG, Urt. vom 27.11.2008, – 2 AZR 675/07, AP § 611 BGB Abmahnung Nr. 33.

692 BAG, Urt. vom 27.11.2008, – 2 AZR 675/07, AP § 611 BGB Abmahnung Nr. 33.

693 BAG, Urt. vom 19.2.2009, – 2 AZR 603/07, NZA 2009, 894, 895.

694 BAG, Urt. vom 16.9.2004, – 2 AZR 406/02, AP § 1 KSchG Verhaltensbedingte Kündigung Nr. 50; SPV/*Preis*, § 2, Rn. 1204.

Pflichtverstoß ist in der Abmahnung so genau zu bezeichnen, dass der Arbeitnehmer den Inhalt der Pflicht ohne weiteres erkennen kann.[695] Der Arbeitgeber muss also schon zur Vorbereitung einer Abmahnung das konkrete ortsübliche Leistungsniveau feststellen. Das wird keine Schwierigkeiten verursachen, wenn es sich um offensichtliche qualitative Schlechtleistungen handelt (Bsp.: die ReNo-Angestellte vergisst die Eintragung einer Notfrist; der angestellte Maler verwendet eine wandschädliche Farbe). In diesen Fällen ist das ortsübliche Leistungsniveau schon deshalb nicht gewahrt, weil bereits fachliche Mindeststandards, die insoweit die Untergrenze des Üblichen darstellen, nicht erfüllt sind.[696] Dem ist auch mit Blick auf die Substantiierungslast bei der Formulierung einer Abmahnung Rechnung zu tragen. Zwar reichen auch bei erkennbaren Verletzungen der Arbeitspflicht Pauschalbehauptungen nicht aus, jedoch sollte hier der allgemeine Grundsatz zum Tragen kommen, wonach sich die Anforderungen an die inhaltliche Bestimmtheit einer Erklärung an dem Kenntnisgrad bzw. Informationsinteresse des Erklärungsempfängers ausrichten. Der Sekretärin und dem Malergesellen ist aufgrund eigener Fachkenntnisse bewusst, dass es sich bei den in den obigen Beispielen genannten Pflichtverletzungen um nicht hinnehmbare Fehlleistungen handelt. Der Arbeitgeber kann insofern nicht verpflichtet sein, für die Darlegung der Vertragsverletzung auf das Gutachten eines Berufsverbandes oder auf die jeweilige Ausbildungsordnung hinzuweisen. Bei besonders schwerwiegenden Pflichtverletzungen (Bsp.: Der operierende Arzt vergisst die Schere im Körper des Patienten; der Lkw-Fahrer fährt betrunken gegen einen Baum) ist eine Abmahnung unter Umständen sogar ganz entbehrlich.[697]

Deutlich problematischer stellt sich demgegenüber die Abmahnung von quantitativen Minderleistungen dar, da diese in der Regel nur mit einem erheblichen Dokumentationsaufwand festgestellt werden können. Was die Fähigkeit des Arbeitgebers zur Benennung von quantitativen Minderleistungen betrifft, stellt eine Abmahnung daher grundsätzlich dieselben Anforderungen wie eine Kündigung. Das gilt auch für den zeitlichen Aspekt. Die Feststellung, dass ein bestimmtes Verhalten durchschnittlichen Ergebnissen nicht mehr gerecht wird, lässt sich nur treffen, wenn die Leistungen über einen gewissen Zeitraum beobachtet werden. Da im Bereich quantifizierbarer Tätigkeiten hierfür in der Regel ein Zeitraum von einem Quartal angemessen sein wird,[698] bedarf es nicht nur hinsichtlich

---

695 Schaub/*Linck*, § 132, Rn. 10.

696 Siehe hierzu oben unter Drittes Kapitel § 5 B. II. 1. b) bb) (2) (b).

697 *Brune*, AR-Blattei 1420 (Schlechtleistung), Rn. 134 m.w.N.; Beispiele bei APS/*Dörner*, § 1 KSchG, Rn. 379 ff.

698 Vgl. oben unter Zweites Kapitel § 3 B. II.

einer Kündigung, sondern auch bereits für eine Abmahnung eines erheblichen zeitlichen Vorlaufes. Allerdings darf die Abmahnung an den Arbeitgeber keine im Verhältnis zur Kündigung weitergehenden Anforderungen stellen.[699] Denn es wäre systemwidrig, wenn die für das Vertragsverhältnis weniger einschneidende Maßnahme von den höheren Voraussetzungen abhängig gemacht werden würde. Aus diesem Grunde kommt es für die Rechtmäßigkeit der Abmahnung auch nur darauf, ob der Vorwurf der Pflichtverletzung objektiv gerechtfertigt ist. Keine Rolle spielt dagegen die Frage der subjektiven Vorwerfbarkeit.[700]

Fraglich ist, ob im Rahmen der Sanktionierung von Leistungsmängeln bereits auf der (vorgeschalteten) Ebene der Abmahnung ein Toleranzbereich anerkannt werden soll, der die Abmahnung geringfügiger Pflichtverstöße verbietet. Dafür spricht, dass nach der Rechtsprechung des BAG auch bei Abmahnungen der Grundsatz der Verhältnismäßigkeit zu berücksichtigen ist.[701] Hiernach ist die Ausübung eines Rechts unzulässig, wenn sie der Gegenseite unverhältnismäßig große Nachteile zufügt und andere, weniger schwerwiegende Maßnahmen zur Verfügung gestanden hätten, die den Interessen des Berechtigten ebenso gut Rechnung getragen hätten oder ihm zumindest zumutbar gewesen wären.[702] Das BAG leitet hieraus ein Übermaßverbot ab, welches korrigierend eingreifen soll, wenn es darum geht, schwerwiegende Rechtsfolgen bei nur geringfügigen Pflichtverletzungen zu vermeiden.[703] Für die Beanstandung von Leistungsmängeln ist hieraus die Konsequenz zu ziehen, dass lediglich unwesentliche Abweichungen vom ortsüblichen Leistungsstandard – obwohl als Pflichtverletzungen zu qualifizieren – keine Abmahnung (und damit erst recht keine Kündigung) zur Folge haben dürfen. Die gebotene Objektivierung des Pflichtenmaßstabs führt daher keinesfalls automatisch zu einer Sanktionierung vernachlässigbarer Pflichtverletzungen. Die Frage, wann eine Abmahnung gegen das Übermaßverbot verstößt, muss stets Gegenstand einer Einzelfallbetrachtung bleiben. Schematische Lösungen sind insbesondere im Bereich qualitativer Leistungsmängel nicht angebracht.[704]

---

699 In diese Richtung auch BAG, Urt. vom 27.11.2008, – 2 AZR 675/07, AP § 611 BGB Abmahnung Nr. 33.

700 BAG, Urt. vom 7.9.1988, – 5 AZR 625/87, AP § 611 BGB Abmahnung Nr. 2 m. Anm. *Conze*.

701 Vgl. nur BAG, Urt. vom 13.11.1991, – 5 AZR 74/91, AP § 611 BGB Abmahnung Nr. 7.

702 BAG, Urt. vom 13.11.1991, – 5 AZR 74/91, AP § 611 BGB Abmahnung Nr. 7.

703 BAG, Urt. vom 13.11.1991, – 5 AZR 74/91, AP § 611 BGB Abmahnung Nr. 7.

704 So stellt auch *Tillmanns* (RdA 2009, 391) zutreffend fest, dass es sich bei der sozialen Rechtfertigung einer Kündigung letztlich um eine Frage handelt, die einer dogmatischen Analyse kaum zugänglich ist.

c) Verschulden

Die Wirksamkeit einer verhaltensbedingten Kündigung setzt in Bezug auf die Pflichtverletzung regelmäßig ein Verschulden des Arbeitnehmers voraus.[705] Der Verschuldensbegriff richtet sich nach § 276 Abs. 1 BGB; der Arbeitnehmer haftet somit für Vorsatz und Fahrlässigkeit.[706] Dabei gilt im Arbeitsrecht, ebenso wie allgemein im Zivilrecht, ein objektiver Sorgfaltsmaßstab.[707] Die konkreten Sorgfaltsanforderungen richten sich nach dem jeweiligen Verkehrskreis.[708] Mit dieser Feststellung wird zugleich noch einmal deutlich, wie verfehlt die Annahme eines subjektiven Leistungsmaßstabs auf der Pflichtenebene ist. Denn in den steuerbaren Fällen der unzureichenden Arbeitsleistung geht es um „Verhaltensunrecht".[709] Sorgfaltswidriges Handeln des Arbeitnehmers hat deshalb nicht nur verschuldensbegründende Wirkung, es stellt in aller Regel zugleich eine arbeitsvertragliche Pflichtverletzung dar.[710] Vor diesem Hintergrund ist es aber schlechterdings nicht möglich, auf Verschuldens- und Pflichtwidrigkeitsebene unterschiedliche Maßstäbe für die Sorgfaltsverwaltung anzulegen.

Zur systematischen Erfassung der doppelten Verortung des Sorgfaltsbegriffs auf den verschiedenen Tatbestandsebenen ist dieser aufgespalten und in die Kategorien der „äußeren" und „inneren" Sorgfalt unterteilt worden.[711] Unter äußerer Sorgfalt ist das sachgemäße, äußerlich pflichtgemäße Verhalten zu verstehen, während die innere Sorgfalt die Verkehrserwartungen an Voraussicht

---

705 z.B. BAG, Urt. vom 21.5.1992, – 2 AZR 10/92, AP § 1 KSchG 1969 Verhaltensbedingte Kündigung Nr. 29; *Brune*, AR-Blattei SD 1420 (Schlechtleistung), Rn. 128.

706 *v. Hoyningen-Huene/Linck/Krause*, § 1 KSchG, Rn. 495; KR-*Griebeling*, § 1 KSchG, Rn. 400; für einen eigenen „kündigungsrechtlichen Begriff des Vertretenmüssens" MüArbR/*Berkowsky*, § 114, Rn. 32.

707 HWK/*Krause*, § 619a BGB, Rn. 66 m.w.N. zur Rspr.; *Annuß*, Die Haftung des Arbeitnehmers, S. 90 ff; *Brune*, AR-Blattei SD 1420 (Schlechtleistung), Rn. 67; a.A. offenbar MüArbR/*Reichold*, § 51, Rn. 10.

708 *Brune*, AR-Blattei SD 1420 (Schlechtleistung), Rn. 67.

709 *Singer/Schiffer*, JA 2006, 833, 836.

710 Weshalb von den Vertretern eines subjektiven Leistungsmaßstabs (z.B. ErfK/*Preis*, § 611 BGB, Rn. 643) auch gefordert wird, der Arbeitnehmer müsse „die Arbeit unter Anspannung seiner Fähigkeiten sorgfältig verrichten". Hier zeigt sich noch einmal, dass die Forderung nach einem sorgfältigen Verhalten von der Arbeitspflicht nicht getrennt werden kann. Vgl. auch *Richardi*, NZA 2002, 1004, 1010, der die Auffassung vertritt, § 276 BGB beziehe sich mittelbar auch auf den Inhalt der Leistungspflicht.

711 Vertiefend hierzu *Deutsch*, JZ 1988, 993, 994; *U. Huber*, FS E.R. Huber, S. 253, 281 ff.; *Stathopoulus*, FS Larenz, S. 631 ff.

und Aufmerksamkeit als intellektuelle bzw. emotionale Voraussetzungen eines äußerlich sachgemäßen Verhaltens umschreibt.[712] Negativ formuliert, liegt hiernach eine äußere Sorgfaltswidrigkeit vor, wenn der Arbeitnehmer objektiv ungenau arbeitet, z.B. sich verschreibt, ein Gebot oder Verbot übersieht etc. Von einer inneren Sorgfaltswidrigkeit ist demgegenüber auszugehen, wenn der Arbeitnehmer unaufmerksam bzw. unkonzentriert ist. Äußere und innere Sorgfaltswidrigkeit gehen im Allgemeinen miteinander einher: Der Schreibfehler einer Sekretärin (äußerer Sorgfaltsverstoß) beruht typischerweise darauf, dass sie unkonzentriert bzw. nachlässig gewesen ist (innerer Sorgfaltsverstoß).[713] Auch der Bundesgerichtshof geht in seiner Rechtsprechung davon aus, dass das Verschulden im Sinne eines inneren Sorgfaltsverstoßes regelmäßig durch ein äußerlich sorgfaltswidriges Verhalten indiziert ist.[714]

Daraus folgt umgekehrt, dass die Vorwegnahme des Schuldvorwurfs immer dann ungerechtfertigt ist, wenn der Handelnde glaubhaft machen kann, dass er die innere Sorgfalt beobachtet hat, der äußere Sorgfaltsverstoß für ihn also nicht steuerbar war. Bei der verhaltensbedingten Kündigung wegen Leistungsmängeln wird das in erster Linie dort virulent, wo der Leistungsabfall konstitutionsbedingte Ursachen hat.[715] Hiergegen liegt zwar zunächst der Einwand nahe, es sei mit dem Aspekt des Vertrauensschutzes unvereinbar, wenn sich der Schuldner auf seine subjektive Disposition (etwa fehlende Kenntnisse, Geschicklichkeit oder Körperkraft) berufen könnte. In diese Richtung geht auch die Straßenverkehrsrechtsprechung des Bundesgerichtshofs, nach der sich ein Kfz-Fahrer nicht mit alters- bzw. krankheitsbedingten Ausfallerscheinungen entlasten kann, wenn diese für ihn vorhersehbar waren.[716]

Dieser für den Straßenverkehr entwickelte Maßstab kann indes nicht ohne weiteres auf das Arbeitsverhältnis übertragen werden. Denn § 276 Abs. 2 BGB verlangt die Beachtung der im Verkehr „erforderlichen" Sorgfalt. Das Gesetz eröffnet damit eine nach Verkehrskreisen differenzierende Betrachtungsweise.

---

712 *Knerr*, in: Geigel, Haftpflichtprozess, Rn. 69.

713 Vgl. auch *Knerr*, in: Geigel, Haftpflichtprozess, Rn. 69.

714 Der BGH nimmt insofern sogar einen Anscheinsbeweis an, BGH, Urt. vom 11.3.1986, – VI ZR 22/85, NJW 1986, 2757, 2758; BGH, Urt. vom 31.5.1994, – VI ZR 233/93, NJW 1994, 2232, 2232; *Knerr*, in: Geigel, Haftpflichtprozess, Rn. 69; Bamberger/Roth/*Spindler*, § 823, Rn. 281.

715 Das Absinken der Leistungsfähigkeit mit zunehmendem Alter mag zwar nicht für alle Tätigkeiten gelten, dürfte aber insbesondere bei körperlichen Tätigkeiten die Regel darstellen. Siehe hierzu auch *Hunold*, BB 2003, 2345, 2350.

716 BGH, Urt. vom 20.10.1987, – VI ZR 280/86, NJW 1988, 909.

Nicht in jedem Verkehrskreis ist es aber geboten, alters- bzw. konstitutionsbedingte Besonderheiten bei der Bestimmung des Sorgfaltsmaßstabs außer Acht zu lassen. So ist es für den Verkehrskreis des Straßenverkehrs unter normativen Gesichtspunkten zweifellos „erforderlich", dass sich alle Verkehrsteilnehmer auf die Einhaltung einheitlicher Regeln verlassen können. Ein strenger Maßstab ist hier bereits deshalb geboten, weil die Verkehrsteilnehmer die gegenseitigen Fähigkeiten in der Flüchtigkeit der Verkehrssituation nicht einschätzen können und die mit dem Führen von Kraftfahrzeugen verbundenen Gefahren zudem außerordentlich hoch sind. Diese Erwägungen gelten für das Arbeitsverhältnis jedoch nicht. Denn der Arbeitgeber stellt einen Menschen ein, von dem er sicher weiß, dass dieser im Laufe des Arbeitsverhältnisses altern wird und früher oder später hiermit zusammenhängende Leistungsdefizite auftreten werden. Vor diesem Hintergrund ist sein Vertrauen in die Fähigkeit des Arbeitnehmers, bei der Erbringung seiner Arbeitspflicht stets dieselben objektiven Sorgfaltsstandards einzuhalten, nicht in demselben Maße schutzwürdig, wie dies in anderen Verkehrskreisen der Fall ist.

Im Übrigen wird ein alters- oder krankheitsbedingtes Nachlassen der Kräfte des Arbeitnehmers oftmals durch ein höheres Maß an Erfahrung ausgeglichen. Hieraus folgt jedoch keineswegs, dass im Arbeitsverhältnis ein subjektiver Sorgfaltsmaßstab gilt. Vielmehr ist der objektive Sorgfaltsmaßstab des § 276 Abs. 2 BGB – wie gesagt – gruppenspezifisch aufzufächern.[717] Dies gilt sowohl für die „äußere" als auch für die „innere" Sorgfalt. Zwar richtet sich die Verkehrsgruppenbildung im Arbeitsverhältnis in erster Linie nach der vertraglich übernommenen Tätigkeit und der tatsächlichen Stellung im Betrieb.[718] Daneben können aber auch Gruppen mit vergleichbarem Ausbildungs- und Kenntnisstand oder ähnlichem Alter gebildet werden.[719] Letzteres gilt insbesondere für körperliche Tätigkeiten. Insofern ist jedoch nicht die Frage nach der Einhaltung der eigenüblichen Sorgfalt zu stellen, sondern die nach der Verletzung des so bestimmten Verkehrsgruppenstandards. So können beispielsweise von einem spezialisierten Facharzt über die fachlichen Mindestanforderungen hinaus höhere Sorgfaltsstandards verlangt werden, als von einem Assistenzarzt.[720] Demgegenüber wird der Arbeitgeber von einem mit einfachen körperlichen Arbeiten beschäftigten 60-jährigen Arbeitnehmer nicht mehr die gleichen körperlichen und geistigen

717 MüKo/*Grundmann*, § 276, Rn. 66 f.

718 *Brune*, AR-Blattei SD 1420 (Schlechtleistung), Rn. 67.

719 Für eine altersgruppenspezifische Einteilung auch MüKo/*Grundmann*, § 276, Rn. 66.

720 OLG Düsseldorf, Urt. vom 13.2.2003, – 8 U 41/02 – (BeckRS).

Kräfte erwarten können, wie von einem 25-Jährigen. Generell wird man im Wege einer typisierenden Betrachtungsweise davon ausgehen können, dass die Fähigkeit zur Einhaltung bestimmter Sorgfaltsstandards bei sog. höheren Tätigkeiten (Ärzte, Rechtsanwälte, Architekten usw.) mit dem Alter eher steigen, während sie bei einfachen körperlichen Tätigkeiten eher abnehmen werden, wobei die Konkretisierung der Sorgfaltsanforderungen im Einzelfall dem Richter überlassen ist[721].

In der arbeitsrechtlichen Literatur findet sich häufig die Feststellung, dass die verhaltensbedingte Kündigung davon abhängig sei, ob der Pflichtverstoß für den Arbeitnehmer „steuerbar" war.[722] Hieraus darf ebenfalls nicht der Schluss gezogen werden, im Kündigungsrecht komme ein subjektiver Verschuldensbegriff zur Geltung. Steuerbarkeit bedeutet in erster Linie Vorwerfbarkeit des die Pflichtverletzung begründenden Verhaltens.[723] Selbst wenn ein Arbeitnehmer ein bestimmtes Verhalten in tatsächlicher Hinsicht nicht steuern konnte – etwa weil er unter Drogen- oder Alkoholeinfluss stand, weil er seine Sehfähigkeit nicht überprüft hat etc. – ist ihm dieses Verhalten unter Umständen trotzdem vorwerfbar. Fälle dieser Art werden in der Regel unter dem Topos des „Übernahmeverschuldens" behandelt.[724] Der Sache nach führt eine Anwendung dieser Figur zu einer Vorverlagerung des zeitlichen Anknüpfungspunktes der Vorwerfbarkeit. Diese bezieht sich nicht mehr auf den unmittelbar schadensstiftenden Pflichtverstoß, etwa die Verursachung des Unfalls mit dem Lkw des Arbeitgebers, sondern auf den Antritt der Fahrt trotz pflichtwidrig unterlassener Überprüfung der eigenen Fahrtauglichkeit. Vereinfacht ausgedrückt, geht es um die Vermeidbarkeit des letzten Pflichtverstoßes bereits im Vorfeld. Im Arbeitsverhältnis muss insofern differenziert werden: Pflichtverstöße, die etwa auf einer krankheitsbedingten Steuerungsunfähigkeit beruhen, sind in vielen Fällen vermeidbar. So darf ein Gehirnchirurg, der sich eine Sehnenscheidenentzündung zugezogen hat, nicht operieren. Dies ist auch zumutbar, da er hierdurch keinerlei Nachteile hat. Soweit er krankheitsbedingt an der Arbeitsleistung gehindert ist, bleibt sein Gehaltsanspruch in voller Höhe erhalten (§ 3 Abs. 1 EFZG).

Demgegenüber sind plötzliche und unerwartete krankheitsbedingte Leistungsmängel typischerweise nicht vorwerfbar und daher nicht dazu geeignet, arbeitsrechtliche Maßnahmen auszulösen (Bsp.: plötzlicher Schwächeanfall am

---

721 Palandt/*Grüneberg*, § 276, Rn. 47.

722 Vgl. nur ErfK/*Oetker*, § 1 KSchG, Rn. 188 m.w.N.

723 BAG, 11.12.2003, NZA 2004, 784, 786.

724 z.B. BGH, Urt. vom 20.10.1987, – VI ZR 280/86, NJW 1988, 909; KG, Urt. vom 27.10.1955, – 1 Ss 233/55, VRS 10, 305; MüKo/*Grundmann*, § 276, Rn. 67.

Arbeitsplatz). Gleiches gilt auch in Bezug auf Leistungsdefizite aufgrund fortschreitenden Alters.[725] Niemandem kann vorgeworfen werden, dass er arbeitet, obwohl er älter wird. Diese Wertung ergibt sich schon aus der gesetzgeberischen Entscheidung zur Festlegung eines bestimmten Renteneintrittsalters, die sich nicht zum Nachteil älterer Arbeitnehmer auswachsen darf. Um den vollen Rentenanspruch zu erwerben, sind Arbeitnehmer gezwungen, auch im Alter zu arbeiten. Es würde auf eine mittelbare Altersdiskriminierung gem. § 1 i.V.m. § 7 Abs. 1 AGG hinauslaufen, wenn dies bei der Beurteilung der Vorwerfbarkeit altersbedingt defizitärer Arbeitsleistungen keine Berücksichtigung finden würde. Im Übrigen ist die Erfahrung, dass es gerade bei körperlichen Tätigkeiten mit zunehmendem Alter zu einem Leistungsabfall kommen wird, im Zeitpunkt des Arbeitsvertragsschlusses auch dem Arbeitgeber bewusst, so dass es ihm schon aus diesem Grund verwehrt ist, dem Arbeitnehmer altersbedingte Leistungsmängel zum Vorwurf zu machen.

Im Rahmen der verhaltensbedingten Kündigung stellt das Verschuldenserfordernis also eine weitere Wirksamkeitsvoraussetzung dar, die es ermöglicht, unverschuldet leistungsschwache Arbeitnehmer vor der Konsequenz einer Beendigung des Arbeitsverhältnisses zu bewahren. Als zusätzlicher Schutzmechanismus wird vereinzelt sogar eine Übertragung der Grundsätze des innerbetrieblichen Schadensausgleichs auf bestimmte verhaltensbedingte Kündigungsgründe angedacht.[726] Abgesehen von systematischen Bedenken[727] erscheint eine solche Analogie jedoch nicht erforderlich, um einen angemessenen Schutz des Arbeitnehmers vor verhaltensbedingten Kündigungen wegen geringfügiger Pflichtverletzungen zu gewährleisten. Diese Fälle lassen sich viel eher auf der Ebene der Interessenabwägung sachgerecht lösen.

d) Negative Zukunftsprognose

Sämtliche Kündigungen im Anwendungsbereich des KSchG, die auf verhaltens- oder personenbedingte Gründe gestützt werden, setzen nach der Rechtsprechung des Bundesarbeitsgerichts voraus, dass auch in Zukunft mit Vertragsstörungen

---

725 Ähnlich *Schiefer*, NZA 1994, 534, 536; KR-*Griebeling*, § 1 KSchG, Rn. 388.

726 So etwa *Preis,* AuR 2010, 242, 243 für Kündigungen, die mit der Verursachung eines Eigentums- oder Vermögensschaden durch den Arbeitnehmer gerechtfertigt werden.

727 Die Haftungsmilderung im Arbeitsrecht wird in der Regel mit einer (analogen) Anwendung des § 254 BGB begründet. Es erscheint jedoch zweifelhaft, ob diese aus dem Schadensrecht stammende Norm im Kündigungsrecht Anwendung finden kann.

aus der Sphäre des Arbeitnehmers zu rechnen ist.[728] Dabei sind zukünftige Störungen regelmäßig durch in der Vergangenheit liegende Pflichtverletzungen indiziert. Eine „Objektivierung" der negativen Zukunftsprognose kann insbesondere in dem Vorliegen einer einschlägigen Abmahnung gesehen werden.[729] Umgekehrt kann eine negative Zukunftsprognose nicht angenommen werden, wenn ein signifikanter Rückgang der Fehlleistungen des Arbeitnehmers in der Zeit vor Ausspruch der Kündigung festzustellen ist und zudem mit einer weiteren Tendenz zur Verbesserung der Leistungsfähigkeit zu rechnen ist. Auch in diesem Zusammenhang ist als relevanter Zeitraum das letzte Quartal vor Kündigungsausspruch zugrunde zu legen.[730]

e) Ultima-Ratio-Prinzip

Darüber hinaus ist vor Ausspruch einer verhaltensbedingten Kündigung stets zu prüfen, ob auf eine Vertragsverletzung des Arbeitnehmers mit milderen Mitteln als einer Beendigungskündigung reagiert werden kann.[731] Der Ultima-ratio-Grundsatz ist Ausdruck des Verhältnismäßigkeitsprinzips, welches das gesamte Kündigungsrecht prägt und gesetzliche Verankerung in § 1 Abs. 2 S. 2 Nr. 1 b), S. 3 KSchG gefunden hat.[732] Als mildere Maßnahmen kommen in erster Linie Umschulungs- und Fortbildungsmaßnahmen[733], die Versetzung und unter Umständen die Änderungskündigung[734] in Betracht. Auch das oben gesondert dargestellte Abmahnungserfordernis ist Ausdruck des Ultima-ratio-Grundsatzes.[735] Prüfungsmaßstab ist hierbei nicht, ob die mildere Maßnahme bereits ausreicht, um die Pflichtverletzung des Arbeitnehmers angemessen zu „ahnden". Entsprechend dem Zweck einer Kündigung ist allein das Interesse des Arbeitgebers an einer Wiederherstellung des Vertragsgleichgewichts ausschlaggebend.[736] Da Schlecht- bzw. Minderleistungen in der Regel sog.

---

728 Zuletzt BAG, Urt. vom 19.2.2009, – 2 AZR 603/07, NZA 2009, 894, 895; vgl. auch APS/*Dörner*, § 1 KSchG, Rn. 73; ErfK/*Oetker*, § 1 KSchG, Rn. 78.

729 BAG, Urt. vom 19.2.2009, – 2 AZR 603/07, NZA 2009, 894, 895.

730 LAG Sachsen, Urt. vom 1.10.2008, – 3 Sa 298/08, Rn. 119 (juris).

731 Bspw. BAG, Urt. vom 22.2.1980, – 7 AZR 295/78, AP § 1 KSchG 1969 Krankheit Nr. 6 m. Anm. *Hueck*; ErfK/*Oetker*, § 1 KSchG, Rn. 74 ff.; SPV/*Preis*, § 2, Rn. 1210.

732 Kritisch mit Blick auf eine undifferenzierte Gleichsetzung des Ultima-ratio-Grundsatzes mit dem Verhältnismäßigkeitsprinzip MüArbR/*Berkowsky*, § 110, Rn. 47 ff.

733 Hierzu oben unter B.

734 Zu der Zulässigkeit einer Änderungskündigung zur Entgeltreduzierung vgl. oben unter E. I. 1. b).

735 ErfK/*Oetker*, § 1 KSchG, Rn. 77.

736 SPV/*Preis*, § 2, Rn. 1210.

„arbeitsplatzbezogene“ Leistungsdefizite darstellen, ist dem Arbeitgeber eine anderweitige Beschäftigung nur zumutbar, wenn ein freier Arbeitsplatz besteht, auf dem der Arbeitnehmer die geschuldete Tätigkeit anforderungsgerecht ausführen kann und zudem objektive Anhaltspunkte dafür bestehen, dass der Arbeitnehmer die defizitären Arbeitsleistungen auf dem anderen Arbeitsplatz nicht fortsetzen wird.[737] Der Arbeitnehmer hat keinen Anspruch darauf, dass der Arbeitgeber eigens einen anforderungsgerechten Arbeitsplatz einrichtet.[738] Auch ist der Arbeitgeber nicht dazu verpflichtet, einen Arbeitsplatz „freizukündigen“ (sog. Austauschkündigung).[739] Er muss allerdings die Option einer Versetzung eines anderen Arbeitnehmers prüfen.[740] Im Unterschied zu einer Austauschkündigung ist hiermit kein unzulässiger Eingriff in den Rechtskreis des zu versetzenden Arbeitnehmers verbunden, wenn die Versetzung auf der Grundlage seines Arbeitsvertrages durch Ausübung des Direktionsrechts ohne weiteres zulässig ist.[741]

f) Interessenabwägung

Schließlich setzt die Wirksamkeit einer verhaltensbedingten Kündigung eine zu Lasten des Arbeitnehmers ausfallende umfassende Interessenabwägung voraus. Die Pflicht zur Gewichtung der beiderseitigen Interessen ist zwar für den Bereich der ordentlichen Kündigung nicht positivrechtlich verankert[742], wird von Literatur und Rechtsprechung aber einhellig verlangt.[743] Eine Kündigung ist danach nur gerechtfertigt, wenn ein Sachverhalt vorliegt, der einen ruhig und verständig urteilenden Arbeitgeber nach gewissenhafter Abwägung seines Interesses an einer Beendigung des Arbeitsverhältnisses mit dem Vertragserhaltungsinteresse

737 BAG, Urt. vom 16.1.1997, – 2 AZR 98/96 – Rn. 19 (juris).

738 BAG, Urt. vom 7.2.1991, – 2 AZR 205/90, AP § 1 KSchG 1969 Umschulung Nr. 1; KR-*Griebeling*, § 1 KSchG, Rn. 724.

739 BAG, Urt. vom 29.1.1997, – 2 AZR 9/96, BAGE 85, 107, 112; vgl. auch MüArbR/*Berkowsky*, § 116, Rn. 15.

740 ErfK/*Oetker*, § 1 KSchG, Rn. 106 m.w.N.

741 BAG, Urt. vom 29.1.1997, – 2 AZR 9/96, BAGE 85, 107, 113.

742 Anders für die außerordentliche Kündigung, vgl. § 626 Abs. 1 BGB.

743 BAG, Urt. vom 7.10.1954, – 2 AZR 6/54, BAGE 1, 99, 101 ; BAG, Urt. vom 24.3.1983, – 2 AZR 21/82, AP § 1 KSchG Betriebsbedingte Kündigung Nr. 12; aus jüngerer Zeit BAG, Urt. vom 20.1.2000, – 2 AZR 378/99, BAGE 93, 255, 261; vgl. in der Literatur nur APS/*Dörner*, § 1 KSchG, Rn. 80; MüKo/*Hergenröder*, § 1 KSchG, Rn. 119; ErfK/*Oetker*, § 1 KSchG, Rn. 201; zur bis heute ungeklärten Frage des systematischen Standorts der Interessenabwägung vgl. MüArbR/*Berkowsky*, § 110, Rn. 31 ff.

des Arbeitnehmers dazu veranlassen würde, das Arbeitsverhältnis aufzulösen.[744] Die Kündigung muss – vereinfacht ausgedrückt – billigenswert und angemessen erscheinen.[745] Vor diesem Hintergrund ist die Prüfungsebene der Interessenabwägung geradezu prädestiniert, um Einzelfallgerechtigkeit herzustellen und unbillige Kündigungen zu vermeiden.

So können neben der Erheblichkeit des beanstandeten Pflichtverstoßes auch einzelne, zum innerbetrieblichen Schadensausgleich entwickelte Wertungen Berücksichtigung finden. Eine Haftung des Arbeitnehmers entfällt danach in der Regel vollständig, wenn der Schaden durch ein zwar vermeidbares, aber letztlich typisches „Abirren" der Arbeitsleistung verursacht worden ist, namentlich durch ein einfaches „Sich-Vergreifen", „Sich-Versprechen" oder „Sich-Vertun".[746] In derartigen Fällen „leichtester Fahrlässigkeit" erscheint jedoch nicht nur eine Haftung des Arbeitnehmers, sondern auch der Ausspruch einer Kündigung unverhältnismäßig. Das gilt insbesondere für die qualitativen Aspekte der Arbeitsleistung, die nicht den eigentlichen Kernbereich der Arbeitspflicht betreffen (Bsp.: die Pflegekraft bezieht das Bett mit dem falschen Bettzeug).

Allerdings kommt es auch insoweit stets auf den Umfang des „Abirrens" der Arbeitsleistung an. Wenn das „Sich-Vertun" oder das „Sich-Vergreifen" bei einförmigen Tätigkeiten im industriellen Produktionsprozess ein Ausmaß annimmt, welches dazu führt, dass der Arbeitnehmer am Ende eines Zeitraumes von mindestens drei Monaten eine Arbeitsleistung erbringt, die nicht mehr der (Betriebs-)Üblichkeit entspricht, muss es dem Arbeitgeber möglich sein, hierauf mit Rechtsmitteln zu reagieren. Neben der Schwere und Häufigkeit der Pflichtverletzung müssen im Rahmen der Interessenabwägung insbesondere die Dauer des Arbeitsverhältnisses sowie dessen störungsfreier Verlauf Berücksichtigung finden.[747] So dürfte in aller Regel ein Verstoß gegen das Übermaßverbot zu bejahen sein, wenn einem 20 Jahre im Betrieb beanstandungsfrei beschäftigten Arbeitnehmer, der einige wenige Male vorwerfbar nicht eine der Üblichkeit entsprechende Arbeitsleistung erbracht hat, gekündigt wird. Dass das Bundesarbeitsgericht die beanstandungsfreie Dauer der Betriebszugehörigkeit in der

---

744 Z.B. BAG, Urt. vom 22.7.1982, – 2 AZR 30/81, AP § 1 KSchG 1969 Verhaltensbedingte Kündigung Nr. 5. Anm. *Otto*.

745 KR-*Griebeling*, § 1 KSchG, Rn. 409.

746 Bsp. nach MüKo/*Henssler*, § 619a BGB, Rn. 35; ErfK/*Preis*, § 619a BGB, Rn. 17.

747 Zuletzt BAG, Urt. vom 10.6.2010, – 2 AZR 541/09, AP § 626 BGB Nr. 229 (Fall „Emmely"). Die Berücksichtigung der Dauer des Arbeitsverhältnisses stellt nach Auffassung des BAG keine mittelbare Benachteiligung jüngerer Arbeitnehmer dar, vgl. BAG, Urt. vom 7.7.2011, – 2 AZR 355/10, NZA 2011, 1412, 1414.

Interessenabwägung sogar mit einem ganz erheblichen Gewicht versieht, hat unlängst auch die Entscheidung im sog. Fall „Emmely“ gezeigt.[748]

g) Darlegungs- und Beweislast

Gemäß § 1 Abs. 2 S. 4 KSchG hat der Arbeitgeber die Tatsachen zu beweisen, die die Kündigung bedingen. Stützt er die Kündigung auf verhaltensbedingte Gründe, muss er sowohl das Vorliegen einer Pflichtverletzung als auch deren Vorwerfbarkeit darlegen. Darüber hinaus trifft ihn die Darlegungslast für das Fehlen anderweitiger Beschäftigungsmöglichkeiten.[749]

aa) Quantitative Leistungsdefizite

Für den Bereich quantitativ messbarer Leistungsdefizite obliegt es daher zunächst dem Arbeitgeber, darzulegen, dass der Arbeitnehmer die orts- bzw. betriebsübliche Leistung gemäß § 59 HGB (analog) über einen Zeitraum von mindestens einem Quartal unterschreitet. Dieser Nachweis wird ihm am ehesten durch den Einsatz von Leistungsdokumentationssystemen gelingen. Daneben stehen dem Arbeitgeber alle weiteren Strengbeweismittel zur Verfügung, insbesondere der Zeugenbeweis (§§ 373 ff. ZPO) und der Sachverständigenbeweis (§§ 402 ff. ZPO). Pauschalbehauptungen genügen demgegenüber nicht („Häufiges Zuspätkommen“, „Arbeitsverweigerung“ etc).[750] Legt der Arbeitgeber die mangelhaften Arbeitsleistungen substantiiert dar, ist hierdurch regelmäßig auch das Verschulden des Arbeitnehmers indiziert.[751] Daraus folgt, dass nunmehr der Arbeitnehmer aufgefordert ist, den Vortrag des Arbeitgebers qualifiziert zu bestreiten. Er kann hierfür das vorgelegte Zahlenwerk und seine Aussagekraft im Einzelnen in Zweifel ziehen oder substantiiert darlegen, dass er die Minderleistungen nicht verschuldet hat.[752] Gelingt ihm dies nicht, gilt der Vortrag des Arbeitgebers als zugestanden (§ 138 Abs. 3 ZPO).

---

748 BAG, Urt. vom 10.6.2010, – 2 AZR 541/09, AP § 626 BGB Nr. 229.

749 BAG, Urt. vom 22.7.1982, – 2 AZR 30/81, AP § 1 KSchG Verhaltensbedingte Kündigung Nr. 5 m. Anm. *Otto*.

750 Beispiele nach KR-*Griebeling*, § 1 KSchG, Rn. 412.

751 Vgl. oben unter c).

752 BAG, Urt. vom 11.12.2003, – 2 AZR 667/02, BAGE 109, 87, 94. Entgegen der hier vertretenen Lösung lässt das Gericht die abgestufte Darlegungs- und Beweislast indes erst eingreifen, wenn der Arbeitgeber ein Leistungsdefizit des Arbeitnehmers von 1/3 im Verhältnis zu der Durchschnittsleistung vergleichbarer Arbeitnehmer darlegen kann. Vgl. auch oben unter Drittes Kapitel § 2 B. II. 3.

bb) Qualitative Leistungsdefizite

Begründet der Arbeitgeber die Kündigung mit qualitativen Leistungsdefiziten, reicht der Vortrag schlichter Zahlenwerte nicht aus, um die Pflichtverletzung hinreichend schlüssig darzulegen. Das Bundesarbeitsgericht verlangt vielmehr, dass der Arbeitgeber substantiiert zu Anzahl, Inhalt, Schwere und Folgen der Leistungsmängel vorträgt.[753] Zudem ist der Arbeitgeber auch bei einer auf Qualitätsdefizite gestützten Kündigung zunächst verpflichtet, die orts- bzw. betriebsübliche Leistung darzulegen. Dies wird in vielen Fallgestaltungen keine Schwierigkeiten bereiten, zumal wenn es um offensichtliche und schwerwiegende Fehlleistungen geht (Bsp: Sekretärin versäumt es, die Notfrist in den Fristenkalender einzutragen; Chirurg vergisst die Schere im Leib des Patienten oder verschreibt ein vollkommen untaugliches Medikament). In derartigen Fällen erlaubt es der Grundsatz der freien richterlichen Beweiswürdigung (§ 286 ZPO), von einer Beweisaufnahme sogar ganz abzusehen.[754]

Andere Fehlleistungen sind demgegenüber schwieriger als qualitative Leistungsdefizite einzuordnen (Bsp: Welchen Flüssigkeitsgrad und welche Qualität muss die vom Malergesellen verwendete Farbe besitzen, wenn insoweit keine genauen Vorgaben gemacht wurden? Welchen Grad sprachlicher Eloquenz muss der Schriftsatz eines angestellten Anwalts aufweisen? Wie muss ein vom angestellten Bäcker zu backendes Brot beschaffen sein, um der Üblichkeit zu entsprechen?). Hier kann sich der Arbeitgeber mit der Vorlage entsprechender Gutachten der regional zuständigen Industrie- und Handelskammern oder etwa der RAK behelfen und diese als Privatgutachten bzw. als Sachverständigenbeweis in den Prozess einführen.[755] Unter Umständen kann die qualitative Schlechtleistung auch anhand der Aussagen eines betrieblichen Leistungsbewertungssystems nachgewiesen werden (Bsp.: Elektronisch erfasste Kundenbeschwerden betreffen überwiegend einen bestimmten Mitarbeiter). Hierbei ist jedoch darauf zu achten, dass nicht nur die Umstände vergleichbar sind, unter denen die Arbeitsleistung erbracht wird, sondern vor allem auch die Art und Schwere der in eine Bewertung einfließenden Fehlleistungen.[756]

---

753 BAG, Urt. vom 17.1.2008, – 2 AZR 536/06, BAGE 125, 257, 263.

754 Vgl. MüKo/ZPO/*Prütting*, § 286, Rn. 13.

755 Vgl. oben unter Drittes Kapitel § 5 B. II. 1. b) bb) (2) (b).

756 Vgl. *Brötzmann*, Anm. zu BAG, Urt. vom 18.1.2008, – 2 AZR 536/06, BB 2008, 1454, 1458.

3. Personenbedingte Kündigung

Festgestellte Leistungsmängel können auch eine ordentliche personenbedingte Kündigung rechtfertigen. Sie stellt die gebotene Reaktion auf Vertragsstörungen dar, die von keiner Vertragspartei verschuldet sind, jedoch aus der Sphäre des Arbeitnehmers herrühren.[757] Insbesondere Eignungsmängel und konstitutionsbedingte Leistungsunfähigkeit sind dazu geeignet, eine personenbedingte Kündigung sozial zu rechtfertigen (der Arbeitnehmer „kann" nicht besser).[758] Mangelnde Eignung ist dann gegeben, wenn dem Arbeitnehmer objektive Voraussetzungen oder subjektive Eigenschaften fehlen, die erforderlich sind, um die geschuldete Arbeitsleistung ordnungsgemäß erfüllen zu können.[759] Hierher gehört etwa das Innehaben von Lizenzen (Bsp: Führerschein) oder der erforderlichen berufsfachlichen Qualifikation (Bsp: 2. Juristisches Staatsexamen). Fälle konstitutionsbedingter Leistungsunfähigkeit beruhen dagegen in erster Linie auf einem alters- oder krankheitsbedingten Leistungsabfall. Für die Prüfung der sozialen Rechtfertigung einer krankheitsbedingten Kündigung haben sich in Rechtsprechung und Lehre besondere Voraussetzungen herausgebildet, die sich von dem Prüfungssystem einer „normalen" personenbedingten Kündigung teilweise unterscheiden. Auf die Einzelheiten der krankheitsbedingten Kündigung soll im Rahmen der vorliegenden Untersuchung indes nicht weiter eingegangen werden.[760]

a) Anforderungen an die personenbedingte Kündigung wegen Leistungsmängeln unter Berücksichtigung der „Kommissionierer-Entscheidung" vom 11.12.2003

aa) Störungen im Austauschverhältnis

Es wurde bereits ausgeführt, dass das Bundesarbeitsgericht in der „Kommissionierer-Entscheidung" vom 11.12.2003[761] sein Festhalten an der subjektiven Theorie nochmals bekräftigt hat.[762] Streng genommen hat diese Lehre zur Folge, dass eine personenbedingte Kündigung als Reaktion auf Leistungsmängel ausgeschlossen sein müsste. Denn ein Arbeitnehmer, der seine geistigen und körperlichen Fähigkeiten in einem angemessenen Umfang einsetzt, würde nach dem subjektiven Leistungsmaßstab allein hiermit die geschuldete Arbeitsleistung

---

757 Z.B. KR-*Griebeling*, § 1 KSchG, Rn. 266.

758 ErfK/*Oetker*, § 1 KSchG, Rn. 167.

759 *Brune*, AR-Blattei SD 1420 (Schlechtleistung), Rn. 141.

760 Vgl. zur krankheitsbedingten Kündigung ausführlich SPV/*Preis*, § 2, Rn. 1214 ff.; APS/*Dörner*, § 1 KSchG, Rn. 134 ff.

761 BAG, Urt. vom 11.12.2003, – 2 AZR 667/02, BAGE 109, 87 ff.

762 Vgl. oben unter Drittes Kapitel, § 2, B. II. 3) b).

beanstandungsfrei erbringen und könnte insoweit also nicht vertragswidrig leisten.[763] Diese Konsequenz hat auch das Bundesarbeitsgericht gesehen. Das Gericht versucht den Konflikt dadurch zu lösen, dass es auf die Pflichtverletzung als Voraussetzung einer personenbedingten Kündigung ganz verzichtet. Stattdessen weicht es auf einen Topos aus, den es selbst als „Störung des Austauschverhältnisses" bezeichnet. In der Vergangenheit hat diese Figur bereits in zahlreichen Entscheidungen eine Rolle gespielt, insbesondere zur krankheitsbedingten Kündigung.[764] Der 2. Senat formuliert:

> *„Eine personenbedingte Kündigung wegen Minderleistung setzt deshalb nicht voraus, dass der Arbeitnehmer gegen die subjektiv zu bestimmende Leistungspflicht verstößt. Es kommt darauf an, ob die Arbeitsleistung die berechtigte Gleichwertigkeitserwartung des Arbeitgebers in einem Maße unterschreitet, dass ihm ein Festhalten an dem (unveränderten) Arbeitsvertrag unzumutbar wird."*[765]

Mit dieser Aussage wird letztlich nichts anderes bemüht, als das allgemeine zivilrechtliche Institut des Wegfalls der Geschäftsgrundlage (§ 313 BGB). So ist auch das Bundesarbeitsgericht explizit der Ansicht, dass die – sich wohlgemerkt auch nach Auffassung des Gerichts auf eine objektive Referenzleistung beziehende – Gleichwertigkeitserwartung „nicht zur Vertragsbedingung erhoben" werde, sondern stattdessen bei gegenseitigen Verträgen regelmäßig „Geschäftsgrundlage" sei.[766] Im Rahmen der vorliegenden Untersuchung wurde bereits herausgearbeitet, dass die Konstruktion eines Kündigungsgrundes unter Rückgriff auf die Störung einer nicht zum Vertragsinhalt bedungenen Äquivalenz- bzw. Gleichwertigkeitserwartung nicht verbergen kann, dass das Gericht hiermit *de facto* die Objektivität der Leistungspflicht des Arbeitnehmers anerkennt.[767]

bb) Die 1/3-Grenze als Erheblichkeitsschwelle

Da Störungen im Austauschverhältnis nicht selten alters- oder krankheitsbedingte Ursachen haben, die dem Arbeitnehmer nicht vorgeworfen werden können, sieht das Bundesarbeitsgericht konsequenterweise nicht jede Unterschreitung der „Normalleistung" als kündigungsrelevant an. Die Gleichwertigkeitserwartung des Arbeitgebers sei vielmehr erst ab einer Erheblichkeitsschwelle von 1/3 der

---

763 Vgl. oben unter Drittes Kapitel, § 2, B. II. 3) b); siehe auch *Maschmann*, NZA-Beil. 1/2006, 13, 20.

764 Nachweise bei *Greiner*, RdA 2007, 22, 23 ff., der in der „Störung des Austauschverhältnisses" einen mittlerweile eigenständigen Kündigungsgrund sieht.

765 BAG, Urt. vom 11.12.2003, – 2 AZR 667/02, BAGE 109, 87, 99.

766 BAG, Urt. vom 11.12.2003, – 2 AZR 667/02, BAGE 109, 87, 98 f.

767 Drittes Kapitel § 2 B. II. 3. b).

Normalleistung in einem Maße unterschritten, dass diesem ein Festhalten am (unveränderten) Arbeitsvertrag nicht mehr zugemutet werden könne.[768] Dieser Wert ersetzt die üblicherweise im Recht der personenbedingten Kündigung geprüfte Voraussetzung einer „erheblichen Beeinträchtigung betrieblicher und wirtschaftlicher Belange" des Arbeitgebers.[769] Im Gegensatz zur verhaltensbedingten Kündigung, bei der die 1/3-Grenze nach Auffassung des Gerichts lediglich das Eingreifen der Regeln über die abgestufte Darlegungs- und Beweislast auslöst, kommt ihr im Rahmen der personenbedingten Kündigung daher materielle Wirkung im Sinne einer echten Kündigungsvoraussetzung zu.[770] Der Sache nach handelt es sich um eine wirtschaftliche „Opfergrenze"[771]: Dem Arbeitgeber sollen nicht vorwerfbare Minderleistungen innerhalb eines Rahmens von bis zu 30% der Referenzleistung unter dem Gesichtspunkt des Arbeitnehmerschutzes zugemutet werden können.

cc) Stellungnahme

Vor dem Hintergrund der sozialpolitischen Wertung, die in dem Fehlen eines besonderen dienstvertraglichen Minderungsrechts bei Leistungsmängeln zum Ausdruck kommt, ist die 1/3-Grenze nicht zu beanstanden.[772] Danach soll das Risiko unverschuldeter Schlechtleistungen grundsätzlich der Arbeitgeber tragen. Die 1/3-Grenze korrespondiert im Übrigen nicht nur mit dem Wert, den die Rechtsprechung für die Annahme von Lohnwucher zugrunde legt.[773] Auch der Widerruf freiwilliger Vergütungsbestandteile wird lediglich bis zu einer Grenze von 25–30% des Gesamtentgelts für wirksam erachtet.[774] In den Worten von *Hanau/Hromadka* muss das Arbeitsverhältnis innerhalb einer Spannbreite dieser Größenordnung „atmen" können.[775] Allerdings ist nach der hier vertretenen Auffassung nicht eine „Normalleistung" als Referenzwert zugrunde zu legen,

768 BAG, Urt. vom 26.9.1991, – 2 AZR 132/91, AP § 1 KSchG 1969 Krankheit Nr. 28; BAG, Urt. vom 11.12.2003, – 2 AZR 667/02, BAGE 109, 87, 99.

769 Zu dieser – insbesondere bei der krankheitsbedingten Kündigung relevanten – Voraussetzung bspw. ErfK/*Oetker*, § 1 KSchG, Rn. 104. Hierzu auch BAG, Urt. vom 26.9.1991, – 2 AZR 132/91, AP § 1 KSchG 1969 Krankheit Nr. 28.

770 *Verstege*, Die Kündigung wegen geminderter Leistung des Arbeitnehmers, S. 87.

771 *Greiner*, RdA 2007, 22, 29.

772 *Singer/Schiffer*, JA 2006, 833, 838; kritisch zu dieser Grenze *Friemel/Walk*, NJW 2005, 3669, 3671.

773 BGH, Urt. vom 22.4.1997, – 1 StR 701/96, AP § 138 BGB Nr. 52.

774 BAG, Urt. vom 12.1.2005, – 5 AZR 364/04, BAGE 113, 140, 146; vertiefend zu einer weiteren Ausdifferenzierung der Schwellenwerte MüArbR/*Krause*, § 56, Rn. 14 ff.

775 *Hanau/Hromadka*, NZA 2005, 73, 77.

sondern die ortsübliche Leistung i.S.d. § 59 HGB, ggf. analog, soweit es sich nicht um eine kaufmännische Tätigkeit handelt.

Darüber hinaus dürfte die 1/3-Grenze wiederum nur in den Fällen quantitativ messbarer Arbeitsleistungen sachgerechte Lösungen eröffnen.[776] Wo notwendige Qualifikationen oder Lizenzen fehlen, etwa dem Piloten die Fluglizenz oder dem angestellten Arzt die Approbation nach der ÄApprO, kann es auf derartige Schwellenwerte nicht ankommen.[777] Das hat auch das Bundesarbeitsgericht in seiner „Sorter-Versand-Entscheidung" vom 17.1.2008[778] festgestellt. So seien für den Fall qualitativer Minderleistungen solche auf die bloße Fehlerhäufigkeit abstellende Grenzen, auch wenn sie für eine rechtssichere Handhabung durch den Tatsachenrichter wünschenswert erschienen, für sich genommen nicht dazu geeignet, die Kündigungsrelevanz der Pflichtverletzung hinreichend sicher einzugrenzen. Denn absolute Bezugsgrößen, wie etwa die 1/3-Grenze, berücksichtigten bei qualitativen Leistungsmängeln nicht ausreichend, dass je nach Art der Tätigkeit und der dabei möglicherweise auftretenden Fehler diesen ein sehr unterschiedliches kündigungsrelevantes Gewicht beizumessen sei. Ausdrücklich nennt das Gericht als Fehler, bei dem eine Vertragspflichtverletzung[779] erheblich eher anzunehmen sei als bei anderen Fehlern, die Sorgfaltspflichten eines Piloten.[780]

Da es aber andererseits durchaus Fehlertypen gibt, die abhängig von der Art der konkreten Tätigkeit kaum zu vermeiden sind, und die das Arbeitsverhältnis auch im Übrigen nicht allzu stark belasten, legt das Bundesarbeitsgericht bei qualitativen Leistungsmängeln im Ergebnis zu Recht eine einzelfallbezogene Betrachtungsweise zugrunde. Hierbei sind die konkreten Arbeitsanforderungen des Arbeitsplatzes, das Arbeitsumfeld sowie die wirtschaftlichen Auswirkungen entsprechender Fehlleistungen mit zu berücksichtigen.[781] Zwar ist die von *Maschmann* in diesem Zusammenhang geäußerte Beobachtung, nach der

---

776 *Maschmann*, NZA-Beil. 1/2006, 13, 21.

777 Das gilt auch bei konstitutionsbedingter Leistungsunfähigkeit, etwa im Fall des veranlagungsbedingten Unvermögens eines Orchestermusikers den richtigen Ton zu treffen, vgl. LAG Brandenburg, Urt. vom 21.3.1994, – 4 Sa 369/92, LAGE § 1 KSchG Personenbedingte Kündigung Nr. 12.

778 BAG, Urt. vom 17.1.2008, – 2 AZR 536/06, BAGE 125, 257 ff.

779 Gemeint ist wohl eine kündigungsrelevante Störung des Austauschverhältnisses.

780 BAG, Urt. vom 17.1.2008, – 2 AZR 536/06, BAGE 125, 257, 262.

781 BAG, Urt. vom 17.1.2008, – 2 AZR 536/06, BAGE 125, 257, 262, das nur die konkreten Arbeitsanforderungen und die konkreten Gegebenheiten des Arbeitsplatzes berücksichtigen will.

es sich bei der vorzunehmenden Einzelfallbetrachtung der Sache nach um eine bloße Vorverlagerung der Interessenabwägung handele, nicht von der Hand zu weisen.[782] Letztlich spielt es jedoch keine große Rolle, auf welcher Ebene diese Wertung vorgenommen wird. Entscheidend bleibt allein, dass auch bei der Feststellung der Kündigungsrelevanz qualitativer Leistungsdefizite als Prüfungsmaßstab stets der (wirtschaftliche) Umfang einer Beeinträchtigung von Leistung und Gegenleistung angelegt wird.

b) Negative Zukunftsprognose

Auch für die soziale Rechtfertigung einer personenbedingten Kündigung kommt es nicht darauf an, ob der Arbeitnehmer die persönliche Fähigkeit bzw. Eignung, an der es ihm mangelt, in der Vergangenheit einmal besessen hat. Entscheidend ist allein, ob er die Fähigkeit besitzt, seine Vertragspflichten in Zukunft zu erfüllen. Deshalb ist auch bei der personenbedingten Kündigung eine negative Zukunftsprognose erforderlich.[783] Sie stellt nach der klassischen Dogmatik zur personenbedingten Kündigung die 1. Prüfungsstufe der sozialen Rechtfertigung dar.[784] Zeitlicher Anknüpfungspunkt der Prognose ist der Zugang der Kündigungserklärung.[785] Von diesem Standpunkt aus ist zu fragen, ob auch über den Zeitpunkt des Ablaufs der Kündigungsfrist hinaus mit einer Störung des Vertragsgleichgewichts aus personenbedingten Gründen zu rechnen ist.[786] Dabei kann auch bei einer personenbedingten Kündigung von in der Vergangenheit liegenden Leistungsmängeln auf zukünftige Vertragsstörungen geschlossen werden. Nur ausnahmsweise, etwa wenn notwendige Lizenzen fehlen, ist die Darlegung vorangegangener Leistungsstörungen entbehrlich.[787]

c) Ultima-Ratio-Prinzip

aa) Möglichkeit einer anderweitigen Beschäftigung

Gemäß § 1 Abs. 2 S. 2 Nr. 1 b), S. 3 KSchG ist auch eine personenbedingte Kündigung nur dann sozial gerechtfertigt, wenn sie die Ultima-Ratio-Reaktion auf Leistungsdefizite des Arbeitnehmers darstellt. Entsprechend ist auf einer 2. Stufe zu prüfen, ob der Arbeitnehmer auf einem anderen Arbeitsplatz weiterbeschäftigt werden kann, auf dem die Eignungs- bzw. Fähigkeitsmängel

---

782 *Maschmann*, NZA-Beil. 1/2006, 13, 21.
783 Vgl. KR-*Griebeling*, § 1 KSchG, Rn. 266.
784 KR-*Griebeling*, § 1 KSchG, Rn. 271; APS/*Dörner*, § 1 KSchG, Rn. 124.
785 ErfK/*Oetker*, § 1 KSchG, Rn. 105.
786 ErfK/*Oetker*, § 1 KSchG, Rn. 105.
787 ErfK/*Oetker*, § 1 KSchG, Rn. 105.

nicht oder nicht mehr in kündigungsrelevantem Umfang zutage treten.[788] Insoweit hat der Arbeitgeber auch zumutbare Umschulungs- oder Fortbildungsmaßnahmen in Betracht zu ziehen (§ 1 Abs. 2 S. 3 KSchG). Im Übrigen kann an dieser Stelle auf die Ausführungen unter 2. e) verwiesen werden.

bb) Erfordernis einer Abmahnung?

Bereits im Dritten Kapitel unter § 2 B. III. 1. wurde die Frage aufgeworfen, ob das Ultima-Ratio-Prinzip darüber hinaus verlangt, auch im Vorfeld einer personenbedingten Kündigung eine Abmahnung auszusprechen.

(1) Streitstand

Sowohl in der Literatur als auch in der Rechtsprechung wird die Auffassung vertreten, dass hinsichtlich der Frage nach dem Abmahnungserfordernis nicht schematisch nach verhaltens- und personenbedingten Kündigungstatbeständen differenziert werden könne. So sei auch vor Ausspruch einer personenbedingten Kündigung eine Abmahnung immer dann erforderlich, wenn es um Eignungs- und Fähigkeitsmängel gehe, die für den Arbeitnehmer steuerbar seien, von ihm also selbst behoben werden könnten.[789]

Die Gegenansicht verlangt eine vorhergehende Abmahnung dagegen nur bei verhaltensbedingten Kündigungen.[790] Argumentativ stützt sich diese Auffassung einerseits auf die Notwendigkeit einer trennscharfen Abgrenzbarkeit von verhaltens- und personenbedingter Kündigung[791], andererseits auf die These, dass der Arbeitnehmer bei mangelnder fachlicher oder persönlicher Eignung objektiv ohnehin nicht dazu in der Lage sei, diese Gründe zu beseitigen, so dass eine Abmahnung von vornherein keinen Sinn mache.[792]

---

788 Schaub/*Linck*, § 131, Rn. 4 m.w.N.

789 BAG, Urt. vom 4.6.1997, – 2 AZR 526/96, BAGE 86, 95, 102; LAG Nürnberg, Urt. vom 12.6.2007, – 6 Sa 37/07, NZA-RR 2008, 178; LAG Rheinland-Pfalz, Urt. vom 15.10.2008, – 8 Sa 345/08 – Rn. 24 (juris); *Rüthers/Henssler*, ZfA 1988, 31, 41.

790 Vgl. nur LAG Baden-Württemberg, Urt. vom 6.9.2006, – 13 Sa 84/05, LAGE § 1 KSchG Verhaltensbedingte Kündigung Nr. 93a; LAG Saarland, Urt. vom 25.7.2007 – 1 Sa 51/07 – Rn. 63 (juris); APS/*Dörner*, § 1 KSchG, Rn. 131; *Brune*, AR-Blattei SD 1420 (Schlechtleistung), Rn. 145; KR-*Griebeling*, § 1 KSchG, Rn. 269; *Schul/Wichert*, DB 2005, 1905, 1909.

791 Vgl. insb. APS/*Dörner*, § 1 KSchG, Rn. 131.

792 LAG Baden-Württemberg, Urt. vom 6.9.2006, – 13 Sa 84/05, LAGE § 1 KSchG Verhaltensbedingte Kündigung Nr. 93a; *Brune*, AR-Blattei SD 1420 (Schlechtleistung), Rn. 145.

(2) Stellungnahme

Die Frage, ob eine Abmahnung auch als Voraussetzung einer personenbedingten Kündigung erforderlich ist, hängt im Wesentlichen davon ab, ob man behebbare Vertragsstörungen als ausschließlich mittels einer verhaltensbedingten Kündigung sanktionierbar ansieht und welchen Stellenwert man darüber hinaus der Einfachheit und Praktikabilität einer Abgrenzung von verhaltens- und personenbedingter Kündigung einräumt. Während die verhaltensbedingte Kündigung immer dann der richtige Kündigungsgrund sein soll, wenn der Arbeitnehmer im Hinblick auf die ordnungsgemäße Erfüllung seiner Vertragspflichten nicht „will", wird ein personenbedingter Kündigungsgrund in aller Regel davon abhängig gemacht, ob der Arbeitnehmer insofern nicht besser leisten „kann".[793] Bei genauerer Betrachtung wird jedoch deutlich, dass ein großes Fallspektrum existiert, in dem sich die Tatbestände der verhaltens- und der personenbedingten Kündigung überschneiden. So versagt eine Abgrenzung nach der Faustformel, ob der Arbeitnehmer „nicht will" oder ob er „nicht kann" im Grunde immer dann, wenn es um Eignungs- bzw. Fähigkeitsdefizite geht, die der Arbeitnehmer vorwerfbar nicht behebt, obwohl ihm dies zumutbar und möglich ist (er „könnte", wenn er nur „wollte"). Ein solcher Mischtatbestand ist etwa gegeben, wenn es die Arbeitsaufgabe erfordert, ein neuartiges Computerprogramm zu erlernen, sich der Arbeitnehmer aber vorwerfbar weigert, an entsprechenden Schulungen teilzunehmen. Hinzu kommt, dass es bei Mischtatbeständen nicht selten Schwierigkeiten bereitet, den Schwerpunkt des Falles zu bestimmen. So könnte man im vorgenannten Beispiel mit guten Argumenten sowohl einen personenbedingten, als auch einen verhaltensbedingten Kündigungsgrund annehmen.

Eine formale Einordnung erscheint deshalb oftmals gekünstelt, wenn der Kündigungssachverhalt Strukturelemente beider Kündigungsgründe aufweist. Das heißt jedoch nicht, dass eine Entscheidung zwischen verhaltens- und personenbedingtem Kündigungsgrund ohne Weiteres dahinstehen kann. Denn im Hinblick darauf, dass eine verhaltensbedingte Kündigung im Gegensatz zu einer personenbedingten in aller Regel eine vorhergehende Abmahnung voraussetzt, muss in jedem Fall eine Entscheidung darüber getroffen werden, ob eine solche auch bei Vorliegen eines Mischtatbestandes erforderlich ist.

Dieses Problem kann jedoch dadurch gelöst werden, dass die Strukturmerkmale „Vorwerfbarkeit des Pflichtverstoßes" (verhaltensbedingte Kündigung) und „mangelnde Fähigkeit bzw. Eignung" (personenbedingte Kündigung) bei Mischtatbeständen durch das Kriterium der „Steuerbarkeit der Leistungsmängel"

793 Schaub/*Linck*, § 133, Rn. 1.

ersetzt werden. Wenn ein Arbeitnehmer altersbedingt erblindet und deshalb seine Arbeitsaufgabe nicht mehr vertragsgemäß erfüllen kann, liegt bereits kein Mischtatbestand vor, da der Eignungsmangel für ihn nicht behebbar ist. Anders ist es, wenn der Arbeitnehmer eine Sehschwäche hat, die er mit einer Brille ausgleichen könnte. Zwar liegt ein Eignungsmangel vor, die Behebung dieses Mangels ist für den Arbeitnehmer jedoch steuerbar. In diesem Fall erfüllt eine Abmahnung durchaus ihren Zweck. Sie macht dem Arbeitnehmer deutlich, dass seine steuerbaren Leistungsdefizite nicht länger hingenommen werden (Warnfunktion). Lediglich wenn der Arbeitnehmer von vornherein keine Bereitschaft zeigt, an der ihm möglichen Behebung des Eignungsdefizits mitzuwirken, kann auf eine Abmahnung verzichtet werden.[794]

Es bleibt danach festzuhalten, dass eine Abmahnung auch als Voraussetzung einer personenbedingten Kündigung nur dann entbehrlich ist, wenn der Eignungs- oder Fähigkeitsmangel von dem Arbeitnehmer selbst nicht gesteuert werden kann oder wenn die Abmahnung von vornherein keinen Erfolg verspricht.[795] Da der Arbeitgeber bei Schlecht- bzw. Minderleistungen oftmals nicht erkennen kann, ob die Leistungsdefizite von dem Arbeitnehmer selbst behoben werden können, tut er gut daran, im Zweifel eine Abmahnung auszusprechen, bevor er den Arbeitnehmer verhaltens- oder personenbedingt kündigt.[796]

d) Interessenabwägung

Auf der 3. Prüfungsstufe einer personenbedingten Kündigung ist wiederum eine umfassende Interessenabwägung zwischen dem Auflösungsinteresse des Arbeitgebers und dem Bestandsinteresse des Arbeitnehmers durchzuführen.[797] Auch die personenbedingte Kündigung muss aus Sicht eines verständigen Arbeitgebers angemessen und billigenswert erscheinen.[798] Vor diesem Hintergrund entfaltet der Umstand, dass der Arbeitnehmer die Leistungsmängel nicht in jedem Fall steuern kann und ihm diese demzufolge auch nicht vorgeworfen werden können, zu seinen Gunsten ein besonderes Gewicht. Dies folgt auch daraus, dass es aus Sicht des Bundesarbeitsgerichts bei der personenbedingten Kündigung

---

794 BAG, Urt. vom 28.1.2010, – 2 AZR 764/08, BAGE 133, 141, 148 zu der seitens des Arbeitgebers gestellten Anforderung der Beherrschung der deutschen Schriftsprache.

795 Zu diesem Fall siehe *Rüthers/Henssler*, ZfA 1988, 31, 41.

796 Vgl. zu dieser Konstellation nur LAG Nürnberg, Urt. vom 12.6.2007, – 6 Sa 37/07, NZA-RR 2008, 178, 180.

797 Vgl. nur Schaub/*Linck*, § 131, Rn. 10.

798 KR-*Griebeling*, § 1 KSchG, Rn. 274.

nicht auf eine Leistungsstörung im Sinne eines Pflichtverstoßes ankommen soll, sondern (nur) auf eine Störung der nicht zum Vertragsinhalt gewordenen Gleichwertigkeitserwartung des Arbeitgebers von Leistung und Gegenleistung. Die in diesem Zusammenhang für quantitative Minderleistungen postulierte wirtschaftliche Opfergrenze von 1/3, die richtigerweise selbst bereits einen Teil der Interessenabwägung vorwegnimmt, kann sich danach noch faktisch zugunsten des Arbeitnehmers verschieben.[799] Das ist etwa denkbar bei alters- bzw. krankheitsbedingten Leistungsdefiziten, bei denen im Rahmen der Ausbalancierung von Beendigungs- und Bestandsinteresse auch der „Schicksalsschlag" des Arbeitnehmers Berücksichtigung findet, so dass eine Kündigung im Grunde erst bei unzumutbaren betrieblichen oder wirtschaftlichen Belastungen gerechtfertigt ist.[800] Erst recht gelten diese Überlegungen, wenn ein krankheits- bzw. konstitutionsbedingter Leistungsabfall weniger aus der Sphäre des Arbeitnehmers herrührt, sondern im Wesentlichen auf betriebliche Ursachen zurückzuführen ist (Bsp.: Körperliche Arbeit unter gesundheitsgefährdenden Bedingungen).[801] Umgekehrt können aber auch in diesen Fällen besondere Umstände zulasten des Arbeitnehmers gehen, etwa die Weigerung, sich ärztlich behandeln zu lassen. Gleiches gilt für die schuldhafte Herbeiführung krankheitsbedingter Defizite. Letzteres ist beispielsweise anzunehmen, wenn der Arbeitnehmer seine Tätigkeit vorschriftswidrig ausübt, weil er etwa Sicherheitsstandards nicht einhält, und sich hierbei verletzt. Diese Wertung gilt auch für objektive Eignungsmängel, etwa für den Fall, dass dem Arbeitnehmer nach einer Trunkenheitsfahrt die Fahrerlaubnis entzogen wird.[802] Allerdings ist zu beachten, dass das außerdienstliche Verhalten des Arbeitnehmers nur in Ausnahmefällen dazu geeignet ist, negative Rechtsfolgen innerhalb des Arbeitsverhältnisses herbeizuführen. Im Übrigen sind auch bei der Überprüfung einer personenbedingten Kündigung sowohl die Dauer der Betriebszugehörigkeit als auch die Dauer des störungsfreien Verlaufs des Arbeitsverhältnisses, die Vermittelbarkeit auf dem Arbeitsmarkt und sogar die Unterhaltspflichten des Arbeitnehmers zu berücksichtigen.[803] Ein strenger Katalog an Kriterien, die in eine Interessenabwägung einzubeziehen

---

799 Eine solche Verschiebung findet nur im Rahmen einer Gewichtung der Vertragsinteressen statt. Eine Ausweitung der 1/3-Grenze ist hiermit nicht gemeint.

800 BAG, Urt. vom 25.11.1982, – 2 AZR 140/81, AP § 1 KSchG 1969 Krankheit Nr. 7 m. Anm. *Meisel*.

801 BAG, Urt. vom 5.7.1990, – 2 AZR 154/90, AP § 1 KSchG 1969 Krankheit Nr. 26.

802 KR-*Griebeling*, § 1 KSchG, Rn. 275.

803 Umfassend zur Interessenabwägung als Voraussetzung einer personenbedingten Kündigung APS/*Dörner*, 3. Aufl. 2007, § 1 KSchG, Rn. 184 f.

sind, besteht jedoch nicht. Dies würde auch dem Ziel der Abwägung zuwiderlaufen, eine interessengerechte Lösung in jedem Einzelfall zu ermöglichen.

e) Darlegungs- und Beweislast

Im Hinblick auf die Darlegungs- und Beweislast gilt grundsätzlich nichts anderes als bei einer verhaltensbedingten Kündigung. Danach hat der Arbeitgeber die Tatsachen zu beweisen, die die Kündigung bedingen (§ 1 Abs. 2 S. 4 KSchG). Im Übrigen gibt es auch im Recht der personenbedingten Kündigung eindeutig kündigungsrelevante Sachverhalte (Bsp.: Dem als Rechtsanwalt angestellten Juristen fehlt das 2. Staatsexamen) und weniger eindeutige (Bsp.: Der Arbeitnehmer produziert vergleichsweise viel Ausschuss). Da es sich im letztgenannten Beispiel um eine quantitative Minderleistung handelt, ist eine personenbedingte Kündigung nur sozial gerechtfertigt, wenn die Leistungen des Arbeitnehmers dauerhaft mindestens 1/3 hinter der ortsüblichen Leistung zurückbleiben. Diesen Schwellenwert muss der Arbeitgeber im Kündigungsschutzprozess darlegen und beweisen. Bei qualitativen Minderleistungen kommt es dagegen – wie bereits ausgeführt – auf die tatsächliche Fehlerzahl, die Art, Schwere und die Folgen der Fehlleistung an, was ebenfalls von dem Arbeitgeber darzulegen und unter Beweis zu stellen ist.[804] Gelingt dem Arbeitgeber die Darlegung einer kündigungsrelevanten Störung des Austauschverhältnisses, entfaltet dies für die negative Zukunftsprognose Indizwirkung. Sodann ist der Arbeitnehmer aufgefordert, konkrete Tatsachen vorzutragen, aus denen sich ergibt, dass in Zukunft mit einer Wiederherstellung des Vertragsgleichgewichts zu rechnen ist (Bsp: Der Arbeitnehmer weist die MPU-Teilnahme nach und wartet nur noch auf die Aushändigung des Führerscheins).[805]

4. Betriebsbedingte Kündigung

Die Frage, ob neben einer verhaltens- bzw. personenbedingten Kündigung auch eine betriebsbedingte Kündigung wegen Leistungsmängeln in Betracht kommt, wurde bereits im Dritten Kapitel unter § 4 D. erörtert. Das Bundesarbeitsgericht hat diese Vorgehensweise in einem Fall gebilligt, in dem der Arbeitgeber einseitig das Anforderungsprofil eines Arbeitsplatzes veränderte und der bislang hierauf beschäftigte Arbeitnehmer die neuen Anforderungen nicht mehr erfüllen konnte.[806] Nach Auffassung des Gerichts war der ursprüngliche Arbeitsplatz

---

804 BAG, Urt. vom 17.1.2008, – 2 AZR 536/06, BAGE 125, 257, 263.

805 *Friemel/Walk*, NJW 2005, 3669, 3672.

806 BAG, Urt. vom 7.7.2005, – 2 AZR 399/04, AP § 1 KSchG 1969 Betriebsbedingte Kündigung Nr. 138.

durch die unternehmerische Entscheidung faktisch weggefallen. Allerdings birgt die Zulassung einer betriebsbedingten Kündigung in derartigen Fallkonstellationen die Gefahr einer missbräuchlichen Veränderung von Anforderungsprofilen, um sich von unliebsamen Arbeitnehmern trennen zu können. Auch dogmatisch vermag der Ansatz des Bundesarbeitsgerichts nicht zu überzeugen. Denn letztlich fällt durch die unternehmerische Entscheidung, die Anforderungen an eine Stelle zu ändern, nicht der Arbeitsplatz als solcher weg, sondern allenfalls die subjektive Eignung des Arbeitnehmers. Hierauf ist aber mit dem Ausspruch einer personenbedingten Kündigung unter Beachtung der oben genannten Voraussetzungen zu reagieren.

Der Aspekt des persönlichen Leistungsumfangs kann jedoch im Rahmen der bei einer betriebsbedingten Kündigung nach § 1 Abs. 3 S. 1 KSchG durchzuführenden Sozialauswahl eine Rolle spielen. Gemäß § 1 Abs. 3 S. 2 KSchG ist es zulässig, Arbeitnehmer, deren Weiterbeschäftigung, insbesondere wegen ihrer Kenntnisse, Fähigkeiten und Leistungen oder zur Sicherung einer ausgewogenen Personalstruktur, im berechtigten betrieblichen Interesse liegt, von der Sozialauswahl auszunehmen (sog. „Leistungsträgerklausel"). Das kann dazu führen, dass die betriebsbedingte Kündigung eines Arbeitnehmers letztlich wegen der festgestellten Leistungsdefizite sozial gerechtfertigt ist, obwohl die Sozialdaten im Übrigen für eine höhere Schutzwürdigkeit im Verhältnis zu anderen betroffenen Arbeitnehmern sprechen.[807]

II. Außerordentliche Kündigung

Bei Leistungsdefiziten, die zugleich schwerwiegende Pflichtverletzungen darstellen, kann auch eine außerordentliche Kündigung gemäß § 626 BGB in Betracht kommen. Sie bleibt als Reaktion auf Schlecht- bzw. Minderleistungen allerdings die Ausnahme.[808]

1. Quantitative Leistungsdefizite

Im Bereich quantitativer Leistungsdefizite wird als Voraussetzung einer außerordentlichen (verhaltensbedingten) Kündigung zu Recht ein vorsätzliches Zurückhalten der Arbeitskraft gefordert.[809] Nur wenn die Minderleistungen das Ausmaß

807 *Schul/Wichert*, DB 2005, 1906, 1909.

808 BAG, Urt. vom 4.7.1991, – 2 AZR 79/91 – (BeckRS); LAG Berlin-Brandenburg, Urt. vom 3.3.2011, – 25 Sa 2641/10, NZA-RR 2011, 522, 524.

809 LAG Rheinland-Pfalz, Urt. vom 17.11.2010, – 8 Sa 323/10 – Rn. 24 (juris); *Brune*, AR-Blattei SD 1420 (Schlechtleistung), Rn. 152; SPV/*Preis*, § 22, Rn. 600.

einer „beharrlichen Arbeitsverweigerung" annehmen, kann der Ausspruch einer außerordentlichen Kündigung gerechtfertigt sein.[810] Beharrlichkeit setzt eine Nachhaltigkeit im Willen voraus.[811] Eine solche „intensive Weigerung" ist etwa anzunehmen, wenn der Arbeitnehmer trotz mehrfacher Aufforderungen des Arbeitgebers seiner Arbeitspflicht nicht nachkommt (Bsp.: Trotz Ermahnung des Arbeitgebers spielt der Arbeitnehmer während der Arbeitszeit Karten).[812] In Ausnahmefällen kann auch schon eine einmalige Arbeitsverweigerung eine außerordentliche Kündigung rechtfertigen, wobei prinzipiell jedoch eine vorherige Abmahnung erforderlich ist.[813]

2. Qualitative Leistungsdefizite

Qualitative Schlechtleistungen rechtfertigen eine außerordentliche Kündigung in aller Regel nur unter dem Gesichtspunkt schwerwiegender Nebenpflichtverletzungen. In Betracht kommen namentlich Straftaten zu Lasten des Arbeitgebers sowie geschäftsschädigendes Verhalten.[814] Insoweit kann ein einmaliger Pflichtverstoß ebenfalls ausreichend sein (Bsp.: angestellter Malermeister verweigert Entgegennahme eines Kundenauftrags)[815]. Dabei gilt: Je höher sich das Schadensrisiko ausnimmt, desto geringer sind die Anforderungen an den Grad des Verschuldens. Deshalb kann unter Umständen sogar einfache Fahrlässigkeit ausreichen, um eine außerordentliche Kündigung zu rechtfertigen (Bsp.: Pilot unterlässt Sicherheitscheck im Cockpit).[816]

III. Kündigung wegen Leistungsmängeln im Kleinbetrieb

Außerhalb des sachlichen Geltungsbereichs des KSchG, d.h. in Betrieben mit in der Regel zehn oder weniger Arbeitnehmern (§ 23 Abs. 1 KSchG), ist eine durch den Arbeitgeber ausgesprochene Kündigung nicht am Maßstab des § 1 Abs. 2 KSchG zu messen. Das bedeutet indessen nicht, dass der Arbeitnehmer

---

810 Zur Darlegungs- und Beweislast bei der „beharrlichen Arbeitsverweigerung" siehe MüKo/*Henssler*, § 626, Rn. 344.

811 BAG, Urt. vom 5.4.2001, – 2 AZR 580/99, BAGE 97, 276, 282; LAG Berlin-Brandenburg, Urt. vom 3.3.2011, – 25 Sa 2641/10, NZA-RR 2011, 522, 524; MüArbR/*Wank*, 3. Aufl. 2009, § 98, Rn. 72.

812 ASP/*Dörner*, § 626 BGB, Rn. 209 m.w.N.

813 BAG, Urt. vom 5.4.2001, – 2 AZR 580/99, BAGE 97, 276 ff.

814 Ausführlich zu den einzelnen Fallgruppen *Brune*, AR-Blattei SD 1420 (Schlechtleistung), Rn. 155 ff.

815 Beispiel nach BAG, Urt. vom 17.6.1992, – 2 AZR 568/91 – Rn. 19 (juris).

816 Beispiel nach MüKo/*Henssler*, § 626, Rn. 149.

vollkommen schutzlos wäre. Vielmehr fordert das Bundesverfassungsgericht, dass auch bei Kündigungen im Kleinbetrieb ein gewisser Mindestbestandsschutz des Arbeitsverhältnisses im Wege einer sachgerechten Anwendung zivilrechtlicher Generalklauseln, namentlich über §§ 138, 242 BGB, gewährt wird.[817] Unklar ist, wie weit der so gewährleistete Schutz reicht. Denn es ist zu berücksichtigen, dass der Gesetzgeber Kleinbetriebe aus dem Anwendungsbereich des KSchG bewusst aus arbeitsmarktpolitischen Gründen ausgenommen hat.[818] Vor diesem Hintergrund kann die Heranziehung zivilrechtlicher Generalklauseln jedenfalls nicht zu einer analogen Anwendung des § 1 Abs. 2 KSchG führen, denn es fehlt insoweit an der Planwidrigkeit einer Regelungslücke.

Darüber hinaus werden zu der Frage der konkreten Reichweite eines verfassungsrechtlich gebotenen Mindestschutzes unterschiedliche Auffassungen vertreten. So wird in der Literatur teilweise angenommen, der Gesetzgeber habe mit § 1 Abs. 2 KSchG eine abschließende Sonderregelung zur materiell-rechtlichen Inhaltskontrolle von Kündigungen geschaffen, so dass ein Begründungserfordernis im Sinne des Vorliegens eines verhaltens-, personen- oder betriebsbedingten Kündigungsgrundes nicht angenommen werden könne.[819] Andere Autoren ziehen den Anwendungsbereich der zivilrechtlichen Generalklauseln im Kündigungsrecht weiter. So sei eine Missbrauchskontrolle nicht nur auf die äußeren Umstände der Kündigung beschränkt, sondern umfasse auch eine „abgeschwächte Inhaltskontrolle“ unter Berücksichtigung der in § 1 Abs. 2 KSchG genannten Kündigungsgründe.[820]

Das Bundesarbeitsgericht hat im Jahr 2001 für den Bereich der betriebsbedingten Kündigung anerkannt, dass, soweit unter mehreren Arbeitnehmern eine Kündigungsauswahl zu treffen sei, es Art. 12 Abs. 1 GG gebiete, ein Mindestmaß an „sozialer Rücksichtnahme“ auch außerhalb des Anwendungsbereichs des KSchG zu wahren.[821] Eine Kündigung, die diesen Anforderungen nicht entspreche, verstoße gegen Treu und Glauben und sei deshalb unwirksam.[822] Unmittelbare Rückschlüsse für die verhaltens- bzw. personenbedingte Kündigung

---

817 BVerfG, Beschl. vom 27.1.1998, – 1 BvL 15/87, BVerfGE 97, 169, 178; ausführlich zu den verfassungsrechtlichen Hintergründen und zum Diskussionsstand MüArbR/*Wank*, § 100, Rn. 10 ff.

818 BT-Drs. 15/1204, S. 8; vgl. zur Arbeitsmarktreform auch den Überblick bei *Preis*, DB 2004, 70 ff.

819 *Preis*, NZA 1997, 1256, 1264 ff.

820 MüArbR/*Wank*, § 100, Rn. 31; *Oetker*, AuR 1997, 41, 52.

821 BAG, Urt. vom 21.2.2001, – 2 AZR 15/00, BAGE 97, 92, 96.

822 BAG, Urt. vom 21.2.2001, – 2 AZR 15/00, BAGE 97, 92, 96.

lassen sich aus dieser Forderung nach einer „nicht streng zu handhabenden Sozialauswahl“[823] jedoch nicht ziehen. So hat das Gericht in einem weiteren Fall, der ein im Verhalten des Arbeitnehmers liegenden Kündigungsgrund zum Gegenstand hatte, ausdrücklich klargestellt, dass es bei dem zu gewährenden Schutz durch Generalklauseln lediglich darum gehe, Arbeitnehmer vor willkürlichen oder auf sachfremden Motiven beruhenden Kündigungen zu schützen.[824] Über § 242 BGB dürfe jedoch nicht geprüft werden, ob eine Kündigung aus verhaltensbedingten Gründen unter entsprechender Anwendung des Schutzniveaus des § 1 Abs. 2 KSchG gerechtfertigt sei.[825] Insbesondere scheitere eine Kündigung außerhalb des Anwendungsbereichs des KSchG nicht an dem Fehlen einer vorherigen Abmahnung.[826]

Ob dies für Kündigungen wegen Leistungsmängeln ebenfalls gilt, kann aber durchaus in Frage gestellt werden. Vielmehr wird man auch im Kleinbetrieb hinsichtlich Art und Schwere der Leistungsmängel sowie der Dauer des störungsfreien Verlaufs des Arbeitsverhältnisses differenzieren müssen. Denn bei einer langjährigen vertraglichen Beziehung zwischen den Parteien des Arbeitsverhältnisses entstehen gesteigerte Rücksichtnahmepflichten gem. §§ 241 Abs. 2, 242 BGB. Deshalb kann im Einzelfall auch außerhalb des Anwendungsbereichs des KSchG eine Kündigung gegen Treu und Glauben verstoßen, wenn nicht eine vorherige Abmahnung erteilt worden ist.[827] Dies entspricht im Übrigen nicht nur der Wertung des § 314 Abs. 2 BGB, sondern auch der Vorgabe des Bundesverfassungsgerichts, ein durch langjährige Mitarbeit erdientes Vertrauen in den Fortbestand des Arbeitsverhältnisses auch bei der Überprüfung von Kleinbetriebskündigungen nicht unberücksichtigt zu lassen.[828]

Letztlich dürfte eine Kündigung wegen Leistungsmängeln außerhalb des Anwendungsbereichs des KSchG aber nur in Ausnahmefällen gegen §§ 138, 242 BGB verstoßen. Denn die dauerhafte Unterschreitung des ortsüblichen Leistungsniveaus gemäß § 59 HGB stellt für sich genommen ohne Weiteres einen sachlichen Grund für eine Kündigung dar. Hiermit ist zwar eine deutliche Absenkung des Schutzniveaus für Arbeitnehmer verbunden, die unverschuldet nicht oder nicht mehr dazu in der Lage sind, die ortsübliche Leistung zu erbringen. Es ist jedoch zu betonen, dass diese Konsequenz nicht aus der Anlegung

823 SPV/*Preis*, § 13, Rn. 238.
824 BAG, Urt. vom 21.2.2001, – 2 AZR 579/99, BAGE 97, 141, 149 f.
825 BAG, Urt. vom 21.2.2001, – 2 AZR 579/99, BAGE 97, 141, 147.
826 BAG, Urt. vom 21.2.2001, – 2 AZR 579/99, BAGE 97, 141, 148.
827 *Preis*, NZA 1997, 1256, 1267.
828 BVerfG, Beschl. vom 27.1.1998, – 1 BvL 15/87, BVerfGE 97, 169, 179.

eines objektiven Leistungsmaßstabs folgt. Denn auch unter Geltung des vom Bundesarbeitsgericht vertretenen subjektiven Leistungsmaßstabs ist eine Kündigung im Kleinbetrieb nicht zu beanstanden, wenn sie nur in irgendeinem Zusammenhang mit dem Arbeitsverhältnis steht. Einzig wenn die sozialen Belange des Arbeitnehmers offensichtlich in treuwidriger Weise verletzt sind, kommt ein Verstoß gegen § 242 BGB in Betracht.[829]

IV. Zwischenergebnis zur Kündigung wegen Leistungsmängeln

Die Kündigung stellt die „klassische" Reaktion des Arbeitgebers auf Leistungsmängel dar. Vor dem Hintergrund der anzuerkennenden sozialen Schutzbedürftigkeit des Arbeitnehmers gewährleistet das Kündigungsrecht grundsätzlich einen sehr weitreichenden Schutz gegen unbillige Kündigungen. Die vorstehenden Ausführungen haben gezeigt, dass dies im Bereich von Schlecht- und Minderleistungen in besonderem Maße gilt.

Eine Teilkündigung zur Entgeltreduzierung ist unzulässig. Soweit es sich um qualitative Leistungsdefizite handelt, gilt dies auch für eine Änderungskündigung gemäß § 2 KSchG. Im Bereich quantitativ messbarer Leistungsmängel, die sich nicht lediglich im Bagatellbereich bewegen, ist eine Änderungskündigung jedoch einer Beendigungskündigung als milderes Mittel vorzuschalten.

Im Rahmen der verhaltensbedingten Kündigung können vermeintlich nachteilige Konsequenzen einer Fixierung des Pflichtenmaßstabs auf die ortsübliche Leistung auf verschiedenen Prüfungsebenen aufgefangen werden. So verbietet das Übermaßverbot bei bloß geringfügigen Pflichtverletzungen bereits eine Abmahnung. Eine Kündigung kommt in diesem Fall erst recht nicht in Betracht. Zudem setzt die Hinweisfunktion der Abmahnung voraus, dass in ihr der Pflichtverstoß, d.h. eine Unterschreitung des ortsüblichen Leistungsniveaus, hinreichend deutlich beschrieben wird. Das bedeutet insbesondere bei quantitativen Leistungsmängeln, dass bereits der Ausspruch einer notwendigen Abmahnung einen erheblichen Vorbereitungsaufwand auf Seiten des Arbeitgebers erfordert. Weitere Korrekturen sind auch auf der Ebene des Verschuldens möglich. Hier richten sich die Sorgfaltsanforderungen nach dem objektiven Maßstab des § 276 Abs. 2 BGB. Die für eine Vergleichsgruppenbildung zu berücksichtigenden Kriterien sind im Arbeitsrecht auch auf solche Parameter wie das Alter und die tatsächliche Stellung des Arbeitnehmers im Betrieb zu erstrecken. Das bedeutet, dass konstitutionsbedingte Leistungsdefizite in der Regel nicht vorwerfbar sind. Auf der Ebene der Interessenabwägung ist schließlich eine soziale Endkontrolle

---

829 MüArbR/*Wank*, § 100, Rn. 37.

der verhaltensbedingten Kündigung vorzunehmen. Auf dieser Stufe besteht ein weiterer Zugriffspunkt, um etwa auf leichtester Fahrlässigkeit beruhende Pflichtverletzungen von der Kündigung auszunehmen.

Um nicht in systematische Begründungsschwierigkeiten zu geraten, verlangt das Bundesarbeitsgericht bei der personenbedingten Kündigung wegen Leistungsmängeln keinen Pflichtverstoß des Arbeitnehmers, sondern vielmehr eine erhebliche Unterschreitung der Gleichwertigkeitserwartung des Arbeitgebers im Hinblick auf Leistung und Gegenleistung. Dies ist im Fall quantitativer Leistungsmängel bei einer Unterschreitung des ortsüblichen Leistungsniveaus gemäß § 59 HGB um 1/3 der Fall. Bei qualitativen Leistungsmängeln hat die Beurteilung des Umfangs der Äquivalenzbeeinträchtigung dagegen in Gestalt einer Einzelfallbetrachtung zu erfolgen. Hierbei sind insbesondere Art und Schwere der fehlerhaften Arbeitsleistung zu berücksichtigen. Zu beachten ist darüber hinaus, dass auch eine personenbedingte Kündigung den Ausspruch einer vorherigen Abmahnung erfordert, soweit der zugrunde liegende Eignungs- oder Fähigkeitsmangel für den Arbeitnehmer steuerbar ist.

Der Ausspruch einer betriebsbedingten Kündigung als Reaktion auf Leistungsmängel ist systemwidrig und deshalb unzulässig. Die besonderen Voraussetzungen der verhaltens- sowie der personenbedingten Kündigung dürfen auf diesem Wege nicht umgangen werden.

In Ausnahmefällen können Leistungsmängel auch eine außerordentliche Kündigung rechtfertigen. Quantitative Minderleistungen werden hierzu nur geeignet sein, wenn sie das Ausmaß einer beharrlichen Arbeitsverweigerung annehmen. Bei qualitativen Schlechtleistungen kommt es wiederum auf die Art und die Schwere des Pflichtverstoßes an.

Außerhalb des Anwendungsbereichs des KSchG wird der Schutz des Arbeitnehmers vor unbilligen Kündigungen über eine Anwendung zivilrechtlicher Generalklauseln (§§ 138, 242 BGB) gewährleistet. Dabei wird sich eine Kündigung wegen Schlecht- bzw. Minderleistungen allerdings nur selten als treuwidrig darstellen.

F. Schadensersatz

Leistungsmängel können unter den oben herausgearbeiteten Voraussetzungen nicht nur zur Kündigung des Arbeitsverhältnisses führen, sondern auch einen Schadensersatzanspruch des Arbeitgebers auslösen. Dieser Reaktionsmöglichkeit kommt in der Praxis jedoch keine mit der Kündigung vergleichbare Bedeutung zu. Der Grund hierfür liegt darin, dass es in vielen Fällen – etwa bei der „Arbeitsbummelei“ – sehr schwer ist, einen aus der Schlechtleistung resultierenden Schaden nachzuweisen. Der Arbeitgeber beschränkt sich daher in der Regel darauf, das Arbeitsverhältnis zu kündigen.[830]

Da sich der Gegenstand der vorliegenden Untersuchung im Wesentlichen auf die Darstellung der Voraussetzungen und Rechtsfolgen des Tatbestandes einer Schlecht- bzw. Minderleistung beschränkt, soll die schadensersatzrechtliche Haftung für eine (teilweise) Nichtleistung der Arbeit außerhalb der hier vorgenommenen Betrachtung bleiben.[831]

I. Schadensersatz statt der Leistung

1. Schadensersatz statt der Leistung gemäß § 280 Abs. 1, 3 i.V.m. § 283 BGB

Fraglich ist, ob der Arbeitgeber bei quantitativen oder qualitativen Leistungsmängeln berechtigt ist, Schadensersatz „statt" der Leistung zu verlangen. Bei der Annäherung an diese Fragestellung ist zunächst zu berücksichtigen, dass Schlecht- bzw. Minderleistungen nach den Feststellungen oben unter § 1 „nicht vertragsgemäße Leistungen" gemäß § 326 Abs. 1 S. 2 BGB darstellen, deren Nachleistung gemäß § 275 Abs. 1 BGB wegen des Fixschuldcharakters der Arbeitspflicht unmöglich ist. Als Anspruchsgrundlage kommt im System des Leistungsstörungsrechts deshalb lediglich § 280 Abs. 1, 3 i.V.m. § 283 BGB in Betracht. Hiernach kann der Gläubiger in den Fällen, in denen der Schuldner gemäß § 275 Abs. 1–3 BGB von der Leistung befreit ist, unter den Voraussetzungen des § 280 Abs. 1 BGB Schadensersatz statt der Leistung verlangen. Jedenfalls bezogen auf einen Schadensersatzanspruch „statt der ganzen Leistung" gemäß § 280 Abs. 1, 3 i.V.m. § 283 S. 2 u. § 281 Abs. 1 S. 3 BGB ist ein Ersatzanspruch aber zu verneinen. Das gilt unabhängig davon, ob die Pflichtverletzung „(un) erheblich" i.S.d. § 281 Abs. 1 S. 3 BGB ist. Der Grund hierfür liegt unter anderem darin, dass der Arbeitgeber das Arbeitsverhältnis nur durch Kündigung beenden kann. Deshalb kann er ohne Ausübung dieses Gestaltungsrechts nicht verlangen, so gestellt zu werden, als hätte der Arbeitnehmer überhaupt nicht geleistet.[832] Hinzu kommt, dass der Arbeitnehmer in diesem Fall gemäß § 283 S. 2 i.V.m. § 281 Abs. 5 BGB berechtigt wäre, seine eigene Leistung nach den Vorschriften über das Rückgewährschuldverhältnis (§§ 346–348 BGB) zurückzufordern. Da die Herausgabe der defizitären Arbeitsleistung jedoch ihrer Natur nach ausgeschlossen ist, müsste der Arbeitgeber gemäß § 346 Abs. 2 Nr. 1 BGB Wertersatz leisten. Vor dem Hintergrund, dass der Arbeitgeber das Erfüllungsrisiko

830 BAG, Urt. vom 17.7.1970, – 3 AZR 423/69, BAGE 22, 402, 406.
831 Hierzu ausführlich MüArbR/*Reichold*, § 39, Rn. 33 ff.
832 *Singer/Schiffer*, JA 2006, 833, 837.

bei Schlechtleistungen zu tragen hat, darf die Rückabwicklung aber nicht dazu führen, dass gleichsam „durch die Hintertür" ein Minderungsrecht bzw. ein Teilkündigungsrecht des Arbeitgebers anerkannt wird, welches nach der Wertung des Gesetzes als Rechtsmittel bei Schlechtleistungen ausgeschlossen bleiben soll.[833]

Im Hinblick auf die Geltendmachung eines Anspruchs auf sog. „kleinen Schadensersatz" kann das Ergebnis nicht anders lauten. Auch insofern würde nämlich eine auf das reine Äquivalenzinteresse bezogene Ersatzpflicht *de facto* auf ein Minderungsrecht des Arbeitgebers hinauslaufen. Darüber hinaus stellt der Minderwert der Arbeit „als solcher" nach der sog. Differenzhypothese für den Arbeitgeber keinen Schaden dar, da er gemäß § 326 Abs. 1 S. 2 BGB ohnehin zur Zahlung des Entgelts verpflichtet bleibt.[834] Aber auch etwaige durch die mangelhafte Arbeitsleistung hervorgerufene Mehrkosten des Arbeitgebers (bspw. die Überstundenvergütung für andere Arbeitnehmer, die fehlerhafte Leistungen ihres Kollegen auffangen müssen) müssen von einer Ersatzpflicht ausgenommen bleiben, soweit sie nicht das Integritätsinteresse betreffen.[835] Denn auch hier gilt, dass die gesetzgeberische Wertung, wonach das Risiko defizitärer Arbeitsleistungen prinzipiell dem Arbeitgeber zugewiesen ist, nicht ausgehebelt werden darf. Der Arbeitgeber ist deshalb gut beraten, seinen Betrieb so zu organisieren, dass durch Schlechtleistungen verursachte Störungen im Arbeitsablauf unproblematisch behoben werden können. In diesem Zusammenhang anfallende Vorhaltekosten sind seinem Betriebs- und Wirtschaftsrisiko zuzurechnen. Nach der hier vertretenen Auffassung kann der Ersatz des reinen Äquivalenzinteresses somit nur im Fall der teilweisen oder vollständigen Nichtleistung verlangt werden, nicht jedoch bei Schlecht- bzw. Minderleistungen.[836]

Etwas anderes kann allenfalls dann angenommen werden, wenn die Voraussetzungen des § 282 BGB vorliegen. Nach dieser Vorschrift kann der Gläubiger unter den Voraussetzungen des § 280 Abs. 1 BGB Schadensersatz statt der Leistung verlangen, wenn der Schuldner eine Pflicht nach § 241 Abs. 2

---

833 Vgl. oben unter § 3 E. I. 1.

834 Vgl. auch BAG, Urt. vom 6.6.1972, – 1 Azr 438/71, BAGE 24, 286, 288 f.; MüArbR/*Reichold*, 3. Aufl. 2009, § 39, Rn. 63; *Tillmanns*, Strukturfragen des Dienstvertrages, 2007, S. 382 f.; *Gotthardt*, Arbeitsrecht nach der Schuldrechtsreform, 2. Aufl. 2003, S. 97, Rn. 201; *Tschöpe*, BB 2006, 213, 219.

835 Im Ergebnis wie hier *Maschmann*, NZA-Beil. 1/2006, 13, 17; a.A. *Richardi*, NZA 2002, 1004, 1011.

836 Siehe auch *Gotthardt*, Arbeitsrecht nach der Schuldrechtsreform, S. 97, Rn. 201; RGKU/*Hesse*, § 619a BGB, Rn. 3a; *Römermann/Haase*, MDR 2006, 853, 856.

BGB verletzt hat und dem Gläubiger die Leistung durch den Schuldner nicht mehr zugemutet werden kann. Als Beispiel hierfür wird bei *Zöllner/Loritz/Hergenröder* der Fall genannt, dass ein Laborgehilfe wiederholt giftige Substanzen oder Säure verschüttet hat.[837] Da es hier der Sache nach nicht primär um eine Verletzung des unmittelbaren Leistungsinteresses des Arbeitgebers geht, sondern, wie das Beispiel zeigt, im weitesten Sinne um sein Integritätsinteresse, stehen einem Schadensersatzanspruch gemäß § 280 i.V.m. § 282 BGB auch unter dem Gesichtspunkt des Minderungsverbots keine durchgreifenden Bedenken entgegen. In den Fällen, in denen sich die Arbeitsleistung für den Arbeitgeber als unzumutbar darstellt, werden zudem oftmals die Voraussetzungen der außerordentlichen Kündigung gegeben sein, so dass der sog. „Verfrühungsschaden", d.h. alle Schadenspositionen, die durch die vorzeitige Vertragsbeendigung selbst entstehen, ohnehin nach § 628 Abs. 2 BGB zu liquidieren wäre.[838]

2. Schadensersatz statt der Leistung gemäß § 311a Abs. 2 BGB

Die Vorschrift des § 311a Abs. 2 BGB regelt den Schadensersatz bei anfänglicher Unmöglichkeit. Der Arbeitnehmer wird insoweit zwar gemäß § 275 Abs. 1 BGB von seiner Verpflichtung zur Arbeitsleistung frei, auf die Wirksamkeit des Vertrages hat dies nach § 311a Abs. 1 BGB jedoch keine Auswirkungen. Der Sache nach handelt es sich um einen Fall des sog. Übernahmeverschuldens.[839] Hiernach haftet der Arbeitnehmer für zu Vertragsbeginn bestehende subjektive bzw. objektive Eignungsmängel, wenn er den Eignungsmangel kannte bzw. seine Unkenntnis zu vertreten hat. Wer vorgibt, bestimmte Fähigkeiten oder Qualifikationen zu besitzen (Bsp.: 2. Juristisches Staatsexamen), muss sich hieran festhalten lassen.[840] Im Übrigen liegt anfängliche Unmöglichkeit vor, wenn der Arbeitnehmer von Anfang an nicht dazu in der Lage ist, die ortsübliche Leistung zu erbringen. Dabei ist auch für den Schadensersatzanspruch nach § 311a Abs. 2 BGB danach zu unterscheiden, ob die Arbeit überhaupt in irgendeiner Form geleistet werden kann (wenn auch „schlecht"),[841] oder ob dies aufgrund des Eignungsmangels schon zu Vertragsbeginn nicht möglich ist. Ersterenfalls wird man einen Schadensersatzanspruch konsequenterweise aus denselben Erwägungen

837 *Zöllner/Loritz/Hergenröder*, S. 215.

838 HWK/*Krause*, § 619a, Rn. 10.

839 z.B. MüKo/*Müller-Glöge*, § 611 BGB, Rn. 20.

840 MüKo/*Grundmann*, § 276, Rn. 58.

841 Bsp.: Der Arbeitnehmer bleibt von Beginn des Arbeitsverhältnisses an quantitativ in einem Umfang von 10% hinter der orts- bzw. betriebsüblichen Leistung zurück.

ablehnen müssen, wie sie unter F. I. 1. dargelegt wurden. Der Arbeitgeber ist in diesen Fällen darauf verwiesen, mit einer Kündigung zu reagieren.

Kann der Arbeitnehmer die Arbeitsleistung dagegen von Anfang an in keiner Weise erbringen, bspw. weil er als angestellter Pilot keinen Flugschein besitzt, ist dieser Fall vergleichbar mit einer Nichtleistung. Insofern weist § 326 Abs. 1 S. 1 BGB die Gegenleistungsgefahr dem Arbeitnehmer zu. Ein Minderungsverbot, welches zugleich einen Schadensersatzanspruch für Äquivalenzstörungen ausschließen würde, besteht im Fall von Nichtleistungen gerade nicht. Aus dieser Wertung ergibt sich, dass der Arbeitnehmer ohne Weiteres aus § 311a Abs. 2 BGB auf das Erfüllungsinteresse haftet. Als ersatzfähige Positionen sind neben den nutzlosen Aufwendungen (§ 311a Abs. 2 BGB i.V.m. § 284 BGB), die der Arbeitgeber im Zusammenhang mit der Einstellung getätigt hat (Bsp.: die gewährten Reisekosten für das Vorstellungsgespräch) in erster Linie die Kosten zu nennen, die er für und bis zur Einstellung eines anderen Arbeitnehmers tragen muss, insbesondere die Kosten für die Einstellung einer Ersatzkraft. Der Umfang des Anspruchs ist jedoch in zeitlicher Hinsicht bis zum Ablauf der ordentlichen Kündigungsfrist begrenzt (sog. „Verfrühungsschaden“).[842] Da arbeitsvertraglich zumeist eine sechsmonatige Probezeit vereinbart ist, innerhalb der das Arbeitsverhältnis gemäß § 622 Abs. 3 BGB mit einer Frist von zwei Wochen gekündigt werden kann, wird in der Haftung des Arbeitnehmers wegen anfänglicher Unmöglichkeit in aller Regel keine unbillige finanzielle Überforderung zu sehen sein.

II. Schadensersatz neben der Leistung gemäß § 280 Abs. 1 BGB

Es konnte soeben festgestellt werden, dass ein Schadensersatzanspruch statt der Leistung auf die Fälle der (teilweisen) Nichtleistung beschränkt ist. Bei Schlecht- bzw. Minderleistungen ist die Liquidierung des Erfüllungsinteresses demgegenüber mit der gesetzlichen Wertung des Dienstvertragsrechts nicht zu vereinbaren. Als schuldrechtliche Haftungsgrundlage kommt daher nur die auf den Ersatz des Integritätsinteresses gerichtete Vorschrift des § 280 Abs. 1 BGB in Betracht (Schadensersatz neben der Leistung).[843] Auf die ebenfalls anwendbaren deliktischen Schadensersatzansprüche gemäß § 823 ff. BGB soll im Rahmen dieser Untersuchung nicht weiter eingegangen werden.[844]

---

842 *Otto/Schwarze*, Die Haftung des Arbeitnehmers, S. 68 f.

843 *Singer/Schiffer*, JA 2006, 833, 837; so wohl auch *Preis/Hamacher*, Jura 1998, 116, 117; *Römermann/Haase*, MDR 2006, 853, 856.

844 Vgl. hierzu MüArbR/*Reichold*, § 51, Rn. 1.

1. Pflichtverletzung

Als haftungsbegründende Pflichtverletzungen kommen grundsätzlich alle Tatbestände in Betracht, die früher unter den Topos der sog. „positiven Vertragsverletzung“[845] fielen. Gemeint sind damit sowohl Schlecht- bzw. Minderleistungen als auch sonstige Nebenpflichtverletzungen, insbesondere die Verletzung leistungsbezogener Nebenpflichten. Wann von einer Schlecht- bzw. Minderleistung auszugehen ist, wurde ausführlich unter § 1 erörtert. Grundsätzlich sind dies alle Fälle, in denen der Arbeitnehmer keine der Ortsüblichkeit entsprechende Leistung erbringt, § 59 HGB (analog). Das Nebenpflichtenprogramm des Arbeitnehmers wurde im Zweiten Kapitel unter § 2 B. dargestellt. Danach liegt eine Verletzung einer selbständigen Nebenpflicht in der Regel vor, wenn der Arbeitnehmer Rücksichtnahme- bzw. Schutzpflichten i.S.d. § 241 Abs. 2 BGB missachtet. Als Beispiel sei hier nur der unsorgfältige Umgang mit Betriebsmitteln des Arbeitgebers genannt. Die Verletzung einer unselbständigen Neben(leistungs)pflicht ist demgegenüber anzunehmen, wenn der Arbeitnehmer Nebenpflichten nicht beachtet, die auf die ordnungsgemäße Erbringung der Arbeitsleistung selbst gerichtet sind. Hierher zählt etwa die Vornahme einer medizinischen Kontrolluntersuchung, von der die Verlängerung einer Lizenz abhängig ist (Bsp.: Nach § 48 Abs. 5 FeV i.V.m. § 12 Abs. 6 FeV wird die Fahrerlaubnis zur Fahrgastbeförderung nur verlängert, wenn der Inhaber in bestimmten Zeitabständen eine ausreichende Sehfähigkeit nachweist). Auch die Weigerung des Arbeitnehmers, die für die Ausübung seiner Tätigkeit notwendigen Fertigkeiten und Kenntnisse zu erlernen, stellt eine Nebenleistungspflichtverletzung dar (Bsp.: Der Arbeitnehmer verweigert das Erlernen eines neuen Computerprogramms, dessen Beherrschung für die Steuerung der von ihm zu bedienenden Maschine erforderlich ist).[846]

2. Verschulden

Der Schadensersatzanspruch nach § 280 Abs. 1 BGB setzt weiter ein Verschulden des Arbeitnehmers voraus.

a) Verschuldensmaßstab

Gemäß § 276 Abs. 1 S. 1 BGB hat der Arbeitnehmer Vorsatz und Fahrlässigkeit zu vertreten, wenn eine strengere oder mildere Haftung weder bestimmt ist, noch sich aus dem sonstigen Inhalt des Arbeitsverhältnisses ergibt.

---

845 In Bezug auf den Arbeitsvertrag vgl. *Motzer*, Die „posititve Vertragsverletzung“ des Arbeitnehmers.

846 Vgl. zu einer Lernpflicht des Arbeitnehmers oben unter B.

aa) Vorsatz

Der Arbeitnehmer handelt jedenfalls mit bedingtem Vorsatz, wenn er es für möglich hält und billigend in Kauf nimmt, dass sein Verhalten eine Pflichtverletzung darstellt und sich diese in einem konkreten Schaden verwirklicht.[847] Hierin liegt eine Abweichung von den allgemeinen zivilrechtlichen Grundsätzen der Schadenszurechnung, nach der sich das Verschulden nur auf die Pflicht- bzw. Rechtswidrigkeit des Verhaltens bezieht.[848] Trotz Kritik von Teilen des Schrifttums[849] hat das Bundesarbeitsgericht die Ausweitung des Verschuldensbezugspunkts im Jahr 2002 ausdrücklich bekräftigt.[850] Nach Auffassung des Gerichts tragen dieselben Gesichtspunkte, mit denen die Haftungsmilderung im Arbeitsrecht begründet wird, auch die Erstreckung des Verschuldens auf den Schaden.[851] Dieser Sichtweise ist zuzugestehen, dass es in der Tat notwendig erscheint, die Konsequenzen, die mit der Verschuldensverkürzung im Arbeitsrecht verbunden sind, mit den Grundsätzen der Schadenszurechnung zu synchronisieren. Denn dort, wo es um die Verletzung abstrakter Gefährdungsvorschriften geht, wird man dem Arbeitnehmer in Bezug auf die Pflichtverletzung häufig grobe Fahrlässigkeit vorwerfen können.[852] Dies hätte aber zur Konsequenz, dass der Arbeitnehmer der vollen Haftung ausgesetzt wäre, obwohl bezogen auf den Schadenseintritt möglicherweise nicht einmal normale Fahrlässigkeit vorliegt.[853] Derartige Ergebnisse, welche dazu geeignet sind, den bezweckten Schutz des Arbeitnehmers vor ruinösen Schadensersatzverpflichtungen leerlaufen zu lassen, sind zu vermeiden. Deshalb ist der Ausweitung des Verschuldensbezugspunktes auf den Schadenseintritt ausdrücklich zuzustimmen. Vor diesem Hintergrund wird der Vorsatzvorwurf für den Bereich der Schlecht- bzw. Minderleistungen eher selten gerechtfertigt sein. Auch in den Fällen der Leistungsverweigerung („passive Resistenz") genügt für die Annahme von Vorsatz nicht allein, dass der Arbeitnehmer seine Arbeitskraft bewusst zurückgehalten hat; er muss auch den Schadenseintritt in seiner konkreten Form für möglich gehalten und zumindest billigend in Kauf genommen haben.

---

847 Etwa BAG, Urt. vom 9.11.1967, – 5 AZR 147/67, BAGE 20, 142, 148; ErfK/*Preis*, § 619a BGB, Rn. 14.

848 Vgl. nur BGH, Urt. vom 20.11.1979, – VI ZR 238/78, BGHZ 75, 328, 330.

849 z.B. HWK/*Krause*, § 619a BGB, Rn. 28; anders auch noch *Brune*, AR-Blattei SD 1420 (Schlechtleistung), Rn. 62.

850 BAG, Urt. vom 18.4.2002, – 8 AZR 348/01, BAGE 101, 107, 116 ff.

851 BAG, Urt. vom 18.4.2002, – 8 AZR 348/01, BAGE 101, 107, 118.

852 Beispiele bei Schaub/*Linck*, § 59, Rn. 29.

853 BAG, Urt. vom 18.4.2002, – 8 AZR 348/01, BAGE 101, 107, 118.

bb) Fahrlässigkeit

Fahrlässig handelt, wer die im Verkehr erforderliche Sorgfalt außer Acht lässt (§ 276 Abs. 2 BGB). Für die Bestimmung des Sorgfaltsmaßstabs sowie dessen Verletzung kann weitestgehend auf die Ausführungen oben unter E. I. 2. c) verwiesen werden. Im Rahmen der Prüfung eines Schadensersatzanspruchs kommt als Besonderheit hinzu, dass das Bundesarbeitsgericht im Haftungsrecht drei Fahrlässigkeitsgrade unterscheidet: die leichteste Fahrlässigkeit (*culpa levissima*), die mittlere Fahrlässigkeit sowie die grobe Fahrlässigkeit. Leichteste Fahrlässigkeit liegt vor, wenn dem Arbeitnehmer nur ein unbedeutender, nahe am „Versehen"[854] liegender Pflichtverstoß vorgeworfen werden kann. Nach der hier vertretenen Auffassung ist allerdings bereits auf der Pflichtwidrigkeitsebene zu prüfen, ob die typischerweise hierunter zu subsumierenden Fälle des „Sich-Verschreibens", „Sich-Vertuns" usw.[855] unter Umständen noch eine der Üblichkeit entsprechende Arbeitsleistung darstellen. Ist dies der Fall, fehlt es bereits an einer Schlechtleistung. Für die Annahme einfacher bzw. mittlerer Fahrlässigkeit gelten die allgemeinen Grundsätze. Sie ist anzunehmen, wenn der Arbeitnehmer die Verkehr erforderliche Sorgfalt außer Acht lässt (§ 276 Abs. 2 BGB). Dabei bestimmt sich der konkrete Sorgfaltsmaßstab nach dem jeweiligen Verkehrskreis, in dem sich der Schädiger bewegt und handelt. Grobe Fahrlässigkeit liegt demgegenüber vor, wenn der Arbeitnehmer die im Verkehr erforderliche Sorgfalt nach den gesamten Umständen in ungewöhnlich hohem Maße verletzt und unbeachtet lässt, was im konkreten Fall jedem hätte einleuchten müssen.[856] Die grobe Fahrlässigkeit ist der einzige Fahrlässigkeitsgrad, bei dem anerkanntermaßen auch subjektive Verschuldensaspekte eine Rolle spielen können.[857] Grobe Fahrlässigkeit soll danach nur anzunehmen sein, wenn dem Handelnden ein besonders schwerwiegender persönlicher Vorwurf gemacht werden kann, etwa weil er ganz naheliegende Überlegungen nicht angestellt hat, die sich jedem anderen aufgedrängt hätten. Ein auch unter subjektiven Gesichtspunkten unentschuldbares Verhalten liegt dagegen nicht vor, wenn der Arbeitnehmer nach seinen individuellen geistigen und körperlichen Fähigkeiten nicht dazu in der Lage war, die objektiv erforderliche Sorgfalt zu erkennen und einzuhalten.[858] Ein typischer Fall grober Fahrlässigkeit liegt etwa in der Übernahme einer Tätigkeit in Kenntnis der fehlenden eigenen Qualifikation oder Übung.[859]

---

854 HWK/*Krause*, § 619a BGB, Rn. 37.

855 MüArbR/*Reichold*, § 51, Rn. 41.

856 Vgl. nur BAG, Urt. vom 18.4.2002, – 8 AZR 348/01, BAGE 101, 107, 114.

857 Staudinger/*Richardi/Fischinger*, § 619a BGB, Rn. 76.

858 BGH, Urt. vom 8.7.1992, – IV ZR 223/91, BGHZ 119, 147, 149.

859 *Brune*, AR-Blattei SD 1420 (Schlechtleistung), Rn. 76 m.w.N.

Allerdings können geminderte Einsichtsfähigkeit oder eine betrieblich bedingte Überlastungssituation des Arbeitnehmers den Vorwurf der groben Fahrlässigkeit entfallen lassen.[860] Das Nichtvorliegen grober Fahrlässigkeit bedeutet indes keineswegs, dass der Verschuldensvorwurf und damit die Haftung ganz entfällt. Der konkrete Umfang der Haftung ist jedoch eine Frage, die auf der Rechtsfolgenseite verortet ist.

b) Beweislast

Für den Bereich der vertraglichen Haftung ordnet § 280 Abs. 1 S. 2 BGB an, dass es dem Schuldner obliegt, sich hinsichtlich des Vertretenmüssens zu entlasten. Diese im Wesentlichen auf das Kaufrecht zugeschnittene Beweislastverteilung wird durch die Vorschrift des § 619a BGB für das Arbeitsverhältnis umgekehrt. Danach muss der Arbeitgeber den Nachweis führen, dass der Arbeitnehmer die Pflichtverletzung zu vertreten hat. Da es sich aber bei Schlecht- bzw. Minderleistungen – wie bereits oben unter E. I. 2. c) und g) herausgearbeitet wurde – typischerweise um Verhaltensunrecht handelt, folgt hieraus allein kein wesentlich erhöhter Darlegungsaufwand des Arbeitgebers im Prozess. Wer fachliche Standards im Arbeitsverhalten nicht einhält, dem kann in aller Regel auch ein Verschuldensvorwurf gemacht werden. Die in § 619a BGB angeordnete Beweislastumkehr gilt jedoch auch für den Grad des Verschuldens.[861] Im Rahmen des haftungsausfüllenden Tatbestands ist die Vorschrift daher jedenfalls für solche Fälle von Bedeutung, in denen der Arbeitgeber eine vollständige Liquidierung seines Schadens anstrebt. Dies kommt allenfalls in Betracht, wenn dem Arbeitnehmer grobe Fahrlässigkeit vorgeworfen werden kann. Wegen der ausgeprägten subjektiven Komponente dieses Fahrlässigkeitsgrads kann vom Vorliegen objektiv besonders grober Pflichtverstöße nicht ohne weiteres auf grobe Fahrlässigkeit geschlossen werden.[862] Vielmehr muss hierfür auch ein persönlich unentschuldbares Verhalten angenommen werden können, welches mit einem objektiv groben Pflichtverstoß zwar häufig, aber nicht zwangsläufig einhergeht. Das Vorliegen eines persönlich unentschuldbaren Verhaltens muss folglich der Arbeitgeber darlegen und beweisen.

Darüber hinaus erfasst die in § 619a BGB normierte Beweislastumkehr sämtliche Aspekte des Verschuldens. Soweit sich das Vertretenmüssen nach der

860 *Brune*, AR-Blattei SD 1420 (Schlechtleistung), Rn. 77.

861 Staudinger/*Richardi/Fischinger*, § 619a, Rn. 24.

862 Vgl. nur BGH, Urt. vom 12.7.2005, – VI ZR 83/04, NJW 2006, 1271; zu den Voraussetzungen der groben Fahrlässigkeit sogleich unter 3. b).

neueren Rechtsprechung des Bundesarbeitsgerichts nicht nur auf die Pflichtverletzung, sondern auch auf die konkrete Schadensfolge beziehen muss,[863] obliegt dem Arbeitgeber daher auch der Nachweis, dass den Arbeitnehmer hinsichtlich beider Haftungsvoraussetzungen ein Verschulden trifft.

3. Schaden

a) Differenzhypothese

Sofern alle weiteren Haftungsvoraussetzungen vorliegen, ist der Arbeitnehmer gemäß § 249 ff. BGB verpflichtet, den Arbeitgeber so zu stellen, wie dieser bei pflichtgemäßer Erbringung der Arbeitsleistung stehen würde.[864] Die konkrete Schadensberechnung erfolgt nach der sog. Differenzhypothese.[865] Hiernach liegt der Schaden grundsätzlich in der Differenz der Vermögenslage vor und nach Eintritt des schadensstiftenden Ereignisses. Soweit eine Vermögensdifferenz rechnerisch nicht festgestellt werden kann (etwa weil der Geschädigte Ersatzleistungen Dritter erhält), wird die Differenzhypothese in bestimmten Fällen einer normativen Korrektur unterzogen.[866] So wird im Bereich defizitärer Arbeitsleistungen mitunter ein hypothetischer Schaden als ersatzfähig anerkannt, wenn Kosten für den Ausgleich von Leistungsmängeln tatsächlich gar nicht angefallen sind, weil der Arbeitgeber auf die Anordnung von Überstunden bzw. die Einstellung einer Ersatzkraft verzichtet und die Mehrarbeit etwa selbst übernommen oder anderweitig Vorsorge getroffen hat.[867] Allerdings ist die Haftung des Arbeitnehmers für Leistungsmängel nach der hier vertretenen Auffassung auf das Integritätsinteresse beschränkt. Da Mehrarbeitskosten typischerweise das Äquivalenzinteresse betreffen, ist eine Erstattungspflicht des Arbeitnehmers insoweit abzulehnen. Ein Integritätsschaden ist dagegen unproblematisch gegeben, wenn der Arbeitnehmer durch die Schlechtleistung Arbeitsmaterialien oder sonstige Betriebsmittel beschädigt (Bsp.: Die täglich benutzte Maschine erleidet durch unsachgemäße oder ganz unterbliebene Reinigung einen Defekt). Eine Verletzung des Integritätsinteresses liegt auch vor, wenn der Arbeitgeber als Folge der mangelhaften Arbeitsleistung von Dritten selbst auf Gewährleistung oder Schadensersatz in Anspruch genommen wird.[868] Mit dieser Begründung hat etwa das Bundesarbeitsgericht eine angestellte Krankenhausärztin,

---

863 BAG, Urt. vom 18.4.2002, – 8 AZR 348/01, BAGE 101, 107 ff.

864 *Servatius*, Jura 2005, 838, 843.

865 Schaub/*Linck*, § 59, Rn. 10.

866 Eingehend Schaub/*Linck*, § 59, Rn. 10.

867 Nachweise bei MüArbR/*Reichold*, § 39, Rn. 36.

868 *Maschmann*, NZA-Beil. 1/2006, 13, 17.

die im Rahmen einer Bluttransfusion grob fahrlässig den Tod einer Patientin verschuldet hat, zur Zahlung des vollen Schadensersatzbetrages verurteilt, der dem Krankenhausträger durch die schadensersatzrechtliche Inanspruchnahme vonseiten der Hinterbliebenen der Patientin entstanden war.[869]

b) *Haftungsmilderung nach den Grundsätzen des innerbetrieblichen Schadensausgleichs*

Neben der bei Leistungsdefiziten vorzunehmenden Beschränkung der Ersatzpflicht auf Integritätsschäden wird in der Praxis eine weitere wesentliche Abfederung der Arbeitnehmerhaftung über die Grundsätze des innerbetrieblichen Schadensausgleichs erreicht. Auf die dogmatische Herleitung der spezifisch arbeitsrechtlichen Haftungsmilderung soll im Rahmen der vorliegenden Untersuchung nicht weiter eingegangen werden. Sie hat mittlerweile gewohnheitsrechtlichen Charakter erlangt.[870] Das vom Prinzip der Totalrestitution abweichende Konzept der Haftungsmilderung fußt im Grundsatz auf einer Abwägung des Verschuldens des Arbeitnehmers auf der einen Seite mit dem sich aus der betrieblichen Organisationshoheit ableitenden Betriebs- und Schadensrisiko des Arbeitgebers auf der anderen.[871] Die hierzu entwickelten Grundsätze greifen deshalb nur ein, soweit der Schaden auf einer „betrieblich veranlassten Tätigkeit" beruht.[872] Dies ist bei Schlecht- bzw. Minderleistungen regelmäßig der Fall.

Während der Arbeitnehmer bei Vorsatz stets in vollem Umfang für den entstandenen Schaden haftet, richtet sich der Umfang der Haftungsmilderung im Übrigen nach der oben unter 2. a) bb) dargestellten Dreiteilung des Verschuldensgrades.[873] Für die verschiedenen Grade der Fahrlässigkeit gilt nach gefestigter Rechtsprechung[874] insoweit Folgendes:

---

869 BAG, Urt. vom 25.9.1997, – 8 AZR 288/96, AP § 611 BGB Haftung des Arbeitnehmers Nr. 111.

870 So mit Blick auf den urspr. im Auftragsrecht entwickelten Gedanken, dass der Beauftragte nicht ohne weiteres den gesamten bei der Ausführung des Auftrages erlittenen Schaden selbst tragen soll *Canaris*, RdA 1966, 41, 42; vgl. auch *Brox/Walker*, DB 1985, 1469; zum Begriff des Gewohnheitsrechts vgl. BVerfG, Beschl. vom 28.6.1967, – 2 BvR 143/61, BVerfGE 22, 114, 121; umfassend zur dogmatischen Herleitung der Haftungsmilderung MüArbR/*Reichold*, § 51, Rn. 25 ff.

871 MüArbR/*Reichold*, § 51, Rn. 27.

872 Vgl. nur BAG, Beschl. vom 29.9.1994, – GS 1/89 (A), BAGE 78, 56, 62 ff.

873 Vgl. auch § 89 ArbVG-E (Stand: November 2007), *Henssler/Preis*, NZA-Beil. 1/2007, 6, 21.

874 Grundsätzlich BAG, Beschl. vom 29.9.1994, – GS 1/89 (A), BAGE 78, 56, 62 ff.; zuletzt etwa BAG, Urt. vom 28.10.2010, – 8 AZR 418/09- (BeckRS).

Beruht das Verhalten des Arbeitnehmers auf grober Fahrlässigkeit, kann er wie bei Vorsatz in aller Regel auf den vollen Schadensersatz in Anspruch genommen werden. Eine Haftungsbeschränkung ist jedoch nicht gänzlich ausgeschlossen.[875] Ob eine solche in Betracht kommt, hängt von den Umständen des Einzelfalls ab.[876] Ist der Schaden dagegen auf leichteste Fahrlässigkeit zurückzuführen, haftet der Arbeitnehmer gar nicht. Dahinter steht das Bedürfnis, den Arbeitnehmer bei bestimmten Fehlleistungen, die nach allgemeiner Lebenserfahrung auf Dauer unvermeidbar sind („Das kann jedem mal passieren") von der Haftung freizustellen.[877] Bei normaler bzw. mittlerer Fahrlässigkeit findet eine Schadensteilung im Wege der Quotelung statt. Dabei richtet sich der Haftungsanteil des Arbeitnehmers nach dem Ergebnis einer Abwägung der Gesamtumstände. Neben dem Schadensanlass und den Schadensfolgen ist auch auf Zumutbarkeits- und Billigkeitsgesichtspunkte abzustellen. In die Abwägung einzustellen sind deshalb der Grad des dem Arbeitnehmer zur Last fallenden Verschuldens, eine etwaige Gefahrgeneigtheit der Arbeit, die Höhe des Schadens, die Versicherbarkeit des Risikos, die Stellung des Arbeitnehmers im Betrieb, die Höhe seines Entgelts sowie weitere persönliche Umstände, wie etwa die Dauer der Betriebszugehörigkeit, das Lebensalter des Arbeitnehmers, seine Familienverhältnisse sowie sein bisheriges betriebliches Verhalten.[878] Das Maß des Verschuldens innerhalb der mittleren Fahrlässigkeit ist fließend. Je geringer sich die Vorwerfbarkeit des schädigenden Verhaltens ausnimmt, desto umfangreicher ist die Enthaftung des Arbeitnehmers.[879] Die Vorwerfbarkeit hängt dabei nicht nur von der Vorhersehbarkeit des Schadenseintritts und der Art und Schwierigkeit der Tätigkeit ab, sondern vor allem auch von der Persönlichkeit des Arbeitnehmers, seiner Verantwortungsbereitschaft, seiner Ausbildung sowie des Maßes seiner Arbeitserfahrung. Insbesondere typische Anfängerfehler können zu einer für den Arbeitnehmer günstigen Beurteilung der Haftungsfrage führen, sofern

875 Anders nur im Fall „gröbster Fahrlässigkeit", vgl. BAG, Urt. vom 25.9.1997, – 8 AZR 288/96, AP § 611 BGB Haftung des Arbeitnehmers Nr. 111.

876 BAG, Urt. vom 18.4.2002, – 8 AZR 348/01, BAGE 101, 107, 113 m.w.N.

877 *Lieb/Jacobs*, S. 76, Rn. 219; allerdings ist stets zu prüfen, ob derartige Fehler unter Umständen noch der Ortsüblichkeit entsprechen und somit bereits eine Pflichtverletzung verneint werden muss.

878 Vgl. nur BAG, Urt. vom 18.4.2002, – 8 AZR 348/01, BAGE 101, 107, 113 (st. Rspr.); die Berücksichtigung persönlicher Verhältnisse ist allerdings umstritten. Ablehnend z.B. *Canaris*, RdA 1966, 41, 47 („systemfremd"); MüArbR/*Reichold*, § 51, Rn. 50; *Waltermann*, RdA 2005, 98, 106.

879 MüArbR/*Reichold*, § 51, Rn. 46.

dem Arbeitgeber dessen mangelnde Erfahrung zum Zeitpunkt der Übertragung der Aufgabe bekannt ist.[880]

Als Zwischenfazit lässt sich somit festhalten, dass auch auf der Ebene der Haftungsmilderung unbillige Konsequenzen, die im Einzelfall als Folge der Verobjektivierung des Leistungsmaßstabs denkbar sind, im Sinne einer „sozialstaatlichen Ergebniskontrolle“[881] durchaus aufgefangen werden können.

4. Minderung durch Aufrechnung mit einem Schadensersatzanspruch

Liegen die Voraussetzungen für eine Haftung des Arbeitnehmers vor, stellt die Aufrechung mit einem Schadensersatzanspruch gemäß § 387 ff. BGB die einzige Möglichkeit für den Arbeitgeber dar, den Entgeltanspruch bei Schlecht- bzw. Minderleistungen außerhalb des Anwendungsbereichs des § 326 Abs. 1 BGB zu mindern.[882] Hierbei sind die Pfändungsfreigrenzen der §§ 850a–850i ZPO zu beachten. Denn gemäß § 394 S. 1 BGB kann eine Forderung grundsätzlich nur zur Aufrechnung gestellt werden kann, soweit sie der Pfändung unterliegt. Wenn der Arbeitnehmer ausnahmsweise nicht schutzwürdig ist, steht der Pfändungsschutz einer Aufrechung allerdings nicht entgegen. Dies ist etwa der Fall, wenn der Arbeitgeber gegen den Lohnanspruch mit einer Schadensersatzforderung aus vorsätzlicher unerlaubter Handlung aufrechnen will. Sich hier auf den Pfändungsschutz zu berufen, stellt nach Auffassung des Bundesarbeitsgerichts rechtsmissbräuchliches Verhalten dar.[883] Gleiches gilt bei „passiver Resistenz“; hier kann der Lohnanspruch bereits unmittelbar entfallen, ohne dass es einer Aufrechnung bedarf.[884]

III. Zwischenergebnis zum Schadensersatz bei Leistungsmängeln

Die in § 326 Abs. 1 S. 2 BGB zum Ausdruck kommende Wertung, wonach das Risiko nicht vertragsgemäßer Leistungen dem Arbeitgeber zugewiesen ist, hat zur Konsequenz, dass dieser sein Erfüllungsinteresse nur im Fall einer teilweisen oder vollständigen Nichtleistung liquidieren kann. Schadensersatz für mangelhafte Arbeitsergebnisse „als solche“ kann er nicht verlangen. Deshalb bleibt dem Arbeitgeber auch der Ersatz von Vorhalteschäden und Mehrkosten, die nicht

---

880 BAG, Urt. vom 7.7.1970, – 1 AZR 507/69, AP § 611 BGB Haftung des Arbeitnehmers Nr. 59 m. Anm. *Medicus*.

881 MüArbR/*Reichold*, § 51, Rn. 50.

882 So ausdrücklich BAG, 18.7.2007, AP Nr. 1 zu § 611 BGB (Minderleistung).

883 BAG, Urt. vom 18.3.1997, – 3 AZR 756/95, BAGE 85, 274, 280.

884 BAG, Urt. vom 17.7.1970, – 3 AZR 423/69, BAGE 22, 402, 406.

sein Integritätsinteresse berühren, versagt. Eine Ausnahme von diesem Grundsatz ist lediglich bei Vorliegen der Voraussetzungen des § 282 BGB gerechtfertig.

Im Rahmen des Schadensersatzes wegen anfänglicher Unmöglichkeit gemäß § 311a Abs. 2 BGB ist zu differenzieren: Ist dem Arbeitnehmer die Arbeitsleistung von Anfang an überhaupt nicht (auch nicht „schlecht") möglich – etwa weil er notwendige Lizenzen nicht vorweisen kann – rechtfertigt dies eine Gleichbehandlung mit den Fällen der Nichtleistung, in denen auch das Äquivalenzinteresse ersatzfähig ist. In zeitlicher Hinsicht ist der Schadensersatzanspruch allerdings auf Schäden begrenzt, die bis zum Ende der ordentlichen Kündigungsfrist eintreten. Sofern der Arbeitnehmer lediglich dem ortsüblichen Leistungsniveau von Anfang an nicht entsprechen kann, ist dieser Fall wertungsmäßig vergleichbar mit einer Schlechtleistung. Die Haftung ist insofern auf das Integritätsinteresse beschränkt.

Während der Dauer des Arbeitsverhältnisses auftretende Leistungsdefizite können einen Schadensersatzanspruch nach § 280 Abs. 1 BGB auslösen, der ebenfalls nur auf das Integritätsinteresse gerichtet ist. Auch hier besteht auf mehreren Ebenen die Möglichkeit, das Haftungsrisiko des Arbeitnehmers, dessen Leistung nicht dem objektiven Maßstab des § 59 HGB (analog) entspricht, abzumildern. Auf der Ebene des Verschuldens verlangt das Bundesarbeitsgericht als haftungsrechtliche Besonderheit, dass sich die Vorwerfbarkeit sowohl auf die Pflichtverletzung als auch auf den Eintritt des Schadens bezieht. Diese Ausweitung des Verschuldensbezugspunktes führt dazu, dass vor allem im Bereich von Verstößen gegen abstrakte Gefährdungsvorschriften eine Haftungsmilderung stattfindet. Dagegen kommt die Vorschrift des § 619a BGB, die im Arbeitsrecht entgegen § 280 Abs. 1 S. 2 BGB eine Beweislastumkehr zulasten des Arbeitgebers anordnet, dem Arbeitnehmer im Wesentlichen nur scheinbar zugute. In der Regel kann von der Missachtung fachlicher bzw. betrieblicher Leistungsstandards auf ein Verschulden des Arbeitnehmers geschlossen werden. Schließlich findet mit einer Anwendung der Grundsätze über den innerbetrieblichen Schadensausgleich eine weitere bedeutende Haftungsverkürzung zugunsten des Arbeitnehmers statt.

Die Aufrechnung eines Schadensersatzanspruchs gegen den Lohnanspruch des Arbeitnehmers ist nur innerhalb der Pfändungsgrenzen der §§ 850a–850i ZPO zulässig. Ausnahmen hiervon sind auf solche Fälle beschränkt, in denen sich die Forderung nach dem ungekürzten Entgelt als rechtsmissbräuchlich darstellen würde.

G. Vertragsstrafenregelungen

Neben den bisher dargestellten Reaktionsmöglichkeiten des Arbeitgebers im Umgang mit Leistungsmängeln kommt schließlich auch die Vereinbarung einer Vertragsstrafenregelung in Betracht. Eine solche kann aus Sicht des Arbeitgebers vor allem deshalb sinnvoll sein, weil häufig erhebliche Schwierigkeiten bestehen, einen auf der haftungsbegründenden Pflichtverletzung beruhenden adäquat kausalen Schaden nachzuweisen.[885] Auch eine formularmäßige Verwendung von Vertragsstrafenklauseln ist zulässig. Das Klauselverbot des § 309 Nr. 6 BGB steht dem nicht entgegen, da Schlecht- bzw. Minderleistungen in der Terminologie des Vertragsstrafenrechts „nicht in gehöriger Weise" erbrachte Leistungen i.S.d. § 341 Abs. 1 BGB darstellen. Dieser Fall wird von § 309 Nr. 6 BGB nicht erfasst.[886] Allerdings unterliegen Vertragsstrafenabreden in Formulararbeitsverträgen der Inhaltskontrolle gemäß § 307 Abs. 1 BGB.[887] Das Bundesarbeitsgericht legt hierbei mit Blick auf das Bestimmtheitserfordernis einen strengen Maßstab an.[888] Die Vertragsstrafenregelung muss danach nicht nur der Höhe nach eindeutig sein, sondern auch die auslösende Pflichtverletzung so klar benennen, dass sich der Versprechende darauf einstellen kann.[889] Globale Strafversprechen, die auf die Absicherung aller vertraglichen Pflichten zielen, sind deshalb gemäß § 307 Abs. 1 BGB unwirksam.[890] Gleiches gilt für pauschale Tatbestandsformulierungen, wie etwa „schuldhaft vertragswidriges Verhalten des Arbeitnehmers, das den Arbeitgeber zur fristlosen Kündigung des Arbeitsverhältnisses veranlasst" oder gar nur „low performance".[891] Stattdessen erfordert eine dem Bestimmtheitsgebot genügende Regelung, dass der Arbeitnehmer erkennen kann, was

---

885 BAG, Urt. vom 4.3.2004, – 8 AZR 196/03, BAGE 110, 7, 19; *Tschöpe*, BB 2006, 213, 221.

886 BAG, Urt. vom 21.4.2005, – 8 AZR 425/04, AP § 307 Nr. 3; für eine extensive Auslegung des § 309 Nr. 6 BGB allerdings *v. Koppenfels*, NZA 2002, 598, 602.

887 BAG, Urt. vom 4.3.2004, – 8 AZR 196/03, BAGE 110, 7, 21; BAG, Urt. vom 21.4.2005, – 8 AZR 425/04, AP § 307 Nr. 3; MüArbR/*Reichold*, § 39, Rn. 66; Schaub/*Linck*, § 57, Rn. 9.

888 BAG, Urt. vom 18.8.2005, – 8 AZR 65/05, AP § 336 BGB Nr. 1; Schaub/*Linck*, § 57, Rn. 11.

889 BAG, Urt. vom 21.4.2005, – 8 AZR 425/04, AP § 307 Nr. 3.

890 BAG, Urt. vom 21.4.2005, – 8 AZR 425/04, AP § 307 Nr. 3.

891 So ausdrücklich ErfK/*Müller-Glöge*, §§ 339–345 BGB, Rn. 12; Schaub/*Linck*, § 57, Rn. 11; nach § 90 ArbVG-E (Stand: November 2007), *Henssler/Preis*, NZA-Beil. 1/2007, 6, 21 soll eine Vertragsstrafenregelung für Schlechtleistungen offenbar vollständig ausgeschlossen bleiben.

gegebenenfalls „auf ihn zukommt“.[892] Dem kann nach Auffassung des Bundesarbeitsgerichts etwa dadurch entsprochen werden, dass der haftungsauslösende Tatbestand durch eine beispielhafte Auflistung von Pflichtverstößen konkretisiert wird.[893] Darüber hinaus ist bei der Formulierung einer Vertragsstrafenregelung zu beachten, dass ihre Verwendung keinesfalls zu einer Beeinträchtigung der eingeschränkten Arbeitnehmerhaftung führen darf.[894] Dies folgt unmittelbar aus § 307 Abs. 2 Nr. 1 BGB. Hiernach ist eine die Unwirksamkeit der Klausel auslösende unangemessene Benachteiligung im Zweifel anzunehmen, wenn die Bestimmung mit wesentlichen Grundgedanken der gesetzlichen Regelung, von der abgewichen wird, nicht zu vereinbaren ist. Das bedeutet für Vertragsstrafen aufgrund von quantitativen bzw. qualitativen Leistungsdefiziten auch, dass die aus § 326 Abs. 1 S. 2 BGB folgende Risikoverteilung im Hinblick auf das Erfüllungsinteresse nicht umgangen werden darf. Eine Vertragsstrafenregelung, die sich als verstecktes Minderungsrecht des Arbeitgebers bei Beeinträchtigungen seines Äquivalenzinteresses darstellt, ist deshalb gemäß § 307 Abs. 2 Nr. 1 BGB unwirksam. Dementsprechend sind in eine beispielhafte Aufzählung nur solche Pflichtverstöße aufzunehmen, die das Integritätsinteresse des Arbeitgebers betreffen (Bsp.: Schädigung von Betriebsmitteln).

Nach alledem erweist sich die Vereinbarung von Vertragsstrafen zwar als ein wirksames Instrument, um Beweisschwierigkeiten des Arbeitgebers abzufedern. Abgesehen von den hohen Wirksamkeitsanforderungen an eine formularmäßige Regelung ist eine solche jedoch nicht dazu geeignet, vertragliche Ersatzansprüche des Arbeitgebers bei einer Verletzung seines Erfüllungsinteresses auszulösen.

H. Ergebnis zu den Reaktionsmöglichkeiten des Arbeitgebers

Die vorstehenden Ausführungen haben gezeigt, dass sozialpolitische Bedenken im Zusammenhang mit der Zugrundelegung eines objektiven Leistungsmaßstabs unbegründet sind. Die Verobjektivierung des Pflichteninhalts hat weder eine nicht hinnehmbare Gefährdung des vertraglichen Bestandsschutzinteresses des Arbeitnehmers zur Folge noch ist hiermit eine unzumutbare Ausweitung seines Haftungsrisikos verbunden. Vielmehr bieten die – rechtlichen wie außerrechtlichen – Reaktionsmöglichkeiten des Arbeitgebers ausreichenden Spielraum, um sachgerechte Lösungen im Umgang mit Leistungsmängeln zu gewährleisten und

892 BAG, Urt. vom 18.8.2005, – 8 AZR 65/05, AP § 336 BGB Nr. 1.
893 BAG, Urt. vom 18.8.2005, – 8 AZR 65/05, AP § 336 BGB Nr. 1.
894 Schaub/*Linck*, § 57, Rn. 20.

unerwünschte Ergebnisse zu vermeiden. Vor allem die verhaltens- bzw. personenbedingte Kündigung, aber auch der Schadensersatzanspruch nach § 280 Abs. 1 BGB, bieten auf Tatbestands- und Rechtsfolgenebene ausreichend Ansatzpunkte, um dem Schutzbedürfnis des Arbeitnehmers im Sinne einer Abstufung des Schutzniveaus Rechnung zu tragen.

Fünftes Kapitel. Zusammenfassung der wesentlichen Ergebnisse

1. In aller Regel enthält weder der Arbeitsvertrag noch ein anwendbarer Tarifvertrag konkrete Aussagen darüber, welche quantitativen und qualitativen Anforderungen an die Arbeitspflicht zu stellen sind. Auch Zielvereinbarungen stellen in diesem Zusammenhang allenfalls Indizien dar.
2. Soweit sich der Pflichtenmaßstab auch im Wege einer normativen Vertragsauslegung gemäß §§ 133, 157 BGB nicht feststellen lässt, ist für seine Bestimmung auf gesetzliche Wertentscheidungen zurückzugreifen. In diesem Sinne wird vor allem in der Rechtsprechung seit langem versucht, mit dem Fehlen eines dienstvertraglichen Gewährleistungsrechts sowie der Verpflichtung zur höchstpersönlichen Leistungserbringung gemäß § 613 S. 1 BGB einen subjektiven Leistungsmaßstab zu begründen. Die vorliegende Untersuchung hat jedoch gezeigt, dass entsprechende Versuche dogmatisch nicht tragfähig sind. Das Fehlen eines Gewährleistungsrechts in den § 611 ff. BGB hat lediglich zur Konsequenz, dass der Vergütungsanspruch des Arbeitnehmers nicht berührt wird, wenn seine Arbeitsleistung den geschuldeten Anforderungen nicht entspricht. Eine inhaltliche Aussage über den Pflichtenmaßstab lässt sich hieraus nicht ableiten. Gleiches gilt für die Heranziehung des § 613 S. 1 BGB, zumal diese Vorschrift ausweislich ihres eindeutigen Wortlautes lediglich eine Auslegungsregel enthält. Auch die hiermit verbundene Überbetonung eines „personalen Charakters" des Arbeitsverhältnisses ist vor dem Hintergrund der durch den historischen Gesetzgeber erfolgten Einordnung des Arbeitsvertrages in das Schuldrechtssystem des BGB nicht gerechtfertigt. Aus der schuldrechtlichen Prägung der Arbeitspflicht folgt vielmehr, dass bei der Bestimmung des Leistungsmaßstabes sowohl die Wertungen des zivilrechtlichen Äquivalenzprinzips als auch die der Vorschrift des § 276 BGB Berücksichtigung finden müssen. Dieser Erkenntnis vermag sich auch das Bundesarbeitsgericht nicht vollständig zu verschließen. Einen streng subjektiven Maßstab vertritt das Gericht deshalb nur noch *pro forma*. Mit der vom 2. Senat entwickelten 1/3-Grenze, die im Fall quantitativer Minderleistungen im Recht der verhaltensbedingten Kündigung das Eingreifen der Regeln über die abgestufte Darlegungs- und Beweislast auslöst und im Recht der personenbedingten

Kündigung sogar materiell-rechtliche Wirkung entfaltet, erkennt das Gericht das Äquivalenzprinzip ausdrücklich an.

3. Auch die bisher unternommenen Versuche, den Leistungsmaßstab im Arbeitsverhältnis objektiv zu bestimmen, vermögen nicht zu überzeugen. Das gilt insbesondere für die von *Hammen* vorgeschlagene analoge Anwendung des Qualitätsmaßstabs der „mittlerer Art und Güte" (§ 243 Abs. 1 BGB). Es ist bereits zweifelhaft, ob die Arbeitspflicht als Gattungshandlungsschuld verstanden werden kann. Hinzu kommt, dass sich die Tatbestände der Arbeitspflicht und der Gattungsschuld nicht in einem für die Rechtfertigung eines Analogieschlusses hinreichenden Maße ähneln.
4. Allerdings lässt sich ein objektiver Maßstab aus der Vorschrift des § 59 HGB herleiten. Diese dem Handlungsgehilfenrecht entstammende Norm sieht seit jeher vor, dass sich der Umfang der Arbeitspflicht in Ermangelung einer vertraglichen Abmachung im Zweifel nach dem Ortsgebrauch, hilfsweise nach der Angemessenheit richtet. Unter Ortsgebrauch ist die Ortsüblichkeit zu verstehen. Im Hinblick auf den quantitativen Aspekt der Arbeitsleistung bedeutet dies in erster Linie die Verpflichtung zu einer betriebsüblichen Arbeitsmenge. Die Qualität der geschuldeten Leistung richtet sich dagegen in der Regel nach branchenüblichen Standards. Zur Feststellung der ortsüblichen Leistung kann der Arbeitgeber eigene betriebsinterne Leistungsdokumentations- bzw. Leistungsbewertungssysteme einsetzen oder etwa Gutachten der zuständigen Selbstverwaltungsorganisationen der Industrie und des Handwerks einholen. Bei der Einführung von Leistungsdokumentations- und Leistungsbewertungssystemen sind Mitbestimmungsrechte des Betriebsrates gemäß §§ 87 Abs. 1 Nr. 6, 94 Abs. 2 BetrVG zu beachten.
5. § 59 HGB gilt unmittelbar nur für kaufmännische Angestellte. Der Zweck der Vorschrift besteht darin, das Eintreten der Nichtigkeitsfolge zu verhindern, wenn sich die wesentlichen gegenseitigen Vertragspflichten nicht aus der arbeitsvertraglichen Abmachung selbst ergeben. Die hierin liegende *ratio legis* kann unterschiedslos auf alle Arbeitsverhältnisse übertragen werden. Denn ein besonderes Vertragserhaltungsinteresse ist nicht nur für den Arbeitsvertrag des Handlungsgehilfen anzuerkennen, sondern für das Arbeitsverhältnis allgemein. Darüber hinaus sind keine Besonderheiten des allgemeinen Arbeitsvertragsrechts erkennbar, die einer Übertragung des in § 59 HGB angeordneten objektiven Leistungsmaßstabs im Wege der Rechtsanalogie entgegenstünden.
6. Die Bestimmung des ortsüblichen Leistungsniveaus mit Hilfe eines betrieblichen Leistungsdokumentationssystems erfordert die Definition einer

Vergleichsgruppe. Nur die Leistungen vergleichbarer Arbeitnehmer dürfen zueinander ins Verhältnis gesetzt werden. Bei der Festlegung der Vergleichsgruppe hat der Arbeitgeber billiges Ermessen zu wahren. Dies setzt voraus, dass die einbezogenen Arbeitnehmer im Hinblick auf ihre Qualifikation, ihre tatsächliche Stellung im betrieblichen Organisationsgefüge und die äußeren Umstände der Arbeitsleistung miteinander vergleichbar sind. Das Alter und sonstige persönliche Umstände stellen für die Vergleichsgruppenbildung keine geeigneten Parameter dar.

7. Quantitativ messbare Aspekte der Arbeitsleistung können in der Regel an einem betrieblichen Durchschnitt gemessen werden. Um sachgerechte Ergebnisse zu gewährleisten, sind die Leistungen der in die Vergleichsgruppe einbezogenen Arbeitnehmer über mindestens drei Monate zu dokumentieren. Demgegenüber ist die Qualität der geschuldeten Leistung in erster Linie an branchenspezifischen Standards zu messen. Ob einzelne Leistungsdefizite noch einer ortsüblichen Leistung entsprechen, hängt hierbei nicht zuletzt von der Art, Schwere und den (insbesondere haftungsrechtlichen) Folgen der Fehlleistung ab.
8. Arbeitsleistungen, die nicht dem ortsüblichen Leistungsniveau entsprechen, stellen in der Terminologie des Schuldrechts „nicht vertragsgemäße" Leistungen (§§ 326 Abs. 1 S. 2, 323 Abs. 1, 5 S. 2 BGB) bzw. „nicht wie geschuldet(e)" Leistungen (§ 281 Abs. 1 S. 1 u. 3 BGB) dar. Im arbeitsrechtlichen Sprachgebrauch hat sich für nicht ordnungsgemäße Leistungen der Begriff der Schlecht- bzw. Minderleistung durchgesetzt. Diese ist abzugrenzen von der (teilweisen) Nichtleistung i.S.d. §§ 326 Abs. 1 S. 1, 281 Abs. 1 S. 1 Alt. 1, S. 2 BGB. Die Abgrenzung ist erforderlich, weil der ganze Lohnanspruch des Arbeitnehmers gemäß § 326 Abs. 1 S. 1 HS. 1 BGB nur bei einer Nichtleistung entfällt. Bei Teilleistungen ist der Vergütungsanspruch in entsprechender Anwendung des § 441 Abs. 3 BGB herabzusetzen (§ 326 Abs. 1 S. 1 HS. 2 BGB). Vor dem Hintergrund der gesetzlichen Wertung im Dienstvertragsrecht, die das Entgeltrisiko dem Arbeitgeber zuweist, ist bei der Subsumtion im Zweifel von dem Vorliegen einer Schlecht- bzw. Minderleistung auszugehen. Die Tatbestände der vollständigen bzw. der teilweisen Nichtleistung sind deshalb auf die Fälle des tatsächlichen Nichtarbeitens zu beschränken.
9. Als Reaktion auf quantitative oder qualitative Leistungsmängel kommen im Vorfeld einer Kündigung insbesondere das Mitarbeitergespräch sowie Umschulungs- und Fortbildungsmaßnahmen in Betracht. Die Teilnahme hieran kann der Arbeitgeber durch Ausübung seines Weisungsrechts

anordnen. Da die ortsübliche Leistung i.S.d. § 59 HGB nicht statisch ist, trifft den Arbeitnehmer zudem eine Lernpflicht. Bietet der Arbeitgeber entsprechende Schulungen an, muss der Arbeitnehmer mit einer verhaltens- oder personenbedingten Kündigung rechnen, wenn er seine Fähigkeiten nicht dem (fortgeschrittenen) ortsüblichen Leistungsniveau anpasst.

10. Das Fehlen eines dienstvertraglichen Gewährleistungsrechts hat zur Folge, dass die Minderung des Lohnanspruchs als Reaktion auf Schlecht- bzw. Minderleistungen grundsätzlich ausgeschlossen ist. Etwas anderes gilt nur bei einer (teilweisen) Nichtleistung sowie für den Ausnahmefall rechtsmissbräuchlichen Verhaltens, etwa bei bewusster Zurückhaltung der Arbeitskraft.
11. Auch eine Teilkündigung zur Entgeltreduzierung ist als Reaktion auf Leistungsmängel unzulässig. Soweit es sich um qualitative Leistungsdefizite handelt, gilt gleiches für die Änderungskündigung gemäß § 2 KSchG. Im Bereich quantitativer Leistungsmängel, die nicht lediglich Bagatellfehler darstellen, ist eine Änderungskündigung einer Beendigungskündigung jedoch als milderes Mittel vorzuschalten.
12. Im Rahmen der verhaltensbedingten Kündigung besteht auf mehreren Prüfungsebenen die Möglichkeit, im Einzelfall denkbare Unbilligkeiten im Zusammenhang mit der Anlegung eines objektiven Leistungsmaßstabs abzufedern. Bei lediglich geringfügigen Pflichtverletzungen verbietet das Übermaßverbot bereits den Ausspruch einer Abmahnung, mit der Folge, dass eine verhaltensbedingte Kündigung erst recht nicht in Betracht kommt. Auch das Verschuldenserfordernis gemäß § 276 BGB eröffnet die Möglichkeit, etwa alters- und krankheitsbedingt leistungsgeminderte Arbeitnehmer von einer verhaltensbedingten Kündigung auszunehmen. Letztlich findet auf der Ebene der Interessenabwägung eine soziale Endkontrolle der Kündigung statt, die ebenfalls dazu geeignet ist, etwaige Härten zu vermeiden.
13. Eine personenbedingte Kündigung wegen Minderleistung setzt im Bereich quantitativer Leistungsdefizite eine erhebliche Abweichung vom ortsüblichen Leistungsniveau voraus. Erst ab einer dauerhaften Unterschreitung der Leistung vergleichbarer Arbeitnehmer um mehr als 1/3 ist eine nicht mehr hinnehmbare Äquivalenzbeeinträchtigung anzunehmen. Dagegen hängt die Frage, ob die Gleichwertigkeitserwartung des Arbeitgebers im Hinblick auf das Verhältnis von Leistung und Gegenleistung in einem kündigungsrelevanten Umfang gestört ist, bei qualitativen Leistungsmängeln in erster Linie von der tatsächlichen Fehlerzahl sowie der Art, Schwere und den Folgen der Fehlleistungen ab. Darüber hinaus ist auch bei personenbedingten

Leistungsmängeln der vorherige Ausspruch einer Abmahnung erforderlich, sofern der Eignungs- bzw. Fähigkeitsmangel durch den Arbeitnehmer behoben werden kann. Die stets durchzuführende Interessenabwägung gewährleistet zudem auch im Recht der personenbedingten Kündigung eine soziale Ausbalancierung des Beendigungsinteresses des Arbeitgebers mit dem Vertragserhaltungsinteresse des Arbeitnehmers.

14. Der Ausspruch einer betriebsbedingten Kündigung als Reaktion auf Leistungsdefizite ist systemwidrig, da hierdurch die Gefahr einer Umgehung der spezifischen Voraussetzungen einer verhaltens- bzw. personenbedingten Kündigung besteht. Unter diesem Gesichtspunkt birgt die einseitige Änderung von arbeitsplatzbezogenen „Anforderungsprofilen" unter Berufung auf die unternehmerische Entscheidungsfreiheit ein nicht zu unterschätzendes Missbrauchspotential.
15. Ein Schadensersatzanspruch des Arbeitgebers für Schäden im Zusammenhang mit Schlecht- bzw. Minderleistungen ist grundsätzlich auf das Integritätsinteresse beschränkt (§ 280 Abs. 1 BGB). Das Erfüllungsinteresse ist der Wertung des § 326 Abs. 1 BGB entsprechend dagegen nur in den Fällen der (teilweisen) Nichtleistung ersatzfähig. Lediglich bei Vorliegen der Voraussetzungen des § 282 BGB ist hiervon eine Ausnahme gerechtfertigt.
16. Auch die Voraussetzungen eines Schadensersatzanspruches neben der Leistung bieten vielfältige Zugriffspunkte, um eine haftungsrechtliche Überforderung des Arbeitnehmers bei der Sanktionierung von Leistungsmängeln zu vermeiden. Im Zusammenhang mit dem Verschuldenserfordernis gehört hierzu etwa die richterrechtliche Ausweitung des Bezugspunktes des Verschuldens auf die Vorhersehbarkeit des Schadens. Insbesondere eröffnen aber die Grundsätze des innerbetrieblichen Schadensausgleichs die Möglichkeit, interessengerechte Lösungen auch im Haftungsrecht zu finden.
17. Als Sanktionsinstrument des Arbeitgebers bei Leistungsmängeln kommen auch Vertragsstrafenregelungen in Betracht. Allerdings stellt die Rechtsprechung hohe formelle Anforderungen an eine derartige Abrede. Zudem unterliegen Vertragsstrafenregelungen der Inhaltskontrolle gemäß § 307 BGB. Hieraus folgt, dass eine kautelarjuristische Umgehung der gesetzlichen Verteilung des Entgeltrisikos unzulässig ist. Eine Vertragsstrafenregelung, die eine Pönalisierung nicht ordnungsgemäßer Arbeitsleistungen „als solche" vorsieht, ist deshalb gemäß § 307 Abs. 2 S. 1 BGB unwirksam.

Literaturverzeichnis

Adomeit, Klaus: Gesellschaftsrechtliche Elemente im Arbeitsverhältnis. Vortrag gehalten vor der Juristischen Gesellschaft zu Berlin am 22.1.1986, 1986.

Annuß, Georg: Der Arbeitsvertrag als Grundlage des Arbeitsverhältnisses, ZfA 2004, 283 ff. (zit.: *Annuß*, ZfA 2004).

Annuß, Georg: Die Haftung des Arbeitnehmers – unter besonderer Berücksichtigung der Haftung des angestellten Arztes, Diss. 1998 (zit.: *Annuß*, Die Haftung des Arbeitnehmers).

Ascheid, Reiner/Preis, Ulrich/Schmidt, Ingrid: Kündigungsrecht. Großkommentar zum gesamten Recht der Beendigung von Arbeitsverhältnissen, 4. Auflage, München 2012 (zit.: APS/*Bearbeiter*).

Ballerstedt, Kurt: Besprechung von Nikisch, Arthur, Arbeitsrecht, Bd. 1, 3. Aufl. 1961, JZ 1963, 190 ff. (zit.: Ballerstedt, JZ 1963).

Ballerstedt, Kurt: Probleme einer Dogmatik des Arbeitsrechts, RdA 1976, 5 ff. (zit.: *Ballerstedt*, RdA 1976).

Bamberger, Heinz Georg/Roth Herbert: Kommentar zum Bürgerlichen Gesetzbuch, Band 1, §§ 1–610, CISG, 3. Auflage, München 2012 (zit.: Bamberger/Roth/*Bearbeiter*).

Bamberger, Heinz Georg/Roth Herbert: Kommentar zum Bürgerlichen Gesetzbuch, Band 2, §§ 611–1296, AGG, ErbbauRG, WEG, 3. Auflage, München 2012 (zit.: Bamberger/Roth/*Bearbeiter*).

Bauer, Jobst-Hubertus/Diller, Martin/Göpfert, Burkhard: Zielvereinbarungen auf dem arbeitsrechtlichen Prüfstand, BB 2002, 882 ff. (zit.: *Bauer/Diller/Göpfert*, BB 2002).

Baumbach, Adolf/Hopt, Klaus J.: Handelsgesetzbuch mit GmbH & Co., Handelsklauseln, Bank- und Börsenrecht, Transportrecht (ohne Seerecht), 35. Auflage München 2012 (zit.: Baumbach/Hopt/*Bearbeiter*).

Becker, Gunnar: Die unzulässige Einflussnahme des Arbeitgebers auf die Entscheidungsfreiheit des Arbeitnehmers am Beispiel des arbeitsrechtlichen Aufhebungsvertrages, Diss. 2011.

Berwanger, Jörg: Zielvereinbarungen und ihre rechtlichen Grundlagen, BB 2003, 1499 ff. (zit.: *Berwanger*, BB 2003).

Beuthien, Volker: Lohnminderung bei Schlechtarbeit oder Arbeitsunlust? ZfA 1972, 73 ff. (zit.: *Beuthien*, ZfA 1972).

Boemke, Burkhard: Schuldvertrag und Arbeitsverhältnis, München 1999.

Brinkmann, Ralf D./Stapf, Kurt H.: Innere Kündigung. Wenn der Job zur Fassade wird, München 2005.

Brox, Hans: Anmerkung zu BAG, Urt. vom 20.12.1984, – 2 AZR 436/83, AP § 611 BGB Direktionsrecht Nr. 27.

Brox, Hans/ Walker, Wolf-D.: Die Einschränkung der Arbeitnehmerhaftung gegenüber dem Arbeitgeber, DB 1985, 1469 ff. (zit.: *Brox/Walker*, DB 1985).

Brötzmann, Ulrich: Anmerkung zu BAG, Urt. vom 18.1.2008, – 2 AZR 536/06, BB 2008, 1454 ff.

Brune, Ulrike: Schlechtleistung, AR-Blattei SD 1420, 2000, 1 ff., (zit.: *Brune*, AR-Blattei SD 1420 (Schlechtleistung)).

Bydlinski, Franz: Juristische Methodenlehre und Rechtsbegriff, 2. Auflage, Wien (u.a.) 1991 (zit.: *Bydlinski*, Methodenlehre und Rechtsbegriff).

Canaris, Claus-Wilhelm: Anmerkung zu BAG, Urt. vom 17.10.1969, – 3 AZR 442/68, AP § 611 BGB Treuepflicht Nr. 7.

Canaris, Claus-Wilhelm: Die Problematik der Minderung beim Dienstvertrag, in: Festschrift für Karsten Schmidt zum 70. Geburtstag, Köln 2009, S. 177 (zit.: *Canaris*, FS K.Schmidt).

Canaris, Claus-Wilhelm: Risiko bei schadensgeneigter Tätigkeit in fremdem Interesse, RdA 1966, 41 ff. (zit.: *Canaris*, RdA 1966).

Conze, Peter: Anmerkung zu BAG, Urt. vom 7.9.1988, – 5 AZR 625/87, AP § 611 BGB Abmahnung Nr. 2.

Däubler, Wolfgang: Individuum und Kollektiv im Arbeitsrecht, NZA 1988, 857 ff. (zit.: *Däubler*, NZA 1988).

Däubler, Wolfgang: Zielvereinbarungen und AGB-Kontrolle, ZIP 2004, 2209 ff. (zit.: *Däubler*, ZIP 2004).

Depel, Michael/Raif, Alexander: Anmerkung zu BAG, Urt. vom 11.12.2003, – 2 AZR 667/02, SAE 2005, 88 ff. (zit.: *Depel/Raif*, SAE 2005).

Dersch, Hermann: Entwicklungslinien der Fürsorgepflicht des Arbeitgebers im Arbeitsverhältnis, RdA 1949, 325 ff. (zit.: *Dersch*, RdA 1949).

Deutsch, Erwin: Die Fahrlässigkeit als Außerachtlassung der äußeren und der inneren Sorgfalt, JZ 1988, 993 ff. (zit.: *Deutsch*, JZ 1988).

Die Bibel: Die Heilige Schrift des Alten und Neuen Bundes. Vollständige deutsche Ausgabe, Freiburg i. Breisgau 2005 (zit.: Matthäus).

Ebenroth, Thomas/Boujong, Karlheinz/Joost, Detlev/Strohn, Lutz: Handelsgesetzbuch, Band 1, §§ 1–342e, 2. Auflage München 2008 (zit.: Ebenroth/Boujong/Joost/Strohn/*Bearbeiter*).

Enderle da Silva, Kristina: Schauspiel Bewerbung, Personalmagazin 2012, 14 ff. (zit.: *Enderle da Silva*, Personalmagazin 2012).

Ensthaler, Jürgen: Gemeinschaftskommentar zum HGB (GK-HGB) mit UN-Kaufrecht, 7. Auflage, Neuwied 2007 (zit.: Ensthaler/*Bearbeiter*).

Erfurter Kommentar zum Arbeitsrecht, *hrsg. von Müller-Glöge, Rudi/Preis, Ulrich/Schmidt, Ingrid*, 13. Auflage, München 2013 (zit.: ErfK/*Bearbeiter*).

Erman, Walter: Bürgerliches Gesetzbuch, Handkommentar mit AGG, EGBGB (Auszug), ErbbauRG, LPartG, ProdHaftG, UKlaG, VBVG, VersAusglG und WEG, Band I, 13. Auflage, Köln 2011 (zit.: Erman/*Bearbeiter*).

Esser, Josef/Weyers, Hans-Leo: Schuldrecht, Band II. Besonderer Teil. Teilband 1. Verträge, 8. Auflage, Heidelberg 1998 (zit.: *Esser/Weyers*).

Etzel, Gerhard/Bader, Peter/Fischermeier, Ernst/Friedrich, Hans-Wolf/Gallner, Inken/Griebeling, Jürgen/Kreft, Burghard/Link, Christian/Lipke, Gert-Albert/Rost, Friedhelm/Spilger, Andreas Michael/Treber, Jürgen/Vogt, Norbert/Weigand, Horst: KR: Gemeinschaftskommentar zum Kündigungsschutzgesetz und zu sonstigen kündigungsrechtlichen Vorschriften, 10. Auflage, Köln 2013 (zit.: KR-*Bearbeiter*).

Fahl, Katja: Arbeit ist Leistung. Die Leistungspflicht des Arbeitnehmers, Diss. 2004 (zit.: *Fahl*, Arbeit ist Leistung).

Fitting, Karl/Engels, Gerd/Schmidt, Ingrid/Trebinger, Yvonne/Linsenmaier, Wolfgang: Betriebsverfassungsgesetz: BetrVG, 26. Auflage, München 2012 (zit.: *Fitting*).

Friemel, Kilian/Walk, Frank: Neues zur Kündigung wegen Schlecht- und Minderleistung, NJW 2010, 1557 ff. (zit.: *Friemel/Walk*, NJW 2010).

Gaul, Björn/Süßbrich, Katrin/Aletter, Frank: Umgang mit „Low-Performern“, ArbRB 2005, 82 ff. (zit.: *Gaul/Süßbrich/Aletter*, ArbRB 2005).

Gamillscheg, Franz: Das deutsche Arbeitsrecht am Ende des Jahrhunderts, RdA 1998, 2 ff. (zit.: *Gamillscheg*, RdA 1998).

Gamillscheg, Franz/Hanau, Peter: Die Haftung des Arbeitnehmers, 2. Auflage, Karlsruhe 1974.

Gamillscheg, Franz: Simplex sigillum veri, BB 1992, 1631 ff. (zit.: *Gamillscheg,* BB 1992).

Geigel, Reinhard/Geigel, Robert: Der Haftpflichtprozess mit Einschluss des materiellen Haftpflichtrechts, 26. Auflage, München 2011 (zit.: *Bearbeiter*, in: Geigel, Haftpflichtprozess).

Gelder, Alfons van: Die Haftung für fehlerhafte Leistungen bei Gattungshandlungsschulden, MDR 1996, 340 ff. (zit.: *van Gelder*, MDR 1996).

Gierke, Otto von: Deutsches Privatrecht, Band 3, Leipzig 1895 (zit.: *v. Gierke,* Deutsches Privatrecht).

Gierke, Otto von: Die Wurzeln des Dienstvertrages, in: Festschrift für Heinrich Brunner zum fünfzigjährigen Doktorjubiläum am 8. April 1914 überreicht von der Juristenfakultät der Universität Berlin, München und Leipzig 1914, S. 37 ff. (zit.: *v. Gierke*, FS Brunner).

Gitter, Wolfgang: Anmerkung zu BAG, Urt. vom 6.12.1972, – 4 AZR 56/72, AP § 59 HGB Nr. 23.

Glanz, Peter: Kündigung von leistungsschwachen Mitarbeitern (Low Performer), NJW-Spezial 2008, 82 ff. (zit.: *Glanz*, NJW-Spezial 2008).

Gotthardt, Michael: Arbeitsrecht nach der Schuldrechtsreform, 2. Auflage, München 2003 (zit.: *Gotthardt*, Arbeitsrecht nach der Schuldrechtsreform).

Greiner, Stefan: Störungen des Austausch – und Äquivalenzverhältnisses als Kündigungstatbestand, RdA 2007, 22 ff. (zit.: *Greiner*, RdA 2007).

Griebeling, Gert: Die Merkmale des Arbeitsverhältnisses, NZA 1998, 1137 ff. (zit.: *Griebeling*, NZA 1998).

Grobys, Marcel/Steinau-Steinrück, Robert von: Anmerkung zu BAG, 10.7.2008, – 2 AZR 1111/06, NJW-Spezial 2009, 180.

Günther, Jens: Sprachkenntnisse im Arbeitsverhältnis, ArbRAktuell 2010, 285 ff. (zit.: *Günther*, ArbRAktuell 2010).

Hammen, Horst: Die Gattungshandlungsschulden: Inhalt der Schuld, Haftung und Haftungsbeschränkung bei fehlerhafter Leistung, dargestellt am Beispiel der Arbeitspflicht eines Arbeitnehmers und der Pflichten eines Vermögensverwalters, 1995 (zit.: *Hammen*, Gattungshandlungsschulden).

Hanau, Peter/Adomeit, Klaus: Arbeitsrecht, 14. Auflage, Neuwied 2007 (zit.: *Hanau/Adomeit*).

Hanau, Peter/Hromadka, Wolfgang: Richterliche Kontrolle flexibler Entgeltregelungen in Allgemeinen Arbeitsbedingungen, NZA 2005, 73 ff. (zit.: Hanau/ Hromadka, NZA 2005).

Henssler, Martin/Willemsen, Heinz Josef/Kalb, Heinz-Jürgen: Arbeitsrecht Kommentar, 5. Auflage, Köln 2012 (zit.: HWK/*Bearbeiter*).

Henssler, Martin/Preis, Ulrich: Diskussionsentwurf eines Arbeitsvertragsgesetzes (ArbVG). Stand: August 2006, Beilage zu Heft 23, NZA 2006 (zit.: *Henssler/ Preis*, NZA, Beil. zu Heft 23/2006).

Henssler, Martin/Preis, Ulrich: Diskussionsentwurf eines Arbeitsvertragsgesetzes (ArbVG). Stand: November 2007, NZA-Beil. 1/2007, 6 ff. (zit.: *Henssler/Preis*, NZA-Beil. 1/2007).

Heymann: Handelsgesetzbuch (ohne Seerecht). Kommentar. Band 1, Erstes Buch, §§ 1–104, 2. Auflage, Berlin 1995 (zit.: Heymann/*Bearbeiter*).

Heymann: Handelsgesetzbuch (ohne Seerecht). Kommentar. Band 4, Viertes Buch, §§ 343–475 h, 2. Auflage, Berlin 2005 (zit.: Heymann/*Bearbeiter*).

Himmelschein, Jury: Erfüllungszwang und Lehre von den positiven Vertragsverletzungen, AcP 135 (1932), 255 ff. (zit.: *Himmelschein*, AcP 135 (1932)).

Hollmann, Christa: Das Mitarbeitergespräch als wirksames Instrument der Führung und Personalentwicklung in der Steuerkanzlei, DstR 2007, 1226 ff. (zit.: Hollmann, DstR 2007).

Hoyningen-Huene, Gerrick von: Anmerkung zu BAG, Beschl. vom 14.1.1986, – 1 ABR 75/83, AP § 87 BetrVG 1972 Ordnung des Betriebes Nr. 10.

Hoyningen-Huene, Gerrick von/Linck, Rüdiger/Krause, Rüdiger: Kündigungsschutzgesetz: Kommentar, 15. Auflage, München 2013 (zit.: *v. Hoyningen-Huene/Linck/Krause*).

Hromadka, Wolfgang/Maschmann, Frank: Arbeitsrecht. Band 1. Individualarbeitsrecht, 5. Auflage, Berlin (u.a.) 2011 (zit.: *Hromadka/Maschmann*).

Hromadka, Wolfgang: Das allgemeine Weisungsrecht, DB 1995, 2601 ff. (zit.: *Hromadka*, DB 1995).

Huber, Ulrich: Zivilrechtliche Fahrlässigkeit, in: Festschrift für Ernst Rudolf Huber zum 70. Geburtstag am 8. Juni 1973, Göttingen 1973, S. 253 (zit.: *U. Huber*, in: FS E.R.Huber).

Hueck, Götz: Anmerkung zu BAG, Urt. vom 22.2.1980, – 7 AZR 295/78, AP § 1 KSchG 1969 Krankheit Nr. 6.

Hüffer, Uwe: Aktiengesetz, 10. Auflage, München 2012 (zit.: *Hüffer*).

Hunold, Wolf: Die Kündigung wegen mangelhafter Kenntnisse des Mitarbeiters, NZA 2000, 802 ff. (zit.: *Hunold*, NZA 2000).

Hunold, Wolf: Unzureichende Arbeitsleistung als Abmahn- und Kündigungsgrund, BB 2003, 2345 ff. (zit.: *Hunold*, BB 2003).

Hunold, Wolf/Wetzling, Frank: Umgang mit leistungsschwachen Mitarbeitern, 2. Auflage, Frankfurt am Main 2010.

Jakobs, Horst Heinrich/Schubert, Werner: Die Beratung des Bürgerlichen Gesetzbuchs in systematischer Zusammenstellung der unveröffentlichten Quellen. Recht der Schuldverhältnisse II. §§ 433–651, Berlin 1980.

Junker, Abbo: Grundkurs Arbeitsrecht, 12. Auflage, München 2013 (zit.: *A. Junker*).

Kauffmann, Hermann: Die Schlechtleistung des Arbeitnehmers, AuR 1963, 267 ff. (zit.: Kauffmann, AuR 1963).

Knevels, Peter: Die persönliche Leistungsverpflichtung beim Leistungslohnvertrag, DB 1970, 1388 ff. (zit.: *Knevels*, DB, 1970).

Koppenfels, Katharina von: Vertragsstrafen im Arbeitsrecht nach der Schuldrechtsmodernisierung, NZA 2002, 598 ff. (zit.: v. Koppenfels, NZA 2002).

Kreller, Hans: Zum Entwurf eines Allgemeinen Arbeitsvertragsgesetzes, AcP 123 (1925), 263 ff. (zit.: *Kreller*, AcP 123 (1925)).

Larenz, Karl: Lehrbuch des Schuldrechts. Band 1. Allgemeiner Teil, 14. Auflage, München 1987 (zit.: *Larenz*, Schuldrecht I).

Larenz, Karl: Methodenlehre der Rechtswissenschaft, 2. Auflage, Berlin (u.a.) 1992 (zit.: *Larenz*, Methodenlehre).

Larenz, Karl/Canaris, Claus-Wilhelm: Methodenlehre der Rechtswissenschaft, 3. Auflage, Berlin (u.a.) 1995 (zit.: *Larenz/Canaris*, Methodenlehre).

Latzel, Clemens: Sprachanforderungen an Arbeitnehmer und Leistungsstörung, RdA 2013, 73 ff. (zit.: *Latzel*, RdA 2013).

Laufs, Adolf/Katzenmeier, Christian/Lipp, Volker: Arztrecht, 6. Auflage, München 2009 (zit.: *Bearbeiter*, in: Laufs/Katzenmeier/Lipp).

Leinemann, Wolfgang/Taubert, Thomas: Berufsbildungsgesetz, Kommentar, 2. Auflage, München 2008 (zit.: *Leinemann/Taubert*).

Leuchten, Alexius/Zimmer, Mark: Kündigung wegen subjektiver Eignungsmängel, BB 1999, 1973 ff. (zit.: *Leuchten/Zimmer*, BB 1999).

Lieb, Manfred/Jacobs, Matthias: Arbeitsrecht, 9. Auflage, Heidelberg 2006 (zit.: *Lieb/Jacobs*).

Lebrenz, Christian: „Bessere Mitarbeiter als Wettbewerbsvorteil“, in: FAZ vom 22.8.2011, Nr. 194, S. 10 (zit.: *Lebrenz*, FAZ v. 22.8.2011).

Lessmann, Herbert: Schlechte Dienstleistung und Vergütung (insb. bei sog. freien Diensten), in: Recht und Rechtserkenntnis, Festschrift für Ernst Wolf zum 70. Geburtstag, Köln (u.a.) 1985, S. 395 ff. (zit.: *Lessmann*, FS E.Wolf).

Lischka, Sabine: Führen und Entlohnen mit Zielvereinbarungen. Rechte und Pflichten des Arbeitgebers, BB 2007, 552 ff. (zit.: *Lischka*, BB 2007).

Lotmar, Philipp: Der Arbeitsvertrag, 2. Auflage, *hrsg. von Rehbinder, Manfred*, Berlin 2001 (zit.: *Lotmar*, Der Arbeitsvertrag).

Löwisch, Manfred: Anmerkung zu BAG, Urt vom 27.3.1980, – 2 AZR 506/78, AP § 611 BGB Direktionsrecht Nr. 26.

Maschmann, Frank: Die mangelhafte Arbeitsleistung, NZA-Beilage 1/2006, 13 ff. (zit.: *Maschmann*, NZA-Beil. 1/2006).

Mauer, Reinhold: Anmerkung zu BAG, Urt. vom 11.12.2003, – 2 AZR 667/02, § 1 KSchG 1969 Verhaltensbedingte Kündigung Nr. 48.

Medicus, Dieter: Anmerkung zu BAG, Urt. vom 7.7.1970, – 1 AZR 507/69, AP § 611 BGB Haftung des Arbeitnehmers Nr. 59.

Medicus, Dieter: Allgemeiner Teil des BGB, 10. Auflage, Heidelberg (u.a.) 2010 (zit.: *Medicus*).

Medicus, Dieter/Petersen, Jens: Bürgerliches Recht. Eine nach Anspruchsgrundlagen geordnete Darstellung zur Examensvorbereitung, 23. Auflage 2011 (zit.: *Medicus/Petersen*).

Medicus, Dieter/Lorenz, Stephan: Schuldrecht I, Allgemeiner Teil. Ein Studienbuch. 20. Auflage, München 2012 (zit.: *Medicus/Lorenz*).

Medicus, Dieter: Modellvorstellungen im Schuldrecht, in: Festschrift für Wilhelm Felgentraeger, Göttingen 1969, S. 309 ff. (zit.: *Medicus,* FS Felgentraeger).

Meisel, Peter G.: Anmerkung zu BAG, Urt. vom 25.11.1982, – 2 AZR 140/81, AP § 1 KSchG 1969 Krankheit Nr. 7.

Motzer, Stefan: Die „positive Vertragsverletzung“ des Arbeitnehmers, Diss. 1982 .

Mugdan, Benno: Die gesamten Materialien zum Bürgerlichen Gesetzbuch für das Deutsche Reich, Band 2, Recht der Schuldverhältnisse, Aalen 1979 (zit.: Mot. II).

Münchener Handbuch zum Arbeitsrecht, *hrsg. von Richardi, Reinhard/Wlotzke, Otfried/Wißmann, Hellmut/Oetker, Hartmut*, Band 1. Individualarbeitsrecht. 3. Auflage, München 2009 (zit.: MüArbR/*Bearbeiter*).

Münchener Kommentar zum Bürgerlichen Gesetzbuch, *hrsg. von Säcker, Franz-Jürgen/Rixecker, Roland* – Band 1. Allgemeiner Teil: §§ 1–240 BGB, ProstG, AGG, 6. Auflage, München 2012 (zit.: MüKo/*Bearbeiter*).

Münchener Kommentar zum Bürgerlichen Gesetzbuch, *hrsg. von Säcker, Franz-Jürgen/Rixecker, Roland* – Band 2. Schuldrecht. Allgemeiner Teil: §§ 241–432 BGB, 5. Auflage, München 2007 (zit.: MüKo/*Bearbeiter*, 5. Aufl. 2007).

Münchener Kommentar zum Bürgerlichen Gesetzbuch, *hrsg. von Säcker, Franz-Jürgen/Rixecker, Roland/Oetker, Hartmut* – Band 2. Schuldrecht. Allgemeiner Teil: §§ 241–432 BGB, 6. Auflage, München 2012 (zit.: MüKo/*Bearbeiter*).

Münchener Kommentar zum Bürgerlichen Gesetzbuch, *hrsg. von Säcker, Franz-Jürgen/Rixecker, Roland* – Band 3. Schuldrecht. Besonderer Teil: §§ 433–610 BGB, 6. Auflage, München 2012 (zit.: MüKo/*Bearbeiter*).

Münchener Kommentar zum Bürgerlichen Gesetzbuch, *hrsg. von Säcker, Franz-Jürgen/Rixecker, Roland/Oetker, Hartmut* – Band 4. Schuldrecht. Besonderer Teil. 2. Halbband: §§ 611–704 BGB, EFZG, TzBfG, KSchG, 6. Auflage, München 2012 (zit.: MüKo/*Bearbeiter*).

Münchener Kommentar zum Handelsgesetzbuch, *hrsg. von Schmidt, Karsten* – Band 1. §§ 1–104a HGB, 3. Auflage, München 2010 (zit.: MüKo/HGB/*Bearbeiter*).

Münchener Kommentar zum Handelsgesetzbuch, *hrsg. von Schmidt, Karsten* – Band 5. §§ 343–372 HGB, 3. Auflage, München 2013 (zit.: MüKo/HGB/*Bearbeiter*).

Münchener Kommentar zur Zivilprozessordnung mit Gerichtsverfassungsgesetz und Nebengesetzen, *hrsg. von Krüger, Wolfgang/ Rauscher, Thomas* – Band 1. §§ 1–354, 4. Auflage, München 2013 (zit.: MüKo/ZPO/*Bearbeiter*).

Nikisch, Arthur: Arbeitsrecht, I. Band, 3. Auflage, Tübingen 1961 (zit.: *Nikisch*).

Oetker, Hartmut: Gibt es einen Kündigungsschutz außerhalb des Kündigungsschutzgesetzes?, AuR 1997, 41 ff. (zit.: *Oetker*, AuR 1997).

Oetker, Hartmut: Kommentar zum Handelsgesetzbuch (HGB), 2. Auflage, München 2011 (zit.: Oetker/*Bearbeiter*).

Otto, Hansjörg: Anmerkung zu BAG, Urt. vom 22.7.1982, – 2 AZR 30/81, AP § 1 KSchG 1969 Verhaltensbedingte Kündigung Nr. 5.

Otto, Hansjörg/Schwarze, Roland: Die Haftung des Arbeitnehmers, 3. Auflage, Karlsruhe 1998.

Palandt, Otto: Bürgerliches Gesetzbuch, 72. Auflage, München 2013 (zit.: Palandt/*Bearbeiter*).

Picker, Eduard: Fristlose Kündigung und Unmöglichkeit, Annahmeverzug und Vergütungsgefahr im Dienstvertragsrecht – Teil 2, JZ 1985, 693 ff. (zit.: *Picker*, JZ 1985).

Potthoff, Heinz: Ist das Arbeitsverhältnis ein Schuldverhältnis?, Arbeitsrecht 1922, Sp. 267 (275 f.), (zit.: *Potthoff*, ArbR 1922).

Preis, Ulrich: Der Kündigungsschutz außerhalb des Kündigungsschutzgesetzes, NZA 1997, 1256 ff. (zit.: *Preis*, NZA 1997).

Preis, Ulrich: Minima (non) curat praetor? Pflichtverletzungen und Bagatelldelikte als Kündigungsgrund, Teil II (Fortsetzung der Abhandlung aus AuR 5/2010, S. 186 ff.), AuR 2010, 242 ff. (zit.: *Preis*, AuR 2010).

Preis, Ulrich/Hamacher, Anno: Das Recht der Leistungsstörungen im Arbeitsverhältnis (1), Jura 1998, 11 ff. (zit.: *Preis/Hamacher*, Jura 1998).

Preis, Ulrich: Die „Reform" des Kündigungsschutzrechts, DB 2004, 70 ff. (zit.: *Preis*, DB 2004).

Rabe, Hanspeter: Lohnminderung bei Schlecht- und Minderleistung des Arbeitnehmers? 1977 (zit.: *Rabe*, Lohnminderung).

Ramrath, Ulrich: Entwicklung des Rechts der Handlungsgehilfen von den Kodifikationen bis zum Entwurf eines Arbeitsvertragsgesetzes, in: Iusto Iure, Festschrift für Otto Sandrock zum 65. Geburtstag, Heidelberg 1995, S. 255 (zit.: *Ramrath*, FS Sandrock).

REFA Verband für Arbeitsstudien und Betriebsorganisation e.V. (Hrsg.): Methodenlehre des Arbeitsstudiums, Teil 2, Datenermittlung, 6. Auflage, München 1978 (zit.: REFA, Methodenlehre des Arbeitsstudiums 2).

Rehborn, Martin: Patientenrechtegesetz 2013 – Behandlungsvertrag, Mitwirkung, Einwilligung, Aufklärung, MDR 2013, 497 ff. (zit.: *Rehborn*, MDR 2013).

Rehhahn, Hans: Aequivalenzprinzip und Leistungszulagen, AuR 1956, 37 ff. (zit.: *Rehhahn*, AuR 1956).

Reinecke, Gerhard: Gerichtliche Kontrolle von Chefarztverträgen, NJW 2005, 3383 ff. (zit.: *Reinecke*, NJW 2005).

Reinhardt, Uwe: Die Haftung des Arbeitgebers nach der Vorstellung des Gesetzgebers des BGB und seiner Zeit (Von der Pandektistik bis 1918), RdA 1965, 259 ff. (zit.: *Reinhardt*, RdA 1965).

Reinsch, Ina: Der Beweis der Unfähigkeit, in: Süddeutsche Zeitung vom 26.4.2009, www.sueddeutsche.de/jobkarriere/699/466283/text/ (zit.: *Reinsch*, Süddeutsche Zeitung v. 26.4.2009).

Richardi, Reinhard: Anmerkung zu BAG, Urt. vom 17.11.1998, – 1 AZR 147/98, AP § 242 BGB Gleichbehandlung Nr. 162.

Richardi, Reinhard: Der Arbeitsvertrag im Zivilrechtssystem, ZfA 1988, 221 ff. (zit.: *Richardi*, ZfA 1988).

Richardi, Reinhard: Betriebsverfassungsgesetz mit Wahlordnung. Kommentar, 13. Auflage, München 2012 (zit.: Richardi/*Bearbeiter*).

Richardi, Reinhard: Leistungsstörungen und Haftung im Arbeitsverhältnis nach dem Schuldrechtsmodernisierungsgesetz, NZA 2002, 1004 ff. (zit.: *Richardi*, NZA 2002).

Riesenhuber, Karl/Steinau-Steinrück, Robert von: Zielvereinbarungen, NZA 2005, 785 ff. (zit.: *Riesenhuber/v. Steinau-Steinrück*, NZA 2005).

Rolfs, Christian/Giesen, Richard/Kreikebohm, Ralf/Udsching, Peter: Schwerpunktkommentar Arbeitsrecht, München 2011 (zit.: RGKU/*Bearbeiter*).

Roth, Markus: 150 Jahre Recht des Handlungsgehilfen: Vom ADHGB 1861 zum Arbeits(vertrags)gesetz(buch)?, RdA 2012, 1 ff. (zit.: *Roth*, RdA 2012).

Rother, Werner: Haftungsbeschränkung im Schadensrecht, 1965.

Röhricht, Volker/Westphalen, Friedrich Graf von: Kommentar zum HGB, 3. Auflage, Köln 2008 (zit.: Röhricht/Graf v. Westphalen/*Bearbeiter*).

Römermann, Volker/Haase, Björn: Unzureichende Leistung im Arbeitsrecht, MDR 2006, 853 ff. (zit.: *Römermann/Haase*, MDR 2006).

Rüthers, Bernd: Rechtsprobleme des Zeitlohns an taktgebundenen Produktionsanlagen, ZfA 1973, 399 ff. (zit.: *Rüthers*, ZfA 1973).

Rüthers, Bernd/Henssler, Martin: Die Kündigung bei kumulativ vorliegenden und gemischten Kündigungssachverhalten, ZfA 1988, 31 ff. (zit.: *Rüthers/Henssler*, ZfA 1988).

Schaub, Günter: Arbeitsrechts-Handbuch. Systematische Darstellung und Nachschlagewerk für die Praxis, 14. Auflage, München 2011 (zit.: Schaub/*Bearbeiter*).

Schiefer, Bernd: Wichtige Entscheidungen zur Beendigung des Arbeitsverhältnisses, NZA 1994, 536 ff. (zit.: *Schiefer*, NZA 1994).

Schiff, Hans-Peter: Die Leistungsschwäche von Arbeitnehmern – Ausweg aus dem Dilemma für den Arbeitgeber bei der leistungsbedingten Kündigung, in:

Festschrift für Manfred Löwisch zum 70. Geburtstag, München 2007, S. 311 (zit.: *Schiff*, FS Löwisch).

Schmidt, Karsten: Handlungsgehilfenrecht und Handelsgesetzbuch. Eine Skizze zum Abschied des HGB vom Arbeitsrecht, in: Europas universale rechtsordnungspolitische Aufgabe im Recht des dritten Jahrtausends, Festschrift für Alfred Söllner zum 70. Geburtstag, München 2000, S. 1047.

Sedlmeier, Johannes: Unzureichende Arbeitsleistung – Voraussetzung und Rechtsfolgen, Diss. 2009 (zit.: *Sedlmeier*, Unzureichende Arbeitsleistung).

Servatius, Wolfgang: Die Haftung des Arbeitnehmers für Nicht- und Schlechtleistung, Jura 2005, 838 ff. (zit.: *Servatius*, Jura 2005).

Singer, Reinhard/Schiffer, Florian: Sanktionen für Schlechtleistungen von Arbeitnehmern, JA 2006, 833 ff. (zit.: *Singer/Schiffer*, JA 2006).

Singer, Reinhard: Flexible Gestaltung von Arbeitsverträgen, RdA 2006, 362 ff. (zit.: *Singer*, RdA 2006).

Sinzheimer, Hugo: Über den Grundgedanken und die Möglichkeit eines einheitlichen Arbeitsrechts für Deutschland, 1914.

Sinzheimer, Hugo: Das Weltbild des bürgerlichen Rechts (1932), in: Kahn-Freund/Ramm, Hugo Sinzheimer. Arbeitsrecht und Rechtssoziologie. Gesammelte Aufsätze und Reden, Band 2, Frankfurt am Main und Köln 1976, S. 313 ff. (zit.: *Sinzheimer*, Arbeitsrecht und Rechtssoziologie).

Slobedenjuk, Dimitri: Vertragliche Anwaltspflichten – überspanntes Haftungsrisiko?, NJW 2006, 113 ff. (zit.: *Slobedenjuk*, NJW 2006).

Söllner, Alfred: Der Umfang der Arbeitspflicht beim Zeitlohn, in: Theodor Tomandl, Entgeltprobleme aus arbeitsrechtlicher Sicht, Wien 1979, S. 92 ff. (zit.: *Söllner*, in: Tomandl, Entgeltprobleme).

Soergel, Hs. Th.: Bürgerliches Gesetzbuch mit Einführungsgesetz und Nebengesetzen, Band 4/1. Schuldrecht III/1 (§§ 516–651), Gesetz zur Regelung der Miethöhe, Verbraucherkreditgesetz, Stuttgart (u.a.) 1997 (zit.: Soergel/*Bearbeiter*).

Stahlhacke, Eugen/Preis, Ulrich/Vossen, Reinhard: Kündigung und Kündigungsschutz im Arbeitsverhältnis. Handbuch, 10. Auflage, München 2010 (zit.: SPV/*Bearbeiter*).

Stathopoulos, Michael: Bemerkungen zum Verhältnis zwischen Fahrlässigkeit und Rechtswidrigkeit im Zivilrecht, in: Festschrift für Karl Larenz zum 80. Geburtstag am 23. April 1983, München 1983, S. 631 (zit.: *Stathopoulos*, FS Larenz).

Staub, Hermann: Handelsgesetzbuch. Großkommentar. Zweiter Band, 5. Auflage, Berlin 2008 (zit.: Staub/*Bearbeiter*).

Staudinger, Julius von: Kommentar zum Bürgerlichen Gesetzbuch mit Einführungsgesetz und Nebengesetzen. Buch 1. Allgemeiner Teil. §§ 90–124; 130–133 (Allgemeiner Teil 3), Neubearbeitung, Berlin 2012 (zit.: Staudinger/*Bearbeiter*).

Staudinger, Julius von: Kommentar zum Bürgerlichen Gesetzbuch mit Einführungsgesetz und Nebengesetzen. Buch 2. Recht der Schuldverhältnisse. §§ 315–326 (Leistungsstörungsrecht 2), Neubearbeitung, Berlin 2009 (zit.: Staudinger/*Bearbeiter*).

Staudinger, Julius von: Kommentar zum Bürgerlichen Gesetzbuch mit Einführungsgesetz und Nebengesetzen. Buch 2. Recht der Schuldverhältnisse §§ 611–615 (Dienstvertragsrecht 1), Neubearbeitung, Berlin 2011 (zit.: Staudinger/*Bearbeiter*).

Staudinger, Julius von: Kommentar zum Bürgerlichen Gesetzbuch mit Einführungsgesetz und Nebengesetzen. Buch 2. Recht der Schuldverhältnisse §§ 631–651 (Werkvertragsrecht), Neubearbeitung, Berlin 2008 (zit.: Staudinger/*Bearbeiter*).

Stebut, Dietrich von: Anmerkung zu BAG, Urt. vom 30.3.1982, - 1 AZR 265/80, AP Art. 9 GG Arbeitskampf Nr. 74.

Stumpf, Hermann: Anmerkung zu BAG, Urt. vom 14.7.1981, - 3 AZR 414/80, AP § 74 HGB Nr. 38.

Tillmanns, Kerstin: Kündigung wegen Minderleistung, RdA 2009, 391 ff. (zit.: *Tillmanns*, RdA 2009).

Tillmanns, Kerstin: Strukturfragen des Dienstvertrages. Leistungsstörungen im freien Dienstvertrag und im Arbeitsvertrag, 2007 (zit.: *Tillmanns*, Strukturfragen).

Tschöpe, Ulrich: „Low Performer" im Arbeitsrecht, BB 2006, 213 ff. (zit.: *Tschöpe*, BB 2006).

Verstege, Sebastian: Die Kündigung wegen geminderter Leistung des Arbeitnehmers, Diss. 2008.

Wagner, Susanne: Die Besonderheiten beim Arbeitsverhältnis des Handlungsgehilfen, Diss. 1993.

Waltermann, Raimund: Risikozuweisung nach den Grundsätzen der beschränkten Arbeitnehmerhaftung, RdA 2005, 98 ff. (zit.: *Waltermann*, RdA 2005).

Weisel, Katja: Leistungsabhängige Bewegung in den Entgeltstufen (§ 17 II TvöD) – das „zweite Standbein" tariflicher Leistungsdifferenzierung, KommJur, 2007, 408 ff. (zit.: *Weisel*, KommJur 2007).

Wellhöner, Astrid/Barthel, Thomas: Was tun bei Minderleistung? AuA 2005, 400 ff. (zit.: *Wellhöner/Barthel*, AuA 2005).

Westermann, Harm Peter/Bydlinski, Peter/Weber, Ralph: BGB – Schuldrecht Allgemeiner Teil, 7. Auflage, Heidelberg (u.a.) 2010 (zit.: *Westermann/Bydlinski/Weber*).

Wetzling, Frank/Habel, Maren: Die Beanstandung der Arbeitsleistung und die leistungsbedingte Kündigung, BB 2009, 1638 ff. (zit.: *Wetzling/Habel*, BB 2009).

Wieacker, Franz: Leistungshandlung und Leistungserfolg im Bürgerlichen Schuldrecht, in: Festschrift für Hans Carl Nipperdey zum 70. Geburtstag am 21. Januar 1965, Band 1, München und Berlin 1965, S. 783 (zit.: *Wieacker*, FS Nipperdey).

Wiedemann, Herbert: Anmerkung zu BAG, Urt. vom 16.3.1994, – 5 AZR 455/92, AP § 611 BGB Ausbildungsbeihilfe Nr. 18.

Wisskirchen, Gerlind/Bissels, Alexander/Schmidt, Till: „Der unzeitgemäße Arbeitnehmer": Die Änderung von Anforderungen an Mitarbeiter als Kündigungsgrund, NZA 2008, 1386 ff. (zit.: *Wisskirchen/Bissels/Schmidt*, NZA 2008).

Wlotzke, Ottfried: Leistungspflicht und Person des Arbeitnehmers in der Dogmatik des Arbeitsvertrages, RdA 1965, 180 ff. (zit.: *Wlotzke*, RdA 1965).

Wolf, Ernst: Rücktritt, Vertretenmüssen und Verschulden, AcP 153 (1954), 97 ff. (zit.: *E. Wolf*, AcP 153 (1954)).

Zöllner, Wolfgang/Loritz, Karl-Georg/Hergenröder, Curt W.: Arbeitsrecht. Ein Studienbuch, 6. Auflage, München 2008 (zit.: *Zöllner/Loritz/Hergenröder*).

Zöllner, Wolfgang/Noack, Ulrich: Kölner Kommentar zum Aktiengesetz, Band 2/1, §§ 76–94 AktG, 3. Auflage, Köln 2012 (zit.: KK-AktG/*Bearbeiter*).

Zugehör, Horst: Anwaltsverschulden, Gerichtsfehler und Anwaltshaftung, NJW 2003, 3225 ff. (zit.: *Zugehör*, NJW 2003).

Schriften zum Arbeitsrecht und Wirtschaftsrecht

Herausgegeben von Abbo Junker

Band 23 Diane Westera: Der Wiedereinstellungsanspruch nach wirksamer Kündigung. 2001.

Band 24 Kristin Doerlich: Die Tariffähigkeit der Gewerkschaft. Eine Analyse der Mächtigkeitsrechtsprechung des Bundesarbeitsgerichts im Lichte neuerer Erfahrungen. 2002.

Band 25 Tina Witten: Vertragsgestaltung und Gesetzesbindung im Recht der Zeitarbeit. 2002.

Band 26 Martin Hellfeier: Die Leistungszeit im Arbeitsverhältnis. Eine Untersuchung zum Fixschuldcharakter der Arbeitspflicht und zu den Folgen ihrer Nichterfüllung. 2003.

Band 27 Almut Maulshagen: Betriebliche Arbeitskampfregelungen. 2003.

Band 28 Maren Band: Tarifkonkurrenz, Tarifpluralität und der Grundsatz der Tarifeinheit. 2003.

Band 29 Manuela Schulz: Der Bereitschaftsdienst in öffentlich-rechtlich organisierten Krankenhäusern. Eine rechtliche Bewertung. 2003.

Band 30 Felix Benedikt: Die Kürzung von Tariflöhnen zur Sanierung. Eine verfassungskonforme Auslegung des § 3 III TVG entsprechend § 626 BGB. 2003.

Band 31 Tim Kaden: Individuelle Bündnisse für Arbeit und Günstigkeitsprinzip. 2003.

Band 32 Simone Kreiling: Die Erstreckung betrieblicher und betriebsverfassungsrechtlicher Tarifnormen auf Außenseiter. 2004.

Band 33 Carsten Beck: Betriebliche Mitbestimmung und Kündigungsschutz. Die Funktionen betrieblicher Mitbestimmung im und deren Einfluß auf den Kündigungsschutz nach dem KSchG. 2004.

Band 34 Jost Eder: Die Regelungsabrede als Alternative zur Betriebsvereinbarung bei der Gestaltung materieller Arbeitsbedingungen. 2004.

Band 35 Christian Pfab: Wirkungsweise und Reichweite tarifvertraglicher Öffnungsklauseln. 2004.

Band 36 Julia Amlang: Die unternehmerische Entscheidungsfreiheit bei „betriebsbedingten Kündigungen" im europäischen Rechtsvergleich. Kündigung aus wirtschaftlichen Gründen in Deutschland, Frankreich, Spanien, Großbritannien und Schweden. 2005.

Band 37 Alida Milthaler: Das Fragerecht des Arbeitgebers nach den Vorstrafen des Bewerbers. 2006.

Band 38 Doreen Peter: Nebentätigkeiten von Arbeitnehmern. Interessenkollisionen von Arbeitgebern und Arbeitnehmern. 2006.

Band 39 Julia V. C. Bartlog: Das Verhältnis von Gesetz und Tarifvertrag. 2006.

Band 40 Michael Fuhlrott: Der geschädigte Arbeitnehmer. Zur Verfassungsmäßigkeit des Ausschlusses von Schmerzensgeld in der Unfallversicherung sowie zur Herleitung der Haftung bei Eigenschäden im Hinblick auf das Verschuldensprinzip. 2006.

Band 41 Femke Reinecke: Leistungsbestimmung des Arbeitnehmers. 2006.

Band 42 Maria M. Bausback: Der Bestandsschutz des Arbeitsverhältnisses auf europäischer und internationaler Ebene. Entwicklungen vom Mittelalter bis zur Gegenwart. Teil 1 / Teil 2. 2007.

Band 43 Jens Günther: AGB-Kontrolle von Arbeitsverträgen. Analyse der deutschen Rechtslage nach der Schuldrechtsreform und vergleichende Betrachtung des österreichischen Kontrollsystems. 2007.

Band 44 Claudiana Triskatis: Ethikrichtlinien im Arbeitsrecht. 2008.

Band 45 Annette Bruder: Die Weitergabe von Insiderinformationen durch Arbeitnehmervertreter. 2008.

Band 46 Ute Dietrich: Nichtraucherschutz am Arbeitsplatz. 2008.

Band 47 Markus Ebert: Übertragung und Zuordnung von Versorgungsverpflichtungen gegenüber Arbeitnehmern im Rahmen einer umwandlungsrechtlichen Spaltung. 2008.

Band 48 Susanne Schneider: Broad-based Black Economic Empowerment in der Republik Südafrika. 2008.

Band 49 Mandy Reichel: Die Einbeziehung des Außenseiter-Arbeitgebers in den Verbandsarbeitskampf. 2008.

Band 50 Abbo Junker (Hrsg.): Betriebsübergang in Europa. Symposion aus Anlass des 10-jährigen Bestehens der Schriften zum Arbeitsrecht und Wirtschaftsrecht am 10.10.2008 in München. 2009.

Band 51 Till Bender: Vorschläge zur Neuordnung des Sonderkündigungsschutzes nach MuSchG und SGB IX. 2009.

Band 52 Manuela Rauch: Die geschlechtsbezogene Diskriminierung am Arbeitsplatz nach kalifornischem Recht. 2009.

Band 53 Tina Luise Allenberg: Das französische règlement intérieur d'entreprise. Die Arbeitsordnung im französischen Arbeitsrecht. 2009.

Band 54 Bernd Haas: Anwaltliches Mandatsverhältnis zum Betriebsrat. 2009.

Band 55 Martin Fröhlich: Die erweiterte Weisungsbefugnis des Arbeitgebers im spanischen Recht. 2009.

Band 56 Stefanie Lorenzen: Inhaltskontrolle beim Betriebsübergang. Die Anpassung tariflicher Arbeitnehmerpflichten nach Privatisierungen. 2009.

Band 57 Oliver E. Aldea: Das französische Kündigungsrecht im Spannungsfeld von Abfindungen und Bestandsschutz. 2010.

Band 58 Wolfgang Stock: Die Einsetzung einer Transfergesellschaft. Unter besonderer Berücksichtigung betriebsverfassungs- und arbeitsförderungsrechtlicher Vorgaben. 2010.

Band 59 Claudia Hagedorn: Zulässigkeit und Grenzen von Tarifsozialplänen. 2010.

Band 60 Daniela Quink: Inhaltskontrolle von Freiwilligkeitsvorbehalten in Arbeitsverträgen. 2010.

Band 61 Kathrin Kentner: Arbeitskampfmittel der Arbeitgeber. 2010.

Band 62 Angela Nunes Fernandes Gil Wolf: Arbeitnehmereinsatz im Ausland. Das auf doppelte Arbeitsverhältnisse anwendbare Recht am Beispiel der Vertragsgestaltung eines internationalen Konzerns. 2010.

Band 63 Annemarie Berthold: Whistleblowing in der Rechtsprechung des Bundesarbeitsgerichts. 2010.

Band 64 Malte Koch: Die Beteiligung von Arbeitnehmervertretern an Aufsichtsrats- und Verwaltungsratsausschüssen einer Europäischen Aktiengesellschaft. 2011.

Band 65 Agnes Maria Kollerbaur: Die französische Arbeitsinspektion. Eine Untersuchung unter besonderer Berücksichtigung ihrer Rolle bei Kündigungen. 2011.

Band 66 Marcus Christian Leinenweber: Landesschlichtungsgesetze? 2011.

Band 67 Frederike Cathérine Gärtner: Die gesetzliche Regulierung von Bahnstreiks in Frankreich. Arbeitskampf vs. Kontinuität öffentlicher Dienstleistungen. 2011.

Band 68 Carolin van Straelen: Der Rollenkonflikt des Arbeitnehmervertreters zwischen Betriebsratsmitglied und Gewerkschaftsfunktionär. 2012.

Band 69 Anna Maria Jordan: Entgeltdiskriminierung in Frauenberufen? 2012.

Band 70 Dominic Köstner: Compliance-Richtlinien im Unternehmen. Arbeits- und datenschutzrechtliche Implementierungsaspekte. 2012.

Band 71 Michael Kobler: Fremdeinflüsse auf die tarifliche Willensbildung. 2012.

Band 72 Anne Kraas: Zulässigkeit und Grenzen der arbeitsvertraglichen Entgeltflexibilisierung. 2012.

Band 73 Melanie Amann: Die Belegschaftsabstimmung. 2012.

Band 74 Christina Mennemeyer: „Dritter Weg" und rechtliche Grenzen der Flexibilisierung des Arbeitsrechts der katholischen Kirche. 2012.

Band 75 Joël Philipp Hofmann: Rechtsmissbrauch und Verwirkung bei Widerspruch gegen den Übergang des Arbeitsverhältnisses nach § 613a BGB. 2013.

Band 76 Jennifer Junker: Das Recht der Arbeitnehmerüberlassung in Japan. 2013.

Band 77 Gabriele Geiselhart: Tarifliche Regelungsmacht bei Haustarifverträgen und Unternehmerfreiheit. Dargestellt am Beispiel von Standortgarantien und Zeitarbeitsquoten. 2013.

Band 78 Lorenz Sylvester Mitterer: AGB-Korrektur in Dauer- und Langzeitschuldverhältnissen. 2013.

Band 79 Janina Morgenweck: Die Arbeitsgerichtsbarkeit in England. 2013.

Band 80 Christoph B. Kistler: Die Rechtmäßigkeit von Spartenstreiks. Alte Kriterien in neuem Licht. 2013.

Band 81 Julia Strasser: Die Haftung bei Lohnwucher im Arbeitsrecht der USA. 2014.

Band 82 Stephanie Amschler: Constructive dismissal. Fingierte Arbeitgeberkündigung im englischen Kündigungsschutzrecht. 2014.

Band 83 Felix Berding: Die Urabstimmung im britischen Arbeitskampfrecht im Licht der EMRK. 2014.

Band 84 Christine Kumpf: Multinationalität der SE-Mitbestimmungsordnung. 2014.

Band 85 Florian Schiffer: Der Leistungsmaßstab im Arbeitsverhältnis. 2014.

www.peterlang.com

www.ingramcontent.com/pod-product-compliance
Ingram Content Group UK Ltd.
Pitfield, Milton Keynes, MK11 3LW, UK
UKHW041830290926
8980IPUK00013B/941

9 783631 652374